科学と技術

武谷三男著作集

4

勁草書房

カット "火をとるプロメテウス"

峯　　孝

目　次

科学と技術
——その課題と論理——

新版への序

第1章　新時代への思惟の基準 …………………………… 1

　Ⅰ　科学者と国際社会 ……………………………………… 1

　Ⅱ　革命期における思惟の基準 ………………………… 11
　　　——自然科学者の立場から——

　　1　自然科学者としての思惟(12)　2　自然科学者の誤謬，アナロギーについて(13)　3　観念の根本的な変革(16)　4　「理屈じゃない」という事について(20)　5　明晰判明なるべき事(23)　6　主張は普遍的たるべき事(26)　7　科学的思惟主張は一貫的体系的たるべき事(27)

　Ⅲ　言論の責任 …………………………………………… 29

　Ⅳ　頭脳の改造 …………………………………………… 33

第2章　科学論と現代科学の課題 ………………………… 43

　Ⅰ　自然科学とはどんなものか ………………………… 43
　　付・自然科学と学問の自由 ……………………………… 52

　Ⅱ　現代物理学の課題 …………………………………… 56

　　1　物理学の発展(56)　2　素粒子論の進展(62)
　　3　哲学者の誤解(73)

　Ⅲ　ラッセルのルネサンス論批判 ……………………… 79

Ⅳ 哲学の失敗
　――カッシラー『実体概念と機能概念』について――
　... 87

　　討　論 104

第3章　技術論と日本技術の課題 113

　Ⅰ　技術をわれらの手に 113

　Ⅱ　世界史の方向決定と技術 122

　Ⅲ　日本技術の分析と産業再建
　　　――日本民主主義革命と技術者―― 136

　　1　日本技術の分析 (136)　　2　ソヴェートはいかに
　　して破壊から建設されたか (143)　　3　将来の科学技
　　術 (147)　　付1・人民の科学技術建設と労働条件の改
　　良 (152)　　付2・科学技術による再建 (157)

　Ⅳ　科学技術政策の基準 163

　Ⅴ　政治と科学技術 175

　Ⅵ　国家と科学 189

　　1　政治と科学 (189)　　2　科学技術の問題 (200)
　　3　基礎研究について (208)

付録・参考文献

日本の科学・技術の欠陥と共産主義者の任務 211
　はしがき (211)　　Ⅰ　日本の科学技術の社会的基礎
　(212)　　Ⅱ　日本の科学技術の特質 (213)　　Ⅲ　特質
　の分析 (214)　　Ⅳ　科学・技術の欠陥克服のための進
　歩的科学・技術者の闘争 (224)

後　記
　――技術論および技術の新展開のために―― 226

技術論について (228)　　労働手段体系論の一つの結果 (231)　　技術白書について (236)　　戦時中のアメリカ技術の躍進の意義 (240)

科学・技術および人間

物理学精神とはなにか (247)

科学者的人間と技術者的人間 …………………………………249

客観的法則性の問題 (251)　　実体と本質——わたしの論理学—— (253)　　論理学のぬけた本質論 (254)　　認識の立場・適用の立場 (255)　　物理学こそ合理主義の牙城 (257)

哲学よ，時代を直視せよ！ ……………………………………258

実践の構造を明確に (259)　　認識の正しさを保証するもの (260)　　信念の欠けた合理主義 (261)

科学・技術と人間性の将来 ……………………………………262

科学はヒューマニスティック (263)　　社会改革と科学者・技術者 (265)　　科学・技術に密着した人間像 (266)

『科学・哲学・芸術』より

はしがき ……………………………………………………………269

原子物理学への期待
　　——理論発展のあと—— ……………………………………273

原子力時代の随想 …………………………………………………277

理論物理学のトピック ……………………………………………283

坂田グループの業績 ………………………………………………287

ランデ教授の手紙 (287)　　坂田氏の天才 (289)　　真の進歩的学者 (291)　　国民の強い支持を (294)

原子力とマルキシズム
　　　——「社会」編集者の質問に答えて—— …………296
　原子力とマルキシズム (296)　アインシュタインとハイヤー・リアリズム (298)　原子力の思想的意義 (301)　ソヴェトとアメリカの科学 (302)

新物理学の悪用 ……………………………………309

アインシュタインの『わが世界観』……………………313

坂田博士の『物理学と方法』……………………………320

『科学・モラル・芸術』より

はしがき ……………………………………………………325

20世紀前半科学の歩み
　　　——原子と3人の女性—— ………………327
　平和への科学 (327)　3人の婦人科学者 (328)　新しい物理学の展開 (329)　観念的な科学から唯物弁証法的な科学へ (330)　原子核から物質の究極の単位へ (333)

解　説 ……………………………………（星野芳郎）……337

科学と技術[*]

その課題と論理

新版への序

この書は敗戦後間もなくからはじまって，日本の民主化が行なわれつつあった時期に民主化への私のささやかな努力に伴って書かれた諸論文を集めたものを中心として，その後のものを追加したものです．

またこれは私の技術論の，日本社会への，その時期における具体的な適用の努力のあとでもあるといえるでしょう．

これらの諸論文は，占領下の，特に事前検閲が行なわれていた頃に書かれたものが多いので，まわりくどい表現や，直接的でない生ぬるい表現が使われてあることを読者は気づかれると思います．

また今日の事態は特に占領初期を扱った論文の頃とは大部異なっているのですが，しかし今日の事態を分析し対策をたてる場合にきっと御参考になると思いますので，これらの論文はそのままにしておくことにしました．

労働組合がふたたび立ちなおってきました．この書は特に科学技術と労働組合の関係について扱いましたので，私たちがささやかな努力をした，労組内部での技術者の問題や，労組と科学技術の問題も，今日発展した形で再検討していただきたいと思います．

この書で特に，戦後の日本社会，日本文化の新しい方向は，戦争を反省すること，戦争責任を明らかにすることから出発すべきことを明らかにしたのです．すべてこの問題から出発しなければ，新し

---

* 理論社よりこの表題のもとに 1950 年 5 月刊，1953 年 1 月再版 (1969 年編註)．

い日本はありえないのです．

　今日，旧軍閥支配者たちが，広島長崎の原爆禍をたねに，自分たちの戦争責任を帳消しにしてしまい，こうしてまた昔の指導権を取戻そうという言論がしばしばみえるようになりました．これこそが私が敗戦直後から心配していたことなのです．

　原爆禍には声を大にして抗議すべきです．しかしこの抗議は人間性の立場からなさるべきものなのです．この抗議が力づよくあるためには，戦争の責任をあいまいにせず，十分の反省によって人間性の立場に立つことが先ず必要なのです．こうしてはじめて原爆禍への力づよい抗議をすることができるものです．

　この本が原爆への抗議よりも，戦争責任の反省の問題を前面に出したのは，もちろん占領中の言論の制約にもよりますが，むしろ，いま申しましたことにもとづくのです．

　戦争責任の反省など，もうすぎた問題で，今日こんなことは問題ではない．こんなことをいまさら取上げるのはおかしいという人がいるかも知れません．私は決してそうは考えません．

　この問題をあいまいにしたからこそ，逆コースが大手をふってあらわれてきたのです．このまま逆コースに身をゆだね，旧日本を再現するとしたら，原爆にたおれた人々，はるかなる山河に散っていった若い友人たち，焼夷弾や爆弾のえじきになった「銃後」の国民たち，夫を，恋人を，戦争にうばわれ，悲しい日々を思出に送っている婦人たち，若いのびざかりの日々を戦争にむしばまれた若人たち，これらの人たちのギセイは完全に無駄にならねばならないのです．

　これからの時代が，より人間性をいかすものであってはじめて，これらのギセイは生きるというべきでしょう．

敗戦の出発が忘れられかけてきました．これをふたたび思い出し，外れかけた道を本道にひき戻すために，この本の再版が何らかの役に立てば幸いだと思います．

1953 年 1 月

著　　者

第1章
新時代への思惟の基準

――科学者は真理を守る知識人として
自ら正しく考え
かくて人々に正しく考えることを教えるという
重大な責任を有しているのだ――

I 科学者と国際社会[*]

　科学者は国際的であり，科学には国境がないという事は誰もが認めている事である．特殊な軍事的研究を除いては科学の研究は世界中の学者の共同研究によって行なわれている．特に自然科学は国際的協力がなくては1日もやっていけない．一番密接な世界的協力をやっているのは天文学，気象学であろう．この領域ではほとんど完全な公的な世界的協力組織ができ上っているし，その下でのみ初めて科学の進展ができるのである．わが国の気象学をとって考えてみると，ソヴェト，中国などの観測結果が即刻わからなくては十分の予報を出す事はできないわけである．

　次に原子物理学のような急速度で発展している学問では，世界各国の研究からちょっとでも目をふさがれたならば取残されるだけでない．各国科学者の密接な協力によってその進歩が行なわれている

---

　[*] 「社会」1949年4月号所載（1950年編註）．

事はまことに壮観である．原子爆弾に例をとってもこれは明らかであろう．1938年までに各国の協力によって原子核物理学は体系的な知識を獲得したのである．その年の終わりになって，ドイツの，ハーン・ストラスマン及びマイトナーは，以前に，イタリアのフェルミーが研究していたウラニウムに中性子線をあてるときの変化を研究し，奇妙な現象を見出したのである．そして間もなくマイトナー女史はナチスに追放されてデンマークに逃れボーア教授の研究室に来た．ちょうどその時，やはりナチスに追われて物理学者フリッシュがやって来た．マイトナーとフリッシュはこのウラニウムの中性子による現象を研究し革命的な結論に到達した．それはウラニウム原子核に中性子が飛びこむと，ウラニウム核は真二つに分裂し，その際従来にない大きなエネルギーを放出する事が明らかになった．これは1939年の初めである．

この知らせはちょうど物理学会のために米国に行ったボーアに知らされ，ちょうどイタリアのファッショに追放されて米国に亡命して来た天才的な物理学者フェルミーにボーアはこの知らせを見せた．フェルミーは直ちにコロンビア大学の物理学者たちの協力を得，24時間ぶっ通しで実験をして，マイトナーの結果を確証し，ちょうど開かれていた物理学会に報告した．

この知らせは直ちに電報で各国の研究者に知らされ，各国の研究者は驚きと同時にさっそく研究を始め，フランスのジョリオ＝キュリーを初め全世界から貴重な研究結果がどんどんと発表されたのである．こうして第二次世界大戦が始まるや，米国に，ナチスやファッショから亡命したアインシュタイン，フェルミー，ウィグナーその他の国際的な学者たちが中心となって原子爆弾の計画が始められ

たのである．こうして国際的科学者の広汎な協力が原子エネルギーの解放をもたらしたのである．

アメリカには世界各国の物理学者が集中し今やケンランたる有様であり，また原子爆弾完成にも関連して，ばく大な財力で実験研究が行なわれ，今や世界の物理学はアメリカに集中するかのようであるが，それにもかかわらず，戦後の物理学の革命的な発展は世界各国の物理学者の協力によって行なわれたのである．すなわち，日本の坂田，朝永，イタリアのコンヴェルシ，パンチーニ，ピッチオーニ，ブラジルのラッテス，英国のミィールヘッド，パウエル，オッキァリーニ，仏のルプランス＝ランゲ，ソ連のアリハノフ，アリハニァン，ヴァイセンベルグ，それに米国のフェルミー，ガードナー，ラビ，ラム，ラサフォードである．こうして今やけんらんとした各国の協力が競っておしすすめられている．

こうして科学の発展は国際的であるときにのみ可能である．よく戦争が科学を発展さすなどという事がいわれているが，とんでもない事であって，科学の局部的な応用は発展させられるかも知れないが，戦争こそは科学の発展を本格的に阻止するものであることは疑う余地もない事である．もしも各国が軍備をしなくてもよく，その軍備の予算を科学研究に用い，また各国の研究が秘密でないとしたならばどうであろうか．科学の発展は想像もできないほど急激に行なわれる事は誰も否定する事はできないであろう．

アインシュタインを初めとして，社会について，また平和について深い関心をもっている自然科学者の多数が，世界国家を主張し始めたのも，科学者の上述のような性格によっているという事ができよう．

戦時中，日本やドイツやイタリアなどの侵略国家の科学者の狂信的な人たちは，科学そのものの国際性を否定した．また比較的狂信的でない人を戦争に動員するために，科学には国境はないが科学者には祖国があるという合言葉がつかわれ，こうして侵略国家の誤った戦争のために動員されたわけである．このような誤った祖国の観念が科学を害したことから，今度は実際の世界の現状を無視して抽象的な空想的な世界国家論へ走ることになるのである．

実際また，アインシュタインその他の社会問題や平和問題に関心を示している自然科学者たちの社会科学に対する認識は日本における先輩自然科学者たちに比べると著しく高いけれども，しかし十分科学的なものとはいえないのである．それ故，現代の世界における諸対立の原因についてはなはだ安直な考えであるといわねばならない．

すなわち世界国家論者たちは単に国家というものをやめる事によって戦争をなくする事ができるだろうというにすぎないのである．たしかにその通りだが，しかし，現在国家というものがあるのは一体いかなる必然性によってあるのか，そしてそれを解消するためには一体いかなる方法をとるべきかという科学的な認識をもっていないわけである．このような認識なしには空想的世界国家論と言わねばならないのである．まことに「空想から科学へ」の道こそが必要であって空想に止まる限り，それはギマンとして侵略主義者たちの最もよい武器となるからである．

まことにクラウゼウィツが「戦争論」に述べたように，侵略者は平和を欲するのである．こうして日本帝国主義者たちは，「東洋平和のため」という合言葉の下に，中国を侵略し，パールハーバーを

攻撃したのである．戦争なしに，平和裡に帝国主義者たちが他国に侵入し，他国を征服する事ができたならば，それは帝国主義者たちの最も望むところであろう．

帝国主義者たちはそれ故に国境を欲しないし，また世界国家を望むのである．すなわち自己の帝国主義に対して反対するもののない世界国家を欲するであろう．

それ故に真に世界国家を実現するためには現状のまま国家をなくし，国境をなくすればそれでよい事にはならないのである．侵略主義はいかなる社会のいかなる原因によっているかを知り，その原因を除く事によって初めて達する事ができるのである．これが科学的な立場なのである．科学は形式論理ではない．その原因をさぐり，その原因の必然性そのものによってその原因を除かねばならないのである．安直な世界国家論はその意味で空想的であり科学的ではない．

科学は国際的であり科学者も国際的である．では，科学者は自分が人民の一人として生活している社会，民族（種族ではない！）について無関心だったり，また何らの責任も感じなくてよいであろうか．国際的とは一体どういう事であろうか．インターナショナリズムとコスモポリタニズムとは一体どこがちがっているのであろうか．

私の友人のあるコスモポリタン主義者は，次のように書いている．「将来真に傑れた日本の青年は世界市民になる気持でドンドン早くから恵まれた条件の国へ行って存分に能力を伸すことを考えるべきであろう．一応学が成れば帰って祖国のためになどという明治流の狭い考えももう起す必要はあるまい．何国の学問などという考え方そのものがなくなる日がもう想像以上に早いかも知れない．敢えて

言うが，祖国を忘れて能力を伸すがよい．それがやがて自から日本人の光栄になるのである．」この考えは一見もっとものようにみえる．まことに科学者は最も研究ができる所に行って研究をする事も大いに結構だ．しかし，そういうよい所に行くために，学者としての節操をふりすててしまって，またそのためには自国の同僚たちの学問的フン囲気をもふみにじってまで，汲々として目的にまい進するとしたならば，それは科学者の態度という事はできないのである．

しかし科学者として先ずなすべき事は，外国のよりよい環境に行って研究するということよりも，自国の環境を何とかして改善し，自国を学問研究が十分よくできるようにするために奮闘する事であろう．思想的な弾圧や，完全な荒廃の下で，もはや全く学問をする事ができない時には当然亡命して研究をつづける外ないであろう．しかしそうでない限り，自分の周囲をよりよくする努力をなげうって，易きにつく事は科学者の態度ではない．

日本の極度に悪い条件においてわれわれ理論物理学者たちは戦前から戦後にかけて，共同研究組織をつくり出し，また高度の科学方法論を樹立する事によって，世界の最高を行く事ができるようになった．このような困難の中でも努力の仕様によってはこのように世界の最高水準を維持する事ができるものである．

渡辺慧君は，文芸春秋2月号の「湯川博士への手紙」という一文において，「貴方の名前は，貴方自身不愉快に思われるであろう程，象徴化され，権威化され，崇められているのです．そして一方においては，その神秘的英雄化を排撃する余り，貴方までをも悪者にしてしまうのです．」とか，「貴方の始められた『素粒子論』を中心とする我国学者の集団的研究は確かに偉大な功績を上げました．し

かしその『集団的』研究を重要視する余り,この気運を生み出した功労者の事を軽視することは許されません.」とか言っている.そしてあたかも,われわれが集団的研究のみを重視し,こうして湯川氏の業績を無視したり悪口を言ったりしているように印象づけようとしているが,われわれは決して湯川氏の天才を否定した事もなければ,その業績を無視した事もないのである.渡辺君の文をよんでもわかるが,湯川氏を「象徴化」したり,「権威化」したり「崇め」たりしている一人は渡辺君であることは明らかであろう.

湯川氏は渡辺君が言うようにやはり個人的な天才であって,集団的研究を自らリードするようなタイプではない.この点渡辺君は「物理学者同志では,何もかも解っているのですが」と書いているけれども,渡辺君はどちらかといえば素粒子論グループとは傾向が少しくちがうし,また,集団的研究の雰囲気が形づくられた時期に日本にいなかったので,そのいきさつなどよく知っていないので,このような文を書くのも無理からぬ事かも知れない.

とにかく渡辺君のこの文をよむと,日本の物理学をいかにして盛にするかという熱意をよみとる事は全くできない.そこにあるのは湯川氏に対する讃美とセンボウと,アメリカへのあこがれがあるにすぎない.困難の中で,いかなる努力とサンタンたる苦心をもって素粒子論グループの人々が共同研究の雰囲気を発展させ維持しつつあるかに対しては,この事すらもただ湯川氏を讃美する材料にしているにすぎないのである.

インターナショナルとコスモポリタンの相違について,かつて日本を訪れたソ連の作家ゴルバートフが実にうまい事を言っていた.インターナショナルとは自分の周囲をよくしていき,世界中の人々

の握手によって，このような努力を結集して世界をよくしていく事だ，これに反してコスモポリタンは，ベニスの女がよいといってはベニスに行き，ブルゴーニュの酒がよいといってはブルゴーニュに行き，といった工合に，よい所を追い求めて渡り歩くものだというわけである．

科学者は文化を形づくり，文化に対して責任を負うべきである．であるから科学者は自分が人民の一人として生活している国家，社会，民族について無関心であったり責任を感じなかったりするわけにはいかないのである．

これは科学は人類の立場に立つということと矛盾するものではない．いや科学は人類の立場に立つ事によって初めて民族に正しい解決を与えるわけである．また科学者は，自分がその一員である社会に対して，人間の立場から，すなわち科学の立場から責任をもつ事であり，これは民族に対する責任であり，この責任を放棄するとき，それは科学者とはいえないであろう．

すなわち正しい国際主義こそが正しい意味の民族の独立を保証するという事である．逆に言うと民族の独立が真に保護されているときにのみ，真の国際主義が可能になるわけである．一つの民族が他の民族を植民地的状態にしているときに，国際主義などありえないのである．

日本の科学者として国際社会に対しては先ず太平洋戦争に対する反省と責任をもっている．これを果たさねば知識人として国際社会に対して顔むけする事はできないのである．

日本学術会議は学界その他の大きな期待をもって出発した．その最初の声明において，戦時中の反省をすべきであるという事が問題

になったとき，驚くべきことには，絶対多数を以て，特に戦時中の反省を入れる必要なしと決定したことである．そしてこの際，医学部門の人々は，自分たちは旧憲法によって戦争に協力したのだから，これは当然であり，何ら反省する必要はないと，オク面もなく主張した事である．戦時中，ホリョに対してなされた，九大の人肉試食事件，生体解剖事件などの，世界の学界に対して顔むけならない事件をひき起こした医学部門に対して，われわれは最もはげしい反省を期待していたにもかかわらず，このような人々に接して，全く奇怪な感に打たれたのである．これではあのような事件が起こったのも当然かも知れないのである．

　われわれは学問の立場人類の立場において国民に対して責任を負うのである．学問は憲法によって拘束されるものではない．逆に学問は常に憲法の当否をすら批判検討しなければならないものである．憲法をたてに，学者の戦争協力を正当化する事など，できるすじ合のものではないのである．国家が学問の立場から言って誤った事をなす場合，学者は当然これを指摘し，反省を求むべきである．このような事を行なわないものはもはや学問の立場に立つものではないのである．

　日本学術会議のも一つの珍風景は，文部省ならびに文部省学者たちが，学術会議の権限をできるだけ制限し，学術会議は，研究のみを扱うべきで，教育に対してふれる事は一切越権だとしようとするのである．東大法学部教授連は何らの理由もなく，この文部省官僚の本質をさらけ出している．全日本の最高の秀才である筈の彼らが，子供にもわかるような理屈が理解できなくなってしまっているという事は，権力がいかに頭を悪くするかという事の適例であろう．

日本学術会議法は言っている.「科学の向上を図り, 行政, 産業及び国民生活に科学を反映浸透させることを目的とする」と. それ故に学術会議が教育問題に対しても意見をもち責任をもつのは当然なのである. 学術会議は, あらゆる問題に対して学術の立場から意見をもち, 責任をもたねばならないのである. そしてこれを制限しようとする者に対して断乎として戦わねばならないのである.

こうして初めて日本の科学者は, 国民に対して, また国際社会に対して責任を果たすことができるのである.

II 革命期における思惟の基準
——自然科学者の立場から——

　今次の敗戦は，原子爆弾の例を見てもわかるように世界の科学者が一致してこの世界から野蛮を追放したのだとも言える．そしてこの中には日本の科学者も，科学を人類の富として人類の向上のために研究していた限りにおいて参加していたと言わねばならない．原子爆弾を特に非人道的なりとする日本人がいたならば，それは己の非人道をごまかさんとする意図を示すものである．原子爆弾の完成には，ほとんどあらゆる反ファッショ科学者が熱心に協力した．これらの科学者たちは大体において熱烈な人道主義者である．彼らの仕事が非人道的なる理由がないではないか．その一つの証拠として，敗戦国日本における原子物理学の研究の禁止に対し彼らは一致して反対し日本における学問の研究を美わしく援助してくれたではないか．

　原子爆弾は日本の野蛮に対する青天の霹靂であった．日本の科学者はかかる野蛮に対して追撃戦を行なうべきことに責任ある地位にある．しかるに日本の科学者はいまだ何一つその責任を果たしては

---

*　1946年1月9日,「自然科学」創刊号所載．本稿は民主主義科学者協会機関紙創刊号のため依頼によって執筆，ただし同編集員松村一人氏によってにぎりつぶしにあったものである (1950年編註).

**　これらの科学者たちは原子爆弾を人間の頭上で爆発さすことに反対したといわれる．また将来の戦争で使用することに反対して，その平和的利用を念願している (1950年編註).

いない．彼らはたかだか自己の言い逃れをやっているにすぎない．それは無理もない，日本にはこれまで，真に科学者としての責任を意識し，科学者として生活し行動した人はまことに少ない．単に官僚が自己の栄達のために国家の命令によって科学を利用したにすぎないのである．

今や野蛮の時代は追放されつつある．権威にしがみつかねばやって行けなかった国民は権威を取去られて茫然自失している．科学者は真理を守る知識人として自ら正しく考えかくして人々に正しく考える事を教えるという重大な責任を有しているのだ．

1 自然科学者としての思惟

自然科学は最も有効な最も実力ある最も進歩せる学問である事は万人が認めるところである．かかる優れた学問を正しくつかみ正しく押し進めている自然科学者は最も能力ある人々でありこれらの人々の考え方は必ずや一般人を導くものでなければならぬ．しかるにかかるものとして評価されず，また自らもかかるものとして意識しないのはなぜであろうか．

自然は簡単だのに社会は複雑である．だから社会は自然科学のようにはまいらぬ，と言う人がある．しかし例えば量子力学をとってみよ，それを以て自然が簡単だと言えるであろうか，また自然科学が社会科学より理解しやすい幼稚な概念だと言えるであろうか．恐らく自然科学者たちは社会科学や宗教のどんな本でも簡単に理解してしまう．しかるに宗教家や社会科学者は，逆立ちしても量子力学の本などオイソレとは読めないだろう．またそれを逆用して，自らの説を「愚民」に対して権威づけるために御本人の分りもしない量

子物理学の話を宗教講演に混ずる悪質なインチキ宗教家がいる．私は社会党のインチキボスの事を言っているのだ．科学の名を非科学的に悪用する人間は，それだけで非人道的軍閥が科学を非科学的に悪用したのと何ら選ぶ所なく，絶対に民主主義者だとは言えないにかかわらず，敗戦と同時に民主主義の大御所の如き顔をしてのさばり出したのである．

自然科学者は自己の判断が科学的になされたものであると確信を持ちうる限り，もっと自信をもち，もっと勇敢であってよいのだ．そして正しいと判断した事を強く主張して，科学者の不倶戴天の敵たる一切の野蛮を追放するために，今や精力的に戦うべき時である．官僚的な自然科学者は妥協的である．しかし自己の科学の仕事は妥協的では遂行されないものだ．必ず黒白をつけるべきものである．

科学者は今や自己の仕事の如く総ての野蛮に対し非妥協的に黒白をつけねばならないのである．

2 自然科学者の誤謬，アナロギーについて

自然科学者はしかし自然科学以外の事について，はなはだ幼稚な誤りを犯す事が多い．19世紀の末期以後の自然科学の大家たちに特に著しい．ルネサンスなどの自然科学者は社会の問題に関する見解は当時としてはやはり一流のものであったのはどう言うわけであろうか．それはルネサンスの自然科学者たちは科学の方法を自らつくり上げたのに反し，近代の科学者はすでにでき上った方法に習熟し，これを適用して新たな自然の場面を究めたからと言える．この場合，科学の方法は無意識的になってしまっている．

自然科学者たちが誤謬を犯すのはいかなる場合であるか．それは

類推類比を論理だと考える場合である．ここにそのほとんどの誤謬が集中する．一つの例を挙げよう．私が京都帝大に入学した時，当時の総長，天文学者新城新蔵博士は一場の講演をなし，「天皇制や，日本の家父長的家族制度がいかに天地の必然の理であるかは太陽系が，太陽を中心として諸惑星がそのまわりを廻っている事からわかる」と論じた．私は唖然として新城博士の非常識さに驚いたものである．自然科学者はこのような類比を非常に多く使用し，これを論理の如く考えて満足する．そして自然科学者は自然において成功を収め社会については失敗する．それはどうしてであろうか．

　類比はたしかに優れた発見的方法である．ほとんどあらゆる発見は類比によって端緒がつかまれる．その意味で類比は確かに何らか論理的なものをもっている，と言わなければならない．類比はしかし必ずしも成功するとは限らない．その意味で類比は論理ではない事も明らかである．類比は二つの現象の現象面における端的な比較において成立する．だのに真の理論は本質的であり，本質は偶然を媒介にして現象する．現象はこうして本質を反映すると共に偶然性をその中に含む．類比は二つの現象が同一の本質的な論理構成を含む限りにおいて成功し，偶然的なるものが類比の主役をつとめる時に失敗する．そういうわけで類比は発見的方法に止めなければならないのだ．自然科学者が論理学に熟達し真に論理にまで純化して把握するならば類比にとらわれないですむが，自然科学者は高度の論理への熟達によらずにむしろ発見的方法として類比をとり，試行さく誤法によって正しい結果に達する．それ故自然科学者が自己の研究対象に対する時は類比を何ら論理だとして使用しないのである．類比によってヒントを得た後はあくまで事実の真偽を実証するので

ある．それが一度他の問題となれば類比によった結論をそれ以上確かめようともしない．近年の例は，量子力学の不確定原理や，相補性原理を生物現象・社会現象に論理の如くもちこむ事である．さらにあきれた事は哲学者やその他の思想家がこのような幼稚な試みの尻馬に乗った事である．

類比は特に昔の中国思想において重要な役割を果たす．中国思想においては自然現象と人間の当為との間に類比が，不滅の真理としてたてられ，これによって人間の行ないが律せられる．これはしかし中国思想に限らない．これは原始的なるものにある形であらわれ（レヴィ・ブリュールを見よ）封建思想に至る．カント哲学の啓蒙的な偉大さはまたこの点をはっきりさせた事にもある．日本哲学者はカントのこの偉大さをあまり問題にせず，カントの欠点を有難がったものだ．羽仁五郎氏の中央公論1月号 (1946年) の福沢論にはカントのこの面が実に正しく評価されている．

我国の官僚的国家主義的哲学者田辺元博士は類比を論理だとして固定化し，ギリシャ思想の幼稚さを優れたものと思い誤った一人である．ピタゴラス的論理は，ケプラーが身を以て失敗しこの失敗から新しい科学を築いて清算してしまったものなのである．ピタゴラス的類比の論理の破棄こそがルネサンス科学の偉大さである事が理解できずして何の科学論があろうか．

こうして問題ははっきりしてきた．自然科学者は，類比をけいかいし，自己が研究室でやっているように，すべてに対して，事実を事実とし，実証的であり，自信を以て科学的合理主義的でなければならない事だ．科学の限界をとなえたり，科学で割りきれないものがあるなどと言う意見に遠慮する必要は何もないのだ．またこけお

どしの神秘主義にごまかされるべきではない．科学者は自己の健康なる理性に照してこれはあやしいと思うものを遠慮なく追及すべきである．またこうする責任を国民の前に有している．これをやらなかったから，天皇制軍閥・官僚財閥・帝国主義に国民をふみにじられてしまったのだ．責任は正にわれわれにもある．

類比はしかしこのような危険を意識し，その制約において使用する場合には，発見的方法としても，また説明の方法としても，極めて生々しした奇知に富んだ方法たるを失わない．特に文学的詩人的表現において人の心に痛切に訴える事ができる．但しこの場合には類似と共に同時に相違の方も必ず念頭に置いて使用し，決して論理として，これによって結論を下してはいけない．

3 観念の根本的な変革

日本の決定的な敗戦に対して一般のまた特に支配階級の考え方は実に甘ちょろいものである．彼らは何物かを置換し，補い，修繕さえすればそれですむと考えている．しかし事態はそのような安直な事ですむものではない事は，数次のマッカーサー旋風で彼らのはかなき夢はケシ飛び，インフレと食糧危機の大波はあやしげな彼らの土台を打ちくだく．しかも見え透いた彼らの運命をなおもあきらめようともせず一片の藁にしがみついているのだ．*科学者よ，国民よ，既成の概念は進みゆく現実に取りのこされ，その非妥当性が赤裸々に暴露されてきたのである．現在は偉大なる革命が進行しつつあるのだ．徳川封建制に勝るとも劣らざる強力な鎖国がやぶれて，世界

---

* 1946 年夏頃から，日本の旧勢力は次第に国際反動の支配の下に勢いをもり返してきた (1950 年編註)．

の進歩した水準に一挙に追いつかんとする革命が進行中なのである．それは一つの古い秩序が崩壊して新たなる秩序が誕生するのだ．まことに革命とは生やさしい事ではない．この秩序の変化はあらゆる観念の根本的変革をもたらし，既成の諸概念は新たなる事態に対し何らの理解の力もない．この事は深く現在の瞬間に反省しなければならない問題である．一つの社会形態は前の社会形態が同感する事のできない一つの思惟の論理体系を有する事はレヴィ・ブリュールが鮮やかに示したのである．このような観念の変革を，氏族制から封建制度，封建制から資本制へと各秩序の変革にさいして人類は経験した．

　われわれは現在の革命に処して旧観念の打破が何よりも必要であり，新たなる観念において新たなる事態に処さねば解決の道はひらかれないのだ．この事はほとんど理解されていない．ラジオの天皇制の座談会にしても土地問題の座談会にしても共産党は別として，他の人々は既成の観念から一歩も出ていないし出ようともしない事は驚くべき事である．彼らは天皇制の擁護にしても，戦時中ないしそれ以前に言われた事をそのままくり返すにすぎず，土地問題にしても，これまでの土地所有の観念から一歩も出でず，その範囲でコソクなる修正を行なってこの難局が切りぬけ得ると考えているのである．このような頑固な連中には幾百万の戦災者の苦痛も1千万人の餓死のうめき声も何らの反応も及ばさないのである．

　しかし，これは彼らのみの罪ではない．歴史家も哲学者も，このような秩序の変革における観念の根本からの変革の痛切さについては比較的に問題にしないからである．自然科学者にとってはしかし，諸観念や諸概念の根本からの革命はしばしば痛切に経験され頭脳が

十分流動的でなければ科学の進展にはとてもついては行けない事は当然の事となっている．自然科学は，ギリシャ初期において地上の世界から惑星系に飛び出した時も，またコペルニクス転回に際しても，コロムブスの冒険に際しても，ガリレイの落体の実験に際しても，アインシュタインの相対性原理に際しても，ハイゼンベルグの量子力学の建設にしても，また近年の物質観の変革に際しても，根本的な観念の，思惟の変革が行なわれねばならなかったのだ．そして例えばアインシュタインのような一時代前に物理学の大変革を行なった様な碩学，さらにまた，量子物理学の入口を発見したプランクのような大家ですらもが量子力学にはもはやついて行けず，その根本概念は若いわれわれは何の苦もなく理解するのに，彼らにはどうしても理解し得ないのである．

科学者たちは自ら十分フレクシブルな頭脳において日本革命の新たなる方向を理解し，人々にその意義を知らしめ，かくして知識人としての任務を果さねばならないのである．何よりも既成の観念を一掃すべき事を人々に知らしめる事である．

観念の変革は政党のダラ幹や，官僚学者がボヤボヤしている間に天皇自らによってある形において率先して行なわれた．天皇は神ではないという事が年頭の詔書によって明示された．これは日本一般国民に対して，日本一般国民の知識水準にとって，まことに重大な思惟の変革であると言わねばならない．そしてこれは天皇自らによってなされた事により，日本国民の遅れた層をして否応なしに考えを変える事を強うるものである．この思惟の変革の重大性はごまかしてはいけない．日本人の思惟について責任を有するあらゆる科学者は，この変革をそのまま放置して置いてはいけない．われわれは

この変革の意味を徹底的に追及し徹底させねばならないのである.

この詔書は何よりも天皇の内容の変化をもたらすものである. 天皇制の賛成反対のいずれの立場であろうとも, それ故に, 科学者として先ず何をおいても主張しなければならない事は, 内容の変化に応じ, 新たな内容に即して名前を変える事である. すなわち科学は内容の異なるものに対してはその異なる事を明示すべきであるからである. それ故に天皇という名称を即刻他のもっとよく内容を表わす名称に変える事である. 王でも皇帝でも, 法王でもまたは他のもっとよいと思う名称でもよろしい. とにかく神ならざる, また神や天の子ならざるにも拘わらず, 天と言うが如き名称を使用すべきではない, かかる名称はつまづきの石である.

次に, 神ならぬ天皇に対してなぜに, 神に対して使う否それ以上に敬ケンな特別な言葉使いが行なわれるのか. 科学者は率先して当然かかる用語の廃止を要求すべきである. このような言葉使いは, 主として明治以後の帝国主義的天皇制において成立したものであり, 神ならぬ天皇を神とあざむく役割を果たしたのである. このようなこれまでの偽マンの道具は一刻も早く排すべきである.

またこの詔書で神話は何ら天皇制を基礎づけるものでない事が声明された. すなわちたとえ天皇制擁護の立場を取るにしても, この詔書によって, 天皇, 天皇制, 国体などについて科学的に扱っていけない何ものもない事が示されたのである. こうして科学に対する比類なきつまづきの石は一応除去され得る事になる.

またこの詔書はも一つの重要な天皇制, 国体護持論の論拠を完全に動揺せしめ, 覆えすものである. それは国体万邦無比の神国であり, 天皇は神なる事, また神の子孫なる事によって外国の皇帝や王

と比較すべくもなき尊き存在であるという論拠は完全に烏有に帰してしまった事であり，こうしてわが国体も，ベルギーやオランダやエチオピアと大して異ならないし，天皇もそれらの王や皇帝と何らの異なりもない事になってしまう．

万世一系の特殊性という護持の論拠に至ってはエチオピアと背を並べ，わが国体の尊厳はたかだかエチオピア国体の尊厳と同一レベルだという事になる．

こうして天皇制護持の立場に立とうと思えば，新たな規準の下においては他に何か，しっかりした論拠を考え出さねばならない事になる．

4 「理屈じゃない」という事について

日本には「理屈じゃない」という事があまりにも多すぎる．も少し整理しなければならない．これは主に好悪についてである．すなわち日本ではあまり多くの事が好悪に支配されすぎる．これは封建的な残渣が強い事を意味する．民主主義とはこのような封建的なる感情にうったえて解決する事を排除するもので，判断の基準を可能な限り感情に置かない事である．すなわち科学的である事だ．もちろんすぐれた勘というものは否定さるべきでなく極めて有効な役割を演ずるものだ．しかし，あくまでこのすぐれた勘を客観化し，科学的に裏づける事が必要である．特に大衆の勘にはしばしば貴重なものがある．特に指導者が本ものか，ダラ幹かを区別するのに大衆の健康な勘というものは正しい事が多い．ダラ幹に限って口先だけ人に劣らず上手なものだからだ．しかし同時にまたダラ幹は人々の弱みにつけこむものだ．弱みとは感情である．いわゆる泣かせもの

とか泣き落としなどという手にひっかかってはならない．それ故感情はあくまで科学的に基礎づけねばならない．これが真の民主主義であり，感情を感情のまま放置し，そのなすがままにまかせておく事は封建的である．江戸っ子の感情主義などに決してひかれてはならない．例えば指導者を見分けるのに勘もよい働きをする事はあるが，この客観的な基準を前述の羽仁氏の論文に示してあるのは，はなはだ有益であり学ぶべきものであるから，ここに転載しておきたい．

　第一，かれは，原則のある思想家であるか？　かれはプリンチピエルな，原則的なる思想家であるか？

　第二，かれはその原則を，いかなる場合にも矛盾なく主張しているか？　かれはコンセクエントな帰結正しき思想家であるか？

　第三，かれは，その原則によって，はっきりしたみとおしをもっているか？　かれはパアスペクティヴなみとおしある思想家であるか？

というのである．

　封建的感情の清算という事は民主主義にとって最も重要な事であるにもかかわらず，我国においては相当に優れた進歩的な民主主義的な思想家にも，生活感情となると封建的なものを払い切れない人がほとんどであるのは残念である．思想は思想，生活は生活という事が当然の如く行なわれている．科学者はすべての事に対して先ず遠慮なく科学的であるべきだ．科学者は得てして，非科学的なものも自分には分るんだぞという事が言いたいらしく，普通の人よりも非科学的な人が多いのは残念な事だ．これは生活だけではない．科学論においても，自然科学の巨大な建物は合理主義の大きな台の上にしっかりと，人間始まって以来の無限に大きな経験に支えられて

いるにかかわらず，科学の長足な進歩が極めて高度な局面を展開するや，それについて行くだけの論理を鍛えてない人々は，巨大な経験の保証を忘れて，事ある毎に神秘主義をふりまわそうとする．そうする事が何らか新しい何らか深刻なもののように考える．ラジウムや相対性原理の前夜の困難に対してポアンカレが取った態度，最近は原子核のベーター崩壊の困難についてボーアが取った態度の如きものであり，これらの人々は認識の限界を機会ある毎に叫んで，すぐその後の科学の発展に裏切られてしまう．科学はたくましく，センチメンタルな非合理主義神秘主義を吹きはらって巨人の如く前進し続ける．

知識人は自分の生活感情の隅々まで見廻して，封建的残渣をはらい落とすべき時である．センスの問題まで人々は考えないけれど，ここに大きな危険性が隠されている．遅れた日本の知識人は，単に先進国の人々を見ならうのみで十分ではない．先進国の自然にのびた人々よりもよほど極端なほどに意識的でなければ追いつかない．急進的な意見に対して先進国にもそのような例はないと言って退けたり，また先進国にも存する非合理的な遅れた面を見て安心し，わが国における類似の遅れた面を取除ける必要がないと考える民主主義者がいるけれども，かかる人は自ら何もしない為の口実を述べているにすぎない．とにかくわが国では，何もしなかったという唯それだけの理由で自由主義者や民主主義者という名がつけられ，時を得顔に地位を得，なおも何もしない事を続けている人が多すぎる事だ．も少しましなので，しかも困ったものは，軍閥に消極的に反対したというだけで，それ以外の能力のない自由主義者である．軍閥に反対するという事はそれ自身大変貴重な事であったけれども，

反対すべき軍がなくなったらこのような人は何もする事がなくなって，反軍という名誉のみを維持している事である．このような人々に限って地下にもぐった軍閥などは大した興味がないようである．

「理屈じゃない」という事のもう一つの形態は「ことあげすべきでない」という事である．天皇制の問題は，恐れ多い事で臣のことあげすべきでないと言う一派である．岩田法相は議会で天皇制をことあげする輩を不敬罪でオドシつけんとしてゴウゴウの非難を受け，連合軍に叱られたことなど面白い例である．

「理屈じゃない」の一派は，ちょっと前に軍閥が軍の事については国民の容喙すべきことでないと言って国民の戦争反対を無理に弾圧した事をごまかすつもりだろうか．

科学者は天皇制が理屈じゃないという意見をもつべきでないと同時に，このような意見に積極的に反対すべき義務がある．理屈じゃない派の論拠は天皇制と家族制の類比を行なう事だ．親子の愛は理屈じゃないのと同じに，天皇陛下と国民の関係は父子の愛で結ばれ，皇室は国民の宗家であり，天皇陛下は国民の父である，だから天皇制を日本がとるのは理屈じゃないというのである．これはさきに述べた類比にすぎないのであっていかにも真理のように見えるが真理の保証にはならないし何らの論理ではない．これは生物学的にも歴史学的にも何の根拠もない事である．科学者はしたがって天皇制を支持しようとすれば，こんな事で満足すべきではないのだ．そしてもっとしっかりした根拠を唱えなければならない．

5 明晰判明なるべき事

民主主義革命に当たってわれわれはまことにデカルトの方法に学

ばねばならない．デカルトの方法叙説は現代の最先端をゆく理論物理学者にとってもまことに発溂たる感銘をもってせまり，常に多くの教訓を与えてくれる．

われわれは封建残渣の泥沼の中で，まことにデカルトの理性を以て振るまわねばならない．デカルトは総てを疑い，すべてを御破算にしてしまって，最も確実な，これだけはゆるがぬ，これだけは疑えないという自らの理性の存在から始め，自らの理性にのみたよって進んで行った．科学者よ，知識人よ，日本の旧来のもののどれとても確かに守るべきものはないのだ．先ず受け入れる前に総てを疑い，新たなる根拠から正しきものを築きなおそうではないか．当面の天皇制問題にしたってそうだ．科学者としていい加減な根拠で満足してはならない，ましてや既成概念のとりこになっているが如きでは知識人として責任を果たす事はできないではないか．

総てを疑うということは，しかしながら懐疑主義に得てしてなって，何らの行動も行なわないでいつまでたっても疑ってばかりいる事になる．そして，何もしない事の口実とするのだ．疑う事は積極的たるべし，すなわち総てをふるいに掛けるという事なのだ．ただ疑うのみで，内容を検討せず，したがって正否の判断も下さないという人がはなはだ多い．このような懐疑主義は自然科学者のとらざるところである．疑いては直ちに験めし，験めしては直ちに黒白を決する，これが自然科学者のゆき方である．原理的に験めし得ないものなどをくよくよと疑ったり，また験めしうるのに，手もつけず疑ってばかりいるが如き懐疑主義はむしろ反動への援助なのである．われわれは少なくともよく験めされた，確実な事が受入れられている自然科学というものをもっているのだ．

疑う事はまことに建設のためでなければならない．建設の原理は明晰にして判明なる事である．物理学でも間違った理論に限ってゴテゴテと割り切れない概念をならべる．正しい理論は皆整然とし，深刻さを装わない．しかし簡単とか複雑とかいう事は，自然科学者はよく原理の如く使うが，何ら原理になり得ないのだ．これは混同してはいけない．

本質と現象の論理はしばしば悪用される．先日も，天皇制に関する座談会で，清瀬一郎氏は言う．「仁徳天皇が『民の富めるは朕が富めるなり』と仰せられた，全く民本的です，これが天皇制の本質です，所が明治の末期から大正の初めにかけて，その蔽われていた時代に貴方の活動時代が遭遇したのです．私共もこれを目撃して居る，中途でできた現象に刺戟されて，その本体迄も失礼だが案山子と人間と取違えたというような恰好ではないか．」と言っているが，これは本質と現象の論理の浅薄幼稚なる解釈と言うよりそのギマン的悪用のよい例である．本質は偶然性を媒介として現象する．その限り現象は偶然性を含む，しかし，現象は本質が現象したものであって，あくまで本質を自らのうちに持ち，本質的である．全く現象に反映されない本質というものは存しない．現象はまた本質的なのである．本質は隠されて現象の背後にあるのではない．かかる本体は何ら科学的なものでなく，死滅した形而上学の「粉飾」にすぎないのだ．清瀬氏の言葉によると仁徳天皇を人間とすれば明治，大正，今上の三陛下は案山子だという事になる．清瀬氏は岩田法相によって不敬罪としてひっぱられるに値する．

反対に懐疑派のよい例は共産主義に対するものである．彼らは「資本論」はおろか，いかなる共産主義文献にも接しないし，また

検討しようともせずに常に懐疑する．また反対者は，反共文献ないし自分で勝手にでっち上げた共産主義の悪夢を唯一の材料としている．またも一つの言い逃れ派は，自分は尨大な共産主義文献など一々よむわけに行かないと言うのである．しかし共産主義の理論が一貫した体系的なものであるならば，そんなに多くを読む必要はない，基本的な二，三の文献を検討するだけで目的は達せられる筈である．

6 主張は普遍的たるべき事

これまで，わが国固有のとか，これは外国人には絶対に理解できないものだとか言って得意になっていた．年頭の詔書にはこのような考え方もいけない事が示されてある．

われわれは科学には国境がない事を知っている．否さらに，エジプトやギリシャの彫刻も，ベートーヴェンの音楽も十分に理解する事ができる．また外国人がわが国の文化の価値あるものをいかに本格的に理解できるかという事はフェノローサーの著書を見ればこれ以上ない程によくわかる事ができる．フェノローサーは日本古代の美術を，日本人が何ら評価しない時にそのほとんどを掘り出し，その価値を日本人に教えたのではなかったか．われわれは外国人が日本文化がわからないなど言えた義理ではないのだ．

むしろ，外国人にわからないものは普遍性のない下らないものにすぎない．わからないという場合に，むしろ同感できないとか，馬鹿馬鹿しいとかいう場合が多いのだ．未開社会のような遙かかけ離れた生活においても，その有する論理はそれ自身一つのまとまったものとしてわれわれに追跡できる事は先にもあげたレヴィ・ブリュールの示す通りである．ただ未開社会の思惟をわれわれが同感でき

ないだけである．

われわれは世界の中に生活しているのである．われわれがこれからきずく総てのものは，普遍的な，世界的なものでなくてはならない．天皇制の問題も，世界的な，外国人にも十分納得のゆく根拠をもたねばならぬ．外国人にはわからぬと言って得意になる事は，東条的ハッコウ一宇精神に他ならぬ．特攻隊が外国人にわからぬものだと威張っていたが，100機近くも1艦に自殺的体当りをやって，やっと小火事を起こしたにすぎないようなものは何らの普遍性をもたなかったからだ．ライフ誌はアメリカ軍では特攻隊の事を「バカ」というアダ名をつけていた事を報じている．

7 科学的思惟主張は一貫的体系的たるべき事

われわれは科学者として一つのしっかりした立場にたち，一つの観点において，一貫した主張をなすべきである．そして以前の立場に誤謬を認め，これを放棄して他の立場に立つときはその事を明示すべきである．ところがほとんどの日本の知識人は昨日言った事と反する事を今日言っておきながら，自分の立場の変化を声明した人間を聞いた事がない．しかも昨日言った事は国民全体を死滅に導くオソルべき事なのである．これ程人をあざむいておいて平気なのであろうか．紀平正美のような節操を以てほこるべき右翼の学者が，昨日まで明治天皇の偉業をたたえて日本歴史の最高のように言っていた同じ口で，今日では明治時代は誤れる時代と声明してはばからなかった．

科学者は何よりも先ず理論の一貫性を問題にしなければならないのだ．そしてまやかしの理論は断乎そのまやかしたる事を摘発すべ

き義務がある．ここではこう，あすこではああと，勝手に立場をかえるのではどれが真理なのか了解に苦しむのである．

次にまた特に科学者の中には，何にでも反対する性質の人がいる．むしろ反対する事によって自分がいかに頭がよいかをデモンストレートするのだ．真理のためでなくて，自分の優秀さを示すために，人より優れている事を示すために反対する人がいる．ちょうどロシア語の教科書にでているツルゲーネフ散文詩のドウラク（愚物）の話のような連中である．このような輩は多くの人をわけなくその鋭さに驚嘆せしめる．しかしこの愚物には，世の中を益しようとか，世の中を進歩せしめようとかいうような熱意は全くないのだ．もっぱら自分の人気が問題なのである．私は一人の技術方面の大御所の事を言っているのだ．

このような愚物と，真の熱烈な批判とを見分けるには批判が体系的であるか否か．批判が一つの観点，一つの立場に立って一貫して行なわれているか否かを見る事である．

以上，この混沌たる時代において科学者は民衆の灯台となるべき事を，そしてその基準について考えてみた．多くの真面目な科学者諸氏によって十分に御検討下さって，この偉大なる時代に，科学者としての，国民に対する責任を十分に果たされん事を切願しつつ筆を置く．

III　言論の責任[*]

　自由がある所には責任がなければならぬことが言われている．日本には言論の自由がなかった．それ故に言論の責任もまた存する筈はなかった．まことに日本人には言論の責任という事は考えも及ばない事らしい．

　敗戦，そして連合軍の占領と同時に，あたかも磁針に磁石を近づけたように，日本人は一せいに最右翼と言われていた人まで1人残らず民主主義を主張するようになった．何という物わかりのよい人種であろう．日本人は由来外来文明を取りいれる天才だといわれているが，天才もここまで行くと了解に苦しむものになってしまう．

　今日このような民主主義の名のもとに論ぜられ，また行なわれているところを見るならば，民主主義とは一体いかなる主義であるか，健全なる理性をもてるものには全く解らなくなってしまう．

　民主主義とは戦争を国民に強いた者を讃美する主義なのだろうか．民主主義とは官僚主義の別名なのだろうか．民主主義とは大衆の犠牲においてインフレを切りぬけようとする主義なのか．民主主義とは戦争犯罪人をそのまま，これまでと同じ地位に置いて国民を指導する事を許す主義なのか．民主主義とは，右翼思想家と，内務官僚出身者と，極端なる国家主義教育をうけた師範学校出身者をもって固めた文部省が教育を指導したり，教科書をつくったりする事を改

---

　[*]　1946年2月20日，「新日本」6月号所載（1950年編註）．

めない主義の事だろうか．

　民主主義，自由主義は自己の行為に責任をもつものでなければならない．民主主義者はその立場やその理想とするところはいろいろであろうが，何をおいても軍国主義，極端なる国家主義を一掃する事に努力するものだ．現在わが国に擬装民主主義者，えせ民主主義者が充ち充ちており，これらが将来のファッシズムや国家主義の復活をねらって『しのぶべからざるをしのん』でいるとき，将来の国民に福祉をもたらすために戦ってくれる真の民主主義者を，国民は何によって一体判別することができるだろうか．人々は恐らく全く途方にくれるにちがいない．一体そのような判別の方法はないのだろうか．否ある．そしてこれは全く確実なものだ．それは何か，それは彼が戦争責任を真剣に，実際的に追求しているか否かという事である．口にはいかに民主主義の理想を上手にとなえていても，戦争責任，戦争犯罪をゴマ化し，追求せざる者は戦争犯罪人に国家の指導をゆだねる事を何とも思わない，えせ民主主義者に他ならないのだ．かかる人間は，人民をこのような塗たんの苦しみに陥入れる事を何とも思わない者なのだ．国民よ，美辞麗句に迷わされるなかれ．また，単に過去において軍に協力しなかったという事によってのみ自由主義者の名を得ている者に迷わされるなかれ．われわれは例えば議会の戦争責任決議その他において，戦争がゴマ化された多くの例を知っている．そしてその場合必ず戦争犯罪人がゴマ化しをやったのだったという事もよく知っているのだ．

　一般の人々，なおまた政治家などが，時勢に応じて，それまでとまるで反対の事を言い出すのはまだ許される．しかし学者は自己の説に責任を負わねばならない．学者が戦前の思想から，戦時になっ

て戦争を讃美し，東亜協同体など唱えたまではなおまだ許される．しかし敗戦になって，その学者がこんどは何のことわりもなしに，民主主義の説教を始める事．これは絶対に許されない事だ．彼らがこれ以上国民をグロウする事を許すべきではない．特に進歩的だと自分で任じている学者がこれをやる時罪は最も大である．

　私はいまだ戦時中の自己の言動を国民に向かって自己批判した学者を知らない．日本の学者は言論の責任という事を全く知らないのだろうか．そうだ，そしてそれは言論の自由がなかったから，したがって彼らは言論の責任という訓練も受けなかったのにちがいない．この意味で日本には真の学者と言いうる人は少ない．ただ単に本を多く読んでいたり，官僚的な研究に従事して，どうでもよい結果を出しているような学者がほとんどだと言ってよい．したがって日本の学者の間には他人の独創を平気で盗み，本人も盗んだという事を意識せず，第三者も何とも思わない事である．日本では独創ははなはだ少ないが，独創を大事がる事もない．それ故，独創的な意見はヤタラに人にしゃべっては損をする．必ず完成して発表しなければならない．これがまた学問的な討論を甚だ不愉快にし，不活発にしている．日本の学者は真の学問的な討論という事に訓練されていない．これはただに官僚的学者に限っているのではなく，進歩的と言われる学問も同様である．最も驚くべき事は進歩的学者の非常に多くが官僚的偏見を多かれ少なかれ有しており，しかもこの事を意識していない事である．それ故に日本の真の民主主義化は，次のゼネレーションが出て来るまで駄目だとしか考えられないことすらあるのはまことに残念なことだ．一つの環境においてつくられた頭，先入見というものは簡単にはつくり変えられるものではない事は，全

くいかんともしがたい事である.

　今の日本における一つのガンは自由主義のパスポートをもてる反動主義者である. 彼らは軍閥と協力しなかったり, または消極的に軍閥に反対した事によって自由主義者の名を得ている. この事自身は何らか貴重な事ではある. しかし今日において彼らの存在はガンである. 米英のような発達した民主主義国においては, 保守主義者の存在はそれ程有害ではないかも知れない. しかし今の日本のように戦争犯罪的侵略的非人間的封建性の一切をとり払うべき時に, これらの保守主義者は非常な障害になるものだ. ある事が米英にあるから許され, 米英にないから必要はないという考え方は最も誤れるものと言わねばならない. この動きのとれない泥沼日本を改造するには, 生やさしい微温的な事ではどうにもならぬからである. 彼らは戦争犯罪を追及するどころか, それを温存する事を願うものでしかない. 言論は自由になった. 言論の責任を確立すべき時である. 人民をだます時は去った. もはや人民がだまされている時代ではないのだ.

IV 頭脳の改造*

　歴史において，敗戦日本ほど歴史の不連続が強く意識される例も少ないであろう．そして大衆が，歴史や社会機構をこれほど明瞭に，各自の体験自身によって，いたましき体験によって認識する機会はまたとないであろう．それは昨日までの虚偽が重圧をもって強制されていた事がまた比類なく大きかっただけに，そしてまた，今日の与えられた自由が，真実を語ること，昨日の虚偽を暴露する事が許されているだけに，いやそれだけではない，昨日まで強制されながらもとにかく軍閥官僚の虚偽の宣伝を心の底から信じきって，そのために文字通り一身を投げうって命ぜられるままに国のためと思って真剣に戦ってきただけに，がく然として悪夢から覚めた今，虚偽と真実とのこの断層は国民をつよく鍛え，歴史とはいかなるものであるか，人類のそしてわれわれ国民の将来はいかなるものであるべきか，ということを強く明らかにつかむことができるのだ．

　それにもかかわらず，この歴史の大断層を旧支配機構はできるだけ人民大衆に意識させないようにあらゆる手段方法を以て努力しているのだ．かくて君が代は千代に八千代に不変なのだという観念をうえつけるのにやっきになっているといえる．しかし彼らが今日その地位にあるべきものではないということは，彼らには敗戦後のこの深刻な国難のどの一つをも解決するだけの能力がないことによっ

---

*　1946 年 2 月 5 日,「科学主義」 4 月号所載 (1950 年編註).

て明らかである．すなわち寒空に家なき戦災者に対しても，1千万人が餓死するという食糧飢饉に対しても，大衆の生活をすでに昨日からおびやかしている破局的なインフレーションに対しても，軍需工場から涙金を以て追出された，また死ぬ程の栄養失調となって復員した，大量の失業者，戦時中に机に向かう機会も与えられず若いのび盛りの重大な時を軍閥の犠牲にされて，極度に学力の低下した学生生徒たち，これらの問題を前にして現在の支配者たちは何一つ有効な手をうたず，彼らの熱心に行なわんとしていることは唯一の観点に集中される．それは彼らの支配体制を石にかじりついても保つこと，大衆の自覚と，その勢力が増大し，組織されることをあらゆる手を以て妨害すること，国民経済の危機を，戦争によって太った資本家財閥には何らの犠牲をも払わさず，あくまで大衆の犠牲に転化しようとすることである．すなわちあくまで非民主主義の立場からすべてを行なっていることである．

このような支配階級の利己主義による無能と悪意とによってこの支配体制が1日続けばそれだけ破局は深刻となり国民の不幸は増大するのだ．これ以上国民にとって迷惑なことがあるだろうか．しかしこのような深刻な迷惑を今しばらく問わないとすれば，これ以上の大衆教育の方法もまたないということができる．敗戦までの日本のように言論が完全に圧殺された所における政府の無能と悪意は，ただ現実が国民を教育するのみでそれ程意識的な効果もなかったけれども，現在は言論がほとんど自由であるために，大変面白いことになっている．それは，政府は国民大衆観客の監視の中で舞台で芝居をやっているわけだ．ところで，今や自由を得た言論が，観客に，政府の芝居のカラクリを一つ一つ，その楽屋裏に至るまで手にとる

ように説明する．それ故国民大衆はいやでも，政府の無能と悪意，支配機構のカラクリを知るということになるのだ．政府は国民がもはや，以前のようにだまされやすいものではないということを知るべきである．＊

政府はかの有名な悪法たる治安維持法や検閲などで直接に大衆の進歩的な運動を弾圧することができなくなったので，あらゆる間接的な法律を以て弾圧せんとし，板橋事件は実は政府自身に責任があるにもかかわらず，大衆の指導者たちを恐喝や暴行という名において検挙した．これ位の事態を恐喝や暴行で検挙するならば，現在の警察官のほとんど全員は恐喝や暴行の名において検挙される資格がある．何故に政府はこれを行なわないのか．それのみではない．四相声明を以て，法律の主観的な解釈の自由を利用して将来の弾圧方針を明らかにしたのである．しかし大衆は悪いことには，以前のように温なしくもないし，組織されていないのでもない．大衆は数々の争議によって，組織の力を学びつつある．そして資本家の生産サボタージュに対抗して，生産管理を以て戦い国民生活の破局を救わんとしている．これらの教訓から大衆は，勤労者が全国的に組織され，これら勤労者と進歩的資本家とによって，民主戦線が結成され，人民政府ができるとき初めて国民経済国民生活の危機が克服されうることを学びつつあるのだ．

×　　　　×　　　　×

支配層は一応意識的に民主主義化を怠っているけれども，それだけではない．問題はまた頭脳に関することでもある．このような歴

＊ 大新聞で比較的言論の自由の立場を守ったのは 1946 年の前半までであった．その後は露骨に支配者に追随し今日では目に余るほどになった (1950 年編註)．

史の大断層においては古い頭脳は全く新たな事態に適応することができないのだ．彼らは怠っているだけではなく能力を有しないのだ．彼らは民主主義の何たるかを知らないのである．民主主義を知らないものが民主主義を教えねばならないという骨稽な悲劇が文部省や，諸学校において現に演ぜられている．文部省も，他の官庁と同じように，ほとんど全員居すわりだ．ただ文部省は他とちがって，国民に教えねばならないというところに悲喜劇の原因がある．文部省は上層部は秘密警察的内務官僚出身によって占められ，下層部は沼土のような秘密結社的な師範学校出等によって充たされ，これらを思想的にささえるべく，前の国民精神文化研究所員のウルトラナショナリストが看板を書きかえて依然いすわっている．このような動きのとれない，いかんともしがたい固まりをそのままにしておいて「国体の本義」を発禁したり，大臣や局長にいわゆる自由主義者をもってきても，どうにもなるものではない．おまけに，それも，本格的自由主義ならまだしも，自由主義者のパスポートをもっている保守主義者だから，戦犯人よりなお始末が悪い．このような保守自由主義者は，軍閥圧制時代には，とにかく消極的にでも軍閥に反対することによって存在価値があったけれども，軍閥がなくなったので，もはや反対すべき相手がなくなり，今度は，その保守主義の面を露骨にあらわし，大衆の前進に恐怖をいだき，これを何とか食止めようと努力することとなった．軍閥に反対した自由主義者が舞台にあらわれたからといって観客たる国民大衆が何らか期待をもって喝采するとしたら，今度はとんでもない芸をみせられることになる．彼らはやはり本質的に，反動的官僚政府からむかえられるような役者にすぎないのだ．

このような反動政府に呼応して，従来の支配体制を維持せんとする，戦犯的進歩党や，自由主義圧殺の張本人を党主とする自由党，そしてまた右翼が民主主義に看板をぬりかえた小党続出．皆それぞれ，政府と同じように民主主義をとなえるのだから，大衆は一体どうしてよいかまよわざるをえない．

×　　　　　×　　　　　×

　一体このように昨日の右翼や，封建主義が急に自由主義民主主義に変わりうるのだろうか．そしてこれは政治屋のように嘘も方便の連中ならいざ知らず，大学の先生連のような御説教が商売の人々，特に思想や論理の厳格さを以て責任を負う哲学の大先生，自説に対して死すともその真理性を主張すべき学者が，敗戦を境として何のことわりもなしに，まるで反対のことをいいだし，しかもきまって，いかにして，またいかなる理由によって戦時中の軍閥礼讃思想から民主主義になったか，過去の自分がいったことが人々を誤らしたことをいかにすまなく思っているかということを表白したためしがないのだ．それどころか，彼らは自分はずっと昔から民主主義者であった如く平然と装っている．まるで論理の一貫性などどこへやら，これが彼らの「否定的媒介」というものなのであろうか．

　以上のような連中は，敗戦によるこの歴史の大断層の意義が理解できない人間である．すなわち真剣に新しい時代をきずくことを考えない連中，旧時代の支配機構にかじりつこうとするニセ民主主義者である．では真の民主主義者とバラック的ニセ民主主義者の異なりはどこにあるか．私はこのケジメをここに示そうと思う．それは，真剣に有効な方法を以て戦争犯罪戦争責任を追及するか，それとも，戦争責任を何らかの口実をもうけてウヤムヤにするかによってきま

るということにある．いかに口に自由主義民主主義をとなえている人間がいても，彼が戦争責任追及を熱心に行なっていなかったなら，それは諸君！　彼は虚偽の民主主義者なのだ．彼は必ず旧支配機構に密接に関係し，大衆の前進に恐怖し，自己の地位を保つに汲々とし，あるいはまた，時あらば，軍閥支配を復活せんとする者なのだ．このケジメを以て諸君はさまざまな現社会の実状をみて御覧なさい．必ず思い当たるところがあるだろう．議会で一時戦争責任が問題となったが直ちにうやむやに葬られた．そしてまもなく議員の多くが或いは戦争犯罪人として連合軍によって拘禁され，馬脚を現わしたのである．その他出版界や学会などさまざまな醜態を演じている．この点では日本という国ははなはだなさけない国で，自他共に進歩的と認めている学者たちに実は戦争責任者が存在し，大衆をギマンした人達がいることである．さきに示したことを諸君は本ものとにせものの見分けの規準として選挙の時などにもこれを適用して，真の日本の民主化のためにつくされたいものである．

　封建主義と民主主義とは根本的に論理から異なっている．それ故に相当に徹底して頭脳の改造をやらなければ，敗戦の大断層をこえて，新しい民主主義日本の建設などはできることではないのである．そしてこの頭脳の改造の第一歩は何といっても戦争責任者の一掃ということである．これを通じて，いかにこれまでの非民主主義的支配機構が人類の平和を害し自国の大衆を苦悩のドン底におとしいれたかということがあきらかになる．

　この敗戦の大断層は，日本が半封建社会から，民主主義社会へ移る革命なのである．国民はこの意義を判然と認識し，徹底的にこの実現をはからねばならない．封建イデオロギーが完全に爆破され，

徹底的に一掃された上で民主主義の精神が築かれねばならないのだ．

先にのべたように，歴史の真実と虚偽とが現在の日本国民ほどよくわかるものは他にないであろう．戦時中の大本営発表は総て虚構であった．戦時中の毎日の新聞は虚構をつたえていた．否，文部省の「国体の本義」を初めとして日本歴史は虚構であった．否々さらにはなはだしきは，日本国民が絶対の，そしてすべてはそこから発するとせられていた神話は虚構であること，また天皇は神であると信ぜしめこのために幾万の国民の身をギセイにしたにもかかわらず，天皇は神ではないことを天皇自身が明らかにしたのである．

絶対の真理は虚偽と化し，虚偽といわれていた敵のデマ放送が真実であったこと，愛国者だといわれてきた軍閥共は戦争責任者，亡国責任者，戦災者製造者，餓死製造者，物資イントク者であったこと，非国民といわれてきた共産主義者自由主義者こそ，真の国民大衆の幸福を念願し，不正なる強盗戦争から国民を守って一身をギセイにして戦ったものであったこと，これらが明らかになった．何という転倒であろう．恐らく多くの人々は眩惑を感じるであろう．そして形式論理的知性は，昨日あんなに真理だと思ったことが，皆嘘になったから，今日真だと思っていることもいつ嘘になるかもわからない，信ずべきものは何もないと，むしろ得々としていうであろう．しかし昨日いわれていたのはいかなる機構の下であったか，それは封建的軍閥官僚機構の下に特高憲兵重圧下の言論統制の下にであった．今日はどうか．言論は解放されたのである．何が真理であるか，何が虚偽であるかを心ゆくまで検討することができるのである．

×　　　　×　　　　×

このような形式論理的知性の誤謬の一つの面白い例が最近にあっ

た事をここに示そう．毎日新聞 1946 年 1 月 12, 13 両日にわたって羽仁五郎氏の「天皇制の解明」がのった．この論文は「日本書紀」における神武天皇紀元が事実でなく，つくられたものであること，そしてまた「歴史上の事実として，日本に天皇がはじめて現われたのは 3 世紀のころであろうと推定される．それより以前の天皇またいわゆる神代なるものは，紀元 6 世紀か 7 世紀のころに政治的目的のもとに述作され，それが 8 世紀のはじめに古事記または日本書紀にまとめられたものである．これは津田左右吉博士の多年の苦心の研究の結果明確にされたところである．」といい，ついで皇統がいわれている如く万世一系ではないこと，天皇制はそもそも最初から武力的であったこと，また民衆の搾取機構であったことが極めて科学的に何らの感情も，何らの先入見もなしに資料を追いながら明らかにされた．これに対して，同紙 1 月 23 日の，「建設」欄に慶大工学部学生高崎武章氏ははなはだ感情的な，明らかに先入見のある一文「羽仁五郎氏に問う」を寄せ，羽仁氏は日本書紀は政治的目的によって述作されたといいながらこれから引用している，「かかる勝手な議論，明白にためにする議論が果して真に科学的な歴史家の態度であろうか」と難じている．これまさに形式論理の悪用による議論である．人民はすでに今日作述された歴史がいかなるものであるかをよく知っている．戦時中日本の新聞も，大本営発表も「政治的目的のために作述された」ものであった．しかもわれわれはこの新聞の材料のみから，科学的な考証によって，日本軍がどの程度に負けているか，アメリカの実力はどの程度か，戦争はいつ頃終わるかということを知ることができた．今日から考えてこのことは大体において正しかったものである．さらにまた，明治以来の歴史はまさ

に作述されたものであった．しかしわれわれはそれから多くの事実を導きだすことのできる史料として科学的検討の下に使用することができるではないか．その中の何が政治的目的からの作述であり，何が事実として使用できる史料たりうるか．それは支配者の欠陥「とも解される諸記事をも燃焼し浄化するごときロマンチシズム」こそが政治的目的の作述に他ならないのである．同日の同紙に京都帝大の藤直幹氏はこの学生と同じような形式論理を振りまわしたあげく，「筆者は諸賢が国民的叙事詩の最初の作として日本書紀を味読し，皇室の御瑕瑾とも解される諸記事をも燃焼し浄化するごときロマンチシズムを体得して戴くことを念願する．」とのべている．歴史家は人々に実証するのが仕事ではなく，念願するのが仕事であろうか．このような歴史家が帝国大学に存在する限り日本の民主化も程遠い．日本書紀の皇室のきずになるような叙述も，また皇室を讃美する叙述も，叙述されたという歴史的事実は，当時の社会について多くを語る史料であることを人は知らねばならない．ちょうど軍閥下の新聞から軍閥支配の性格も，また日本はどれだけ負けていたかも知りうることを人は考えるであろう．

　日本国民はあまり長く封建制の下に，自らの行動を自ら律することなしに，支配者の命令によってのみ動きえた．国民はたづなをとられていたためであった．国民は主人に所有された奴隷であった．たづななきあとの，主なきあとのアナーキーを恐れることを封建支配者は終に最後の拠り所にえらんだらしい．かくして彼らは奴隷機構を自ら暴露したのである．ロシアの農奴解放の時にある農奴は，解放される事に恐怖をいだいて主人にいつまでも農奴として止まりたいと願ったという．しかし前進する日本の進歩的大衆の運命をこ

のような農奴の言によって制約してよいであろうか．民主主義は主を要しない，しかも人間は自ら生きることができる．民主主義は心配しなくても責任ある秩序を生む．天皇制支配下の昨日や今日のような無政府状態以上の無政府状態がありうるものではない．

　まことに徹底した頭脳の改造が必要である．このためには最も進歩的な人の頭脳も，まだまだ旧殻にとらわれているといわねばならない．スピノザのように「知性改善論」の必要を私はここに叫ぶのである．

第2章
科学論と現代科学の課題

——科学的態度とは何であるか？
　それはどんなに複雑であろうとも，事実がどうなっているかをつきとめることである．事実のつながりを論理的に解きほぐして行くことである——

I　自然科学とはどんなものか[*]

　われわれ人類は原始時代以来自然の中で自然ととっくんで生活して来た．このような活動は知らず知らずのうちに自然のからくりについての知識をわれわれの頭の中に形づくる事ができるようにさせたのである．われわれが生まれつきもっていると考えたり，または純粋に論理的に頭の中でつくりあげる事ができると考えたりするいろんな事も，実はこのような何万年の間に得たものが前提されているのである．

　このように自然に関する知識は，それであるから，その時代時代によって，人間がどの程度に自然ととっくんでいるかという程度によってちがうわけである．否，ただ知識だけではない，論理までもすなわちものの考え方までちがっているのである．われわれは，原因と結果という考え方が自然科学の一つの中心になっている事を知

---

[*]　1946年8月31日，「青年文化」10月号所載 (1950年編註).

っている．すなわち因果法則である．これも初めから今日われわれがもっているような因果法則が得られていたわけではない．未開人のもっている因果の考え方は神秘的なものであって今日のわれわれの考え方と非常にちがっている．これはもちろん因果だけではなくあらゆる論理が神秘的な性格をもっているのである．例えばあるインディアンは自己の家から150マイルの所に住む宣教師が夜南瓜を三つ盗みに来たという夢を見，そんな遠い所まで損害の賠償の要求に駆けつけた事，オーストラリアの土人が隣の種族に属する部隊に攻撃され，1人が眼前で殺される．殺した部隊が明瞭であっても，彼らは加害者を知らぬかの如くふるまい，加害者を発見するために占いに走る．占いによって殺した種族として第三の種族が決定される．彼らはこの種族を攻撃し，その中の1人を殺し真の殺害者には手をつけずにおく．

このような神秘的な論理はどうしてできたのか．それは未開人の生産活動がまだほとんど展開されていず，それ故，彼らの自然に対するまた人間相互の間にとりむすぶ関係は極めて制限されたものであるので，世界のつかみ方がきわめて漠然としており，十分確かに規定されないでいるからである．しかしまた直観的に全体を把握する弁証法も持っていた．

次に，エジプト，バビロニア，印度，中国等の古代アジア社会において生産技術が進み生産活動が著しく高度となったけれども，この知識をにぎる者は僧侶であり，神秘的な衣の下に知識を蓄積したので，より高い論理へと進む事はできなかった．

ギリシャになって，地中海を舞台にした商業民族は宗教から解放され，自由に，自然はどんなものだろうかという問を出す事ができ

た．ギリシャ初期のミレトス学派の哲学者と今日言われている人々はほとんど，すぐれた技術家であった．彼らは初めて宇宙の構造や物質の組立てや，この世界の成立について，神様に助けをかりないで考える事を始めた．それ故に現実を固定化せずに正しくつかむ弁証法の考え方が誕生した．しかしギリシャの社会はもっぱら奴隷労働に依存していた．それ故，ギリシャを通じて技術の進歩という事は大して行なわれなかったし，またあまり重要だと思われなかった．ギリシャはそれ故，エジプト，バビロニアの知識を受けつぎ，これを整理したという事に終わっているとも言える．このような制限された現実との交渉およびギリシャ中期以後の社会矛盾の激化が，ギリシャの学問や物の考え方を再度固定化し，形而上学に止まらしめたのである．すなわち原因を十分に験証せず，また験証しうるものとせず，現象の背後にかくされてわれわれのふれる事のできないものとし，すべてはこの原理から導き出せるという考え方である．しかしこれは論理的であり，また自然や世界がどうなっているかという事を理性によって解明しようとした事は重要な事だといわねばならない．しかしこの制約を忘れてはならない．現在でも形而上学が通用すると考える向きがあるがこれは大変な間違いと言わねばならぬ．すなわち今日の論理，物の考え方と全く異なる一つの思想の世界なのであるから，それは未開社会に次いであらわれる段階なのである．

　ルネサンス，封建制の母胎の中から新たな生産力が発展する．そしてこれは封建制を破壊して市民社会をつくりあげる．労働は社会的に組織される．こうして生産の発展が可能にされる．すなわち技術が発展し，科学が精力的に建設される．そしてこれは固定した考

え方や固定した論理に止まる事を得させないのである．すなわち形而上学はつぎつぎと崩されて行ったのである．しかし常に固定化し，形而上学化しようとする努力が行なわれている．

自然科学の世界では，どんな考えが得られても，直ちにその考えが実際自然において験められ，正否が直ちにきまる事である．絶対に験めされないような考えというものは存続する事ができないのである．また自然に存在する限り，それをわれわれは知る事ができる．これはわれわれは自然を相手にし自然と取っ組みこの自然の諸法則の保証の上で，われわれが行動する事ができるからである．これ故，生産活動における技術の発展が自然とわれわれの関係をますます深めて行く，また逆に自然を知る事によって新しい生産技術をわれわれは見出す事ができるのである．よく哲学者たちが言うようにわれわれはただ書斎でじっとしていてわれわれの感覚にあらわれて来るものを整理して自然科学ができるのではない．もしそうなら，或はギリシャの哲学者が考えたようなものになってしまうであろう．重要の事はすべてが験めされまたわれわれの行動を保証する知識だという事である．それ以外のものは無意味であり相手にする必要のないものである．

このような性格が，自然科学が特に，一歩一歩，困難であるが，しかし着々として建設を行ない，得られた知識は決して無駄にならず消滅しないで将来への土台となって行くという事になるのである．

さきにのべたように生産力の発展を可能にした市民社会は，まもなくそのもっている根本的な制約に衝突する．これは，社会化されたのは労働だけであって，労働するためのすべてのものすなわち機械などこれは個人が所有し，その個人は所有する事だけによって，

労働から利潤をとり上げる事ができる.所有者は社会のためではなく,もっぱら自分のためにだけ,労働者が働くための機械その他のものを勝手にする事ができる.この事がすべての矛盾を生む,すなわち恐慌が起こり,勤労者の生活を低下し,また大量の失業が起こる.こうしてまた技術はその発達を止め,科学も進歩しなくなり,固定した観念ができ上る事になる.

しかし勤労者はこの状態に甘んずる事はできない.彼らは団結し,労働が社会のためのものである事を要求する.こうして,私せられた一切の労働のためのものが次第にまたは急激に社会化されて行く.その限りにおいて生産力が再度よみがえり,技術や科学が発展し,観念の殻はやぶられて行く.勤労者の団結と科学技術の発展との関係について日本の状態はそのよい証明を与えている.日本においては勤労者の団結はひどく弾圧された.こうしてあらゆる事が勤労者のギセイにおいて行なわれ,技術の発展は著しく怠られた.

われわれは観念の固定した殻というものは,自然との取っ組みが一つの制約された状態において生じる事,その制約がとり去られたときその観念の殻がつき破られる事を知った.

実際自然科学上でわれわれはこのような驚くべき観念の変革を数多く知っている.すなわちわれわれは外的自然から論理とか考え方とかを学ぶのであって,自然科学が進歩すると,人間の頭はしばしばつくりかえられる事である.

自然の知識が次第に豊富になって来ると,古い観念と矛盾した多くの事実が見出され,混沌として来て,もはや理性による,論理的な解決は不可能なのではないかと思われる.そして神秘説や,科学を否定する哲学などが現われて来る.しかし一条の新しい道が見出

され，やがて新しい合理的な科学がつくり上げられる．この新しい科学の論理は，古い頭の人には容易に理解する事ができない．そしてこのような頭のかたい人は，これを合理的な認識だと考えなかったり，自然の存在を否定し単に感覚の記述しか存在しないと主張したりする．

このような変革に対して古い頭の人がついて行けない事はしかし何も自然科学だけの話ではない．新しい社会が革命的に進展している時にも古い頭の人には理解できないのである．私は一人の野暮な頑固な頭の哲学者の文章をここに引用したい．

「今日は堕落の時代である．此の堕落の因は何かと言えば，何よりも国民が理想を失ってしまったことである．節操なく気骨に乏しくなったことである．鍛練を欠きただ放恣に流れたことである．

これは昨日今日のことでなく今急にどうすることもできない．今の政治が果してどれだけの期待がかけられるものであろうか．左翼が擡頭して来たが，その様子はかつて右翼が盛だった頃とあまりにも似ている．これに対する国民の態度も全く同じである．すべて専制になれた国民の癖である．」

この哲学者は国民が八コウ一字の「理想」を失った事をなげき，武士道の「節操」と「気骨」をなくした事をうれい，軍事教練がなくなって若いものが「鍛練」をする機会がなくなった事をガイタンしている．この哲学者には勤労大衆の解放という事がわからないのである．そして将来の社会への前進という新しい論理が理解できないのだ．勤労者の団結という事と，在郷軍人会や産業報国会との違いがわからないのだ．自転車にのって逃げる泥棒のうしろ姿を見たので，すべて自転車にのった人は泥棒だと考えるのである．正にこ

の哲学者は彼があこがれるギリシャをはるかに通り越して未開社会の論理でものを考えているのだ．

　諸君は自然科学を勉強して，事実を正しくつかむ頭をつくらなければならない．怠け者の小哲学者の美文に酔っている時ではないのだ．

　自然科学による観念の大変革の例をあげてみよう．宇宙の構造について，ギリシャ時代までは大地が下にしっかりとあり，天は上にドームのようになっていると考えていたが，ギリシャに入って，自然はどうなっているかという問題を初めて出し，思考が宇宙の空間に飛び出し，地球も一つの星だと考え，惑星系が考えられる事となった．これは思考の一大変革であるが直ちに験めされず形而上学として固定化された．物質の組立てについても同様に元素や，原子の考えが導入されたが，験めされるものとしてではなかった．しかしこれは思惟の一大変革であった．

　ギリシャの制約は観念を固定して形而上学にしたけれども，中世はこの豊富さをも失ってしまった．教会の権威とアリストテレスの形骸の中に瞑想の論理を追及した．そして再度大地を絶対化してしまった．コペルニクス，ケプラー，ガリレイは地動説をとなえて観念を変革した．またガリレイは動力学を実験の基礎の上に近代的に建設して，中世の権威となっていたアリストテレス亜流の思想をくつがえした．19世紀に進化論が神が現在あるままにもろもろの生物をつくったという考えを否定し，長い歴史の後に下等なものから人間が進化したという事を明らかにした．相対性原理は，時間空間がカントの言うような先験形式でない事を明らかにし，量子力学は形式論理が決定的について行けない事を明らかにした．

これらはすべて根本的な観念の変革であり，直接に他の領域に影響しないではおかないものである．小哲学者たちは科学の内容について論ずるだけの知識を持たないので，二言目には科学の限界などという事を言い，外からこれを規定しようとする．科学はそんな事におかまいなしにぐんぐん進み小哲学者たちの足場をくつがえして行く．

　科学の進歩は直接に宗教や道徳を変革せずにはおかなかった事はさきにあげた数例を以て明らかであろう．そうだからこそガリレイは宗教裁判にかけられ，進化論は危険思想としてゴウゴウの非難をうけ，日本において博物学の教室に限界づけられ，どこにも通用する真理として認める事はもちろんとんでもない事であったのだ．

　科学的精神とか合理的精神を唱える人は率直にこの事を認めねばならないのである．ところが理性人を主張する小哲学者はつづけて，「合理主義がすべての真理を知るものではなく，合理主義ですべてが片づくのではないが，今それを言ってはならないのである．合理主義が行われないための弊害があまりにも多いからである．」という．この人には合理主義とか理性人とかいうのは方便にすぎないのだ，哲学とは真理を語るのでないのだろうか．こんな人に限って共産党は暴力革命をうしろに隠しているなどという事を言って勤労大衆の団結を妨害しようとするのだ．なぜなら自分が方便主義なのだから他の人の言う事が信用できないのだ．

　科学と道徳とは異なった関係のない二つの世界なのではない．科学教育を盛んにする事が道徳の最も正しい教育であると高野岩三郎博士は言う．まことに傾聴すべき，また勇気のある言葉と言わねばならない．科学とはうそをつかない事である．正直である．道徳の

基本もすべてここにある．すべて人がうそをつかなくなってごらんなさい．社会が間違った方に行かない事はたしかである．日本人はうそばかり教えられて戦争を始め，うそばかり教えられて戦争に夢中になった．そして，今日もまた進歩を否定し保守反動を以て任ずる党が進歩党と言い，滝川事件で大学の自由を圧殺した元兇の下に集まった党を自由党と言う事となった．その他美名の下に行なわれるものはすべてと言ってよい程まやかしである．すなわちすべての人が科学的に訓練されればギマンというものはなくなり社会はより正しい方向に進展する事はたしかである．

　最後に，自然科学の訓練は最も民主主義的な訓練を人に与えるという事ができる．自然科学における事実や真理というものはある特定の人に対してだけ成立するものではないからである．どんな人が測定しても同一条件では同一結果をうるし，どんな人に対しても自然法則は同一である．特に後者に対しては相対性原理はどんな状態にある観測者に対しても自然法則の形は同じであるという事を保証するものである．

　すなわち自然科学の訓練は，主観的な独りよがりの解釈を排する．そして第三者の立場から公平に見る事を教える．自分に権利があると同じ程度に他人にも権利がある事を教える．しかもこれは悪平等でなくて正当に存在理由ある者のみの権利である．異なる結果に対しては徹底的に正否を決定する事を強いるからである．これをやめてすべての立場の平等を主張し批判を許さないのは最も非科学的な悪平等である．科学の教えるものは他人の立場に立ってみて理解するという客観性である．われわれはこれができない人をしばしば見うける．自分がたらふく食っている人は，栄養失調でいつ死ぬかと

いう人の叫びを野卑であると攻撃する．そしてこれを総意でない一部少数の意見であるとするのだ，しかし例え7千万の中の100名でも餓死するとしたらこれは重大問題で，一部少数の人の餓死などほって置けというわけにはいかないのだ，これが科学というものである．

付・自然科学と学問の自由[*]

　私にとってこの会はとくに重要なる意味をもっています．私が京都帝大の物理学の学生で3年の時この滝川事件が起こったのでありますが，当時の鳩山文相が滝川教授を罷免しようとしたのでありますが，そのために法学部の教授の方々はこれに反対をして辞職しても闘うという声明書を発表されました．われわれ理学部の学生はそれについていろいろと会議を開いて問題を討議したのでありますが，ある人たちは自然科学はこういう問題とは関係はないじゃないかという人があり，私も初めはそういう風に考えておったのであります．しかしながらいろいろ討議しているうちに絶対に闘わなければいけないということで，われわれは声明書をつくったり，みんなでいまここに来られている真壁さんなどと一緒になって文部省に代表を送ったりしたのであります．

　この滝川事件の非常に特徴的なところはどういう点かというと，それまで多くの日本の大学の教授たちは学問の自由を叫んでは大学から追放を受けました．しかし滝川事件というのは，それまでと非常に違うことは，それまでは教授会の意志で大体自由主義教授，マ

---

[*] 1946年5月26日，東京京橋公会堂における学生祭公演，「学生評論」再刊第1号所載 (1950年編註).

ルキシズム教授ということで追放されました．文部省は教授会を通じて弾圧を行なったのでまだ学園には形式的な自由はあった．ところがこの場合には教授会は滝川教授を支持し文部省と闘ったわけです．文部省が教授会の意志を無視し，威力をもって追放しようとした時に教授会がこれと闘った．ここに非常な特徴があり，しかも滝川事件以来，学問に対する弾圧のみならず，あらゆる弾圧が急激に進行していって，日本が帝国主義侵略をやるフリーハンドを得たということであったのであります．ところで自然科学とかいう問題とは関係がないという風に考えたのは非常な誤りであった．それはどうしてかというと，その当時すでに独逸においてはわれわれが非常に尊敬していたアルバート・アインシュタイン，シュレディンガー，その他非常に素晴しい数学の大家であるヘルマン・ワイル，女性で数学の権威，エミー・ネーター，そういう人たちがナチスのために大学を追われ，外国に亡命したのであります．こういうことをわれわれは知っている．そうしてこの場合の学問というものは自然科学であって，そういうわけですから自然科学にも学問の自由というものが必要であるということをわれわれは既に知っていたのであります．滝川事件というものが，そういうナチス的な，ファッショ的な一つの現象であって，自然科学もナチズムや，そういったものの下では自由ではないということをわれわれは知ったのです．

　実際われわれが現在でも自然科学は自由であるかどうかということを考える，それに反対する人もあると思います．しかし半年前まではダーヴィンによる進化論，この進化論もごまかして考えない限り恐らくこれを人に話すことは禁ぜられたに違いない．実際皆さんがよくお考えになってもそれは分る．今こそそうでない．ところが

進化論は人間の事にまで繋がっているから，これは純粋に自然科学だけの問題でないということになるか知れませんが，ところで物理学，純粋物理は自由であるかどうか．量子力学が成立した頃から，相対性原理の時もそうでありますが，深刻な概念上の困難が存在しています．これはほんとうに考えてゆくというためには今までのような普通の論理学では駄目なんです．それでわれわれは形式論理学から一歩出なければならない．一歩出てどうかというと，弁証法しかほんとうに解決の道はない．しかもその弁証法はどんなものであるか，ヘーゲルの弁証法でいいのか，量子力学におきましてはヘーゲルのように神様が出てくるような弁証法では困る．もっと合理的な弁証法というものを考えていかなくては，量子力学は解決がつかないということを私は言ったのであります．これによって私は日本の官憲から7ヵ月留置場に繋がれた．そういうように物理学すら自由ではなかったのであります．現在いろいろ原子核の物理学が進んでおりますけれども，普通の論理ではなかなか克服できません．実際また私がさっき申しました新しい論理学によってこれを克服して来つつあります．これが私の治安維持法違反の犯罪事実となったわけであります．こうして純粋な物理学の発展すら禁止されたのであります．こういった人間の生活と関係のないような物理学においても，自由が束縛されていたということが分ると思います．

　ところで自由というものは学者が単に自分の研究をじっとして考えていれば，それで自由があるんじゃないかという人もありますが，決して発展するような自由ではない．実際滝川事件の時，われわれ学生の間で，何にもそんなことを言わなくても，ただ頭の中で考える自由があればいいじゃないかということを言っている人もありま

した．現在の学生でもそういうことを考えておられる人があると思います．そういうものは自由でない．どうしてかというと，そういうことでは学問の発展はしないからであります．学問がほんとうに全体の勤労する人民の政治によって，勤労する人民によって発展しなければならないということは私が申すまでもないことで，そうでないような社会では学問はいろいろな形で束縛されているということもお分りだと思います．私は今日のこの学生祭に，これまでの学問の不自由なことは今でも決して克服されていない事，形だけ自由が与えられているのでありますが，これを何とか束縛しようと考えている人が沢山おりますし，現実問題として非常な束縛を蒙っているということを諸君にお話して，こうした束縛と闘って頂くことを，学問の自由のために闘われることを切望致します．

II 現代物理学の課題[*]

1 物理学の発展

物理学はますます加速度的に進歩をはやめつつあることは，すでに多くの人々に認められていることであろう．そしてこれは生産技術にたいしてのみならず，哲学的思想にたいして常に大きな影響を及ぼしつつある．最近来日したノーベル賞受賞者で著名な実験物理学者ラビ教授は，アメリカにおいて，物理学者に与えられる重要性は戦前の5倍になっているといっていた．これはもちろん原子爆弾に由来するものであるが，今日物理学は偉大な将来をもっていることは事実である．

このような物理学の今日の事態ははなはだ根本的なものであって，その問題の基本的な提出は，ギリシャ初期において，人間の思想がアジア的，宗教的フン囲気を脱するとともに行なわれたということははなはだ意味あることである．この問題は，宇宙の構造について，物質の構造について，そしてこれらの運動，変化の法則についてであった．

宇宙の問題について，ギリシャ初期において以前の日常的直観的な宇宙観から脱して，思考が宇宙空間にとびだし，遊星系の構造についてさまざまな考えが提出され，終にコペルニクスの太陽系の考え方が，ケプラーにうけつがれ，この太陽系的宇宙構造論の上に，遊

---

[*] 「世界評論」1949 年 12 月号所載 (1950 年編註)．

星の運動が帰納的に法則化されたのであった．こうしてケプラーにおける天体運動の運動学と，ガリレイにおける物体の運動の分析の運動学の樹立の上に，ニュートンにおいて，力と運動の媒介として，ニュートン力学が樹立されたのである．ニュートン力学において物体の運動を普遍的に扱うことができるようになり，本質的な基本法則から，諸現象が媒介される論理構造が明らかになったのである．

ニュートン力学は，こうして本質と現象の立体的な論理構成を有している．数学的にいえば，基本法則が微分方程式であらわされ，これが積分されて諸現象の予測が導かれる．この際法則とは無関係に決定される偶然的な積分常数を媒介にしていることである．この偶然的な積分常数こそが，統計力学の基礎をなしているのであって，ニュートン力学を以て，単なる決定論とすることは許されないのである．

ルネサンス以後，光学と，電磁気学が次第に内容をえ，19世紀において，マックスウェルの電磁気学に統一され，古典的場の理論に物理学は進展していった．この場の理論は，時間空間概念の決定的な変更を要求するものであった．こうして古典物理学の完成として相対性理論が出現したのである．

ニュートンにおいて現象論的に主張された重力の問題も場の理論の立場から考察され，重力場の問題として一般相対性理論が発展し，宇宙論がこの方面から扱われているわけである．ニュートン力学の遠隔作用的な考え方が，場の理論，相対性理論において連続的な近接作用の考え方に置きかえられたわけであって，時間空間も近接作用的に，微分幾何学として建設されたのである．すなわちニュートン力学においては，真空中を物体が運動し，その際環境について考

えるのではなく，遠いところにある物体との相互作用を考えるのである．この意味でニュートン力学は機械的であった．これに反し場の理論は物体の運動を，その直接の環境から考えるものである．

相対性理論は第一に，時間と空間の統一，相互浸透を意味し，また，時間空間の物質化をあらわすものである．それとともに，時空世界のある点と他の点との時間と空間の関係は測定者の運動によって異なってあらわれるのであるが，これは哲学者たちが誤解するように主観に依存するのでもなければ，主体的な行為といったことによるものでもないので，測定装置においてあらわれるものであり，また相互に運動している二つの物体の現象においてあらわれているものである．

ニュートン力学は，相対性理論と対比すれば，光速度に比して問題にならない位の遅い速度で運動する物体を扱う場合においては完全に正しいのである．光速度に近い運動を扱う場合には相対性理論を必要とする．これは客観的な自然自体の問題であって，もし光速が無限に大きい世界であったならば，いかに主体的行為などを反省しても，ニュートン力学が成立ったわけである．この点で哲学者たちは著しい誤解をしているわけである．（後述田辺元氏の件もその一例である．）

もう一つの問題である物質の構造にかんしては，ギリシャにおいて物質の純粋な性質にかんして元素という概念と，また物質の構造にかんして原子という概念が定立された．元素概念を基本としてその後化学が発展し，原子概念においては物質の物理的性質が主として追及された．原子概念がはっきりと化学上の位置を占めるようになったのは，19世紀初めの近代化学の樹立以来であり，この際に

分子概念が物理的性質をあらわすものとなってあらわれてきた．

19世紀は物質構造論について大きな基礎を提供した．それは一方において，電磁気学の発達によって物質の電気的理論が考えられるようになり，また他方分光学の樹立により，各原子が特定波長の光を出すことがわかり，原子に固有の電気振動が考えられ，物質の構造についての大きな手がかりを提供した．

他面，熱学の発達は，熱現象を，物質を構成している分子運動の統計的現象として解明することとなった．すなわち分子の集合は，個々の分子のもたない新たな質を形成するわけである．

ところがこの物質構造論は19世紀の終わりから一大飛躍をはじめたのである．それは一方において，この物質分子の熱運動と熱平衡にある熱輻射の研究から，新たな要素であるエネルギー量子が見出されたことである．微小なエネルギーの現象において，新たにあらわれて来た常数，プランクの作用量子常数が導入された．これはエネルギーの分割がある意味で無限に小さくすることはできないことを意味するものである．

他方同じころ電気がやはり無限に分割されるものでなく，最小の電気をもった粒子の存在が発見され，その質量も測定された．これが電子である．こうして原子は多数の電子が集まってできたと考えられ，トムソンの無核原子模型，長岡の土星原子模型が提唱された．このいずれが正しいかの決着は1911年ラサフォードによって行なわれた．（田辺氏はこの点でも間違っている．）すなわち，原子は中心に原子の直径の1万分の1程の直径をもつ原子核があり，ここに原子の質量のほとんどが集中していること，まわりに軽い電子が稀薄にとびまわっており，その数は，それまで考えられたように多く

ないことがわかった.

この原子内電子数が小さいこと,とくに水素原子は1個の電子しかもっていないことがわかったので,古典的電磁気学を原子に適用して,スペクトル線をだしてくることが決定的に不可能になってしまった.こうして1913年にニールス・ボーアは,プランクの作用量子の概念を原子にもちこんで,半経験的な原子にかんする量子論をつくりあげたのである.*

輻射(光)にかんしては,一方において古典電磁気学が示すように,波動として伝播するが,他方において1905年アインシュタインが示したようにエネルギー量子として,粒子性をもっていることがわかり,波動と粒子という決定的に矛盾した像をもっていることがわかった.

電子についても,それは一定の質量と一定の荷電をもった粒子として見出された.ところがボーアの量子論的原子論が示すような,原子内の一定の安全な軌道をとるためには,ボーアの量子条件を古典理論にたいして追加しなければならない.この量子条件は,電子が波動であることを示すものであった.

このように,プランク常数が問題となるような現象においては,その対象が,粒子と波動という矛盾した二者闘争的な二つの像をもってあらわれることが明らかになってきた.このような難点にたいする克服の努力が,古典量子論の進展とともに行なわれたが,物理学の諸概念にたいして深刻な疑惑をもたらしたのである.そしてこれは,古典力学と異なった局面に偶然性が介在することを意味する

---

* 武谷三男著『量子力学の形成と論理』第1巻「原子模型の形成」,1948年銀座出版社,参照 (1969年編註).

ものであった．すなわち単一過程そのものに統計性が入りこんでくることを考えねばならないものであった．この性格を最もはっきりあらわしているのがボーア・クラマース・スレーターの論文である．これは古典的な考え方（実体論的論理）をそのままにして，その立場から解決しようとしたものであった．

これらの矛盾を本質的に克服するものとしてあらわれたのが量子力学であった．量子力学は状態という本質的な概念をつかんだことである．そして，統計性，波動，粒子という像を現象形態としてもっている．このような立体的な構成が量子力学の最も注目すべき点である．このような点はディレッタント的な哲学者からは完全に見失われていることである．

以上物理学史上の最も重要な諸点をあげた．はなはだ興味あることは，ニュートン力学の形成においても，量子力学の形成においても，その対象は，直接に直観に与えられていないことである．すなわち前者は太陽系であって，これはその構造にかんしてギリシャにはじまってケプラーまでその追求が行なわれて初めて確立したのである．後者は原子構造であり，これは種々の実験によって確立した．

しかも物理学の認識の発展において重要なことは，この両者によって示されているように，必ず対象は何からできているか，いかなる構造になっているかという問題を解決しないでは前進することができないことである．この認識の段階を私は実体論的段階と名づけた．この意義を見はずしたのがマッハなどであり，また一方において新カント派の認識論である．量子力学によって実さいの計算をする場合においても，先ずハミルトン関数をつくらねばならない．このためには，物理系にたいする知識がなければできないのである．

すなわちたとえば水素原子では，水素原子が陽子1コと，電子1コからできており，その間にクーロンの力が働いているということである．この系にたいする知識があってはじめてハミルトン関数をつくることができ，こうして，波動方程式をえ，この式を解いて状態を表わす波動関数をうる．こうして種々の物理過程を計算することができるのである．

2 素粒子論の進展

量子力学はまず原子内の主に電子について成立した．その後場の理論の量子論が展開されることとなった．電磁気の場に対して量子化が行なわれ，光子が場の理論から得られることとなった．

また 1927 年にディラックは電子についての相対性原理を充たす波動方程式をつくることに成功した．これはガンマー線が電子によって散乱される場合に（クライン＝仁科の式）また，水素原子スペクトルの微細構造の説明に対して大きな成功をもたらした．しかし，単体問題（電子一つを扱う問題）として出発しながら，負運動エネルギーの困難を伴うことから，負運動エネルギー状態には無限個の電子がつまっていなければならないという考えを必要とし，必然的に多体問題を要求したのである．

場の理論の考え方は電子にもひろげられることとなった．ディラックの電子の式を充たす波動関数は状態関数として扱われるのでなく，電子場を表わす物理的量であるということとなり，電磁場と同様に扱われ，量子化されることとなったのである．こうして電子場が量子化されて，粒子としての電子がえられることとなったのである．

以上の量子力学の場の理論は，素粒子の扱い方を提供するものであった．場の理論を基礎にもっている素粒子論は，ギリシャ以来の基本的な問題に対して，今日解答を与えつつあるということができるであろう．

しかも素粒子という考え方について古い考え方に対して決定的に新しい論理を見出してきたのである．ここに新しい物質観の前進とその輝かしい成果とがもたらされつつある．

素粒子とは物質を構成する窮局の基本的な粒子のことである．ギリシャ人はこれを原子という名で呼んだのである．

先に述べたように，電子論がでてくるに及んで原子は電子によって構成されると考えられることとなった．ところが原子核の発見によって原子には電子以外の要素が存在していることが明らかになった．それ以前の 1897 年に見出された放射能の現象は原子は他の原子に変換できることを明らかにした．量子力学の成立は原子内電子の運動を扱うものでありしたがって原子がだすスペクトル線にその主な舞台をもっていたが，これに対してその頃他方において，ラサフォードやキュリーによって実験的に放射能現象が研究され，原子核の変化が研究されていた．1928 年にはガモフ等によって放射能のアルファー崩壊に対して量子力学が適用され，大きな成果を収めた．

当時原子核は，陽子と電子が各原子核に固有な数だけ結合してできていると考えられた．陽子とは一番軽い原子すなわち水素原子の核である．これ以上軽い原子が存在しない故陽子は素粒子と考えられた．これらのことから当時，素粒子として，陽子，電子，光子が考えられていた．

原子核を陽子と電子から成っているとすることによって救いえない多くの困難があらわれてきた．多くの試みがなされたけれどもすべて無駄であった．そして，この解決は1932年新たな実体，新たな要素である中性子の導入によって解決されたのである．こうして，原子核は陽子と中性子から成っていることが明らかにされた．このようにして原子核についての物理系の知識が明らかになって初めて，合理的な理論が成立したのである．すなわち原子核の場合でも，何が存在するか，いかなる構造になっているかという実体論的段階をへて初めて理論が成立するものであることが如実に示されるのである．

　先に述べたディラックの電子論において，負運動エネルギーの問題から，陽電気を帯びた粒子の存在がさけられなくなった．最初はこれは陽子だと考えられたが理論から計算するとその質量は電子と同一であった．このような粒子は当時見つかっていなかったので，種々の修正が考えられたが，1932年陽電子が発見されて解決された．ガンマー線（電磁波）で電子の2倍の質量に相当するより以上のエネルギーがあるとき，陰陽電子対が発生する．また逆に陰陽電子が一緒になって消失し，ガンマー線が発生する．

　放射能のベーター崩壊は，はなはだ奇妙なものであった．ベーター崩壊において，崩壊の前後原子核はそれぞれ同一なものであるのに，でてくる電子のエネルギーは一定ではない．例えばラジウムEがベーター線をだしてポロニウムになる場合，すべてのラジウムE原子は同一で寸分のちがいもない．ポロニウム原子同士も同一である．だのにでてくるベーター線の電子のエネルギーは一定でなくて連続の分布をもっている．それでは，そのエネルギーのちがいはど

こに行ってしまうのであろうか．これはエネルギー恒存則を否定すると考えられ，たとえばボーアはこれまでも，ことごとにエネルギー恒存則を否定しようとしたが，彼はベーター崩壊についても恒存則を否定し，原子核の問題に対し合理的な理論が成立することに対し疑惑をいだいたのである．

エネルギーの恒存は，物質の客観的実在性の一つの保証である．エネルギーの形態は種々に変化するが，エネルギーの量は，客観的に存在する物質の量の本質的な把握である．恒存則を否定するとき，客観的な実在性の規準がなくなることになる．

相対性理論はエネルギーと質量の関係を樹立した．これは原子核物理学でとくに明らかに実験的に証明されることとなったのである．

上述のベーター崩壊の困難は，パウリによる新たな実体，中性微子(ニュートリノ)の導入によって，フェルミーが初めて場の輻射理論を適用してあざやかに解決することができたのである（1934年）．この理論においては陽子が中性子に（またはその逆）変化するとき陽電子（または陰電子）と中性微子との対が放出される．

このように中性子の発見以来，理論の困難は，実体的な要素の不足を意味し，新たな実体の導入によって解決されたのである．この事態について私は，原子核物理学のその段階を実体論的段階と規定し，このような解決こそ，マッハ等の経験論的観念論，または新カント派に対する決定的な否定であると見たのである．そしてこの実体論的段階を意識することが，物理学の発展に対して有効な指針を与えるものであると考えたのである．*

＊ 本著作集第1巻『弁証法の諸問題』参照（1969年編註）．

原子核は陽子と中性子の集合によってできているが、これらをしっかり結びつけている力の原因は何であろうか。場の量子論の立場から考えると、先のフェルミーのベーター崩壊の理論が直ちにここに適用される。すなわち、陽子と中性子との間に、電子、中性微子対のキャッチボールが行なわれることに求められる。ところがこうして計算した力は問題にならないくらいに小さいものであった（ソ連のタムおよびイワネンコ）。こうしてここに新たな場、新たな実体の導入が要求されることとなったのである。

こうして、1935年原子核の力の場として新たな場が湯川氏によって導入された。この場を量子化すると、電子の約200倍位の質量の粒子がえられた。これが湯川粒子すなわち中間子である。中間子場はまた電子、中性微子とも相互作用をもつと考えることによって、ベーター崩壊が説明された。

1934年、宇宙線の中に電子の約200倍位の質量をもった粒子が発見され、湯川粒子と同置された。中間子理論を原子核力や宇宙線現象に合わすためには多くの検討と変形が行なわれた。この場合にわれわれの指導原理は、実体論的段階の方法を意識的にとることであった。すなわち場の型の検討を、従来の場の量子論を対応論的にそのまま適用しつつ行なうことであった。すなわち、場の理論は後述するように本質的な困難をもっており、中間子論はこの矛盾困難を露わにするものであること、そしてこれが、場の量子力学を改変し、新しい力学を要求することは明らかであろうが、しかし先ず、実体論的な整理を行なう段階にあり、こうして、実体的な場の型や実体的要素を整理することによってできるだけ矛盾を整理し、本質的な矛盾を最後に追いつめねばならないとして、その方向に進んだ

のである.

　他面 1930 年から 1940 年の間に, 高電圧装置やサイクロトロンがつくられ, 原子核の人工変換, 人工放射能の知識が急激に蓄積された. これは後にウラニウム核の分裂現象の発見, 連鎖反応の成功に導かれ, 原子力の解放となったのである.

　原子核外電子の問題, すなわち化学変化などにおいては数電子ボルトのエネルギーが問題であった. 電子ボルトとは原子的現象で扱う場合におけるエネルギーの単位であって, 1 ボルトの電位差で電子 1 コが走ったときうるエネルギーのことである. 爆薬 T.N.T. 1 分子から爆発のときでるエネルギーは 35 電子ボルトである. このようなエネルギーに対して, 原子核現象では大体 100 万電子ボルトが問題である. アルファー線, ベーター線やガンマー線のエネルギーは 100 万電子ボルトから 1,000 万電子ボルトくらいであり, ウラニウム核の核分裂のとき一つの原子核から放出されるエネルギーは約 2 億電子ボルトである. また宇宙線粒子のエネルギーは 1 兆電子ボルト程度である. このように宇宙線や原子核現象では, 分子現象とは比較にならぬ大エネルギーがだされるのである. このことが原子爆弾の大エネルギーの原因である. 原子爆弾の原理は 1940 年までに展開された原子核物理学の正直な適用だったのである.

　中間子理論に話をもどすと, 中間子論を宇宙線原子核現象に適用していくとき次第にその困難がはっきりとしてきた. こうして, 1942 年, 戦時中の不利な事態の下に, 唯物弁証法の立場から, 実体論的整理の方法論的検討の下に, 重大な改変がわが坂田昌一教授を中心としたグループによって行なわれたのである. すなわち, 最初の湯川理論で原子核の力をなす中間子が, 大エネルギーをえて外

部に飛びだしたのが宇宙線の中間子だと考えたのに対し,原子核力中間子と宇宙線中間子とは異なったものであると考え,重い核力中間子が核から飛びだすと,短い時間でこれが軽い宇宙線中間子と中性微子に崩壊すると考えたのである.この考えは,戦時中でもちろん外国に知らせる事はできなかった.またそれ以上の実験的な証明はできなかった.

戦後になって,一昨年から実験的に中間子論に重大な変更を加えるべきことが次第に明らかになった.そしてこれは,坂田二中間子論によって充たされることが明らかになったのである.一昨年これらの実験を基とし米国でマルシャックとベーテが,同様な二中間子の理論を坂田氏と独立に提出した.

昨 1948 年は物理学にとってきわめて記念すべき年であった.それはカリフォルニアのサイクロトロンで,中間子が人工的につくりだされたことである.そして,核から飛びだした核力中間子が,電子の約 286 倍,これが崩壊してできた軽い中間子が電子の約 217 倍の質量をもつことが明らかにされ,坂田理論が証明されたのである.しかもわれわれのその後の検討の結果,前述のマルシャック,ベーテの理論よりも坂田理論の方がすぐれていることが明らかになった.

中間子が人工的につくられたので,種々の知識が一挙に明らかになりつつある.こうしてわれわれは現在理論の発展にとって多くの材料を与えられつつあり,理論の発展のために忙殺されつつあるのである.

この数年に急激に発展をえた問題がもう一つある.電子理論の基本的な難点に関するものである.これは素粒子の構造そのものに関するものである.私は戦時中,この難点を分析し,場と物質粒子と

いう対立した概念の矛盾という形に整理した．戦争がすむと直ちに坂田氏等を富士見に訪れ，今後の研究方針について討論した．坂田氏等はこの方向を発展させて，凝集中間子（C＝メソン）の理論を樹立し，戦後第一回の学界に花々しく日本の物理学の健在を示したのである．

凝集中間子論は電子論の難点の一部をすばらしくあざやかに解決したのみでなく，電子論に関するさく雑した難点を整理するための出発点をなした．電子論の難点とは，電子は自己の周囲に電磁場をつくっているが，この場が，その電子自身に作用を及ぼし，量子力学によるとこれが無限大になってしまうことである．また電磁場が存在する場合，真空中に陰陽電子の対が発生し，再度消滅するのでこの影響がやはり無限大をもたらすのである．

朝永振一郎氏およびその一派の若い進歩的な理論家たちは，凝集中間子の問題から出発して，これらの難点をあざやかに整理した．アメリカのシュヴィンガーその他の人々も独立に同様な研究を進めている．

やはり一昨年（1947年）から，実験技術の進歩（超短波無線技術）を利用して，原子に関して，従来の実験が理論の第一次近似しか与えなかったのに反して，理論の第二次近似まで与えるようになった．これは先日来日したラビ等の実験，ラムおよびラサフォード等の実験である．この実験結果は，坂田，朝永，シュヴィンガー理論が正しいことを証明した．この方向は大体の困難の分析はできたが，将来凝集中間子をふみ台として大きな発展が予想されている．

以上のように日本の理論物理学は困難な条件にかかわらず，世界の先頭を進んでおり，世界の学界の注目のまとになっている．文化

の先端である理論物理学が世界の指導性をもつことは,植民地化防止の見地から言ってまことに心づよい限りである.この意味からも国民諸氏の熱心な御支援を希望して止まないのである.

この日本における発展にとってきわめて特徴的なことは,学界の封建的な空気の中で,若い理論家たちが意識的に民主的組織をもって全国的に横の連絡をつけて研究したこと,戦後はとくに職員組合に積極的な進歩的な研究者たちが,組合運動に伴って研究の空気をつくりだし研究を盛んにしたことである.まことにこのような文化の先端を進む研究は封建的な空気の下ではできないのである.

もう一つの特徴は,従来天才の勘にまかされていた研究が,意識的な唯物弁証法の立場からなされ大きな成果を収めたことである.これらの点について坂田昌一氏の名著『物理学と方法』(1947年白東書館)ならびに拙著『続弁証法の諸問題』[*]を参照されたい.

以上により今日素粒子として,陽子,中性子,重中間子,軽中間子,陰陽電子,中性微子,光子があげられる.今日の素粒子の概念の特徴はこれらが固定したものでなくお互いに転化することである.すなわち陽子が中性子に(またはその逆)転化して中間子を放出し,中間子は電子と中性微子にこわれ,光子は陰陽電子の対になることである.すなわち素粒子はその静止質量に相当する以上のエネルギーが与えられるとき生成されることである.たとえば100万電子ボルトのエネルギーが与えられるとき,陰陽電子が同時に発生する.また,約2億電子ボルトが与えられると中間子が発生するわけである.これは,アインシュタインのエネルギーと質量の関係を完全に

---

 [*] 本著作集,第1巻所収 (1969年編註).

証明しているわけである．

　原子核，宇宙線現象は 100 万電子ボルト程度以上のエネルギーを問題にするので，素粒子の生滅を常に問題にすることになるのである．また素粒子が生成放出されない場合にも，中間状態でこれらの発生と消滅を扱わねばならない．すなわち，たとえば，いま陽子一つだけがある時，これは中間状態で中間子を放出して中性子に変わり，ただちにまたその中間子を再度吸収して陽子に戻る．このような振動を行なっているのである．

　また真空自身も，つねにたとえば陰陽電子対と光子を生成したり再び消滅したりしている．真空はこのように物質に充ちたものということができる．

　最近の物理学はなお物質粒子と場の両概念の対立をめぐって新しい発展を行なう前夜にある．そしてこれは素粒子自身の構造の問題に関している．われわれは今やすばらしい物理的物質の秘密の目標に近づきつつあるということができよう．

　今日到達しただけでも最近 15 年間の素粒子論の発展は，物質観とその論理に根本的な変革を与えたのである．

　現在，一番重い素粒子である核の構成粒子，陽子，中性子 (電子の約 1,800 倍) が，はたして素粒子か否かが問題になっている．ソ連，フランス等で，電子の約 1,000 倍位の質量の粒子が見出され，この問題をめぐって物理学はもっと大きな発展をみようとしている．

　素粒子であるという規準は何であるか．このような問題提起が行なわれねばならない．

　玉木英彦氏は「要素性について[*]」という興味ある批判論文を書いている．これは唯物弁証法の立場から，従来の素粒子の考え方に批

判を加えたものである．玉木氏はディラック及びフェルミーの考え方を批判整理している．すなわち，ディラックは，微視的対象の特徴として観測による原理的攪乱をあげている．しかし玉木氏が言うように彼の考え方は原子核物理学に対して全然有効性をもたないばかりでなく有害な働きしかしないものであるということができる．そしてまた，陽子，中性子，中間子のように電子に比して著しく重いものは，このような攪乱が著しく小さいのである．

フェルミーの考え方は，微視的なものには個性がないこと個性は複雑な集合においてあらわれること，微視的粒子は，量子化された波動であることにある．玉木氏はフェルミーの考え方を支持している．

実さいこのフェルミーの考え方に素粒子性の基本があることはたしかである．すなわち，素粒子性の基準は場の量子化によってえられることが必要であろう．しかしこれだけではまだ十分はっきりしたものということができないであろう．

素粒子ということのもっと端的な実験において直接に証明される方法を私はここに考えてみたいと思う．それはその粒子の生成に求めるのである．ここに生成とは，他に重要な変化を与えることなしにその静止質量の全部が静止質量でないエネルギー部分から生成されることを意味する．そしてこれがいくらでもくり返しうることである．たとえば原子核からアルファー粒子が飛びだすのも生成と考えれば考えられないこともないが，この場合にはアルファー粒子の静止質量が，そうでないエネルギーから生成されたことにはならな

＊ 「基礎科学」第2巻第4号所載（1969年編註）．

いし，アルファー粒子をだした核は変化してしまい，またいくらでもアルファー粒子をだすわけにはいかないからである．

ガンマー線から陰陽電子対が生成されることから，電子は素粒子であるということを結論することができる．この場合，電子が何かもっと要素的なものが結合したものであるとするなら，その結合エネルギーが電子質量以下である場合，陰陽電子の単純な生成は起こらないのである．その結合エネルギーが電子の静止質量よりはるかに大きい時のみ，単純な対生成が行なわれる．しかしこのような静止質量より大きな結合エネルギーによる組成粒子の結合である場合，組成粒子というものが意味をもつとは考えられないからである．

このような考え方からすれば，今日なお陽子，中性子の対生成は実験的に見出されていないので，これらが素粒子であるかどうかは何とも言えないことになる．この現象が見られるためには現在のカリフォルニアのサイクロトロンの 10 倍のエネルギーを発生する装置を必要とするのである．このような大エネルギー発生装置ができたとき，物理学はかっ期的な発展をとげるであろう．それは今日疑問とされているマス・アニヒレーション（質量消滅）すなわち原子の質量全部をエネルギーになしうるかどうかがわかるからである．原子爆弾は，ウラニウム原子の質量の約 1,000 分の 1（陽子質量の4分の1）をエネルギーに転化したにすぎないからである．

3 哲学者の誤解

私はこれまで，哲学者たちの誤解，失敗，不勉強に対してしばしば批判や警告を発した．本書の中の「哲学の失敗」ではカッシラーの著書がなした失敗を細かく挙げた．また『弁証法の諸問題』では

田辺元氏その他の哲学者の誤解を指摘した．

私の最も残念に思うのは，田辺元氏その他の哲学者たちが未だに，量子力学の不確定原理のみを云々するに止まり，その後物理学が物質観に対し重大な変革をもたらし，これが論理学を一新しているにかかわらず，これらを一切無視し，否勉強しようともしないし，またこれらを扱うべき論理ももたないことである．

それだけではない．私はすでに相当以前に，量子力学の測定問題を論じるためには少なくとも，ノイマン，パウリ，シュレディンガーの観測問題に関する論文，著書を検討すべきことを田辺元氏等に向かって指摘した．にもかかわらず，田辺氏らは，これらを読もうともしなかった．そして，ただ初歩的な教科書のいくらかの字句の勝手な解釈に浮き身をやつしているにすぎないのである．このような態度は果たして彼らが学問をやろうとしているのであるか，彼らに学的良心があるのだろうかということを疑わしむるものである．

田辺氏は「展望」1948年11月号に「局所的微視的」という論文を発表し，量子力学について論じている．これも相変わらず全くの誤解と臆測にすぎないのは残念なことである．しかも名はあげてないが明らかに私らしき者に対して軽卒な（曲解ではあるまい，そこまでは分っていないようだ）誤読をしているのでちょっとふれることにしよう．

田辺氏は，「今にして思えば私の理解の未熟なためであった（拙著『哲学と科学の間』所収の論文「量子論の哲学的意味」参照.），物理学者，なかんずく唯物論的傾向の物理学者から批判を受けたことは当然であると思う．私は今日いさぎよく私の非を告白するものである．」と述べて，いかにも過去において自分が間違ったことは指摘された通り

だと認めているようだ。だがこんどは間違っていないのだということを言おうというわけである。

　田辺元氏は今度は，最近出版された，湯川氏の教科書『量子力学序説』と朝永氏の教科書『量子力学』から自分にとって都合のよい「言葉」を見つけてきて論じるわけである。しかし誤りはそんな簡単なことでとり去ることのできるものではない。学問というものは，教科書にかかれてある二，三の言葉をもって来る事によって解決するものではないからである。学問の内容から分ろうとしない限り一切は無駄である。このような態度を改めない限り，田辺元氏は何回自分の未熟や非を告白しても，臆測から一歩もでないのである。

　田辺氏の量子力学解釈の基本的な欠陥は，確率波というようなことだけを問題として，量子力学の基本である状態概念を全然つかんでいないことである。こうして量子力学の基本構造を問題にせず，片々たる言葉の扱いに終わるのである。

　田辺氏は「況や唯物論的傾向の物理学者がハイゼンベルクの不確定性原理に不満を懐き……」とか「しかしハイゼンベルクの不確定性的自覚をもって主観主義の観念論に陥るものとし，之を物理学から駆逐しようと欲するならば，それもまた偏見たること，上来述べた所によって明に知られるであろう」といっている。田辺氏は誰のことをさしているのかわからないが，アインシュタインやプランクのことならわかるが「唯物論的傾向の物理学者から批判を受けた」とある以上私のことを指すものと思わねばならない。私のことであるならば，私はハイゼンベルクの不確定原理そのものに対して不満を抱いたり，駆逐しようとしたことはないのである。ただ不確定原理の観念論的解釈に対して批判を加えているのである。

田辺氏は「新量子論の特色が，微視的認識の不確定性に対する観測行為の限界自覚を理論の内容とすることにある」と言っているが，これは私がすでに田辺氏に対して 10 年前に指摘した誤り*をまだつづけていることである．すなわち，個々の観測は直ちに認識ではないのである．両者の区別をはっきりしないと言うことは，田辺氏が物理学が何であるかを全く考えようともしないことによっている．個々の観測に不確定原理があっても，認識は限界なしに行なわれるのである．このことに関係しているが，田辺氏の私に対する誤解の最もコッケイな例は「これに対しもしも唯物論的傾向の物理学者が，弁証法の根拠としての無を承認せず，ただ観測行為の成功失敗という実践的契機を物理学的像の批判に加えるだけで，技術的実用主義の立場から，いわゆる唯物弁証法を確証することができると考えるならば，それはなお洞察の不徹底を免れないものといわざるをえぬ」といっていることである．私は観測行為の成功失敗などを問題にしたことはない．これは観測と認識の混同にその誤解の源があるのである．私が述べたのは「対象を正しく認識した限り我々の行為は成功し，間違って認識した限り失敗をもたらすわけである．実在性は，単に与えられた経験を整理することによってえられるものではない．対象についてある像をもってさまざまな行為を行ない，予期した結果をえた限り，その像は実在性をもつのである．それゆえに認識の過程こそが認識論の中心にすえられるべきものであって，認識された結果のみを如何にいじくりまわしても，成功も失敗もしないという立前の勝手な解釈しかあらわれず，実在性は見失なわれ

---

* 本著作集第 1 巻『弁証法の諸問題』(1969 年編註).

てしまうのである*.」すなわち失敗と成功ということは、たとえば田辺氏が物理学の将来について一つの予言をしたとき、それが成功すれば田辺氏の議論は本当だったのであり，失敗すれば間違っていたということを意味するのである．

次に田辺氏の因果律の考え方は実に平面的である．弁証法的唯物論ではもっと立体的に考える事くらいは知ってもらわねばならぬ．本質と現象の論理に対する理解がないから静的な形而上学的な無を持ち出さねばならなくなるのである．唯物弁証法における否定はもっと動的なものである．ニュートン力学ですら田辺氏の考えよりも，もっと立体的な構成をもっている事は第1章に述べた通りである．

田辺氏は相対性理論が必然的に量子論に発展するかの如く論じているが全くの誤解である．$h \to o$ の対象を扱う限り，古典力学の相対性理論は何らの矛盾ももたず古典的な完成さをもっているのである．

その他到るところに誤解を指摘することができる．このような誤解の上に立って田辺氏は次のような結論を下すのである．「特に客観主義を標榜し実在論に立脚して，存在の意識に対する優先的決定性，認識の模写性を主張したところの唯物論が，物質的認識の典型というべき理論物理学において，その敵視する無の自覚や，不確定性的主観性などを承認しなければならぬということは，唯物論が思想として現在転機に立つことを示唆するものとして，もっとも重要なる意味を有すると考えられる．」田辺氏は私の『弁証法の諸問題』をもう一度落着いて先入見なしに読まれたならば，唯物弁証法こそ

---

* 武谷三男著『量子力学の形成と論理』第1巻 281 頁，1948 年 6 月，銀座出版社 (1969 年編註).

量子力学に対して最も適切な考え方であることを見出されるであろう．

田辺氏の例は，人間は勉強の仕方が間違うと，一生かかって泡沫ばかりしかつかまないという悲劇的な例を示している．田辺氏は一生「四項名辞の虚偽」という狐につままれ通した，そしてその狐によって原稿料と名声をえたことはたしかである．

これらの人にこのようなディレッタンティズムをくり返していただきたくないのである．そしてそのための唯一の対策は，哲学に対して有効性という規準を課すことである．もっともこの有効性とは，原稿料かせぎや名声をうることに対する有効性ではなく，その説にしたがって実行して，その説をためすということである．

そして今や唯物弁証法は物理学の領域において着々と有効性を示しつつあるのである．

Ⅲ　ラッセルのルネサンス論批判[*]

　ラッセルの新著のルネサンスの分の紹介批判を依頼されたが，いろいろの事で十分に検討する事がなかったので，ここに気がついたことを簡単に記しておきたい．

　大体において平凡であり常識的であるという事ができる．厳密な教科書というのではなく，むしろちょっとした読みものと言った感じのものである．

　唯一つ学ぶべき事はあくまで神秘主義や非合理主義や独断論を排しようとする事であり，このために一貫した努力がはらわれている．これはファッシズムに対する一つの防壁ではありうる．しかしこのような合理主義はそれが高度の論理性を自己のものにせずに，単に形式論理学のみを唯一の合理的な論理だと考えるときには，平面的な現象論となってしまう．そして現象論はそれが絶対化され，それ自身が論理だと考える時には極めてあざやかに独断論，形而上学に陥ってしまう事である．

　この点は 19 世紀以後の物理学がもはや従来の実体論的形式論理（拙著『弁証法の諸問題』参照）の追って行く事ができないものになったとき以来，一般に物理学者によって取られた見解と同様である．しかしこのような理論は例えば Energetik のようにすて去られてしまった．相対性原理の入口でエーテルのように観測されない対象を

---

[*] 1946 年 9 月 20 日，「思想の科学」第 3 号所載 (1950 年編註)．

物理学から排除した時，量子力学の入口のように原子内の電子の軌道は測定されないから物理学から排除すると考えた時のように，何らか旧い考えを排除するときだけこのような現象論は有効であった．それ以外においては決して便宜主義とか対象を無視した経験論とかは指針にはなり得ないのである．

これらの現象論者や経験論者は形式論理学以外の合理主義的論理学をもたない，それ故に素朴実在論が成立しないという事から，直ちにすべての実在論，唯物論が成立しないものだと考えるに至るのである．それゆえ合理主義には現象論，経験論などしかないと考えるのである．

ラッセルの哲学史は全面的にこのような平面的な合理主義に陥ってしまっている．平面的な合理主義は経験において与えられたものを無媒介に受け入れる．これは偶然と必然の具体的な論理をもたないゆえに，現象面において直ちに固定化されてしまう．それ故に法則性と便宜主義との混同，完全なる相対主義をもたらすのである．そして自己の論理の力の及ばないのを無視して，平面に投影してすべてを解釈してしまうのである．それは立ち入った論理構造を追及するだけの立体的な論理をもっていないのですべてを平面上の投影において並列せしめ，あれもある，これもあるという事を，無媒介にられつし，これを類比でもって法則化して行く，すなわち類比を論理だと考えるのである．このような考え方は普通に何らの努力も要求しないし，はなはだ単純に見えるので一般に「よく分る」という事になる．しかし現実は必ずしも単純ではない．しかも単純化されたものが必ずしも有力だとは限らない．

科学的態度とは何であるか，それはどんなに複雑であろうとも，

事実がどうなっているかをつきとめる事である．事実のつながりを論理的に解きほぐしていく事である．

まことに科学的という事は私の尊敬するすぐれた自由主義者の友人が言うように，「合理的」でかつ「実証的」である事である．しかし，「合理的」という事が「形式論理的」であったり，「実証的」という事が自分の興味ある事実だけを勝手に選び出す事であるならばそれは決して科学的とは言えないのである．まして，たとえば最近のある人の論文のようにマルクス理論を批判する場合に「資本論」1冊はもちろんの事，「価値，価格，利潤」というパンフレット1冊すら眼を通していないような場合に，その議論は実証的でもないし，ましてや科学的でもあり得ないのである．こうしてできた議論は何も知らない人からいかに分りやすいと歓迎されても，正しい議論だというわけにはいかない．

ラッセルの哲学書も以上の意味でよくわかるという評判を得るにちがいない．

しかしこのような意味の「よく分る」事は一部の知識階級において，自己の思想が現実と何らの生死を決する組みつきを行なっていない時に，すなわち現実は毎朝の新聞によってだけ与えられる人々にだけよく分る事になるのであって，力強く新しい世界を形成しようとする勤労者には決してよくわかるものではないのである．

ルネサンスにはそれ故にラッセルによれば大衆は何らの作用もしない，またそこには都市の発達という事も封建性の解体という事もないのである．ルネサンスは最初にペトラルカなどの数名の人にあらわれる．そして15世紀から洗練されたイタリアの大きな部分にひろがった，としている．またルネサンスはヒューマニストの法王

の通俗的傾向がそれまでの教会的なものに反対する運動を起こす事となったと言っている．またルネサンスの終わりに，都市自身の民主化を妨害する利己的支配勢力の圧力や，都市の勤労者は団結しようとするのに，諸都市の支配階級は自己の利益のために互に対立し争った事，このような社会の諸矛盾にあるのでなく，それはプロテスタントによってローマが侵され，それによって法王が宗教的となった事，内乱に外国勢力を導入した事が決定的な破壊となった事にあるとラッセルは言うのである．すぐれた歴史家が合理主義的ルネサンス論を展開した日本のレベルにおいては，このような安直なルネサンス論は大した興味も起こさないにちがいない．

彼は言う，まず第一の消極面として教会権威の解放が起こり，これはアナルキーなほどの個人主義となってあらわれる．解放はまず美術と文学に行なわれ，この道徳的，政治的アナルキーはマキァベリによって表わされた．ただし北方のルネサンスはアナルキーの性格はもたなかった．ルネサンス人には中世的スコラ的思惟がむすびついていたので，これらが野暮なものとなっても直ちに新しいよりよいものはなかった．哲学が重要になったのは 17 世紀である．ルネサンスの第二の積極面は科学の権威の増大であるが，これはずっと遅れて確立するが，17 世紀のことである，と言う．

ルネサンスにおける，権威の交替についての彼の特徴づけは，State が Church に変わり，king が tyrants の間の民主主義へと変わり，封建貴族に商人と結びついた king が置きかわる．哲学者には State は Church ほどの影響は与えない．新しい自由文化は最も自然的に商業と結びつく．しかし最も大きな例外は Fichte と Hegel であるというのである．

彼は言う，教会の権威に対して科学の権威の特徴は知的 intellectual であって，支配的 governmental でない，またこれに反対する人に別段刑罰が加わるわけでない．単に理性に対する内面的アッピールがあるだけである．またこれは個々部分的な権威であって，カトリックのドグマのように人間の道徳，人間の希望，宇宙の過去から未来にわたる歴史にいたるすべてをおおう完全な体系を設定するものではない．科学はある時に科学的に確かめられたものについてのみ言うのである．教会の権威は絶対の真理と永久に不変なるものについて言うが，科学は，試験的で，蓋然的で将来の変更をゆるすようにつくられる．教会の権威と科学の権威の相違を彼はこのようにつかむのである．

教会の権威から離れたルネサンスの個人的性格，自己の主観に依存した主観的性格は近代哲学に保持されていると彼は言う．この性格はデカルトにおいて特殊づけられる．スピノザにおいてはあまり支配的ではないが，ライブニッツの窓のないモナドに再度あらわれる．ロックは天性的に客観的であったがシブシブながら，知識は ideas の一致または不一致であるという主観的な説に強いられた．この考えは彼にとってひどく反発を感じるものであったのではげしい撞着を敢えてする事によってのみそれからのがれた．バークレイは物質を抹殺してのち，その後の哲学者たちのほとんどが不正当だと考えた神を使う事によって，かろうじて完全な主観主義からのがれる事ができた．ヒュームにおいて経験哲学は，誰も反対も肯定もできないような懐疑主義の絶頂に達した．カントとフィヒテは性格的にも学説から言っても主観主義であった．ヘーゲルはスピノザの影響によって自らをこれから救う事ができた．ルッソーとロマン主

義運動は主観主義を認識論から倫理学と政治学にひろげた．そしてバクーニンのような完全なアナルキズムに論理的経験を見出した．この主観主義の極端なものは気違いのようなまでの形をとるのである．というのがラッセルの大体の近代哲学史の見方である．

科学について，彼が言うのは，技術としての科学は新しいタイプの実際の人間をつくる．これは理論的哲学者と異なって power のセンスを与える．これは社会的であって個人的でない．それ故個人というものは科学技術がまだ十分発達しない 17 世紀が最も純粋である．科学技術には一つの方向に組織された個人の多数が必要であり，これは反アナルキー反個人主義であり，倫理的に中立であり，可能性が問題となり，そうして不完全という事を何とも思わない．科学技術に inspire された哲学は力の哲学である．こういうふうにラッセルは特徴づける．

ルネサンスにおける科学について，ルネサンスの後期にのみ科学の影響があると彼は考える．コペルニクスでさえ，当時の人に何の影響も与えなかった，それ故，ケプラーとガリレイから科学の時代と考える．近代物理学の方法の確立という点ではなる程それがケプラーやガリレイにあると考えるのは正当であるけれども，それまでにいかに多くの科学者たちが新しい科学的立場というものの確立のために，また科学的考え方という事のために努力をした事であろう．これらの人々の仕事は或は間違っていたり，また結果として正確ではなく，そのため，そのままではケプラーやガリレイのように今日の科学の一部をなすに至らなかった．しかしその努力はどんなに好く評価してもすぎる事はない．いつの時代にもそのような役割をなす先駆的なしかし明確な形では後に残らず，古い考えをこわし新し

い考えを形成するために有効な役割をなす人がいて，その後に新たなる確実な仕事が出て来るものである．これらの人々は得てして無視されるものである．ラッセルも残念ながらこれを評価する事はできなかった．

　コペルニクスにおいて，彼は美学的な円軌道を採用した事などは，古代からの形而上学の残渣がそのまま残っている．しかもなお彼は近代科学者と呼びうる点は，とラッセルは言う，科学はドグマ的でなくて，tentative であり権威と intuition でなく事実に根拠を置く事だが，コペルニクスは正にこの規準に合っている，と言うのはなかなか卓見である．この規準は形而上学に対しての科学の相違点を明らかにする点ではよいのであるけれども，しかし逆にこの tentative という事と evidence による事にのみ科学のすべてがあるという事になる時はこれははなはだしい浅薄化になってしまう．殊に現代物理学のような高度の論理について行けないとき，ラッセルのような人はすぐにそのようなことになってしまうのである．そして消極的にのみ合理性を保つために最も表面的なイージーな行き方をとる事になるのである．これは彼がニュートンの力の概念の扱い方を論じ，力を排除してすべてを加速度に帰する事が合理主義だと考える時にもあらわれる．そしてその合理性はすべての科学的知識が convention であり単に verbal なものにすぎないと考える事によってのみかろうじて保つ事ができるのである．それは論理の脆弱さのために内的につかむ事ができない事に帰因している．

　このような考え方は最後の章「論理分析の哲学」にもつらぬいている．近代数学が，無限を神秘的なままに放って置かないでこれを論理化する事に成功した事は明らかである．この合理主義の成功は

偉大である．しかしこれですべてが解決されたと考えるのは誤りである．むしろ合理主義の成功は無限の中に形式論理がついて行けない新たな矛盾を見出した事である．現代数学の当面している諸困難の分析と解明こそが重要であるのにラッセルはこれを無視してしまうのである．

また相対性原理がすべてを event として particle を消滅させた事を強調するが，現代の原子物理学の成功をいかに見るのであろうか．

また量子力学についてはほとんどその名を挙げるに止めているにすぎないのはどういうわけであろうか．

IV 哲学の失敗*

——カッシラー『実体概念と機能概念』について——

　私はカッシラーのお話をするのですが,私は哲学者でないから,カッシラーの哲学を云々することはご免を蒙って,カッシラーが1910年頃に書いた "Substanzbegriff und Funktionsbegriff" の中の科学上の問題を採上げてみたい.

　これは第1章は論理学の問題,第2章が数学の問題,第3章は物理および化学の問題,第4章が帰納の問題,第5章が現実について,第6章が関係概念の主観性と客観性について,最後の章が関係の心理学についてフンクチョン(機能)の問題を論じている.要するに,アリストテレス流の論理学のものの考え方から迂余曲折していろいろな論理学が出てきたが,結局,類概念で論理学が築かれている.アブストラクション(抽象)ということの説明も心理学的になされたりいろいろなふうになされたけれども,一向本当にできたものはない.そこでフンクチョンというか,機能の概念というか,関係概念というか,関数というと制限されているから機能概念といった方がいいでしょうが,彼はズブスタンツベグリーフ・ウント・フンクチョンスベグリーフ(実体概念と機能概念)という観点から論理学を考えようとしている.

---

　* 1946年2月,技術文化研究会輪読会において.「技術文化」4, 5月号所載.
　この会において討論していただいた,三枝博音,今野武男,稲村耕男,会田軍太夫の諸氏に厚く感謝する (1950年編註).

それで近代のいろいろな傾向はそういうふうな考え方が必要だということを論じて，アリストテレス流の類概念に反対するというのが大体の概要です．とくに最近の自然科学の発展によって類概念が自然科学に役にたたなくなってしまった．フンクチョンスベグリーフということが根本になってしまっているというところから，自然科学が発展するにつれてズブスタンツベグリーフが抽象されてフンクチョンスベグリーフになってくるという観点からいろいろなものを扱っている．

　下村寅太郎氏などは，得意になってカッシラーを引用してやっている．それで私がある機会にカッシラーの悪口を書いた．何も悪口のために書いたのではなくて，カッシラーの考え方では物理学はうまくゆかぬと書いたら，下村さんは，武谷はカッシラーを一向に理解していないと一言で私を葬り去ったが，私はカッシラーを理解していようがどうであろうが，そんなことはどうでもいい．要するに現代の物理学に真面目に科学論をアップライして，そして実際役にたつかたたぬかということが私の問題なのであって，カッシラーを理解しようと理解しまいとどうでもいい．で，カッシラーを理解するしないにかかわらず，カッシラーが当時の自然科学に対して下した彼の判断は，明瞭にその後の科学の発展によって否定されたり肯定されたりしている．しかもほとんど否定されてしまっているということは，どうも誰がみても動かすべからざることらしい．そこでカッシラーがどう否定されているか，ということをこれからお話しようというわけです．カッシラーは新カント派です．新カント派というのは，要するに自分は科学をとやかくいうのではない，むしろ科学をそのまま承認して，その基礎について云々するというのがお

そらくカント流の行き方だろうと思う．否定も肯定もするわけではない．そうしながらカッシラーのやっていることは，ある種の科学的な傾向を否定したことによって，科学の発展によって，カッシラーが裏切られたり肯定されたりしているわけです．

では内容に入って話すと，初めに，物理学に理想的な概念がある．たとえば剛体，完全弾性体とか完全非弾性体とか理想気体とかいういろいろな概念です．つまり自然科学のいろいろな定理は，どんなものでも全部直接に事実そのものに基づいていない．それと事実の間になにか理想的な境界をわれわれはゼッツェンしている．それが剛体の概念とかなんとかいわれるものです．つまり多くの重要な自然法則は実際の世界には存在しないような条件にのみ妥当するようなことばかりが物理学でいわれている．つまりそういう一種の理想化が行なわれている．それが物理学の本質なのだ．つまりそういう意味の概念の関係であって，物理学は現実のものを述べているわけではないといっております．

なるほど，物理学は理想化によって体系を整えていろいろなものをつくり出して，それが非常に有効な作用をしたことは確かです．だがそれに止まっているかどうかというところに問題があると私は思う．つまり物理学は剛体とか完全弾性体とか完全非弾性体，理想気体という理想化には決して止まっていないところに問題があると思うのです．むしろ現実の示す細かい差別に立入り，細かい点にまで現実に迫って，そして理想化ということは現実に迫ってゆく第一近似である，と解釈する方がいい．第一近似の理論ができたら，それよりももっと現実に近いものに接近してゆく．今頃，剛体とか完全弾性体とか完全非弾性体などといっている物理学者はどこにもい

ないということが問題なのです。そういうところは、カッシラーの抽象的なものの見方が明らかに出ているように思います。

それからカッシラーがいうのには、物理学は数学的方法の適用だ、数学で認識してゆくところに根本の点がある。つまり数学的方法を適用するのに、決して直接的な経験に執着しているのではない。数学的な仮定はいろいろな事実の間に理念的な結び合わせをどんどんつくってゆくのだ。数学的方法は一つの直接の経験を定律としてまず第一に述べる。また原因にさかのぼらずに現実を量的に理解するということだ。これを理想的にしかも最初にやってのけたのがケプラーだと考える。

こういう点で数学化ということで、しかも直接経験を否定するという意味でマッハと鋭く対立しているし、事ごとにマッハをこの本の中で批判しているところが非常に特徴的だ。もっとも、私などからみれば、マッハにしろカッシラーにしろ大した違いはないように思うのです。ただマッハの経験ということを否定して、数学的な概念による処理を強調している。しかしマッハだって数学的な処理をデンクエコノミー（思惟経済）というもので考えているのですから、私などからみれば、マッハにしろカッシラーにしろそれほどの違いはなさそうに思える。もっとも論理の精緻さという点においてはどうか知りませんけれども……。で、カッシラーにいわせると、ケプラーのやり方は積極的な意味よりも消極的な意味をもっている。要するに、形而上学的な要素を排斥して経験的な基礎を解明することを数学的にやってゆくところに科学の方法がある。その傾向はケプラーからニュートンにゆくとますますはっきりとしてくるというのですが、われわれからいえば、ケプラーの段階を鋭く段階的に考え

ることが正しいのではないかと思うのですが,しかしこの点についてはあとの帰納の問題のところでカッシラーはもっとはっきりそれに触れているから,そこでもう一度この問題を採上げましょう.しかし,いずれにしてもケプラーの方法を自然科学の理想的な方法と考えることは私は物理学者として賛成できない.やはりニュートンに至って力学の方法が完成されて,それが程度の差とか何とかいえないほど違った段階にあると私は考えているわけです.

なおニュートンの話のついでに,カッシラーはニュートンの絶対時間,絶対空間を否定している.これはなるほどある意味で正しい批判なのですが,それをもっと深めるような徹底した批判にはなっておりません.

そのつぎにエネルギー論の問題に入りましょう.カッシラーの特徴はエネルギー論を全面的に承認してる.しかもそれこそ科学の理想であるとまでいっているが,この点はカッシラーの大失敗の一つの例だと思います.もはや 1910 年頃にはエネルギー論の時代はすぎてしまった.19 世紀の中頃から終わりにかけてエネルゲティークが大勢力をふるったが,すでに 1910 年になったら,エネルゲティークは物理学者から全然見捨てられているはずのものです.ところがカッシラーはエネルゲティークを絶讃しているわけで,こういう点がカッシラーの大失敗であり,しかもその失敗はカッシラーの哲学の根本的な弱さを表明しているものだと思います.カッシラーはロバート・マイヤーが思弁哲学を攻撃して,「まず現象をよく知ることが必要だ」といっている,ということを引用しているが,それは正しいことなんです.しかしロバート・マイヤーの言葉をそのまま承認しているところにいろいろな問題がある.つまり彼が言う

のに，運動が消滅して熱になるという場合に，いかにして運動が消滅して熱になるか，また熱よりいかにして運動が発生するかという問題は全然否定すべき問題である．熱とか電気などの本性がなんであるかは，物質の本性がなにかということと同じように，われわれにはなにも知ることができない問題である．要するに，われわれは多くの現象の関係，それのみを知ることができる．こういうことは経験においてのみ知りうるということです．それで疑うことのできないものは何かといえば数と量的な規定であるといっていることを引用して大いにこれを賞讃している．結局，カッシラーはエネルギーの量的な関係を認めて，それからもっと立入った分子論的な関係を一応否定してしまうという傾向にある．しかるに，カッシラー時代には，分子論は否応なしに十分確立されている時代である．それにもかかわらず，その時代に分子論の意義を否定している．分子論はすでにその時にエネルギー論的な熱力学的なものでは説明できないものを出してきている．たとえば熱拡散の計算なども行なわれるし，ブラウン運動の問題だってすでにはっきりしているという時代であるのに，カッシラーはエネルゲティークを持ちまわっている．

　さらにカッシラーは帰納法を非常に否定的に見ている．数学的な物理学の進歩によって，物理学は物理的な法則が直ちにここに出している性質であるという根本思想からだんだん遠ざかってきた．事実を集めて比較することによって物理的法則に達するということは論理的に循環論だというふうにして，概念的な帰納を否定している．もちろん，帰納法がすべてであると言う主張を否定するのはある意味では正しいかも知れませんが，しかし現在の物理学からいっても，法則のもっている意味の実体性を完全に否定してしまうわけ

にはいかないとわれわれは考えている.

　カッシラーが帰納の役割を無視しているのは,結局,彼は物理学をでき上ったものとして考えているのだと私は考える.物理学の体系ができるまでは,どうしても帰納の役割は認めなくてはならないと思うのです.

　カッシラーは,自然科学の概念と形而上学的な実体概念の差異について,自然科学はその発達の途中で常に形而上学的な実体概念と結合してきた,しかしそれは,常にその形は新しい内容でみたして他の異なった基礎づけを要求してくるようになった,といっております.しかしカッシラーは,自然科学はその発達の途中で常に実体概念と結びついていたことを認めていながら,どういうわけで自然科学が常に発達の途中で実体概念と結びつかねばならぬのであろうか,というふうに問題を出さずに,形而上学的な実体概念と結びついたのが間違いであったというふうにだけしか,問題を捉え得ないところに私はカッシラーの大きな欠陥があると思う.たとえ経過的にでも実体概念と結びつくところに一つの重要な意味を認めなくてはならないのではないか,というのが物理学の最近の発展によっても痛切に感じさせられることなのです.

　つぎに原子の問題に入りましょう.カッシラーは原子の概念はただ理想化にすぎないのだと論じている.それは普通の物体が衝突する場合には,完全弾性体に近いものの衝突というふうなものでも,現実には完璧な弾性体とは理想でしかない.物体が衝突する時には必ず勢力の損失がある.それは物体が衝突する時には必ず勢力の一部が分子エネルギーに変わるからだ.しかしかような衝突の概念は原子に適用することはできない,とカッシラーはいっている.なぜ

といえば，原子はさらに小さく分割することのできないものだからというわけです．さらに，同様な矛盾は物理現象の連続性に関しても現われてくる．要するにこれらの矛盾はどこから起こるといえば，理想的思惟がゼッツェンしたものにほかならないような原子に，ただわれわれの感覚的な知覚からの類推をあてはめることによってなされる．原子の概念を規定するものは経験的物体の作用ではなくて，力学的な法則が原子という概念を出してくるのだといっているわけです．

なるほど，原子というのはわれわれの日常的な感覚的な物体とはだいぶ違います．その点ではカッシラーのいうことは本当ですけれども，原子をこういうふうに規定してしまったように考えるのは，カッシラーがむしろ形而上学に陥っているのであって，原子の衝突でなんらエネルギーの損失のない衝突もわれわれは知っている．絶対にエネルギーの損失のないという衝突を知っている．同時に原子が分割できないものだというのも間違っている．原子はおろか原子核でさえ分割できる．原子核どころか，エレメンタル・パーティクルというのさえ分割できるということをわれわれは知っている．そういう流動的な物質に対して，カッシラーは，原子は分割できないものだから，これに普通の衝突の概念をあてはめることはできないだろう，むしろ普通の衝突の概念というよりも，衝突という概念を原子にあてはめるのはいけない，という調子で書いているが，そういうところにカッシラーの大失敗がある．また近代物理学が漸次実体的な要素を脱却してきた，すべての運動がついにはエーテルの中の旋回運動のようなものに還元されるに至った，ということも，エレメンタル・パーティクルの問題までゆけばあるいは考えられるけ

れども，しかしそこまで一足とびに考えるというところにむしろ誤りがあるので，そこまで一足とびにとべば，原子の問題もこういう複雑な発展はなし得ないわけだし，その点一種の形而上学といえるのではないか．

またカッシラーは光と電磁気の同一性について論じている．そして光と電磁気は方程式が同一だから同一なのだと規定している．しかし私はそういうものではないといいたい．方程式の格好が同一であっても同一とはいえない．電磁気の現象と光の現象とが同一のものだというためには，むしろ光の速度と電磁気のコンスタント（常数）が同一であることにあったのであって，それが違えば方程式の形が同じでもそれは問題にならない．光だけでゆけばなにもマクスウェルの式をそのまま承認しなくてもいいはずの場合も多いと思うのです．むしろその実体的なコンスタントの同一性ということが，重要な役割を果たしているということを私はいいたい．だからカッシラーのいうところは間違っているといいたいのです．

またカッシラーは，物理学の概念の発展したあとを眺めると，対象はその存在性質(ダザイン・クォーリテート)をだんだん失った．そして形や広がりまで失ってたんに点になってしまった．だから自然科学は単なる模写だというわけにはゆかぬのだといい，自然科学の法則に示される理論的達観というものは，ただ直感的な物理的実在を失うことによってだけ得られるのだ，というふうに断じております．しかしいろいろな存在の空間性は点になるとか，量子力学では電子を点に考えるとかなんとかいうことになってきましたが，現在一番深いところであり一番問題のあるエレメンタル・パーティクルの問題では，どうしてもエレメンタル・パーティクルの大きさをなんらかの

形で再び問題にしなければならぬというところに立至っていて，ただ単に実体的な意味の大きさではなしに，点が存在することとなにか長さとか大きさとかいうものが結びついたような理論を一生懸命考えているし，また考えなくてはならぬということはいろいろな人によって提唱されている問題で，カッシラーのように簡単にいってしまうこともできない問題であるわけです．すなわち私に言わせれば実体と機能のもっとも深い統一に向かって進んでいることであります．

カッシラーがいうのには，いかなる物体も求めるものを完全に厳密に繰返すことができない，だから現実の原子などは考えられないといっている．すなわち原子でも電子でも，それが二つある場合にこれが完全に同一だということはわれわれは証明することができぬというが，実際，現実の世界における電子，原子は完全に同一なのです．電子とかエレメンタル・パーティクルにおいて，現実でありながら完全に同一だということが可能なのです．それは交換力などの場合に証明される．二つのものがあって，その間に力が及ぼし合っているという場合にいろいろな現象が起こりますが，その場合にAとBという電子を交換してできた状態を同じ状態だということより計算していけば，ちゃんと現象が説明できることによって，実際，二つの電子が完璧に同じものでなければそういう現象は起こらないということがあって，現実に存在する物体であるからといってすべて個々のものが全部違う物であるということはないわけなのです．その点がカッシラーの独断的形而上学的なところだと私は思います．

さらに熱力学の発展についていっている．今までの力学の変化は微分的な空間的な変化だけを扱っていたけれども，温度微分とか電

気分布の微分変化などが現われてきて,以前の力学的な束縛から解放されてきたといっておりますが,むしろ熱力学は現象論的な論議であって,やはり分子論に帰着しなくてはならぬということがあるから,温度微分が何の裏づけもなしにそれだけで本質的なものだというカッシラーは,やはりエネルギー論の根本的な誤りをおかしているというふうに私は考えております.

申し忘れましたが,原子についていう前にカッシラーは空間の問題について,ちょうどその時はすでに一般相対性原理の出る直前になっているのに,特殊相対性原理もあまり知らずに論じている.それからマッハとかノイマンのアルファー・ケルバーの問題を採上げて,全部否定的な意見を述べておりますが,そういう批判は所々あたっているが,それを発展的に採上げた面は非常に少ない.むしろ全部否定してしまっているようなわけで,弁証法的な理解が非常に浅いように思います.その点については,カッシラーはあとで相対性原理についての論文を書いているが,それも昔のことをいろいろこじつけたようなことに終わっている.カッシラーはただ数学がどうのこうのというだけのことに終わっているように思われます.

つぎにエネルギー論の問題を本格的に扱っている.つまり物理学的にはエネルギーの概念は物質または原子の概念より数等すぐれたものだ,これらはしかしエネルギーの概念とは同じ階級に立っているもので,物質とか原子とかいうものも感覚とは離れた抽象的な概念にすぎないのだといっておりますが,しかしエネルギーと物質,原子とを同一な段階であるというわけにはゆかぬと思います.そのつぎに,熱現象,電気現象,化学現象の各領域の数学的な認識を統一する新しい組織がエネルギーであるといっているが,これはエネ

ルギー論のいい方そのものです.しかしわれわれがその発展からみると,エネルギーが統一するというよりも原子,分子の概念がこれを統一したといった方が結局発展を正しくつかむことができると思います.

またカッシラーは,エネルギーは一つの新しいものとして現われたのではない,測定の根底に横たわる一つの関係組織を現わすものがエネルギーなのだ,エネルギーの本質は,それがいろいろ違った現象の間に立てる方程式にあるのだ,その根底にあるものとか実在とかいうものではない,というようにいっておりますが,実際はエネルギーの転化,たとえば熱エネルギーとか機械エネルギーなどのいろいろの問題は,やはり分子や原子のエネルギーという問題によって追跡されることがその後の発展において示されている.すなわちエネルギーとはそのものに関しないものだというのは,エネルギー論の非常な誤りだったというわけです.実際エネルギーは存在するものが示す物理的量である.しかもエネルギーは単に関係組織という問題でなしに測定できる物理的量なのです.

そこでカッシラーは数学に及んで,同値関係という数学の概念が本質だ,エネルギーを与えるものもそういうものだというのですが,これもあまり感心できないと私は思います.つまりエネルギーを関数関係に解釈して,分子論的にエネルギーが媒介されるという考えを否定している.それからロバート・マイヤーの言葉を引用している.それはいかにして運動が消失する時,熱が発生し,また運動が熱に移行するか,という問題に解答を要求することは人間精神にとってはあまりに重荷である.いかにして水素と酸素によって水ができるか,なぜに他の異なったものができないのだろうか,という疑

問はいかなるケミストリーも頭を痛めないのだ．しかしできた水の量が消滅した水素および酸素の量から正確に見出すことができるという場合には，こういうような関係をそこできめることになるのだと，マイヤーあたりのいったことを引用している．

　原子においてわれわれが満足するようなことは夢にすぎない，とも彼はいっている．エネルギーにおいて抽象的な測定値が比較されてくる．こういうところにエネルギーの理論の原子論に対してすぐれたところがある．原子は純概念的のものだというふうに主張しても，依然としてやはり経験的な感覚的な実体からの類推という性質をもっている．ところが勢力学はその出発からこのような目的は全然考えに入れていない．なにか経験的なものからの類推を勢力学は全然考えに入れていないで，測定値だけを問題にしている．ゆえに勢力学は自ら個々の現象と同一段階に立っていない．つまり個々のわれわれの観測できる現象とは同一段階に立っていないで，具体的な存在からは脱却して現象相互の純然たる数量的な関係だけを表わしている．そこではわれわれは機械論が与えるような統一的，直観的な形象を要求するのではない．体系的に形づくる一般的な論理的な可能性を与えなくてはいけない，といって勢力学を全面的に承認している．しかし，これはすでに彼がこういった時に当時の物理学によってすべて否定されてしまっていたわけです．

　またそのつぎに勢力学は純然たる概念に立脚している．ところが機械論的なものの考え方は空間的な概念に立脚するというところが違っている．勢力学は一面において最少な条件を確定しようとする点で一般性をもっているといい，勢力学が完全な勝利をおさめることは明らかだ，といっております．つまり自然の空間的な構造を全

面的に彼は否定してしまっている.

つぎに彼は化学についていっている. 実際においては種々の性質を原子に帰着させるのではなくて, いろいろな性質を原子に統一さすのだとカッシラーはいっておりますが, しかしここで問題は, どういうわけで原子を通さなければいろいろな性質が関係させられなかったのだろうかということを, われわれはカッシラーに聞きたいことになる. 原子などを通さなくても, エネルギーを通してもなにを通してもいいのではないか, 原子を通す必要がどこにあるのだろうか. 原子はその頃知られていた材料を導き出して来るよりももっと余分な豊富なものをもつようなアイディアですが, 当時から見て, その無駄の多いものを通して考える必要はないのではないかと思われる. どうして知られている材料よりも余分な多くの事実や理論を含み得るようなものを通さなければならぬかということをカッシラーに質したいようなことになるのです.

彼はまた, 素朴な見解にとっては原子とはそれより多くの性質のあるものと区別されるような画然たる物質の核心であるけれども, しかし経験批判の立場からすればそれは単に理念にすぎない. 経験批判というのはカントの経験批判ですが, その考えからすれば性質とか種々の関係は経験的な材料にすぎない, これを表現するために原子なる概念がつくられる. それで化学の原子はカントの厳密なる意味における理念にすぎないといって, ここで結局いろいろな素材に対して原子を理念に祭り上げてしまうということになる. しかしまたわれわれがカッシラーに聞きたいのは, 理念がカッシラーのいうエネルギーのような非物質的な数の関係というものにならずに, 原子という空間的な質量をもったものにどうしてならなくてはいけ

ないのだろうかと，カント的なカッシラーに聞きたいと思うのです．批判哲学というものは，原子の概念その他いろいろな概念を十把一からげに理念というものにしてしまうような気がする．また原子価というものは化学的な性質に関係のない純然たる数値であるとカッシラーはいっております．しかしその後の発展によると，原子価というのは電子という実体的なものが表わすものであった．そこに荷電子の根拠があった．だからカッシラーのように，数値だといっていろいろの考えを否定していれば，その後の量子論やなにかは出てきようがなかったことになる．

なお非常に面白いことをいっている．それはそういう原子価というのは原子自身の実体的な性質について云々しているのではない，われわれは塩素原子の特殊の性質を知らない，そしてまたそれが1個の水素原子と結びつくという方法もわれわれは知ることができない．われわれは原子のいかなる力によって酸素原子が二つの水素原子と結びつくかを知らない．また同様に炭素原子が四つの水素の原子と結びつくかも知らない．こういう謎はいろいろなレラティヴ・ヴァレンシーのいろいろな性質を説明しても解かれるものではない．また個々の原子の状態によって解かれるものではない．すなわちそれは絶対的に知ることのできないものであって，経験的に証明できないレギュラルな置換によって置き換えられる．要するにこの置換というものだけをわれわれは知ることができる．したがって形而上学的なものを全部捨てなければならぬのだ，といっております．つまり置換によるヴァレンシーの概念だけでいっていい，個々の水素原子が個々の分子の塩素分子といかに結びつくかとか，いかなる力で結びつくかということは形而上学にすぎないといっているわけで

すが，現在のわれわれから見ればとんでもない話で，われわれは個々の塩素原子がいかなる力によって個々の水素原子と結びつくかということは，手にとるように量子力学によって知ることができるわけで，おそらくカッシラーのような学者が物理学をやっていたら，物理学は今のような形に進まず，また進み得なかったろうと考えます．それと同じように，いかにエレメントがコンパウンドの中でエクジストしているかということは考えるべきものではない．要するに測定される関係で最初と最後のリレーションをわれわれは追跡すればいいということを論じている．

　さらに帰納の問題について話しましょう．カッシラーは，ホルクマンが自然法則を，レイゲルとゲゼッツ(ルールとロー)，に分けて論じている，すなわちケプラーの段階はルールであってニュートンにおいてローになったというけれども，これは万有引力という仮設を含んでいるから，結局程度の差にすぎないではないかと論じているけれども，しかし私の考えでは，これはやはり截然と区別すべきであり，やはりケプラーの段階では帰納が主であって，それによってある惑星が廻る軌道が楕円形であるとかその他の法則を見出した．ニュートンはただ一般的になったというだけではない．ニュートンの段階で非常に特徴的なのはパータベーションの理論(摂動論)が可能になったことで，いかなる物質がどこにあっても，相互作用がわかればそこから運動が計算できるということが本質的にケプラーと違う．たとえば海王星と天王星の問題ですが，天王星の運動から海王星が発見されたという問題でも，もしケプラーの段階の論理で考えたならば，天王星の運動がただ楕円から外れているとかケプラーの法則から外れているというだけであり，そこで新しいルールが天

王星の運動に対して考えられるだけであって，それ以上のことはあり得ない．ところがニュートンの段階では，そこに一つの物体が存在して，それとの相互作用が考えられるというところに本質的な相違がある．それを完全に見落として，自然法則とは数的な関係が抽象されてくるというように，ただ一律に帰納というものを考えるところにカッシラーの根本的な誤りがある．

要するに，カッシラーの実体概念と関係概念は非常に示唆に富んだまた重要な論理的な概念だと思いますが，しかしその根本的な欠陥は，実体概念を捨て去って関係概念が本当の科学的な認識だと見るところにある．私は，認識というものは実体概念が本当の足場になるということが，科学的な経験から考えられるし，またそれが足場になるというのにそれだけの根拠があるのだから，ただ関係概念を抽象的に捉えるのはいけない，やはり実体概念と関係概念の弁証法的な発展は物理学の発展によって明らかになっている，それを片方に抽象してしまうというところに，これだけの問題に対してこれだけのほとんど誤った結論が出てきたのではないかと，考えております．その意味でカッシラーの "Substantzbegriff und Funktionsbegriff" というのは示唆に富んだ本でありながら，結果においては物理に関する限りすべてが誤った結果に陥ってしまった．しかもカッシラーの悪いところは，その後自分の誤りを誤りとして，失敗を失敗として認識しなかったところにあるのではないかと私は考えます．これはしかしほとんどすべての哲学者に共通のようで，これが哲学が有効なものになり得ない理由だと考えます．

討 論

問 初版がいつ出たかが問題となると思うのですが，量子論についてどうですか．

答 初版は1910年のはずです．それが問題になっても，5年前だろうが，あとだろうが当時の状勢からして大して問題ではないのですよ．

　量子論については一切ふれていないようです．これも当然当時としては問題にしなければならないのですが．

問 ポアンカレーとちょっと似ていると思うのですが．

答 そうですね．だけれども，ポアンカレーの方が自然科学者だけに，このようにひどいヘマは出さないけれども，論理的な一貫性や精緻さがないように思いますね．

問 数式と数値について，少し広い意味に解釈すれば数式が同じだということに数値が同じだという事を含んでいるのではないか，それはどっちへでも解釈できるのではないのですか．

答 カッシラーは数値を特に問題にしていないという事に誤りがあると言えると思います．すなわち歴史的に見て完全に数値が問題になって出て来たもので，方程式の格好なんかはこの場合問題になったのではないのですからね．つまり当時光の伝播を扱うとき波動方程式だけでゆくわけでしょう．それがマックスウェルの式は電気磁気の場を問題にしています．光の伝播ではローテーションなどが出る必要はなかったのです．このような事を無視したところに歴史的な認識が全然ないという事になるわけです．

　すなわち数値が問題になっているのであるから，数値のところ

を強調し，意味づけるところがむしろ問題なのです．それを強調せずにただ数式数式といっている所にやはり間違ったところがあると思います．

問 実験を無視しているのが間違いのもとだと思うのですが．

答 哲学者の欠陥は科学の発展を過去にふり返ることばかり考える事です．過去のいろいろな事実を自分のつくりあげた観念に都合のよいように並べるのが哲学者の欠陥で，問題は現在はどうするか，左の道へ行くか右の道へ行くか，ということを考えてくれることになれば実験ということも問題になる．ところがカッシラーは，現在左へゆくか，右へゆくかということに対して完全に失格しているわけです．エネルギー論か原子論か，という問題に対して決着が要求されているときに，間違った方向にゆくことを自然科学者にすすめているということになるわけですからね．

問 ケプラーとニュートンとは扱う対象が異なっているように思うのですが，ケプラーは天文学だけが問題だったがニュートンでは天文学はつけたりで，プリンシピアの事実は原子論と思うのですが．すなわちケプラーは暦の計算に主力を，ニュートンは自然科学に問題の関心があったので，ケプラーとニュートンを天体物理学だけで比較してはいけないのではないか．

答 しかし力学の形成過程から見ると単に対象がちがったとはいえないと思います．そして完成された力学の立場から検討すると，ケプラーとニュートンは論理的にいって全く違う段階にある事がわかるのです．

　その点でケプラーの暦は昔の伝統を反映しているわけです．暦をなんら力学的な問題としてでなく，天体の運行を単に記述する

という意味での暦という段階にやはりケプラーは止まっているわけです.

問 あなたがカッシラーに興味を感じたということ，今のあなたの話が示唆に富んでいること，そこを掘り下げて，これの中に哲学者としてのカッシラーに何かあるのではないかと思うのですが．一つはカッシラーが不勉強であった事，も一つは自分でもう形而上学ができているからエネルギー理論にこだわったわけですね．カントならそのような過ちはやらないね．

答 私は物理学を研究し始めたころ，原子核の構造が次第に確立されつつあったので特に実体の問題に興味をもったのです．

カッシラーの哲学については，私の哲学上の先生であり優れた美学者で，天才的な詩人である中井正一氏に負う処が多いのです．

カントの話ですが，カントでもの足りないのは，微分方程式の意義，それをほとんど問題にしていない，ニュートン力学の意義は，微分方程式と，それを積分した時の積分定数にあるのです．

問 ヘーゲルはそれを取上げたのではないのですか．

答 ヘーゲルはその最初の，学位論文で，ピタゴラス的観点に禍されてしまっている．私はヘーゲルの論理学こそ力学の構造を実に正しくつかまえうるものと考えているのですが，微分方程式による自然の構造の解明，つまり積分定数というものによる解明，そういうところをどうしてヘーゲルは捉えなかったかと思います．それはずっと後でないと問題になっていない．しかもそれを本当に捉えた哲学者はいないように思います．

問 ラッセルなどちょっとちがうがやった方ではないですか．

答 けれどもそれは非常に非弁証法的な捉え方しかしていない．例

のコーエンなんかの微分の原理にしても,私は,このような立体的な論理に展開されていないように思います.すなわち自然の論理構造の解明という事にはもっていっていないように思いますね.

カッシラーの実体概念の解消という事は,しかし一面の進歩性はあると思います.それは中井氏が指摘するように,確かに誤れる形而上学,非合理主義に対する痛烈な攻撃になると思います.しかし機能と実体を形式的に分離して実体を解消せしめるところに形式論理,観念論の弱さがあるのです.

問 それはあの時代ではとり上げ方が遅いのではないでしょうか.

答 しかし機能概念の提唱というのは,その当時いろいろな機能美学とか,またはそういう一般的な雰囲気の中にある哲学者に対する反映かも知れませんが,特に大戦後盛んになった機能概念のいろいろな美学や建築方面の考え方に対しては先駆的な業績の一つであるかも知れないと思うのです.

問 新カント派の財産は抽象化,理念化,理想化してしまうところにあるが,この場合もそのやり方で進んだのですね.

答 そこまで行くと私はカッシラーの理念は否定しなければならないのです.ただ機能概念の意義を示したところは買うべきものがあると思うのですが.

そのような抽象というものは,哲学者としては用をなすのであろうが,われわれ一般のヒューマンビーイングにとってはほとんど用をなさないと思います.

問 体系をつくる時,つくられたとき,できるだけ安逸に行なわれるものです.できるだけ見透しのない所へ飛びこむのを避けて,安全でいられる言葉などの中に逃避しようとするところに問題が

あると思うのですが.

答 だから私は哲学に対して現在に対して冒険しろというのです.そうすると,あるものを都合がよいから取上げる,都合が悪いから取上げないということは,現在右に行くか左に行くかという事に対しては,都合が悪いから取上げないというわけにはゆかないのです.どうしても,いかなる場合においても必ず左に行けとか右に行けとかいわねばならなくなるものです.

問 それでもサボル気になればサボれるのではないか.たとえば原子は複雑だからやめるとかいう工合に.

答 だからたとえば物理学者が哲学者にききに行けばどうにもならなくなるでしょう,右に行きましょうか,左に行きましょうかという工合に.

問 それで武谷君の希望するような意味の哲学者たちは現在ありますか.

答 それはありますね.社会を分析する場合にはそういうフィロソフィーレンはしていると思います.少なくとも世界の一角において.

問 資本論などそうですね.あの経済学の論理はそれ自身哲学ですね.

答 それからレーニンです,あれは完全に実践と取組んでいる理論ですからね.

問 マルクスは哲学から勇敢に経済学の中に飛びこんでいった.そこに本当の哲学者としてのマルクスを見るのですが.

答 結局そこですよ.それをやらなければ何にも答え得ない哲学者になると思います.

問　レーニンなどさまざまな認識の問題など扱っている．しかし仕事の関係などでやはり専門の人がやって行くようにはいかないのではないか．しかしそれだけに得なことは，全体に眼のわたるようなものをもっている事ですね．

答　しかし一カ所で十分ピントが合っているときは，ほかのこともそう無茶な事は言わないものです．

問　カッシラーは関係概念をどうしてそんなに重んずるのか，そのためには実体概念が生きてこなければならぬ事を知っていれば，原子論についてもあんなことにならなかったのではありませんか．

答　1910年頃でも物理学の大家達が分子や原子を無視しようとする人が居た．手近かな一例として，プランクの教科書はエネルギー論的な方法で教えてゆこうとしている．その努力は大したものです．原子や電子をもち出せば簡単にすむ事を，一生懸命抽象的な概念で押してゆこうとしています．

　それに哲学者は必ず自然科学者が行なった科学の解釈について自分の都合のよいものをうのみにするのです．ところが解釈というのは，一つの世界観，一つの論理による主張なのであって，すでにはなはだしいふるいにかけられてしまったものです．それでそれを持ってまわるのでとんでもない所に行ってしまったのです．ボーアの量子論解釈などを今の哲学者が取上げるけれども，これはすでにとんでもない所まで行ってしまったものを取上げているので，非常な間違いだと思いますね．

問　カッシラーの実体概念に対する攻撃はかなり意識的なものではないですか．

答　近年では実体概念を主張する哲学者と関係概念を主張する哲学

者と比べたらどうかといえば，観念の実体を合理化しないで実体概念として神秘化してしまう方が有害ですね．それがファッシズムになってしまったが，機能概念は少なくともファッシズムにいかなかった．ナチスなんかの哲学者は完全に機能概念を例えばユダヤ的だとし否定してみな実体概念の方にいってしまった．それもマテリアルな実体概念というよりも関係概念による把握を否定した精神的実体の非合理主義なのです．

　唯物弁証法は物質を唯一の実体としてその発展としてすべてを展開するのであり，実体と機能を形式的に分離せずにその弁証法的統一において展開するのでカッシラーのようなナンセンスに陥る事はないのです．

問　カッシラーのことについて，新カント派の功罪をいって貰わなければならぬ．これは大きいですよ，とにかくカントを正しく読まぬ．ヘーゲルを正しく読まぬというのはやはり新カント派の罪ですね．

答　しかし私は特に左翼の人たちにいうのだけれども，論理学を新しい論理学によって否定しても肯定しても検討して鍛えなくてはうそだと思う．ヘーゲルはもちろんすばらしいものですが，ヘーゲルばかり読んでいても決して鍛えられるものではないと思います．やはりもっとその後のものを頭から観念論だと批判するのでなくてその問題の提起にさかのぼって内面から批判しそれ以上の解決を与えなければならないのです．そうする事によって自己もまた鍛えられるのです．ある哲学者たちは自分は十何年もヘーゲルを専門的に研究しているのに唯物弁証法を十分つかむところにいっていない，自然科学者など唯物弁証法がそうたやすくわかる

ものかと言っているようですがとんでもない話です．

問 やはり弁証法というものを問題にしながら新しいものを検討するわけですね．

答 それがどうして失敗したかということを問題にして，その失敗ということを扱ってゆくと，自分の概念が鍛えられると思うのです．そうでないと非常に素朴な論理学に止まってしまう事になると思うのです．ヘーゲルの弁証法を扱ってもやはりそういう点で素朴さがあると思います．ヘーゲルの弁証法は，現在の自然科学のこんなに進んだことを知らないでつくったものですからね．だから論理学において相当鍛える必要があると思います．

問 論理学の場合には偏らぬようにせねばならない．

答 そうです．それで歴史上のすべての哲学者がいかに失敗したかという事を問題にする事を提議したいのです．すなわち失敗と成功という観点から哲学史を見る事です．

第3章
技術論と日本技術の課題

——明らかなことは,技術が勤労大衆の手
にあるときにのみ,その無限の発展が
約束されることであります——

I 技術をわれらの手に*

 技術や科学というと,われわれ日本人にとって何かむずかしいものに聞こえるようです.しかしこれはいかに技術や科学が日本において民衆の生活のためのものでなかったかを物語っているにすぎないのです.

 よく考えてみるとわれわれの生活のどのすみずみまでも技術によって貫かれている.われわれのまわりのものを見わたしましょう.まずわれわれが着ている着物,純綿やスフやいろいろあるでしょう,これらは高度な技術の産物なのです,また今一ばん問題になっている食糧例えば最も重要な2合1勺の米,これもなかなか手のかかる技術の産物です.これはただ農家が種をまいて栽ばいする技術がすべてではありません,肥料,品種の改良,気象学など,すべて科学

---

 * 1946年3月15日,「私の大学」7月号所載 (1950年編註).

知識が集中されているのです．またそれらの産物を輸送するための汽車や汽船，これはすべて技術の高度の産物なのです．

このようにわれわれの生活はどの一部といえども技術によって充たされているのに，われわれは，その多くの人が技術といえば大変むづかしいものであり，それは大学を出た技師のすることであり，われわれの生活に関係のないものであると考えがちです．これはたしかに間違ったことにちがいないのです．技術はわれわれの生活をもっと豊かにすべきものであり，われわれのものにちがいないからです．実際，われわれは猿のような動物から進化して来たのですが，この人間になるということは石器をつくり，火を使用すること，すなわち手で道具を使い，道具をつくり，自然の法則性を自分の思う目的のために使用することによって行なわれたのでした．そしてこれは，人間の協力による労働により，一度わかった自然の利用の仕方を他の人に伝えることによってますます人間らしくなったのです．そしてこのような労働が言葉を生み，意識を生んで来たのです．このように人間の始まりは技術にあったと言えます．その後人間はこの技術によってどんどん進歩しました．そしていつも技術は社会の問題と結びついて来たのでした．だから技術は人間の本性とでも言えるものです．そしてそれは常に進歩してやまないものです．技術は人間を常に向上させ，生活を豊かにすべきものです．しかしそれが必ずしも現在そうなっていないのは技術の罪でしょうか．それは技術が人民大衆のものとなっていないからです．技術は一部の人々にひとりじめにされているからです．技術はそのように重要なものであり人間の生活を豊富にし，人間が向上すること，人間が人間としてあるのに欠くことのできないものであるならば，どうしてわれ

われは戦って，技術を一部の人々のひとりじめからわれわれ大衆の手に取りもどさないでよい筈がないではありませんか．

　日本は戦争が終わったので，科学も技術も，もはや必要はないのだ，という人を見かけます．もっとも政治家の演説などでは科学技術の振興を言う人も相当あるようですが．科学技術がこれから必要でないという意見は，むしろ技術者などに相当多いようで，以前技術院総裁をやっていた科学技術界の大御所がそんな意見をもっているので驚くばかりです．既成政党などで科学技術の振興を言う人も，日本は科学で敗けたので科学を盛んにしなければならないなどと言うだけらしい．このような人たちは科学は戦争のためにだけあるのだ，と考えていることを語っているのです．たとえそれを自覚していなくても，無意識のうちに，または既成の観念としてそういう風に思いこんで，それ以外の科学の役割を知らないことを示しているのです．

　ではどうして日本人はほとんどがそんな考えをいだくようになったのでしょうか．それはこれまで日本では科学や技術が国民のしあわせのためのものとして存在しなかったに他ならないのです．

　日本の産業は明治以来，軽工業はセンイ工業が中心でまた重工業は軍需工業が中心でした．軽工業のセンイ工業は民衆のための着物をつくることで，これが盛んだというとちょっと見た目では国民の福祉のための産業が，日本で盛んだったように見えるのですけれども，実はこれは国民のためのものではなく，面白いことにはこれは軍需工業と必然的に結びついていたということです．ちょっときくと何だか「風が吹けば桶屋が儲る」という話のようですけれども，実はこの二つが強く深く結びついて，わが国の全体の構造をきめて

いたわけなのです．それは，センイ工業は国民のためではなく，諸外国，特に中国などの半植民地に輸出するためのものであり，また他の輸出国と競争することができたのは，けっしてわが国の製品が優れていたり，わが国の技術が進んでいたりしたためではなく，世界で一番安い賃金で女工さんなどを酷使し，これらの労働者がやっと生きて行くだけの生存だけを保証する賃金，また肺結核などの病気でこれらの労働者がどんどん死んで行ったのですから，生存すらも保証しないような賃金で製品を安くつくり，この安いことで他の輸出国と競争することができたのです．これをやって行くのには，一方国内の不満をおさえつけるために，他方半植民地に威力をしめし自国の製品をおしつけ，また諸列強に対し，優位を占めるために武力を充実する必要があったのです．低賃金ということ，武力を充実すると国民のふところへ再度戻って来ない出費がかさむこと，そしてこれが，国民の背にふりかかって来ること，これらのことによって国民の購買力がひどく低下して，生活のための製品は国内にはますます売れなくなり，どうしてもますます国外に輸出しなくてはならなくなってしまったのです．こうして，満洲侵略，中国侵略などの強盗のようなことをやり，とうとう太平洋戦争までやらねばならなくなったのです．

　このような，国民のためでない二つの重要産業，ここにわが国の技術が集中したのでした．それだけでも，わが国では技術が民衆のためのものではなかったのです．その上これらの産業での労働条件はどうだったでしょうか，外国では，自動装置や安全装置が発達し，能率よく，安全に仕事ができるように注意がはらわれますが，わが国ではこれらのことは全然無視され，すべてが労働する人の犠牲に

おいて行なわれるようになっております．その他建物のこと，有毒ガスへの注意などです．これらにもほとんど注意が払われないのです．外国ではこれらのことのために技術が盛んに発達しているのです．これらは働く人のための技術であり，また生産をこれによって向上することができるのです．わが国では人々に，こういうような働く人の為の技術があることすら知られていないのです．全くこのようなことが念頭にないばかりではなく，労働のための環境，衛生に注意を払ったり，疲労を少なくして能率をあげたりすることは，むしろ怠け者のする不道徳なことのように考えさせられて来たわけで，戦時中は特に「前線の将兵のしん苦をしのべ」とか，「困苦けつ乏にたえよ」とかいうことが宣伝されて，全く人間らしくない状態でコク使されショウモウ品にさせられてしまったのです．しかしこれは，わが国の資本主義の特徴なのであって，何も戦時中だけの話ではなく，ただ戦時中はそれが極端にでたというわけだったのです．

またどうして，こういうことが改良されなかったのでしょうか．それは第一にわが国の農村に封建制が強くのこり，そのために安い賃金の，あり余る労働者の大群を常に用意していたからで，第二に，工場の労働者は警察的政府のために弾圧されて十分強く組織されなかったために，人間的な労働条件を獲得することができなかったのでした．

それだけではありません，いかにわが国の労働が非人間的なものであったかということは，危険な仕事，有毒ガスの心配がある仕事に対しては，資本家や政府はこの為の安全装置を完全にする方向には進まず，全く単に体裁だけのものを，責任のがれにそなえるだけでした．そして政府の連中が規定の安全装置をそなえているかどう

かを見廻る場合は，御馳走攻めにしてごまかし，官僚の方もいい加減なお座なりにすましてしまうということになっていたのでした．他方このような危険な仕事に労働力を集めるためには，この安全を保証するように技術を動員するのではなくて，他の仕事に比べてちょっとだけ賃金を高くすることによって行なわれたのでした．農村の貧しい半失業の労働力は，ちょっとしたこのような賃金につられてどんな危険な仕事にも集ることになったのでした．

それだけではありません．外国のストライキにおいては単に賃金だけではなく，他のあらゆる労働条件が問題になるのです．すなわち，生活をよりよくすることに目標があり，これがまた能率を高め資本家にとっても必ずしも不利ではないことが多いのです．ところがわが国のストライキは生活などは全く問題ではなく，生存することができるだけの賃金を要求するのがすべてなのでした．すなわちたとえば物価が上って，もはや，これまでの賃金では生命をたもてなくなって初めて賃金値上が要求されるにすぎないのです．健康や衛生に対する設備を要求したり，安全装置に対する要求をしたり，労働時間を短くし，また設備をよくして疲労を減じ，また，文化的な向上をはかりうる設備や機会や，時間を要求することは民主主義が大手をふって歩きうる敗戦後といえどもほとんど見うけることができない．国民生活の向上，それは先ずこのような労働条件の改良，そのための技術の全面的適用を目標としなければならないのです．すなわち技術はわれわれ民衆の手に取り戻さなければなりません．それは民衆の生活を向上せしめる方向に向かうことを要求するだけではない，われわれ民衆が，どんな風に技術が民衆の生活を高めるのか，ということ，そしてその技術の内容をほんとうにわれわれの

手でつかむ時に初めてできるのです．

　財閥や官僚の手先となりわれわれ人民からさく取することのみを考えていたこれまでの技術家に技術をまかしておいてはいけないのです．技術家をわれわれ人民の仲間として獲得し，われわれ人民の生活の向上に協力するようにしなければなりません，否進んで，われわれ人民が技術家となって，われわれの生活を向上させるために戦うことです．われわれの生活は，政府や支配階級に単に要求するだけで向上するものではない．われわれの生活を向上させるものは，われわれの勤労者の力以外にない．それ故に科学技術を真にわれわれの手に取戻すとき，すなわち人民が科学技術の改良を要求し，それを自ら実現するとき初めて生活の向上が得られると言うことができましょう．

　以上で日本人の頭が，技術というものは自分たちの生活と関係がないものだというふうにでき上った理由がわかったことと思います．しかし技術は，本当は人民の生活を高める為のものではなくてはならぬことも明らかです．今，日本は敗戦の破かいのドン底にあるのです．これを救うのはまことの技術，そして人民の手に取戻された技術，それを人民大衆が動かすことにあるのです．

　ソヴェート同盟を見ることはわれわれに大きな暗示をあたえるでしょう．前大戦後ロシアはわが国の現在以上のサンタンたる破かいをうけたのでした．しかし，ロシア共産党は人民大衆と技術を結びつけることによってあのように隆々たる国に成長させたのでした．これはまことに他のまねのできないすばらしいことなのでした．

　保守政党の人々が，今度の選挙演説で今日本は荒はいと疲労の極に達しているから，急進的な改革をすればますます混乱をひどくし，

キュウ乏を強めると，うまいことを言って，封建的支配勢力の温存をはかり，人民大衆をあくまでくさりにつなぎ止めておこうと，やっきになっていました．諸君の中にはこのような言葉にあるいは動かされた人もあったかも知れません．しかし，焼けあとも，泥沼も，そのままではその上に立派な建物をたてることはできません，徹底的に，古いきたない物を取去らなければならないのです．そうしなければバラックさえも建てることはできないのです．そのままにして置くと今の日本のように悪エキ流行ということになってしまいます．

われわれの餓死を救うものはわれわれ人民自身の力しかないのです．ですからわれわれ人民があらんかぎりの力をふるい，あらんかぎりのすぐれた技術を使いこなして初めてこの危キはのりこえることができるのです．古い支配機構はこれを可能にすると考えられましょうか．

古い機構の物語るものは，農村では封建的な生産のやり方，工場では資本家は物の値だんを気にして，自分のもうけを計算し，一向に物をつくろうとはしない．そして闇商人や失業者はハンランして，国内どこにも一生懸命にものをつくっていそうな所はほとんど見うけられないのです．これが既成政党のお好みのやり方なのです．かれらは国民がうえても，自分たちの勢力さえ保たれればそれでよいので，人民が自己の生命を救おうと必死になって行なう生産管理をさまたげようとするのです．

食糧問題を考えてみましょう．農村の封建的な制度においては進んだ技術をどんどん適用することはできないのです．そのうえ封建的官僚的な農林省とその農事試験場はこれまで農村の人民大衆とほ

とんど結びついていなかったのでした．それ故農家の技術的問題を生き生きと取上げたり，また農事試験場の新しい技術を農家に行きわたらせて生産をあげることなど大して行なわれたことはないのです．土地改良にしても土地所有権と衝突して思うようにならず，ありとあらゆる点において技術の適用が行なわれているとは言い難い．戦前農業生産が最高になった時ですら決して科学技術から見て最高の生産とは言えないでしょう．恐らくこの2倍の生産高にすることは困難ではないと私の知っている専門家は申しております．そのためには何より旧制度，旧勢力の徹底的な一掃が必要なのです．そして人民が自らの政府をもつときは，たとえば共産党の徳田球一氏が述べたような利根川水系の大改造などもでき，全国でこのようなことをやればどんなに農業生産が上るでしょう．

ソヴェートではルイセンコという農業技術のすばらしい学者が，学問と人民の生活を結びつける大事業をやっております．彼は進化学説の大発展を行ない農業技術がそのためすばらしく進み，ソヴェートがその穀倉ウクライナをドイツにうばわれたとき，ルイセンコは申しました．「われわれはシベリアの零下 40 度の気候にたえる小麦をつくることができるであろう．こうしてソヴェートはウクライナなしでやって行けるであろう」と，何というすばらしい言葉でしょう．そしてこれは，人民と科学とが強く結びついて初めてできるのです．

技術はわれらの手に！　そしてこれを阻止するあらゆる旧勢力を一掃すること！　これがわれわれを救う唯一の道なのです．

II 世界史の方向決定と技術[*]

K編集員様

「世界史の方向決定と技術」という題で何か書けということで，しかも御手紙には大変詳細な課題をお書き下さったので，それを問としこれに御答えするということにいたしましょう．

しかしこのような問題は，私がここで結論として書くよりも，討論して発展させるべき問題でありますので，この論文もむしろ諸家の討論をさそうための口火として問題の提起にしたいと思います．

「世界史の方向決定と技術」という題だとウィットフォーゲルの「経済史の自然的基礎」というような課題を思いだしますが，あなたはむしろ産業革命後の問題について要求されているようです．そして実際的にまたその問題が重要であるにちがいありません．しかし順序として，まずその問題にふれてみましょう．この問題は，東洋と西欧の資本主義の発達の相違の原因を問題にするところからはじまるのです．すなわち西欧では，古典古代の奴隷社会を通じて封建社会があらわれ，その中から資本主義社会が発展して来たのでありますが，東洋においては，中央集権的封建社会が大規模に成立し，これが興亡しても次にはまた同じような中央集権的封建社会が成立して，西欧のようにその中から資本主義が発展してこない．すなわちアジア的停滞性といわれるものであります．これは最初マルクス

---

[*] 1946 年 4 月 25 日，「世界評論」7 月号所載 (1950 年編註).

が、その『支那印度論』の中で扱い、東洋において黄河や揚子江その他の大河の流域に治水灌漑を中心とした中央集権社会が発達することを述べました。次にこれをマックス・ウエバーがうけついで、『儒教と道教』その他の中で彼の方法においてこの問題を扱ったのでした。彼は東洋の特殊性を「水の原理」と「氏族の原理」について説明したのでした。水の原理とは東洋的社会においては治水と灌漑が中心となりこれにより社会が規定されることであり、氏族の原理は東洋的社会の特徴を氏族の残存に求めたのであります。その後近年になってソヴェートのマジャールと独逸からアメリカに移ったウィットフォーゲルは、水の原理をとりあげ、アジア的生産様式として問題を展開したのであります。ソヴェートのマジャール一派は社会発展の地理的自然的規定性を社会の発展の決定的な要因としてとりあげ、主体的な、歴史における生産諸関係の主導性を無視したとして批判されたのであります。

ウィットフォーゲルは、特に中国に関する研究においてぼう大な史料に基づいて理論を展開いたしました。彼は中国社会を、黄河の上流において小規模な封建社会が成立し、こうして生産の増大と共に更に大きな治水の可能性を見出し、黄河の下流に下ってきて大規模な治水灌漑社会をつくりあげたとして、その封建制の成立において、すでに氏族社会は完全に崩壊し、また治水灌漑を要する農業においては、本格的奴隷制は発達せず単に家内奴隷にすぎないこと、古典古代の奴隷社会は天水農耕においてのみ可能であることを主張したのであります。すなわちウィットフォーゲルにいわすと、東洋と西洋では明らかに異なった歴史の発達の道をふんだその原因をどこに求めるか、それは単に生産関係のみに求めることはできない。

なぜなら異なれる生産関係が生じたとしたならば，その原因をまた何ものかに求めなければならないからである．また他方，神秘的にこれを民族の本性だとか，気候風土だとかに求めることはできない．原因をかかるものに求めるのは，地理的唯物論であるからであるとして，地理的唯物論や地政治学を批判し，地理的要因が経済史に対して働くのは，労働過程に働き，生産様式を規定することを通してのみ，経済史に規定作用を及ぼすものであることを述べています．この点ではウィットフォーゲルの理論は一応説明的演繹的に完結したものという事ができると思います．これに対して他の理論はどうしても東洋と西欧の歴史の発展に，説明的でなくて，単に記述的な要素を大本におくこと，すなわち説明されない仮定を置くこととなるのはたしかです．たとえば，東洋と西欧の歴史発展における異なりを，地代形態の異なりに求めるとしましょう．そうすれば，どうして，そのように異なった地代形態が生じたのか，その異なりは単に偶然そうなったのか，という問題が起こり，これを説明するためには何か他のことが考えられ，それがまた他の原因を要求することになります．そして，人間の生産活動が歴史展開の基本となる以上，自然との関係という事にその原因を求めることになりましょう．ただしこの場合に，他民族との関係ということが本質的に無視され，また何らかの偶然な原因による民族的移動の影響ということも無視され，純粋に一つの民族が一地区にあって，歴史が展開されてゆくことが大体において仮定されてあるともいえると思います．この点でこの理論は大きな疑問を残すのです．もちろん辺境民族との関係について彼はかなり立入って考えているのですが，本質的に影響を与えるとは考えていないようです．しかし治水灌漑の影響というこ

とも動かすことのできないものであることも,これも確かでしょう.この意味ではウィットフォーゲルの労作は生産様式と自然の問題について,極めて重大なものを与えているといえます.

しかしながら,ウィットフォーゲルの理論は,主力が社会形態に注がれ,生産関係や,搾取様式,すなわち地代形態の分析において弱体であることも否定することはできないでしょう.氏族社会が完全にシナにおいて清算されたとする場合においても,単に大家族制が中世シナにおいても本質的でないことをあげるのみで,すなわち家族形態のみが問題となっているのです.これは現在中国における彼の調査においてもとられている方法であり,その点「社会問題研究所」一派の家族権威の問題のすぐれた研究の成果が方法として取入れられてあることは立派なことですけれども,このような社会学的方法にのみたよることは,経済学的に甚だ弱体なものにならざるを得ないのであります.

ウィットフォーゲルの理論は近代史においても,歴史が地中海から大西洋に移った原因だとか,ドイツにおける産業の勃興の問題などを扱う場合,むしろ彼の特徴であの生産様式の媒介ということがキハクになってしまって,どうも地政治学に近いものにすらなってしまっているのではないかと思われるふしがないでもないのです.

わが国においては,平野義太郎氏は私の知っている範囲では全面的にウィットフォーゲルの意見を承認しておられるようです.平野氏にこの疑問にぜひ答えて頂きたいと私は考えているのです.ただしもちろん平野氏自身の中国に対する研究は必ずしもウィットフォーゲルと同意見によっていると言うのではありません.

このような東洋と西欧との異なりに対して,もう一つの極めてす

ぐれた理論をわれわれは持っております．それは昭和7年(1932年)『史学雑誌』に4回にわたって連載された羽仁五郎氏の『東洋における資本主義の形成*』という論文であります．この論文で羽仁氏は氏族の原理をとっておられます．すなわち東洋的社会の特徴は，一つの社会形態が次の社会形態によりとって代わられるときに，西洋のように完全に以前の社会が爆破されず，むしろ以前の社会の残存物を土台にして次の社会が展開するところにあることが明らかにされました．すなわち羽仁氏はウィットフォーゲルとまるで反対に，氏族制の残存の基礎の上に東洋的専制的封建制の展開があったことを明らかにされたことであります．経済史の本すじからいってウィットフォーゲルの論文よりも方法論的に遙かにがっちりと，遙かに整備されているように私は思うのです．そしてウィットフォーゲルには問題を古代からはじめた一種のアカデミズムがあるのに反して，羽仁氏の論文は問題を現代的観点から展開し，はるかに実践的であることに注目しなければなりません．すなわち東洋における資本主義の形成という観点からなされたのです．理論的強靱さは恐らくその点からきているということができると思われます．

その上私が注意したいと思うことは，東洋的社会の特徴を，前時代の社会が完全に爆破されず，むしろその残存物の基礎の上に，その残存物を基軸として次の新しい社会が構成されたという一つの特徴ある論理であって，これを私は「講座派の論理」と名づけているのです．すなわち講座派は『日本資本主義発達史講座』という画期的な共同研究において，明治維新を完全なるブルジョア革命とせず，

---

* 羽仁五郎著「東洋における資本主義の形成」，1948年，三一書房；1956年，岩波書店『明治維新史研究』所収 (1969年編註).

日本資本主義の発達を農村の封建制が爆破されずむしろその残存物を基盤にし，それを基軸として行なったものとし，日本の社会の構成が半封建的であることを明らかにしたのであります．これは当時大論争となったのですが，基本的な点では，今日ではすでに世界的に承認され，敗戦前後の痛切な大衆の体験は身をもってこの理論の正しさを知るに十分であったと思われるのであります．

この論文は，いわば「水の原理」をすてて「氏族の原理」をとったともいいうると思います．しかしこの場合，もう一つさかのぼって，では何故東洋においては西洋のように氏族制が完全に爆破されずに残存し得たかということが問題となると思います．これに対して羽仁氏の論文は，それを目的としていないことによりましょうが，十分な回答を与えていないようです．ここにウィットフォーゲルのように，「水の原理」をもってくることが必要になるのでしょうか，または他民族との関係に原因を求むべきものでしょうか．とにかく単に「氏族の原理」のみではこのところまで来ると，やはり単に記述的となって，完結した記述的演繹的方法ではなくなるようであります．

しかしまた他面，明治維新後の日本の場合のように講座派の論理だけで，それ以外の何らの自然的風土的原因を考える必要なしに，世界史の中における日本を考えるだけで，十分ダイナミックに，十分完結して説明的演繹的方法において理論が展開しうるのですから，必ずしも「水の原理」を必要とするとは限らないと思いますが，（もちろん何故日本は遅れたかという事では問題になりますが）氏族制の崩壊の時にすでに同様に大規模な世界史的連関からアジア的生産様式を導いてくることができるか否か，これは問題であります．

以上長々と前置きをいたしましたが、世界史の方向決定という場合に、この問題が一番はっきりと人々の頭に来るのではないかと思うのです．ただ私は、唯今以上の文献を手許にもっておらないため、単に記憶によって話をしたので、あるいは間違いを犯しているかも知れませんし、その後のソヴェートや、中共における研究も知りませんので、多くの人々の御教示を是非あおぎたいと考えております．*

歴史において無批判に地理的、風土的、自然原因がしばしば語られ、これはウィットフォーゲルによって地理的唯物論として批判されたものであります．また羽仁氏も地理的唯物論の批判を行ないました．** 人間の実践は自然の客観的な法則性の場において行なわれる限り、根本的な点において自然の規定性というものを云々することは可能であるし、またこの点を明らかにすることは人間実践を根底から明らかにすることになると思うのです．これについて私は資本論の中から極めて示唆に富んだ言葉を引用したいと思います．これは技術論の著者たちによく引用されるものです．

「テヒノロギーは、自然に対する人間の能動的関係づけ、即ち彼等の生活の直接的生産過程を、そして依ってまた彼等の社会的な生活諸関係をも、それから湧き出る精神的諸観念をも露呈せしめるものである．あらゆる宗教史さえも、かかる物質的基礎を忘却すれば無批判的のものとなる．実際、分析によって宗教的なビルドの地上的な核心を見出すことは、逆に、あらゆる場合における現実の生活

---

* その後、アジア的生産様式に関するマルクスの草稿が発表され、日本訳された（岩波書店）．これは正に私のここに出した疑問に答えるものであった（1950年編註）．

** 羽仁五郎著「歴史学批判序説」1932年、鉄塔書院; 1946年中央公論で復刻（1969年編註）．

諸関係からそれの天国化された諸形態を展開することよりも，遙かに容易なのである．この後者こそ，唯一の唯物論的な，それ故にまた科学的な，方法である．歴史過程の排除するところの，抽象的に自然科学的な唯物論の欠陥は，その代表者たちが，彼等の専門領域を超えて外に出るや否や，抱くようになる抽象的な，イデオロギー的な諸観念からして，見抜かれるところである．」

すなわち人間実践は自然の客観的法則性によって規定されるけれども，それをいわゆる風土の理論のように直ちに生産関係や，観念形態に対する規定性として持ちこむところに「抽象的な自然科学的唯物論」の欠陥があるので，あくまで，人間の生産的実践に対する規定性として，この場面に働くものとして考えなければならないのです．すなわちウィットフォーゲルの理論は不十分な点が多くあるのですが，彼が，自然の規定性を生産過程を通して生産様式に働くものとしたことは，ある意味で認めなくてはならないものがあるといえましょう．

自然自体構造をもっているのであって，生産様式の発展を考える場合に，自然の構造に規定される面を考えなくてはならないのです．それは自然科学の発展史に反映されているのであって，静力学が最初に，それから動力学，ついで熱学や電磁気学，化学というふうに発展してきたことを考えなければなりません．すなわちある地方に石炭がいくら豊富にあったとしても，蒸気機関の時代以前であったなら，それは何の意味ももたないでしょう．またある地方で水力がいかに豊富であっても，水力電気を本質的とする 20 世紀でなければ，たかだか片々たる水車にしか役に立たないでしょう．これは主に資源に関してですけれども，自然の法則に関してもそうであって，古

代や中世に,蒸気力の利用を人は考えたことは考えたのですが——例えばヘロンのように——それは何の役割も果たさなかったのでした.電気力についても同様です.それは生産様式がそのような自然法則を技術化するところまで行っていなかったともいえるし,また同時に,自然科学史が体系的な発展を示すことから考えて自然の構造が何らか——ヘーゲルもいっているように——玉ねぎの玉のようにできていて,一皮一皮とはがして行かねばならないようにできているので,いかに社会がそれを要求しても,おいそれとそれに応ずる技術が生ずるわけではないことが明らかになるでしょう.すなわち社会の歴史に対する自然の規定性はこのように働き,これをあなたのいうような世界史の方向決定と技術の関係ということもできるでしょう.しかしこの規定は決して消極的には解してはいけないことです.すなわち人間の主体的行為の積極性は,自然の困難な障壁を,どこからか切りくずそうと必死の努力をかたむけ,その段階における可能な限り最大の範囲で歴史の路を切りひらくものだからです.それ故にまた一見技術の規定性など存しないようにも考えたくなるのです.産業革命が先ずマニュファクチュアによる分業によって技術的に用意され,それを通してのみ手先の仕事が機械の仕事へと移され,また動力機と加工機の分離,蒸気機関による動力機の地理的無制約性の確立を得たのでした.

すなわち一面において生産関係の展開が自然の新たなる法則性を生産的実践に取入れることを実現するのですが,他面において,自然法則性がそのような技術様式を可能とするのであります.この関係が機械的につかまれるのははなはだ危険なことですが,しかしこの点を回避することはできないのです.このことは古来発明の試み

のさんたんたる失敗の数々を分析する時に明らかになるでしょう.
すなわち社会はある発明を要求しても自然は必ずしもこれに応じなかったからです.

こうしてあなたの問題への回答が,ある形で用意されたのです.

問 1　産業革命は人類の繁栄を約束したこと.

問 2　産業革命とは技術の革命であり,また近代的な意味の技術の発見であったこと.

問 3　近代社会は道具連関を根本的なモメントとしていること.

問 4　かくして世界史の方向を決定づけるものは,産業革命以来人類と密接な関係をもつに至った技術であるということ.

問 5　この技術がレッセ・フェールの社会において為しとげられた結果,近代資本主義は成立し,かつまた死滅しつつあるということ.

以上の論がこの問に恐らく答えるものですけれども,技術は単なるレッセ・フェールのみによって発達するとは限らないことは,わが国の技術の発達を見るとわかると思います. すなわちわが国は外国との競争において労働者の強烈なる搾取の犠牲において低廉なる生産物を輸出することができたので,労働大衆は弾圧によって組織されるのが防止され,低賃金が維持されることができたのでした. このため技術の改良は怠られたのでした. このわが国の例は技術の改良が決して発明家や,資本家によってのみ行なわれるものでないことを示すものです.「1825 年以来,殆んどすべての新発明は,企業者と労働者との衝突の結果であった. 企業者は専門労働者の労働賃金を全力をあげてひき下げようとしたのである,幾らか目立ったストライキのある毎に,新機械が現われている」日本では新機械で

なく弾圧機関が現われた．外国においては労働階級の組織がきわめて自然に行なわれ，全体として技術の改良という方面が自然にとられた結果，技術の改良がすべて決定するというテクノクラシーの思想が生れたのでした．わが国においてはテクノクラシーすら考え得ないことであって，特攻精神がこれに代わったのでした．技術家としてテクノクラシーの思想は，ある意味で健全なものなのですが，わが国の技術家にはテクノクラシーはほとんどあり得ないのです．労働者の組織が技術の健全なる発展をもたらしうることは，われわれに最も痛感されることなのであります．テクノクラシーの批判はこのようになさるべきであって，これまでのように単に頭ごなしに技術の社会性でおしつけることでは果たされるとは思いません．

　すなわち技術の発展はいかなる意味においても人類の進歩であることにはちがいないのであります．そしてこれはもっと深いところから考えねばならないのです．

問 6　この頃，アメリカにおいて技術は経済を経ないで，直接政治と結びつくというように考えられているが，この点からアメリカのプラグマティズムとソ連のプラグマティズムとの相違は，結局その社会構造の本質によること．そこに技術も相互に異なった形態あるいは体系を反映しているということ．

問 7　次に現代は原子時代へ一歩前進した極めて革命的な歴史の段階に入ったこと．この原子エネルギーは極めて人類の繁栄を約束するに違いないということ．原子エネルギー時代の技術とでもいうべきものの領域が新しく生まれて来たということ．

＊　マルクス・エンゲルス全集第5巻 389 頁，ソ連百科辞典「史的唯物論」(1969年編註)．

問 8 すなわち人類の繁栄は技術の社会化のみでなく,現代においてはよりますます自然科学のそれ自身の驚異的な進歩によって約束せられているということ.

問 9 これに対して近代資本主義,あるいは社会主義はいかに対応するだろうかということは大いに興味があるのです.

問10 プロレタリアートの独裁もそれ自身では既に一つの進歩であるが,形式上の進歩であり,人類の繁栄という実質的な進歩を約束しないだろうとも考えられること,したがって技術は単に生産手段の体系では説明がつかなく,技術独自の無限の発展をますます明瞭にしてきたこと.これは社会化する時に資本主義か社会主義かは依然として問題の第一条件たるを失わないが,しかもこのことは極めて重大な現実的課題たること.

これに対し簡単に答えましょう.ルイス・マンフォードの『技術と文明』は旧技術時代すなわち産業革命直後の社会の悲惨は,石炭と鉄の技術にあった.電気とジュラルミンの技術は,人類の悲惨をとり去ったといっております.これはテクノクラシーの代表的な考えであって,この考え方には,労働者が自らの組織をもって戦ったことが暗黙の中に仮定されてあることは,わが国が電気とジュラルミンの時代にも悲惨が去らなかったことを以て明らかでしょう.

すなわち資本主義は労働の社会化をもたらしたので,それ以前の時代のような考えで,技術の問題を扱うことはできないのです.必ず労働者の組織という問題,労働者の攻勢という問題を同時に考えに入れなければならないのです.

原子力について,私は原子物理学者として一言しておきます.原子力の平和的使用は今のところ蒸気機関に限定されるように考えら

れるものです．そしてまた石炭や電力や石油に直ちに取って代わるとは考えられないのです．ただ，これまでの不可能を可能とすることは考えられます．

しかしこの生産からいっても，この使用からいっても，資本主義のワクをはるかにでたものであることはいえると思います．そしてこれは物理学的にいって，これまでのエネルギーと全く異なった源であって，ちょうど太陽のエネルギーの源と同じように，原子核のエネルギーであることです．すなわち，画期的な人類史上のすばらしい出来事の一つなのです．われわれは太陽から火をとってきたというプロメトイスになったわけなのです．

そしてまた重大なことは，戦争の可能性はほとんど封じられたことです．戦争をはじめる者は自らの滅亡を意味するでしょう．これはこれまでの軍事技術と画期的に異なることなのです．すなわち，社会の組織に一歩先んじて技術が戦争の可能性を封じたということは決して思い上りではないと思います．そしてまたこの点においても資本主義のワクをでたものだといえましょう．問10は私にはあなたの気持がわかるように思うのですが，なっとくすることはできません．プロレタリアート独裁のロシア的形態が，革命の単なる一つの形態であることは，例えばこの頃出ているエンゲルスのパンフレットを御覧になってもわかると思います．もっと平和的な方法もあり*，日本はその道を進んでいるように私は考えます．それはもっぱら弾圧のいかんによる問題です．しかしソヴェート・ロシアは技術や科学の無限の発展を約束していることも明らかに事実によって

---

* ただし，革命を，平和革命か暴力革命か，というふうに規定するのは誤りである (1950年編註)．

示されていることだと思います．すなわちそこには恐コウも，失業もないからです．しかしソヴェート・ロシアのふんだ道のみが唯一の道ではないのです．

　ただ明らかなことは，技術が勤労大衆の手にあるときにのみ，その無限の発展が約束されること，また資本主義社会でも，これまでに，すでに大衆が組織されてきたことが少しずつでも大衆が技術を自己の手にかく得してきたことだということ，そしてそれゆえに技術が本格的に発展し得たということであります．

III 日本技術の分析と産業再建
―― 日本民主主義革命と技術者 ――

1 日本技術の分析

　われわれ日本の技術者は，技術者の専門意識から見て，自分たちが従事している職場において，技術者としての本来の使命からいってはなはだ不満足に感じ，また割引きされた世界で働いているという感じを以て日々の仕事をやって来たという事ができる．このように技術者をしてその使命に全力をあげしめ得ない原因は，これまでの日本の資本主義が貧弱で，技術者に本格的な機能を果たす事を許さなかった事にあった．すなわち技術者は会社が政府か軍から信用を得るために置いておく飾りであったり，企業の助手であったり，はなはだしいのは機械取引商にしかすぎず，またその主な役割は戦前においては外国の特許を買って日本で再現するのが仕事であり，戦時中は，外国の特許を盗むのが主な仕事となった．

　ちょっとした会社には研究部，研究所が置かれたが，これがまた，先に述べた飾りとしての役を多分にもっていてあまり現場の役にはたたない代物だったのだ．日本では科学研究と現場の技術改良とは何の関係ももっていなかった．研究は研究で外国の学術雑誌を種として行なわれ，現場の技術は，日本の科学研究から何ものかを得る

---

　*　1946 年 2 月 3 日，「技術」3 月号所載 (1950 年編註).

のではなくて，もっぱら外国の特許にのみ依存していた．本格的な資本主義国においては，科学研究の成果が技術に反映し，また技術の要求に従って科学のテーマが与えられて，両者が互いに関連しながら進むのである．すなわち科学と技術が緊密なつながりを持っているのだ．これに比すればわが国の状態は全く植民地的という事ができる．戦争が始まり，諸外国から遮断されると，わが国の科学も技術もまるで根をちょん切られた植物のような状態に陥った．そして本質的な発展もなく，何とかとりつくろうのにおおわらわになった．

これに加えてわが国の科学界，技術界の封建的派閥的性格は，科学動員，技術動員を完全にナンセンスなものとなし派閥的ボスの勢力の道具と化した．米英の科学者が完全な巨大な組織において協力し，各科学者を十分に駆使する事によって科学史上の驚異たる原子力の解放を行ない得た事に比すれば，全くわが国の組織は表面だけとりつくろった児戯に類するものであった．さらに原子爆弾に関するトルーマン声明に「自由なる国の科学者にはかかる偉大なる事ができるのだ．日本においては原子弾爆をつくり得る体制になっていない」と書かれてあるが，わが国の科学者はこれに対し，全く一言もないわけである．

わが国のような貧弱な資本主義国において，技術者がはなはだ不満足に思う事は，資本家が技術の改良をできるだけサボタージュする事である．これは二つの面をもっている．

第一に，研究者や技師たちの発明や改良等は特許として会社に蓄えられるけれども，これは実現されない事が非常に多い．明瞭な技術的欠陥すらも，できるだけ改良されない事がある．そして研究部や現場の技師による特許が会社によって蓄えられるのは，主に他の

会社にそのような技術を先に実現される事を恐れるからなのである．この点は資本主義のもつ通弊であるけれども貧弱な資本主義においては特にこれははなはだしい．わが国においてはさまざまな問題の解決が本質的に技術の改良によって行なわれず，労働の強制，すなわち労働時間の延長，労働強度の強化，すなわち労働者の犠牲において切抜けられたという事を特徴とするのである．それは明治以来産業革命や，不況時代の合理化を通して，大工業に並んで零細な，動力機を有しないマニュファクチュアー的生産が決して衰えず，工場総数の半数を占めていた事に特徴づけられる．すなわちわが国の半封建体制によって極度の低賃金が可能とされ，技術の改良によらずしても，諸外国と貿易市場において十分に競争する事ができたのである．それ故技術者はこのような体制の中においてさして重要な，本質的な機能を有していなかったと言える．また貧弱な産業合理化によって労働を強化するという反動的役割がその重要な使命とすらなっていたのである．

このように事態を技術の進歩によって解決せず，労働の強化によって解決する事，これを精神主義と唱えてわが国独特のものとされ，大和魂と呼ばれたものである．これはひいては帝国陸海軍の戦術の性格をも決定した．すなわち海軍の訓練主義は，極度の訓練，極度の努力という事によって技術の量の貧弱さをおぎなわんとするものであった．しかしこれは同一または接近せる技術水準において訓練の優れた方が多少の量の差を克服できるという事である．すなわち同一水準の技術においては 5—5—3 位の量の差は訓練によって克服できるであろう．だが，技術が一歩前進する時においては訓練の効果などちょうどビルディングの何階目かで背のびをするようなも

ので，次の階に上ってしまえば，こんな背のびなどは問題でなくなってしまうのである．帝国海軍は長年にわたって月月火水木金金で夜戦において鍛えに鍛えた．この訓練主義は緒戦における戦果を一応は生む事になった．しかし電波兵器の出現はこの訓練主義を完全に無駄なものにしてしまったのだ．技術の進歩は海戦を昼間も夜間も霧の中も全く同じものにしてしまった．この訓練はちょっとした背のびをやったにすぎなかったのである．

　技術の劣弱を国民の生命の犠牲においておぎなわんとする極端な例はかの神風特攻隊であった．この点でこれは正に典型的に集中的に日本的性格というものを表わしたものであった．解決を技術の改良にもって行かずに，すべて人命の奴隷的犠牲において行なったのである．これは封建的非人間的世界観によって正当化されると共に，またわが国の資本主義のもてる技術観の極端な表現でもあったのである．

　このような非人間的なもの，それは決して支配者が言うように強いものではなかった．生産力と，技術と，合理主義と，人間性とに基礎を置く連合軍の前には正にカマキリのオノにしかすぎなかった事を現実が示したのである．そして今やこれらの野蛮は敗退し最後のあがきを行ない，しかしなおその支配を保つためにかじりついているのだ．

　技術者たちは戦時中はなはだよい待遇を与えられ，ある程度尊重され，ある程度その技術が用いられたので，かなり満足してこのような軍閥イデオロギーにおどった人間も多かった事は事実である．しかしその専門意識から言って，たしかにどこかそぐわないものを見出し，多かれ少なかれ批判的であり得たと思う．そして恐らくこ

れでよいのかと疑問をもったであろう。また、その中のすぐれた人間は必ずや緒戦の戦果の中にも今日の敗戦を予想していた事は確かである。しかし技術家にはこれはいかんともしがたい問題であった。皮肉な目をもって運命におしながされるにすぎなかったのである。

第二に労働の能率と技術の問題である。わが国においては労働条件を改良する事によって能率を増進して、生産力を増大しようという方向を資本家は選ばなかった。農村の半封建体制に依存する家計補助的な低賃金労働力の尨大な給源に基礎を置き、また比較的質の低い労働者を以て可能とされる繊維工業の伝統からして、労働条件への配慮はほとんど行なわれず、もっぱら特高警察的労務管理による経済外強制を以てする労働時間の延長と労働強度の増強によって生産を高め利潤を確保せんとしたのである。そしてこの行き方は精神主義によって合理化され、天皇の名における特攻精神、体当りにその終局を見出し、労働条件を快適にして能率を上げるような試みは罪悪視され怠けているように見られ米英的と呼ばれたのである。同じ事をわざわざ苦労がともなうような形で行なう事がいかにも悲壮な讃美さるべきものとされ、楽をしては前線の将兵に相すまぬという事がモットーとなっていたのだ。

このような行き方は全く技術家の専門意識に相反するものである。技術家は合理主義者である。技術家は同じ事をやるにも労力をできるだけ少なくてすむ方法を考える。そして能率をあげるのだ。このような技術家の観点は特高警察的労務管理と全く対立するものであり、石井金之助氏の指摘するように各会社各職場において両者は常に対立する傾向にあるものだ。

このような労務管理は風早八十二氏の名著『日本社会政策史』な

どに明らかにされているように，封建体制を支えとして展開された貧弱な，そしてあくせくと先進諸国の帝国主義と張り合うようにさせられた日本資本主義が強権を以て労働運動を抑圧し，また労働者の圧力も半封建体制の故に決定的に力を得ず，ために本格的な労働政策が実施されなかった事，そしてまた零細マニュファクチュア的生産が大工業と並んで依然として対等の位置を占め，ここにおいては労働政策は完全に無視されていたのみならず，大工業に対抗するために徹底的な労働強化が行なわれ，技術による能率の増進と逆行する広大な地盤が存在していた事にその根拠を有するのである．

　労働条件の改良すなわちたとえば炭坑において採炭機が外国の直輸入では日本人の貧弱な体力にとても合わないので疲労がはなはだしいから，これを日本人の体に合うように改良してみたり，また工場で作業場の構造を快適にして疲労を防いだり，といった事は能率を増進し，また徹底した労働政策による短時間労働と十分なる労賃の給与は労働力の再生産，質の向上を与えて能率を向上し，生産を増大し利潤を本質的に高めるものであるにもかかわらず，日本の資本主義は以上の理由によってこれを怠っていたのだ．

　以上の二つの点すなわち第一の生産技術の改良，第二に労働条件の技術的改良，この二つの，本質的に能率を高め生産を増大する改良は，わが国の労働運動の徹底的弾圧，また天皇制的独占資本に対抗する労働者の組織的な圧力の低位という事によって支配階級，資本家によって怠けられ行なわれずにしまった．この事がまた技術家に自己本来の活動舞台を与えずそのために技術家はほとんど自己の存在理由を強く主張する基礎をもつ事ができず，寄生的な実力なき存在に止まらざるを得なかったのである．

技術家は従来資本家の付属品として，労資の階級対立において，労働者の圧力に対し恐怖をいだき，労働者を蔑視していたものだ．しかし以上の分析が示すように，実は労働者の圧力を増大し，特にまた封建的体制を一掃する事が技術の本格的前進を初めて可能にし，したがって技術家は自己本来の地位を見出す事ができるのであった．

　しかしこれは封建体制軍閥官僚独占資本支配下の弾圧機構の下では絶対に可能ではない．そしてこれは，労働者農民勤労者進歩的資本家による民主戦線支配下に，国民の生活を真に高めんとする勤労者たちの圧力の増大によって，初めて可能となるのである．それ故に技術家は何をおいても勤労者の味方となり民主戦線の結成の方向をめざして積極的に努力すべきである．

　日本の敗戦によって，封建制軍閥官僚支配は今や後退しつつある．しかし彼ら保守勢力はなお頑強にその地位を守ろうとしている．国民は飢え，戦災者は寒空に路頭にまよい国家経済は危機に直面し，勤労者は団結して給料の大幅値上を戦い取らねば物価高にその日暮しにも困窮する．復員や軍需工場から涙金と共に大量に放出された失業者はどこに失せたか職業紹介所にもあらわれない．正業に就く事は飢死を意味する．組織を持って戦い得ない勤労者は正業から離れ闇商人として同胞の膏血をしぼる．技術家は戦時中の人気に反して完全に自己の位置を失い，失業し，またその俸給は物価高に追いつかず，資本家のサボタージュによって，不安定な日を持て余す．資本家は国民の飢餓，国民生活の破綻を尻眼に生産をサボタージュして利潤を待ち，国民大衆を犠牲にして戦時保障で肥らんとしている．

　生産の破壊，生産の沈滞，国民生活の窮乏からいかにして立直

事ができるのだろうか．1千万の餓死者をわれわれは冷然と見すてるのであろうか．[*]

その道は一つ，それは勤労者が戦犯的旧秩序を維持せんとする旧勢力を完全に追放して自ら政治の主導権をにぎり，資本家のサボタージュを克服し，生産管理に参加して生産を増大しこの危機を切りぬける外にはないのだ．

2 ソヴェートはいかにして破壊から建設されたか

このような破壊，それはかつて前大戦後のロシアが経験したものである．そしてロシアは勤労大衆がある一つの形において，主導権をにぎり，危機を克服したのである．わが国の現状と，これから期待される勤労者の主導権の形とは，ロシア革命前後のそれとはもちろん著しく異なったものであるけれども，われわれはこのロシアの危機から多くを学ぶ事ができる．ソヴェート建設においてその技術のもった役割については，手に入りやすい本で，中村，蜂谷共著『科学動員の研究』に必然的に制約された形であるが詳しい．今この書に拠って少しく記してみよう．

ロシアは4年間の前世界大戦に加うるに3年間の国内戦，外国干渉軍との戦争のため，全く疲弊困憊の極に達していた．1920年における農業生産高は戦前の約半ばに過ぎず，全国民は飢餓におびやかされていた．工業は農業よりもさらに荒廃の程度が激甚を極め，

---

[*] 実際，国民は戦後の3年間，非合法の闇行為によってのみ生命を維持する事ができた．国家は毎年1ヵ月以上配給もせず，買出しを警察によって取締った．これは死ねという以外の何ものであっただろうか．国民が無能な政府の下で法律を守ったら，1千万の人々は確実に餓死したであろう．このような政府の下では，人民がとる非合法行為は，正当防衛である（1950年編註）．

1920年の総生産高の如き,戦前のほとんど7分の1という惨憺たる有様であった.したがって大部分の工業は休止状態で,鉱山,炭坑などは破壊されたままで放置されるか,または水浸しであった.冶金業の疲弊は特にはなはだしく,1921年の銑鉄生産高は戦前帝制下の銑鉄生産高の3%にしか当たっていなかった.その上,かんじんの燃料は欠乏し,運輸は破壊,乱脈,休止の状態,金属や織物類もほとんど消費し尽し,穀物,肉,脂肪,塩などの食料品を初め,衣類,履物,石油,マッチ,石鹸のような必需品ことごとくが欠乏の極に達した.これに比ぶれば現在の日本はまだ大分良好な状態に置かれてあると言える.このような破壊を受継いだのが勤労者によるソヴェート政権であった.それ故ソヴェート政権は最初より内外の大なる試練を克服しなければならなかったのである.現在の敗戦日本はソヴェートと異なり対外的に軍備をしないで国内産業ができるだけでも遙かに楽な境遇にあると言える.

　敗戦と国内戦の後のロシアの危機は,勤労者による強力なる政権にして初めて克服する事ができたものであった.そしてその再建のために,天才レーニンは科学技術に注目したのである.レーニンの社会主義建設計画は,国内戦の終了後,すなわち1918年春から着手されたのであったが,国内における生産力の発展を達成するために,まず科学の利用を主張した.レーニンは有名な論文「ソヴェート政権当面の任務」(1918年3月—4月)の中で次のように述べている.

　「各部門の知識,技術,経験の専門家の指導なしには社会主義への移行は不可能である.というのは,社会主義は資本主義が達成したものを基礎とするにしても資本主義に比較して最高の労働生産性への意識的,大衆的な前進を要求するから」(レーニン全集第27巻).

レーニンはソヴェート国家における生産力の発達を目的として科学を最大限に利用しなければならぬと考えていた．それは彼が起草したロシア共産党の綱領草案に書かれている事から明らかである．すなわち，

「生産力発達の課題そのものは我々が資本主義の遺産として継承した科学技術の専門家の広汎且つ全面的な即時的な利用を要請する．此の場合に於いて之等の専門家が，大部分，ブルジョア的世界観と慣習とに不可避的に浸み込まれている事は姑く問うまい」(レーニン全集第 24 巻).

科学はしばしば実際問題から離れ技術と無関係になりがちであるが，しかし何らかの意味で人間生活の課題を解決する方向に向かう事により自らを豊富にし，また科学はそれだけの能力があるという事をソヴェート科学は実証したのである．

先に述べたように共産党およびソヴェート政府はレーニンを指導者として，ソヴェート科学の発展のための最も適切な条件を創ることに努力すると同時に，科学思想と科学的創造の積極性をソヴェート共和国の生産力の方向へ向けさせ科学を国民経済の昂揚へと生産の要求に適応させるように努力したのである．換言すれば良い意味の功利性，すなわち即物性というのがソヴェート科学の第一の特徴であって，そこには科学のための科学，現実から遊離した科学というものは理論的には最初の出発から有り得なかったのである．

スターリンもこの科学の理論的思想の発達と社会主義建設の課題の間のギャップを無くする問題についてソヴェートの科学者に対して，一再ならず警告している．彼の著わした『レーニン主義の諸問題』の中にも「理論的活動は実践と歩調を合せ，更に之を追越し，

実際家を武装してやらねばならぬ」と言っている.

ソヴェートの科学技術政策は最初から以上のように極めて重要視されていたが, 旧い殻をかぶり, 支配階級の付属品たる地位にならされた科学者や技術者はどうであったか. この問題ではかなり困難を感じたのである. 国民経済の復興期といわれるソヴェートの草創時代において, 科学が生産力の発達と国民経済のためにいかに顕著な役割を演じたかは明らかである. しかも, 科学者の間に反ソ的気分が濃厚でなく, 科学者が一様にソヴェート政権に協力を惜しまなかったならば, その役割はさらに大きかったと思われる. なぜならば, 先に述べたレーニンの言葉にあるように, 復興期の草創時代において, ソヴェート政権から協力を要請された科学者は総て旧時代の科学者であった. したがって彼らの気分イデオロギーもまた旧時代的色彩が濃厚であったことはむしろ当然で, 中にはソヴェート政権に対して消極的な反抗を示したり, あるいは積極的に国際的反ソ戦線に加担してソヴェート政権の壊滅を策したり, あるいはまたいわゆる象牙の塔に閉じこもったまま社会や国家を遊離して自ら快しとする者も多かった.

ところがレーニンを指導者とする党および政府の科学者優遇策が徹底するにともなって, これらの反ソ傾向が漸次薄らぎ, ソ連政府の科学者利用の経済政策が着々効を奏するに至った. その端的な現われとして 1923 年の秋に, モスクワにおいて開催された全連邦科学者大会が挙げられる. この大会に全部門の科学者が参集したが, 同大会開催に先立って, ソヴェート政府はこれら科学者に対して檄を飛ばし, ソヴェート国家の経済的文化的復興に協力し社会主義建設に積極的に参加するように要請した. その時以来, 科学者の大部

が「科学の社会主義への奉仕へ」というスローガンの下に結合し始めたと言われている．

3 将来の科学技術

　以上のように科学技術者はとかく旧社会の支配階級の付属品の性格を有するものであり，それ故に労働者農民の側に協力せしめるという事は非常な困難を伴う事がわかる．それにもかかわらず，ソヴェートにおいては科学者技術者の社会主義建設が着々と行なわれ，国民の福祉のために科学が協力し，これによってまた科学は生気はつらつとよみがえり，科学者技術者も，確乎として自己の地位を見出している事がわかるのである．また逆に国民経済の破壊と困難がいかに科学者技術者の協力によって切りぬけられたか，という事も明らかである．今日敗戦日本において破壊と混乱の中において，日本にはもはや科学者も技術者も不要になった，食うに困るのに何の研究機関だという意見が盛んにとなえられている．私は有名な技術の方の大御所に，敗戦の今日程研究が必要である事を手紙を以て述べたところ次のような返事を頂いた．

　「……日本の敗戦は御承知の通り徹底的のもの，文化建設だの世界文化の貢献だのと言いますけれどもこれは胸中将来に対して希望することで，実際は生存するだけが困難であることも御理解のことと存じます．それでは日本が駄目になると言う人もありますが，駄目になる心配どころか現に駄目になっているので容易に戦前の状態になることさえ不可能です．今まで遺憾なことであったから今度は斯く斯くしたいという考が学者たちの間には多いようですが，それは勝利であってさえ簡単なことではありません．今後連合国側で日

本の力を借りれば欧米のみで研究する以上の躍進が可能であると感じたなら日本の学者を米国に招いたり日本国内での研究を要求するでしょう．……多くの仕事は今後益々顚落するであろうと考えます．それが当然のことであろうと思います．昭和 21 年度は我国未曾有の失業で殊に知識層の場合は深刻だろうと予想します．私が教えた卒業生は 50 余才から本年卒業者まで幾らでも失業者があります．研究所と学校とは大整理を覚悟しております．昨今日本が戦争に勝ったものとしての種々の企業を申出られる向が沢山あります．洵に悲痛な事態といわねばなりません……」

この日本の技術界の大御所とソヴェートの指導者たちと比較する時，諸君は思い半ばに過ぎるであろう．ソヴェートの科学技術は国民の福祉のためであった．それ故国民を救い破壊から立直るためのものであったのだ．

ソヴェートにおいて第 3 次 5 ヵ年計画の審議に当たって，国民経済全部門の技術装備のためには科学および技術の最も新しい成果を生産工程へ扶植する事が必要であるという事が強調された．たとえば生産過程の自動化，遠方操作装置などの問題である．ソヴェート当局に言わせれば資本主義諸国の自動化は労働者を無能化し失業者を出し，彼らの生活をおびやかすものだが，ソヴェート同盟の自動化は労働力を軽減し，物質的文化福祉を彼らにもたらすと共に生産力を拡充し，生産品の原価を引下げ，原材料および燃料の消費を著しく節約するという事になる．かくして第 3 次 5 ヵ年計画には工作機械生産に伴う自動機械及び半自動機械の比重を断然高める事が決定されたのである．

先に述べたようにわが国においては低賃金労働力のために，資本

主義国においては失業者を出すと言われる自動化すらもが,資本家によって全く取り上げられず,自動化が本質的に幼稚である事がむしろわが国工業の特徴をなすという事ができる.自動化のような技術の進歩が国民の福祉をもたらす事ができるのは,ソヴェート政府のように独裁でなくても,勤労者の十分な圧力の下に可能なのであって,また現在の日本を救うものは民主戦線による生産増大以外にない事は明瞭である.

以上のように国民経済破局の時に技術者が失業しているという事は全く以ての外の事であり,これは政府自身が生産サボタージュをやっている事を証明している.もし政府が真剣に国民経済を立て直そうと考えるならば,先に示した破壊から立ったソヴェートの如く戦時中にもまして技術者は幾らあっても多すぎる筈はないのである.この点は人民の圧力が十分ではない事を物語るのであり,人民は自身で飢餓を望んでいるようなものだと言うべきだろう.この政府ならびに資本家のサボタージュは勤労者が主導権をにぎる民主戦線による人民政府の樹立によってのみ克服されるのである.

現在の資本家のサボタージュに抗して勤労者は生産管理によって戦いつつある.まことに勤労者の主導権のみが生産を推進し日本の危機を救うものである事がどこにおいても示されているのだ.この勤労者による生産管理という画期的なすばらしいでき事は,技術家が協力するか否かによって,その成否が大いに左右されるものである.この事は「日本産業経済」1月28日に,「従業員生産管理」資本家の怠業に「活」という見出しで三井美唄炭坑について次のように記されている事から明らかである.

「旧臘6日から罷業に入り会社側では12日は操業を休止する予

定であったが，労働組合ではこれを肯ぜず平常通りの操業を決議し，労組の指令に基づいて以後6日間の操業を行なった．これ即ち従業員生産管理の概要であって，この間会社側の係員の指示又は承認をまたずに火薬を使用し，切羽を拡大しその他生活必需品の分配等を行なった．この3日間の出炭成績は良好であったが，会社側ではそれを合理的採掘計画に基づかない濫掘の結果であるとし，保安技術者の指示によらない炭礦の操業は違法であるのみならず危険であると云っている．但し3日間の濫掘によって爾後の出炭高が落ちたと云う事実はなく争議解決の12月26日には674瓲と云う最近における記録的数字を出した．炭礦の切羽拡大は技術者が会社の事業方針により予め計画したところに従って毎日現場の坑員に指示するのではあるが，特に指示を受けずして掘進の適当な深度その他を坑員が心得ている場合が多い．」

すなわちこの場合も技術者が労働者に協力するならば一層その成果を確実にする事ができる事を示しているのである．場合によっては恐らくその成否に関するであろう．この意味から，進歩的技術者はお互いに連絡をとり，率先して労働組合に協力し，他の技術者たちに組織をつくって協力するようにせしむべきである．

以上のような意向に基づいて進歩的技術者が連絡をとり労働組合の活動に協力するようなグループが結成されつつある事を私は諸君におつたえしたい．そして進歩的技術者はぞくぞくこのグループに連絡御協力下さる事を御願いしたいのである．恐らく全国各地に同様なグループが数多くつくられつつあると考える．このお互いの連絡を急速にとって，全国的な強力な運動にしたいものである．最近の労働争議において，進歩的技術者が積極的に協力してこれを成功

に導いている事ははなはだ注目すべき事実である，すなわち全国において進歩的技術者はすでに活動を開始している事である．このような教訓を生かし，これをもっと組織的に形成して強力ならしめるべきである．

このグループは，次のような活動を行なう事が期待される．

1

進歩的技術者は横の連絡をつけ，また労働者の側に多数の技術者を味方として獲得し従業員組合労働組合の活動に協力するように努力する事．

2

この組織をもって資本家が技術的改良をサボタージュしている事を調査し，その欠陥を指摘し技術を改良すべき方向ならびに実際のプランを示して，生産を向上せしめ国民生活を破局から救う事．

3

このグループは，労働者の労働条件，安全装置について調査し，この方面における資本家のサボタージュを指摘し，この改善を行ない，能率を向上し，労働者の安全と保健をはかり，労働力の質の向上に資する事．

4

このグループは労働科学的条件を調査し，労働者が健全なる条件下に労働するための科学的基準を明らかにし，労働組合の要求に客観性，科学性を与え，労働者の生活の向上を図るべき事．

5

このグループは進歩的技術家の力を結集し，社会的発言権を獲得し，国家社会における一切の野蛮的行為を阻止し，社会の進歩につ

くし,また労働組合従業員組合の一翼として活動し,これを通じて自らの生活ならびに文化の向上を図るべき事.

6

進歩的技術者は,知識人として,労働者に知識的サーヴィスをなし,労働者の文化的技術的向上を図り,なお労働者の優秀なる分子から優れた技術者を見出すように努力する事.

7

進歩的技術者は,最新の技術を身につけると同時に,社会についての認識を深め技術および技術家の真のあり方につき自己の見解を強固ならしめる事.

以上の事が考えられる.

付1・人民の科学技術建設と労働条件の改良[*]

日本の従来の科学技術の方向は根本的に間違っていたといわねばならない.それは帝国主義国家としてのものの性格をあまりにも強くもたされていたからである.この点の反省から出発しなければならない.

健康な発展を示した国々においては科学は技術の地盤の上に立ち技術を豊富にする一方,科学はまた文化として体系的に形成されるものである.また技術はたとえはなはだしく歪曲されていても何らかの意味において人民の要求に答えるものであった.

日本の技術はこれに比してはなはだ特徴的な性格をもって来たの

---

　　* 「読書新聞」1947年1月1日号所載 (1950年編註).

である.これは二つの部門,軍需工業と繊維工業に依存していた.このいずれもが人民のためのものではなかったのである.すなわち繊維工業は農村の半封建体制に基づくボウ大な半失業労働力を極度の低賃金によって使用し,これを遅れた諸国に輸出していた.その上労働運動は極度に弾圧されていたので,日本の産業はすべてを労働者の酷使に転化し,技術の改良はできる限りサボリ,可変資本の比重を大にする事によって利潤をあげていたのである.すなわち技術家の役割は技術を本格的に発展せしむるためにあるのではなく,また科学によってその発展を基礎づける事もなく,ただ必要に応じその限りにおいて外国の進んだ技術を輸入していたにすぎないのである.

敗戦による破壊,政府や資本家の敗戦前後の産業施設に対するサボタージュによる崩壊によって,日本の産業は今や著しい危機に陥っている事はすべての人々の認めるところである.これを建てなおすには科学技術を極度に使用しなければならない.しかしこのためには考え方を根本から変えてかからねばならない.そしてこの新しい構想,すなわち人民が主体になる政治の下に科学技術のフレクシブルな利用によってち密な再建計画をたてて,人民の圧力の下に初めてかい復と発展が可能なのである.

敗戦によって勤労人民に対する弾圧が一応連合国の力によって排除され,本格的労働組合運動が認められた事は科学技術にとって決定的な重要性をもつものという事ができる.すなわち労働諸条件の改良は直ちに科学技術の進歩を意味するものであり,また固定資本の比重を高める事によって生産を増大する事となるからである.

現在の吉田官僚政府は旧来の観念をそのままに改めず,勤労者の

ギセイにおいて，また大量の失業者のギセイにおいてこの難局を切りぬけようとした．産業復興は国民全体のためのものである．吉田政府の考えるようにそのために大量のギセイを出すとしたならば産業復興は何の意味ももたないのである．人民の圧力はこのような破壊的政策を排除するであろう．

産業復興の具体的方策が明らかでないとか，ち密な資料が重要だとかということも盛んにいわれているが，しかし一向にそれを樹立するような方策もとられていない．たとえば政府は経済安定本部をつくったけれども，その活動たるや，勤労者のギセイにおいて当面をこ塗するような事ばかり行なっているにすぎない．

産業復興の重点は，経済諸制度の民主化，労働の問題，技術の問題にあるといえる．ところで勤労者の立場と反対の立場に立つ経済安定本部は主に資本の，しかも特に金融面のみを問題とする経済学者によって計画が進められている．それ故技術の問題が全く無視されているのである．たとえば膳安定本部長官は 1946 年 10 月 11 日の毎日新聞によると，

「炭坑の労働争議は現在拡大しているが，今の日本の炭坑労働者の1人当りの出炭量は，世界で一番低位であることを見れば労働者は権利の主張のみを考えず，生産をあげつつ地位の向上をはかるという方向をとらねばならぬ」

といっている．すなわち膳長官には技術の問題が全然理解できないのである．日本の炭坑の1人当りの出炭量が世界で一番低いのは労働者が怠けているためではなく，資本家ならびに反動政府が技術の改良をサボリ，すべてを低賃金労働力のギセイにおいて行なったためであり，これが戦後の資本家の投機性と一緒になって決定的な破

タンに追いこまれたためである．

　この例を以てするだけでも産業復興が勤労者の立場においてでなければ絶対に行なわれない事は明らかであろう．すなわち二大労組産別ならびに総同盟はそれぞれ産業復興会議をもち，労働組合の立場から健全な産業復興を押し進めようとしている．これに対して技術者もまた，従来のからを破って，たとえば民主技術協会は，労働組合の内部において技術者を位置づけ，その立場から産業復興における技術の問題について技術者の全国的な結集を得つつあり，産業復興に関して強力な役割を果たそうとしている．[*]

　技術の問題の解決がなくて産業復興はあり得ないことは前述したが，これには現場の技術の状態の知識と，全国的な技術の向上のための計画および実行組織を要する．そしてこれは単に従来の指導技術者の勘によって果たされるものではない．ましてや安本の如く少数専門家をショク託にしても何の意味もない．これはまた正しい方法論によってなされなければならない．経済学者の数字は単に過去のある時における技術状態を示すにすぎない．経済学者は新たなる事態における技術の形態を考えることはできず，過去の事例を以て計画をたてるにすぎない．産業復興は段階的に発展するち密な年次計画によらなければ不可能であるが，そのいずれの段階といえども，過去や外国に事例を求めることはできないのである．すなわち各段階には特有の技術状態を必要とする．そしてこれを樹立することは技術者の広はんな協力がなくては不可能である．

　先述の民主技術協会は現場において技術対策委員会を組織し，各

---

[*] 民主技術協会は残念ながら，そのごここに記した方針から外れてしまったため衰えてしまった（1950 年編註）．

現場の精密な調査, その技術的欠陥, 復興と前進のための技術問題の検討を行ないその結果を全国的に集中し, これを全国的復興計画に移し, 再度現場の新しい課題を明らかにし, 横のレンラクをつけ, 復興を組織的にしようとしている.

このような健全な全く新しい技術の姿があらわれつつある. これこそが従来の誤れる性格を是正するものである. またこうして健全にもり上った地盤の上に初めて力ある科学も築かれるものである. 大学その他の科学の研究は全く従来の考えを一掃し新たな出発をしなければ日本の科学は消滅するであろう. 大学の職員組合は封建的な沈滞せる空気をふきはらい民主化によって清新の気をよみがえらすであろう.

某教授はアメリカの真似をして批判を盛んにすれば組合や赤がかったことは不必要だといっているが, その歴史と現状とを全く異にしたアメリカの直輸入などできるものではない. 個人が批判など下手にすればした方が追出されることは私自身の場合がよくこれを証明している. 急速に民主化するためには組合運動をおいてないのである. 実際また昨年4月の総選挙の時, 自進両党では科学技術政策として文化国家たるために研究費を大にするとか, 科学者を優遇するとか言っていたが, 何ら実現されもしないしその努力もされていない. これからみても組合運動の重要性が明瞭である.

一方また民主化として日本の科学の跛行性を徹底的に是正しなければならない. またこれまで自然科学は日本では文化としての面がキハクであった. このためには科学史の研究を盛んにしなければならない. 大学などもこんなところから出なおすべきであろう. 今度こそ, 人民の圧力によって人民のための本格的な科学が建設されね

付 2・科学技術による再建[*]

1

　日本の産業は破タンにひんしている．直ちに全力をあげて再建に着手しなければゆゆしい事態に立ちいたるであろう，という事が敗戦直後から勤労者や進歩的諸団体によってしつように叫ばれた．これに対して官僚政府は何らの手を打たずインフレ政策をとり，やみをバッコせしめ人民の犠牲においてこの破タンを切りぬけようとした．

　資本家も投機のみを事とし生産に何らの関心を示さなかった．こうして危機はますます深刻化して行ったのである．これに対して勤労者は生産管理をもって闘って成果をあげる事ができたが反動政府のため生産管理は弾圧されてしまった．しかしこの争議手段としての生産管理によって勤労者は偉大なものを学んだと言いうる．

　労働組合は生産技術者，経営技術者を自己の陣営に獲得するという事を学んだ．また技術者たちは労働者と共に闘う事によって初めて自己の本然のあり方が獲得できる事を学んだのである．これらの闘いを通して新しい技術の概念が明瞭になって来た．これはすばらしいことである．すなわちたとえば東芝ゼネストにおいて会社側は技術者たちが争議から脱落するであろうと期待していたのに反して，労働組合において技術者大会がもたれ，1千名の技術者が結集し，

---

[*]「東京新聞」1947年1月15日, 16日, 17日所載 (1950年編註).

勤労者による産業再建のみが唯一の力である事が示されたのである．

政府も資本家も最近になって初めて産業再建という事に幾分でも関心を示さざるを得なくなった．そして3月危機という事を叫ぶようになった．しかし正確な資料をもってとなえているのではないようである．

3月危機はむしろ労働者の攻勢をおさえる口実としているにすぎない．それは真面目な対策はおろか真面目な調査すら行なわれようとしていない事から明らかである．

産業再建には何よりも先ず完全雇傭が必要である．それは第一にあらゆる労働力を一パイに動かさなければこの危機を回復する事はできないからである．しかるに現政府には首切りと失業救済というまことにダ落した資本主義の考え方しかできない．そして困ったら外国に泣きすがる事しか考えていないのである．第二に大量の失業者や餓死者が出るような，一部の人の利益のための再建であってはならない事である．だのに政府はインフレ対策を大衆の生活低下に求めているのだ．

次に再建について重要な事は技術の問題である．所がほとんどこの方面に注目が払われていない．技術者たちは大部分が失業ないし半失業状態にある．彼らは再建の熱意にもえながらほとんどなすところを知らないのである．政府も，たとえば膳経済安定本部長官のように技術問題など一切考えてみないようである．

彼らは科学技術は戦争にしか必要がないと考えているのである．そしてあくまで日本的技術概念すなわち低賃金労働者のギセイにおいて生産を行なうという考えを改めようともしないのである．保守とは日本ではこんなものである．

2

 ある工場で有毒ガスが発生していた．労働組合でさっそく問題になって技術者にこの有毒ガスを防止する方法を調べてもらったら，そのために約 10 万円要るという事であった．ところが労働者たちはその装置をほどこして有毒ガスを防止するよりも，10 万円を皆で分けた方がよいと言ったという事である．これはまことに日本の労働と技術の問題の特徴をよく表わしている例である．日本の産業は労働者の生命のギセイにおいて行なわれて来たのである．すなわち生活はおろか生存すらおびやかされて来たのである．

 労働者たちは生存を闘いとるのがやっとであった．資本家や政府は，危険をともなう労働において，何らの安全装置をそなえず，たとえそなえていても名ばかりのものであった．そして労働者を吸収するためには他よりほんの少しだけ高い賃金を払えばよかったのである．それ故労働は少なくとも安全なものでなくてはならない事，労働の再生産は常に保護されねばならない事という観念は決して生ぜず，労働は肉体をマメツするものである．またそうでなければ怠けているのだという観念を生み出したのである．

 この事は労働者の団結が常に弾圧され，また農村の封建体制に基礎を置くぼう大な半失業労働予備軍があった事にその根拠があるのである．さきの例において，労働がいかに生存を充たしていないか，労働者たちは自己の肉体が有毒ガスにむしばまれる事を知りながら，なおその日のパンのために追われて生命の危険をかえりみる余ゆうがない事を示すのである．

 労働組合はこの場合よろしく安全装置のための 10 万円と，他に労働者が欲する 10 万円否それ以上に，生存を少なくも保証するだ

けの要求を以て闘わねばならないのである.

　以上のような労働の性格が日本の科学技術を完全に規定したのである．すなわち資本家は科学技術を可能なかぎり怠った．科学技術者は自分の本来の任務である技術の改良を思う存分に遂行する機会にめぐまれる事は少なく，合理化と称して労働強度をいかにして強化するかとか，たかだか進んだもので外国特許の再現が与えられた任務であった．しかし日本の若い技術者たちは決してこの状態に満足しなかったのである．

　民主技術協会は理事を北海道の炭坑に派遣し，昨年（1946年）春2カ月，及び最近2カ月にわたって詳細な技術面の調査を行ない現在なお続行中である．これはわが国で唯一の正確な良心的な調査であろう．

　その中間報告を以てしても，資本家たちがいかに技術的施設ならびにその改良をサボリ，すべてを奴隷的労働の強化に転化したか，特に開戦時以後すべての施設を老朽するにまかせ，現在ほとんど崩壊にひんし事故がひん発している事，これらの職場における生命の危険がかえりみられないだけではなく，住宅がほとんど住むにたえず，厚生施設もほとんどなく，健全なる労働の再生産など思いもよらない状態である事，まことに驚くべきものがある．

　膳長官は労働者1人当りの出炭量が外国に比べて低いのは労働者が怠けていると称して労働運動を圧迫しようとしたけれども，いかに認識不足であり技術の問題に関心がないかを示すものである．このような頭では産業再建など思いもよらない事である．

3

　以上で明らかなように，日本の産業再建を正しく導くものは正し

い労働政策であり,正しい科学技術政策である.すなわち勤労者の立場からその力によってなされなければならない事である.科学技術政策の眼目は労働と科学技術のむすびつきを正しく認識する事から始まるのである.

昨年 (1946 年) 4 月総選挙の際各政党は科学技術政策なるものを発表した.いずれの政党も科学技術は大切であるという事において一致していたけれども,特に反動諸政党は科学技術者を優遇するとか,ボウ大な研究所をつくるとか言ったが,彼らが政権をとっている現在,お約束の科学技術政策は,ちょうど3合配給の約束が遅配欠配になったように,実現されるどころか,技術者の失業となってあらわれている.まことにこのような浮き上った科学技術政策は何ものももたらさないのである.

日本の再建に役立つ科学技術政策は何よりも従来の封建的な奴レイ的な労働と科学技術の不健全な関係を反省し,これを徹底的に是正するところから出発しなければならない.このためには従来の考えを根本から変えなければならない.

われわれは労働組合の発展と,その中における技術者の組織に注目しなければならない.技術者は労働組合の内部において技術対策委員会を組織し,各職場の技術の問題を処理しこれを健全に発展せしめるのみならず日本全体の再建という方向をもたねばならない.たとえば民主技術協会はこのような役割を広く果たしつつある.

ある労働組合の技術対策委員会において一人の技術者は私に,「これまで自分らが技術について改良しなければならない事を知って種々計画をたてたけれども,必ず上に行くとにぎりつぶされたり貧弱なものにさせられてしまったが,これからは労働の圧力によっ

てこれを実現する事ができる.」と目をかがやかして語った.

　日本の古い官僚的な技術者は今日の新しい課題を理解する事ができない. たとえば八木秀次博士の如く, 封建軍閥官僚を擁護し, 日本科学の非進歩性の原因をこれらの中に求める事を否定し, 日本人の性格の中に非進歩性があるとするのである.

　博士は科学者の民主団体は一部の科学者がセクト的にやっているようにいいふらし, またこれらの団体が戦犯を「叩き」はしないかという事ばかり気にしていたが, あにはからんや同博士は民主団体ならざる反動政府の文部省から戦犯として追放され「叩かれる」事となった.

　ところで八木博士の言葉と反対に民主団体はこれらの官僚的ボス的, 科学技術の大御所のようにセクト的ではない. これらのボス共こそが日本の科学技術を窒息せしめていたのである. 民主団体はこのようなセクトをこわし, 民主化するところにその使命があるのである. すなわちたとえば民主技術協会は広はんな現場の技術者の支持を得つつあるのである.

　今や日本の再建と科学技術の進むべき道が明らかになった. このようなしっかりした基盤ができ上り, 旧来の誤れる観念が完全に一掃されたとき, 初めて着実にして実り多い, 平和な文化としての科学がすくすくと育つ事ができるのである.

　今後の日本は世界との間に障壁をつくる事はできない. 圧倒的な人民の力をおさえつける事はできない. いかなる小細工ももはや通用しなくなったのである.

Ⅳ 科学技術政策の基準*

　これまで日本において科学技術は，主に戦争のためのものであると考えられ，人民の生活を豊富にするためには，大して進んだ科学技術は必要としない．むしろ科学技術の進歩は失業者をつくって，人民の不幸をまねくものと考えられて来た．そうでなければまた，科学とはジャーナリズムで取上げられるような奇抜な手品のような興味本位のものか，または大学の先生方のひまつぶしと思われていた．

　敗戦のこのような破壊と飢餓の中において，科学技術による再建のみがこれを救う事を，真剣に考えている人はいないようである．そして当の科学技術者も，この再建には，そのための科学技術の進歩を必要としない事，ただ在来の科学技術で十分間に合う，したがって科学技術者には大した本格的な仕事はないのだと考えている人が多い．このような考えは科学技術の大御所にももっている人が多い．これらの人々は科学技術の真剣な発展は軍事方面にのみ必要だと考えている連中である．それ故彼らの反省は，日本は科学技術でアメリカにまけた，それは政府や軍が科学技術を重要視しなかったのだ，また科学者を優遇しなかったからだと言い，これが敗戦の反省として取上げられ，この理由から科学技術の振興を叫ぶ人が多い．あたかももう一度戦争準備をするようなつもりでいるらしい．

---

　*　1946年6月6日記 (1950年編註).

もう一つの主張は，日本はこれから軍備なき文化国家となるのだから大学などで純粋の科学の研究を盛んにしなければならないというのである．まことにもっともな事である．

しかしながら，これらの考え方には根本的な欠陥がある．それは労働と科学技術との根本的な関連をつかんでいない事によっている．科学技術政策はこの根本的な把握がなくては不可能なのである．そして，この観点から，日本ではなぜに科学技術の本格的発展がなかったかという事を，つかまなくてはならないのである．

科学技術政策は第一に将来の日本の発展は否世界の発展が科学技術によらなくてはならない事を認める事である．すなわちマルサスの人口論は侵略政策に導く事，ナチス流の「新しき土」や「大日向村」のような何らの実質性なき帝国主義的宣伝を科学的に批判しなければならない．今日になってもまだ大部分の日本人が，海外からの帰還のため，および，植民地を日本が失った事から，日本人の正常な発展が望めないなどと考える人がある．そして今もなお将来の戦争が，狭い土地に多数の人口をおしこめる事から起こると考えるような人がいる．侵略戦争のための科学技術に日本や独逸が狂奔した勢力を，挙げて人民のための科学にむけていたならば，マルサスの人口論や，帝国主義的移民政策などは何らの必要もなかった事であるにちがいない．実際そうでなくても，日本の移民政策は人口問題のために起こったものでもなく，またこれが人口問題を何ら解決するものでもなかった事，そしてそれが敗戦以前にすでに失敗し試験ずみであった事は多くの人々によって指摘されたところである．

世界の生産力の発展を歴史的に見るとき，科学技術がいかに生産を飛躍的に高めたかを見て驚くであろう．真剣な科学技術の発展と

適用によって解決されない問題はほとんどないと言って過言ではない．だがわが国においては科学技術に真剣に解決を求めた事があるだろうか．恐らく軍事科学以外にはないであろう．そしてあれだけ宣伝されている生活科学は一体何をやりまたやろうとしているか．生活科学のやろうとしている事は，むしろ人民の生活を豊かにする事ではない．生活科学は，日本人は2合3勺でも生きて行ける事，女は2食でも生きて行ける事，日本人は雑草を1日2貫目食っておれば生きて行ける事を（協同党某氏の同党食糧政策）人民におしつけるために存在するのだ．すなわち人民はどれだけいためつけても大丈夫であるか，という保証となり，また，科学の権威において人民を犠牲にする政策を擁護する事であったのだ．そして日本の旧勢力は人民を飢えさしておいて自らはあくまで安眠をむさぼろうとしているのである．

戦後の今日盛んに生活科学が唱えられているのはまさにこのようなギマン政策なのである．この証拠には彼らは決して，資本家のサボタージュを克服して日本の遅れた生産技術をすすめたり，また戦災によって破壊した生産を科学技術によって建てなおしたり，農業技術を本格的に進めるための土地問題の解決を断行する事などを全く怠っている事で明らかである．

科学技術の振興がなくては日本の盛大な発展は望めない事は明らかである．これはすべての政党が唱えるところであり，最も反動的な政党でも科学技術政策と称するものをお題目として唱えている．しかし科学技術の振興は単に，名目だけの研究費を予算に計上したり，研究所をつくると称したり，科学教育を叫んだり，科学者を優遇すると言っただけで行なえると思ったら大変な間違いだと言わね

ばならない．もちろんこれらの事も重要な事ではある．しかしこれらはもっと根本的なものの結果であるし，またこれらだけ行なったからといって決して科学技術などは振興しないのである．

　科学技術政策を考える上には，どうしてもまず日本の科学技術がどうしてこのような貧弱な状態にあるかを考えなくてはならない．日本の科学技術の状態は，日本の半封建的社会体制に全く規定されたものである．すなわち遅れた日本資本主義はすでに帝国主義的段階に達した外国の資本主義に急速に張り合わねばならなかったので，農村の封建体制を資本主義化する事なく，むしろこれを基軸として，天皇制軍閥官僚国家の集中的支援の下に急速に発展し，その最初から軍国主義的に形成せられ，ただちに帝国主義政策をとらざるを得なかった．このために第一に軍需工業，第二に農村の封建制による国内市場の狭隘性のためもっぱら人民をギセイにして輸出に専念する繊維工業，第三に封建的農業生産，という偏ばな生産様式をとった．日本の科学技術の発展はこのような構造に完全に規定されたのである．

　日本の生産技術は欧米のように，自然にそれ自身の地盤から育ったのではない．もっぱら外国から輸入されたものである．そして貧弱な日本資本主義は自らの力でこれを発展さす事をせずもっぱら外国の特許を買って来る事ですました．技術家はそれ故に好むと好まざるとにかかわらず，機械をただ動かすか，または外国の特許を再現する事にその本来の役割があった．科学は，外国においては技術との相互作用によって発展するものであるが，わが国においては決してそうではなかった．全くわが国の技術とは無縁に，外国の科学を追いかけるだけであった．

世界先進国の資本主義と,どうしてこのような貧弱な科学技術で張り合う事ができたか,という事を考えなければならない.それはすべて勤労大衆の犠牲においてなされたのである.すなわち,農村の封建体制による高率小作料に基づく零細農耕は,農家家族をして農業だけでは生計をたてて行く事を不可能にする.そのため家計補助的な労働を行なうため工場に出て行く.このような労働力の大群,しかもこれは十分に工場に吸収されずに半失業状態にあった.それで工場の方では一人前の人間として生活するだけの賃金を与える必要はなかった.こうして世界にまれな低賃金が可能となったのである.それだけではない,あらゆる強権によって,特高警察,治安警察法などの経済外強制によって,労働者の団結を防いで,あらゆる負担を労働者に転化し,無比な奴隷的さく取をつづけたのである.すなわち劣悪なる労働諸条件,労働強度の強化,労働時間の無制限の延長,災害に対する保証の皆無という事はまことに特徴的であった.そして,労働者の団結の圧力がなかったために労働政策がはなはだ不徹底にというよりはほとんど行なわれなかった.

以上の理由によって資本家はすべてを労働者の犠牲に転化し,科学技術の発展を怠っても,進んだ資本主義とある程度張り合って行く事ができた.その事は,日本においては明治末から大正にかけて,産業革命から恐慌の時期を通して原動機を有しないようなマニュファクチュア的工場の数が約半数を占め,絶対数はむしろ増加していた事からも明らかである.すなわち資本家は第一に生産技術そのものの改良を怠る事ができた.第二に労働諸条件が全く考慮されなかった.すなわち労働諸条件を改良して能率をあげ,労働者の健康状態を良好にし,生活を豊富にする事によって労働の質を高めるとい

う事を全く怠ったのである．そして，資本家は尨大な農村からの労働予備軍を消もう品として使用し，すべてに人力が使用されたのである．それ故自動装置や安全装置のような高度の科学技術を必要とするものは発達せず，また一方において封建的徒弟的に養成された技能に解決を求め，これを技術化して生産を高めるという事は本質的には行なわれなかった．ところがこのような技術は最も敏感な，そしてまたはなはだ精ちなる科学技術の発達を要求するのである．

これを以てしても，勤労者の団結の圧力がないところには科学技術の本格的な発展は存在しないという事が言える．

日本の争議はもっぱら生存の要求すなわち賃金値上の形がやっとであって，生活に対する要求は今日においてすらまだあらわれていない事は石井金之助氏が指摘するごとく特徴的である．すなわち労働の安全とか，労働環境の改良に対する要求はほとんど見られないところである．

医学はすべてこのようなさく取を合理化するために奉仕し，勤労者の生命の保証のために何事もなす事ができなかった．それ故社会医学に基礎を置く真面目な積極的な展開が行なわれず，また，他の意味からもさく取を行なうものであった．

農業技術はどうであったか．封建的な高額小作料のため，またそれに由来する零細農村のため機械化も行なわれず，またその高率な地代は地主によって再び農業に投資される事なく，すべて他の面に投資されるものであって，農業生産の技術は封建的な停滞的なものであり，すべては人力の乱費を要求し，また勘や技能というものだけに止まりその発展性を失っていたのである．

以上によって日本の科学技術はなぜ貧弱なものとして止まり，ま

たその発展を要求する基本的なものが欠けていたかがわかるであろう．これはまことに単に日本の後進性というようなことで表わされるものではなく，もっと質的な特徴によっているものである．そしてこれは日本の半封建体制に基因し，勤労大衆の団結と，その解放が全く行なわれず，奴隷的状態にあった事に基因している．この弱点は，戦争が進んで来，労働力不足をつげてくるに及び一挙に大破たんとなってあらわれたのである．そしてこの場合も特高警察的労務管理と徴用制度による労働強化以外には何の政策ももち合わさなかったのだ．資本制社会においても科学技術の展開は，その生産力が資本主義制度そのものに衝突し，かくしてこれが勤労者への圧迫とならない限り行なわれ，またここにその限界を有する．そしてこの場合この勤労者への圧迫を十分に反発するだけの勤労者の団結が存して，これが資本家を制約してゆく限り科学技術の発展と，一応健全なる生産の昂揚があるのだ．羽仁五郎氏の「労働の解放」という言葉は恐らくこの事を指すと解してよいだろう．

　科学技術政策の眼目は以上の事にあり，すなわちまたこの問題の解決がなくては日本の将来の建設は絶対に不可能である事も明瞭であろう．それ故に，日本の将来をになうべき各政党がいかなる科学技術政策をもっているかを見れば，その政党が果たして日本を救うものか否かを知る事ができる．政治とはハッタリや御題目ではないのだ．一般には科学技術政策などはほとんど注意されていないけれど，このような地味なところにその本質があるのだ．1946年4月の総選挙の少し前，発明協会が主催して五大政党科学技術政策の発表会がもよおされた．私は残念ながらこれをきく機会を得なかったが，「文化人の科学」創刊号にのっている福島要一氏の批判を通し

て大体の模様を知りこれを問題にしてみたい．(後に見た「技術新論」にもっと詳しい記事があった．これも大体同様である．) もっともこれが各党の公式の科学技術政策であるかどうかは問題であるが，かなり各党の性格をよく表わしていると言える．

自由党では，科学技術振興国民運動，科学技術者の尊重，科学技術教育の振興，研究機関の国家的援助などが唱えられる．これらは戦時中から叫ばれた事であるが一向に効果がなかった．すなわち最も俗流なしかも表面をとりつくろったもので，先に示したように本質に何らふれたものはない，科学技術者の人気取りに科学技術者の尊重をとなえる事は大がいの科学技術政策に流行しているけれど，科学技術政策に必然性があって初めて科学技術者の尊重という事も実現されるのであって，いたずらに尊重をとなえたところで実現するものではない事は試験ずみである．科学技術者よ，ゆめゆめこんな事にだまされるなかれ，その他国民運動や教育なども必然性があって初めて実質的に行なわれるので，地盤のないところにおいてはからさわぎに終わる．研究機関の国家的援助も結構であるが，現在のような封建的な，無能な，閥支配によって動きのとれない研究機関に単に援助するだけで科学技術が進むと思うのが間違いである．研究機関の完全なる民主化と，人民の生活への直結，すなわち人民の生活が科学技術を広大に要求する事が先決問題である．そしてこの必然性の上に初めて国家的援助も意味をもつのである．進歩党は国民戦線君民一体の政治なのだそうだが，科学技術政策を必然的に生むものとは考えられない．

協同党は多少とも社会との関連の下に論じたようである．すなわち出資者と勤労者と，技術者の平等なる権利の上に立つ協同組合企

業および技術の一般化がそれを通じて行なわれると言い，また，農業協同組合を説く.「技術をして再び資本の奴隷たらしむるなかれ」と叫んでカッサイを得たとの事である．問題はいかなる社会の法則によって現制度から協同組合国家となるか，また協同組合社会はいかなる法則によって発展するかという事でありこの点は何らの保証もない．すでに批判ずみの空想的社会主義より更に幼稚なものだと言われても仕方がないのではないか．さらに技術発展の必然性も明らかでない．また先に示した日本の半封建体制がいかにして克服されるかという事も，協同組合主義が資本家をいかにして納得せしめるかという事も，技術を資本の奴隷からいかにして解放せしめるかという事もわからない．否むしろ半封建体制が科学技術をはばんでいた点については考えてみようともしていない.

社会党は，科学的合理的精神の欠如を叫び，また，科学ジャーナリストがもてはやされて真の科学技術者が下積になっている事，科学技術者の間の協力精神の欠如，一般国民生活の科学水準の向上，教員の待遇改善が，問題にされたらしい．いずれも根本にふれていない，皮相な見解というべく，特に第二，第三に至っては事実をはなはだしく歪曲するもので，第二の点など全く事実に相違し，むしろ不遇な科学者が科学ジャーナリストになっている例も多い．第三の点は科学界の封建的性格をこんな表面的な言葉で置きかえたものである．このような論議は社会党ともあろう党には全くふさわしくない．それではこの党の本質的な科学技術政策とは考えられない．

ところで「技術新論」創刊号に，社会党の科学技術政策なるものが発表され，これはもう少し理論的なものである．この政策は「技術とは労働手段の体系である」という技術論をその基礎に置いてい

る。このような技術論の根本的欠陥は，技術を労働との結びつきにおいて本質的に解明しない事であり，したがって技術の発展を正しくとらえる事ができない*。この理論を根底に置く科学技術政策は，社会を根本からとらえる事はできない。それ故に私が先に示したような日本の科学技術の性格をつかむ事ができず，この欠陥を克服して豊富な科学技術の発展を可能にする道を見出す事はできないのである。しかし「技術は労働手段の体系である」という規定はまさに社会党にふさわしい技術論であり，科学技術政策の根本をこの理論に置いた事にはなはだ本質的な興味を感ずるのである。

すなわちこの社会党の科学技術政策は言う。人類文化を進展せしむる基礎は人間の手の延長たる道具の進歩，発展，すなわち機械器具の発展である。このためには科学技術の発見と進歩，技術水準の向上が必要で，こうして無用のものから有用なものが生ずる。資源乏しき敗戦日本の再建および文化国家としての日本の発展には科学技術が必要である，と言う。その一般政策として，国民の科学技術知識水準の向上，科学技術の振興と研究機関の充実，科学技術者の優遇，教育制度の根本的改革，国庫負担による英才教育を言うのであるが，これらは先に批判ずみで何の特徴もない。次に，農業の機械化，平和産業の復興，重要産業の国有と社会主義的計画化によって技術と産業とは結合し，技術発展の経済的基礎を確立する。というところにはなはだ特徴的なところが認められ社会党らしさがある。そしてこれが真面目に遂行せられる事を望むのであるが，先述の私の分析からしてはまだはなはだ表面的であって，日本の半封建体制，

　　＊　本著作集第1巻『弁証法の諸問題』参照 (1969 年編註).

勤労者の解放,技術の結びつきについては何ら考えられていない.そして実際的に言って,たとえば平野力三氏などの農地制度改革草案程度では農村の機械化その他は全く望むべくもない事である.

次に科学技術と政治についての社会党の考えは,資本主義制度の下では技術は資本に隷属せしめられている.技術は会社に直属され非公開である.資本制を改革して技術を資本より解放するという事になれば技術は初めて政治と関係を有する事となる.技術の政治化は,経済の社会化と共に問題にされる.資本主義の上昇期には技術は経済内にありつつその発展力となるが,資本主義の末期には技術もまたその発展が停滞せねばならず,その発展を期するためには,政治と結合して計画経済の発展動力へと変化せねばならぬ.政治と技術,政治家と技術者との結合にかかる経済の社会化計画化にその問題を有する,と言うのである.この見解はまことに結構であるが,しかし全面的に公式的であると言わねばならぬ.そして,技術と勤労者との関連に全然ふれない事,技術家は機械の番人であると考える事の特徴がある.そしてこれは,やはり,先述の技術とは労働手段の体系であるという技術概念に由来すると言わねばならない.資本主義の改革を叫んでいるが,資本主義の矛盾の根本は指摘されていない.資本主義の根本矛盾はだれでもが知っているように労働手段の私有と,労働の社会的性格との矛盾である.それ故に資本制社会の技術の問題はやはりこの矛盾の中に求めねばならない.すなわちあくまで,労働の社会的性格との矛盾に求めなくてはならないのである.日本においてはこの矛盾が,先述のように封建的性格のために強い.しかも質的に特徴ある形をとっている.そして,資本主義の上昇期とか末期とかいう公式的見解をゆるさない問題をもって

いるのである.

　共産党は, この問題の分析において最も徹底しており, その全政策が福島氏が言ったように科学的である事を標榜しているだけあって最も満足的なものが期待される. そしてこの端緒的であるが具体的な一例は, 徳田球一氏が「読売」紙上, および「民衆の旗」誌上に発表した, 大規模な水系の整備, および農業技術の根本的改良, これは人民共和政府の下で徹底的な土地制度の改革によってのみ可能である事が明らかにされた事である. 恐らく何ものにもとらわれない, 科学技術者の豊富な, そして科学の可能性の語る最高の計画を割引せずに実現しうるものは, 勤労大衆の力を最大に結集し, 解放し, その上に新しい日本を築く事を企図する党であるにちがいない. そしてこの期待を, とにかく共産党に多くの人々がよせているという事は否定できないのである.

　(後共産党はすぐれた科学技術政策を発表した事を付記して置く. この現実を同党が真面目に努力してくれる事を科学者として期待するのである. 同党は科学技術部を有する唯一の政党である事は注目すべきである. (1947年記) なお参考のため, 同党科学技術政策についての方針『日本の科学・技術の欠陥と共産主義者の任務』(「前衛」10, 11号) を付録としていれておいた. 他の諸党もこのような学問的に程度の高い科学技術政策を発表される事を希望する.)

V 政治と科学技術[*]

　既成大政党の政党人たちは誰でも科学技術は重要であると言わない者はない．必ず科学技術の振興という事を言う．ところで，科学技術政策というものを一体彼らはもっているだろうか．これまでに発表された科学技術政策なるものはきまって科学技術が日本の再建にきわめて重要であるという国民運動を起こすとか，科学技術者を尊重するとか科学技術の教育の振興だとか研究機関の国家的援助だとか，御飯のたき方の科学化などのいわゆる生活科学の普及だの大抵言う事がきまっている．この4月 (1946年) の選挙運動のさいなどもずい分きかされたものである．各々まことに結構な事である．しかしいずれも科学技術政策などとおせじにも言えたものとは思われない．そして彼らが政権をとっているにもかかわらず，一向に科学技術者は尊重されず，いや尊重されるどころか，失業ないし半失業技術者の大量が遊んでいる上に今回 (1946年夏) また大量の馘首が予想され，文化国家建設などと称していながらこのインフレ時代に文部省の予算は涙金の如きもので，研究機関の国家的援助などは全くの夢物語である．田中文相は予算に関して自己の無能をさらけ出したので自分の威ゲンを損じてはならないと思ったのか，アメリカ教育使節団の報告書に逆らって，学生の政治的発言や，学園民主化に発言する事を禁止すると宣言した．彼の思いつく最大の智えは何

---

[*] 1946年9月13日，国鉄争議の頂点にて，「新生」誌のために執筆(1950年編註)．

でも禁止する事で，田中文相が何かを大いにやれと言ったのをきいた事がない．そういえば彼の命令はどれもアメリカ使節団報告書の反対ばかりのようだ．この禁止で思い出したがこの春だったと思うが，文相は，夫婦関係は道徳的にあまり賛成できないというような事を言っていた．キリスト教はすべてを禁止する宗教なのだろうか．

現在のこのサンタンたる崩壊状態はまことにしっかりした科学技術政策に基づく再建国家計画によるほか救えないのは明らかな事である．国家計画と言えば一般には経済学者が中心となって行なうように考えるのが常識になっている．そして技術者といえば単に知識の引出しのように思われ必要に応じてその意見を参照すれば十分だと思われている．しかし全産業を各建設段階に応じて流動的に展開発展させるためには，各段階に応じて独特の技術形態を展開しなければならず，また各制約に応じて変形して行かねばならない．こうして初めて技術の可能性を最高度に発揮する事ができるのである．このためには技術を内面からつかんでいなければならない．経済学者にとっては技術は可能態においてあるのではなく，かつていつかどこかに存在した，すでに与えられたものとしてしか存しない．それ故これを生産の発展に応じて展開して行く事は不可能に属し，全過程を内面からとらえる事はできない．以上の理由によって再建国家計画は技術者の手によって独特に構成せられ経済学者と協議しなければならないのである．経済学者には金融その他あまりに考慮すべき事が多いために基本的な生産の連繋の骨組がどうしても薄弱になりがちである．

ところでこのような再建は現在の政府において可能であろうか．誰も考えるように否である．現在の政府においては計画をつくる事

もできないし,それを実行する事もできない.それはどうしてか.産業再建は勤労者の手によって行なわれるものであるからだ,それ故勤労者を最もよく働ける状態に置きうるし,また置く事を前提とする政府でなければならない.すなわち勤労者の全面的支持をうける民主政府でなければとても不可能である.現在のかくの如き破壊から立上るためには国内の全労働力に全力をあげさしても決して十分ではないはずである.すなわち完全雇傭は再建の前提であると言わねばならない.そしてこの労働力が最もよい条件に置かれるためには労働組合が強力に組織されねばならないのである.これは世界の常識とも言うべきものであって,ポッダム宣言はこれを述べており,その線にそって連合軍司令部は熱心に労働組合運動を推進しているのである.

これに反して吉田内閣はすべてを日本の旧来の観念でおして行けると考えている.彼らには労働者の組織としては上意下達の特高警察的産業報国会のようなものしか念頭にないのだ.ストライキをするような組合は思いもよらないもので,すべてをストライキの罪にしようとする(1947年年頭のラジオ放送で吉田首相は労働組合指導者のことを不ていの徒と言った事はあまりにも有名である).そして旧式の独占資本家の頭脳をもって,この危機をのり初るには大量馘首によって予算を減らす以外にないという資本家的合理化しか思いつかないのである.この政府の下で拡大再生産などは存在せず,再建や,科学技術政策など思いもよらない事である.

日本が再建途上において,否応なしに取らざるを得ない方向が社会化された資本主義の形態である事は,すでにいかなる立場の人によっても認められている事である.これは既に今次大戦後の世界の

すう勢というべきものである．この形態においては資本の独裁は排除せられる．そして民主化された資本家と，組織された労働者とがそれぞれの立場において対策を協議して生産の昂揚を図るべきである．この際両者の立場や考え方は原理的に決定的に対立するものであって，そもそも初めから協調などがあると思うのが間違いなのである．もしこのような甘い考えを持っている勤労者がいるとすれば必ず裏切られる事，国鉄ゼネストにからんだ大臣の言動を見てもわかる．すなわち闘争のみが真の公平さに近づきうるのであって，労働組合が協調機関だと思うのは東条的産業報国会的意識の所産であり，この方式においては必ず生産並びにその意欲の減退を来すものである．それぞれの立場においての経営への参加，これのみが生産を真に推進するものである事は敗戦後盛んに行なわれた，争議としての労働者による生産管理を以てすでに立証されたものである．これに反して資本の独裁は何ら生産を増進する意図をもつものではなく，投機に終止し，ますます破壊を強めるにすぎない事は，基本産業の根本をなす石炭業を見るだけで明らかであろう．吉田首相は最近の外人記者団に対する談話の中で，この事態を陰蔽し責任を労働者が組織されストライキが起こる事に転化した．しかし公平な観点を有する者ならば誰もこのような手にごまかされる人間はいないであろう．

以上によって日本の再建は，労働者，農民，中小工業者という生産意欲にあふれる人民が組織されてこれが主導勢力となって初めて行なう事ができる事が明らかになった．現在，炭坑その他の重要産業国営化が問題になって来ているが，それはよく言われているように，現政府のように勤労人民の意欲を圧迫する独占資本の代表としての観点しかもたない政府の下で行なわれたならば，ますます破壊

を増すにすぎない事は明らかである．こうして勤労人民による民主政権の下にのみ健全なる再建が行なわれるのであるが，現在最も欠如しているのは技術に対する具体的な評価と技術家の労働組合への協力であると言ってよい．この点は北海道の炭坑を見てもよくわかる事である．出炭量の低下をストライキのせいだとするのは問題外だが，食糧不足に原因を求める事は重要な一要因だが単に一部にすぎない．後にのべる民主技術協会準備会では斎藤四郎氏を1ヵ月北海道に派遣し，技術調査を行なって徹底的に原因を究明した．政府の大臣その他は模範炭坑を見るだけであるからとんでもない結論をうるのみである．斎藤氏によれば戦時中から資本家が炭坑の技術的諸施設をサボったために今や全面的な崩壊状態にある事が明らかになった．それと共に労働条件の劣悪は非人間的な状態を通り越したものである．

日本の技術は著しく跛行的であり植民地的であった．すなわちそれは二つの産業の上に展開された．一方に大陸侵略ならびに諸列強と張りあうための軍需工業，他方に農村の封建体制に基づく低賃金労働力を基礎とした輸出のための繊維産業である．これらの工業においては，一般にすべてが労働者の酷使に転化されて技術による解決という事はほとんど問題にならなかった．労働者が組織をつくる事は強権によって弾圧されていたのである．こうして資本家は生産技術そのものの改良，ならびに労働条件のための諸技術，安全装置その他を極度に怠る事ができた．技術者はそれ故資本家のブローカー的相談役，ないし外国特許の再現のために存していたと言う事ができ，本格性が与えられる事が少なかった．それ故再建国家計画は先に述べたようにその重要な部分が技術者によってなされなければ

ならないにかかわらず、われわれはこれを行なうに十分な見解と訓練を有する技術者をほとんど持っていないと言うべきである。また産業の技術調査も本格的な観点からはほとんどなされていないと言うべきである。技術における計画的建設というと人は戦時中の技術院のようなものを考えるであろうが、正に日本技術の制約性はそのような貧弱なものしか実現させなかったわけである。これは、日本の技術の指導者たちの書いたものを見ても明らかであって、すべてが末節的であり、国家計画などは思いもよらないものばかりである事である。そして技術と社会についての基本的な認識というものはほとんど認める事ができないのである。ここに技術のあり方を根本的に考えをかえるべき点がある。そしてわれわれは、これらのボス的な旧来の技術者に何ものも期待する事ができないのである。

では一体いかにしてわれわれは新しい要素を形成する事ができるであろうか。それは先に述べたように日本の再建の主導勢力が組織された勤労階級にあるのであるから、この勤労階級の建設的闘争に積極的に参加し、これに技術面から科学性を与えて行く現場の技術者に多くの期待が寄せられる。それと共に、労働組合はできるだけ多くの技術者を組合員として、また高級技術者の場合には同情者として獲得しなければならないのである。労働者と技術者とのこの協力こそが真に日本の新しい再建に息をふきこむ要素を形成するものである。日本の労働者の闘争は軍閥時代はもちろん今日におよぶまでほとんど賃金闘争に終わっており、これは生存の問題をやっとたたかい取る事であって生活にまで問題を展開する事ができなかった事である。しかし敗戦後あらわれた争議手段としての生産管理は勤労者たちにカッ期的な新たなる要素を付与した。この要素は反動政

府がいかにあわてても永久にぬぐい去る事のできないものがあろう．それどころか，その要素はますます偉大なものに成長するであろう．生産管理において暗示されたように，労働組合運動への技術者の参加は労働諸条件の改良，能率の向上，拡大再生産への計画的前進を与えるであろう．すなわち労働組合は計画性，科学性を以てたたかわねばならないのである．反動政府や資本家が数字や専門知識をふりまわして勤労者を圧迫し，馘首を合理化するならば，労働組合は，その虚偽を指摘しそれ以上正確な数字と専門知識を以てたたかわねばならないのである．

現場の技術者はこのようにして組合の内部に技術対策委員会というようなものを構成し，産業再建の方向に沿って，労働組合の立場から正確な技術調査を行ない，技術問題を討議処理し，再建の緻密なる計画をたて，組合の要求として経営協議会にかけて資本家（経営者）に要求すべきである．技術者は従来まで技術者としての本格的な要望が実現される機会をほとんど持たなかった．彼らのせっかくの独創や努力も経営者によってほとんどが握りつぶされたのである．しかし労働組合の発展と共に，生産をたかめ人民のためになるものであれば，その実現を経営者にどんどん要求し，こうして資本の投機化を一掃し，単なる利潤追求に終わらしめず，拡大再生産の方向をとらしめる事ができる．こうしてまた技術者は本格的な自己の役割を実現する事ができる．

現場の技術者は現場の技術問題については最もよく知っており，また苦労しているのであるから，外からとやかく言う事は無駄な事が多い．特に戦時中大学の教授たちを現場指導のため動員したけれどもほとんど何らうるところがなかったと言われている．そのよう

な技術指導はほとんど現場技術者の苦しんだ点を追うにすぎないからである．しかし，現場技術者の自主性をますます発揮せしめるような方向の忠告は有効である．現場技術者は一つに現場の制約をうけ，また各専門の制約をうけ視野が局限されるだけでなく，日本技術の伝統的な制約にさらされ，正常な技術の発展を考える事もできなくされている事が多い．これに新しい息吹きをふきこむ組織が必要である．ところでこれまで技術団体は，高級技術者のサロンであるかまたは官僚的な団体かボス的な封建的な派閥であって，労働組合と技術者の結びつきなどという事に技術の意義を見出す事を得しめるものはなかった．これに反して唯今結成されつつある民主技術協会は日本で初めてこの線に沿って機動的で実行的な活動を開始しようとしている．民主技術協会は各現場技術者に現場において技術対策委員会を組織し，調査とその解決によって労働組合を強化し産業再建を各経営ごとに行なわしめると共に，また直接に調査員を派遣し，現場の技術者，労働組合の協力を得て調査を行ない，全国各産業の技術的調査の資料を集め，これを分析し，各部門技術者の意見を集め，これらの会議によって緻密なる産業再建国家計画を築いて行く目的を問題とするのである．この活動によって視野の広い新しい型の技術者を鍛え再建計画の樹立を可能にするのである．現場の技術者もまた他の産業と連絡を得，これによって他の連繋において自己を見る事ができ，こうして自己の仕事の全国的再建における意義を知る事ができる．

　先に述べたように将来の再建は賠償の枠によって規定されている．現在の生産からいって賠償の枠まで生産を引上げる事も容易ならぬ業であるが，この枠において，豊富なる平和国家を建設するために

はよほど緻密な年次計画によらなければならないのである．それ故まず勤労者の立場において緻密なる年次計画案を作成する事である．そしてこのような科学的な案があって初めて連合軍と折衝を行ない平和国家建設についての一層の理解を求める事ができるのである．

　日本の産業再建は以上述べたように労働者，農民，中小商工業者を主体とした推進力によって行なわれるのであるが，もちろん再建に熱意を有する進歩的資本家の協力がなければ行なう事はできない．それ故民主技術協会はこれら進歩的資本家の支持も得，また彼らに産業再建に関して適当な忠告と助言をなすものでなければならない．要するに日本の崩壊をくい止め，豊富なる平和国家として再建する事について熱意を有する一切の技術者を含む実行団体である事を主旨としているのである．

　現在このような団体が考うべき課題はまことに多岐にわたりまた重要なものがある．すなわち（1）社会化された資本主義の方向への一切の産業構成の転換，（2）これによって敗戦と賠償による大切断に対する処置という事の下に，（3）この荒廃した産業の復興を行なって行く事が考えられるのである．この三つの事を常に念頭に置いて進まねばならない．（1）はとにかく民主政府の下に労働組合の圧力によって，初めて健全に民主的に行なわれるものである．現在炭坑の国営問題が連合軍によって提唱されているが，これが現在の政府の下で行なわれるならば，買上げにおいても，その経営においても勤労階級のギセイを強いるのみであり，何ら生産の昂揚を来さないのは明らかである．これはすでに一般識者の常識である．民主政府でなければ何事も行ない得ない事，民主政府を要望する事は，何ら一部の特殊な宣伝的意見ではない事は，吉田首相から経済

安定本部入りを要望せられた高橋教授が断乎これを断り，朝日新聞紙上に声明し，民主政府を要望した事からも明らかであり，識者の等しく結論しているところというべきであろう．これを曲解する者は，ヒットラー的言辞をまねて力づよい組合運動を妨害する新聞以外には存在しないだろう．こうしてわれわれが真剣に産業再建計画を樹立するとき，どうしても民主政府樹立を前提としなければならないのである．技術者としてとにかく現政府の下で正常な技術の発展はどうしても期待できない．外国資本導入の問題も同様である．われわれ技術者としては外国資本導入がわが国の生産力を健全に向上せしめる限り双手をあげて歓迎するのであるが，これが単に売弁的に行なわれる場合には正常な技術の進歩は期待できない．現政府の下においてはこの可能性は大と言わねばならない．民主政府の下においてのみこれが国民生活を豊富ならしめるものである．

民主政府の前提において，重要産業の国営化が考えられる．すなわち炭坑，肥料，製鉄，電気，鉄道，海運の国営化における計画を年次的に作成しなければならぬ．また残余産業の民主化の方法は，産業再建計画に沿って賠償との関連の下に考えなければならない．このために，考朽と荒廃の状態，労働者の配置状況について詳細なる調査が必要である．これは官僚的な調査と恐らく相当のひらきがあらわれる事が，予想せられるのである．また優先的基礎産業の建設とそのために必要な軽工業の比重という事が問題になって来る．

完全雇傭は産業再建の前提でなくてはならない．産業再建は，戦争準備のためでない事はもちろん，一部少数の利己的官僚財閥資本家のためでもなく，上御一人のためでもない．それは国民一般の生存と幸福のためである．それ故に大量の失業者を出し国民の大量の

生存をおびやかしこれを不幸にするような産業再建はそれ自身無意味であり，したがってそのような方法では産業再建を行なう事は不可能であるのは明らかである．産業再建は一切の労働力をフルに働かす事によってのみ可能である．その証拠に，現在の首切り政府の下で一体いかなる復興が行なわれたか，焼あとは依然そのままで家なき人は巷にみち，食糧は欠配をつづけ生産は停トンを続けたではないか．（後に政府が取上げた傾斜生産方式のギマン性はここにあり，またブルジョア経済学は利潤の観点に立つ故に完全雇傭を不可能事だとするのである．）

完全雇傭についてもう一つ重要な事は，一切の副業化を排する事である．これまでの日本の労働はほとんどが正業のみを以てしては一家を養って生活ができないようになっていて，必ず副業を要求したのである．すなわち正業も実は副業にすぎなかったわけである．このような傾向を一切打破して，一業において一家を養う事が可能であるようにしなければ健全なる産業の建設は不可能である．

以上のような完全雇傭の前提の下に，具体的にいかにすれば完全雇傭を可能にする産業再建が可能であるかという事を詳細に技術的に計画する事が必要であり，これは首切り政府の経済安定本部の計画と面白い対照をなすにちがいないのである．そしてこれは民主政府の下，強力なる労働組合の圧力によってのみ可能である．

産業復興の年次計画をつくりあげる場合は以上の事が前提となるのであるけれども，なおもう少し立ち入った根本方針が民主技術協会の準備会において検討されているのでこの点を簡単に紹介してみよう．もちろん全く端緒的なもので将来大いに検討発展されるべきものである．

（a） 生産材生産部門と消費材生産部門の均衡ある産業再建計画である事——生産再開の応急問題から出発する事, ただし, これはそれに止まらず恒久対策に発展する性質のものでなくてはならない.

（b） 労働の生産性を高めるために高度の機械化, 生産工程の合理化及安全装置の全面的採用——資本家的合理化でない, 労働負担の軽減である. そのため経営内に工程管理委員会, 安全装置技術委員会, 工場生産計画委員会等専門委員会を民主的に設置して労働組合の影響下に置く事.

（c） 労働時間の短縮, 交替制の採用, その他労働条件の改善——これは（b）を労働者の負担にならないようにする事と相即する. 作業時間, 作業環境などの専門委員会をつくり組合の影響の下に置く. なお, 労働科学者, 環境衛生学者を労働組合に協力検討さすように努力する事.

（d） 厚生, 文化, 娯楽施設を生産施設の一部として建設する事——これらはわが国においては特にゼイタク品として無視されるか, 一部に慈恵的なゴマかしの手段として使用された. しかし労働力の生産性を高めるための必要欠くべからざるものである. これらを生産施設の一部として承認せしめ資本の負担において行なう事. これは労働組合総連合, 民主的技術団体, 文化団体などの代表によって実行して行くべきであり, 文化的計画的労働者街の建設へと発展すべきである.

（e） 低賃金労働による輸出工業の排撃と, 高度の科学, 技術に基づく工業の建設——従来わが国は低質労働力による劣悪低廉製品を後進植民地的諸国に輸出し, これが武力による侵略主義の基礎をなした. 今後は特徴ある高度の科学技術と熟練労働力による製品を

輸出せねばならない．このために真剣に科学技術の計画的高度化を図らねばならない．

（f）工業分布を綜合的計画的に建設する事——従来の分布は農村低賃金労働力指向と地代によって決定されていたが，原料地，消費地指向とする立地計画を立てるべきである．

（g）現地資源の徹底的活用による産業の積極的建設——総合的な科学技術の研究と採用により，各建設段階に応じ利潤採算をある程度無視して流動的に行ない，既成の観念に拘泥しないでユー通ムゲなる事．ただしギマン的未利用資源政策を排撃する事．

（h）失業労働力，潜在的過剰労働力の徹底的計画的，かつ生産的活用——ソヴェート軍が占領すると直ちにその地域には一人も遊んでいる人がいなくなり，荒廃の中においても，どんな原始的な手段も残らず利用してたちまち生産が始まるという新聞記事を読んだ事がある．産業再建はこのような段階から直ちに手をつけねばならないのである．最初は労働生産性のいかんにかかわらずあらゆるものをフルに動かすようにしなければならない．もちろん資本主義社会では完全雇傭は望めないから失業救済の形を勢い取る事になるが，これはび縫的慈恵的なものであってはならない．計画的積極的な生産計画への参加としなければならない．特に失業労働力の調査とその技術養成を行なわねばならない．

（i）農業土木特に干拓，利水，治水，灌漑，開墾などの積極化——開拓計画は従来のようにデタラメではいけない．土地所有問題のためサボられている労働力の比較的少なくてすむ直ちに生産を行ないうる平地林から始むべきである．機械化と共同耕作化，山林地は牧場へ．わが国で治水，灌漑の不徹底による毎年の損害は甚大で

ある.

（j） 土木事業の機械化とその労働組合の近代化——土木事業は半封建的身分関係に基づく労働組織により徹底的に人力に依存していた．この原因はわが国の半封建的諸関係に基づく．土地革命の遂行による潜在過剰人口の止揚，農業労働力評価を考えに入れた農産物適正価格設定その他農業の改良，同時に土木機械製造工業をおこす事.

（k） 土地所有の民主化にもとづき貧農ならびに中農による農業の集団経営化と農業機械化および多角経営化.

（l） 民生工業としての新工業——従来日本には国内人民生活上の目的をもつ工業は貧弱であった．農産物，水産物の加工工業，その材料工業，近代家具多量生産等.

（m） 住宅建設の大量化と規格化及び集団化住宅の建設とそれにともなう資材および副資材工業の総合的確立と資源地への建設——わが国住宅建設は能率が悪い．これを規格化し大量生産とする．そのための工業が必要である．また著しい障害は土地利用権問題である．土地私有権の封鎖，民主的土地管理委員会による利用とする事，集団化住宅とは在来のアパートのようなものでなく炊事，教育，文化施設も共同化する事.

（n） 交通系統の整理と再建，鉄道路線の新配分——従来は軍事的，独占資本的立場からつくられた．支線はブルジョア商業主義と地主が結託した闇取引的所産である．これらを生産と民生のために再配分しなければならぬ.

（o） 交通輸送技術の近代化——電化，広軌化，道路幅員の規格化，港湾施設の科学化が必要である.

VI 国家と科学*

1 政治と科学

　政治は科学の基礎の上に立って行なわれねばならないという事に対しては恐らく反対する人はいないであろう．しかし，これを認める人でも，社会は法則的に発展する，というと，社会のような複雑なものを科学的法則で割り切る事はできないといって反対する人もいる．マルキシズムに対する反対のうちにはこのような神秘主義に近いものも多い．または社会は意志で動くのだから，法則など認める事はできないというような議論をする人もいる．

　こういう人にとっては，社会科学などはない事になると同時に社会的実践というと，精神運動や慈善事業のような事になってしまう．そうすると政治というものは何の事かわからないからなくなってしまうわけである．こうして，政治は学問，科学の上に立脚するのでなく旧来の日本の政治がやっていたように，ハラの政治といわれるものであったり，ボスの闇取引の政治だったりする事になる．学問的検討など無視し，無知なボス共の我儘にまかせられ，その進行の方向をあやまって，侵略戦争につき進まねばならなくなり，いたずらに国民のギセイを強い，国民を貧窮のドン底におとしいれる事になるわけである．

　この日本の侵略戦争に対して，真の科学の結論は明瞭であり，真

　＊「思索」1949 年 6 月号所載 (1950 年編註).

の学者は戦争に反対したのである．であるのに，これらの人々の言論を弾圧して侵略戦争が強行された．真の学問が政治に反映していたならば，国民はこんなギセイを払わないで，もっと幸福になり得たはずである．こう考えて来ると，真の学問はいかに国民生活にとって重要なものであるか，また言論，学問，思想の自由はいかに何をおいても確保すべきものであるかという事が，よくわかるであろう．

社会が複雑だから法則に従わないとか社会は意志で動くもので法則はないという考えは現実を無視した空論にすぎない．人間の体は無限に複雑なものであり，また人間の体には精神が宿っており意志で動くものであるにかかわらず，人間の体はさまざまな法則によって支配されている．この複雑な人間の体が，はなはだ簡単な化学薬品によって一定の法則に従って変化する事を考えねばならない．たとえば，すい眠剤，コウフン剤，熱さましなど，人間の体の複雑に比ぶれば驚くべき簡単な化学構造でありながら，人間の体を一定の法則に従って変化させる事ができるのである．

人間の体が，生理現象，心理現象と段階をなし，これらが一定の媒介関係にあるように，社会も，経済，政治，文化と，段階的構造をもち一定の媒介関係にあり，これらは，その媒介関係においてさまざまな法則性をもっている．

政治は，社会に対してさまざまな手を打つものである以上，社会の法則性によらなければならない事は明らかであろう．たとえば生産を増そうという場合に，精神運動のカケ声だけではどうにもならない．生産に関しての社会の諸法則を検討して適切な手を打たねばならない．インフレを終ソクさすという場合にも，インフレに関する経済法則に立脚しなければならないわけである．

真の学問，真の科学とは，社会の構造，法則を知る事である．それ故に，学問を無視したり，弾圧したりする事がどんなに恐るべき事であるかという事は，明らかであろう．それはちょうど梅毒にかかっていて，病気は気のもち方から来るといって精神修養をやったり，また神様に祈ればなおるといって，カジキトウをやったり，または梅毒はスピロヘータという微生物のせいだというのは唯物論の危険思想だとして非日委員会のようなものをこさえて弾圧したり，梅毒についての真の検討をやらないで，御用学問をつくったり，または梅毒にかかっていながら，かかっている事を無視したり，かくしたり，梅毒だと指摘した医師の言論を治安維持法のようなもの，裁判所何とか法といったもので弾圧したりする事は結局身の破滅をまねくにすぎないものである．

　これは一つの比喩だが，しかし，ついでであるが，医学部門には日本の医学界の封建性と，製薬会社の資本主義のために，ずい分御用学問や，真相をゆがめたり操作したりした例が多いのである．

　学問には前提があってはならない．ところで従来の日本の学問は前提から出発していたのである．それは国体，天皇，神，必勝の信念などである．これらを至上命令としてそこから学問が出発していた．このような至上命令から出発する学問は真の学問，科学ではなく，えせ学問，えせ科学である．真の学問は何らの前提なしに，事実を事実として正直に認めていく事から出発しなければならない．そしてその上に合理的な理論をきずかねばならない．こうして初めて人間の実践，政治に有効な基礎を提供する事ができるのである．ごまかしの上に立った政治は必ず破タンに導かれるわけである．現実はだましおうせるものではない．

ところが従来の日本の官僚的学問は逆であった．旧来の制度，ボス政治を前提として，その上に学問をきずき，これらの制度を不動のもの，絶対なものとする事を理論づける事にその使命があった．

学問の上に政治が立脚しているのでなく，文部官僚が学問を支配し，特高警察が学問を制限していたのである．これでは学問が正しく発展するはずはないのではないか．また政治も間違った方向に進むのは当然であろう．

こういうと社会科学だけの事のようにとられるかも知れないけれども，そうではない．自然科学もまた極めてさまざまな形で政治とむすびついているからである．たとえば栄養学など，戦時中産業報国会のために，非人間的状態を合理化するための役割を果たしたのである．その他自然科学関係にも極めてさまざまな問題があるのである．

学問は憲法を前提とするものではない．かえって憲法を批判検討するものでなければならない．憲法こそ学問の上に立脚しなければならないのである．日本学術会議の発足に当たって，戦時中のわが国の科学者の態度を特に反省すべきか否かが問題になったとき，多数決で特に戦時中の態度については反省する必要はないという事になったのは驚くべき事といわねばならないのである．

この場合特に医学部門の人たちは一致して強く，戦時中の反省を必要としないと主張した　その理由は，戦争に科学者が協力したのは旧憲法によって協力したのであるから当然の事であるというのである．このように学問の立場が至上命令にしばられるべきものだという考えに立っている科学者が，自然科学部門に特に多いのは重大な事態といわねばならない．

医学関係は戦時中，国民の苛烈な動員に重要な役割をもっただけ

ではない．九大のように人肉試食事件や生体解剖事件などを行ない，戦後明るみに出て，人々を戦慄さしたのであるが，このような事件をひき起こしながら，戦時中の医学者の態度について何らの反省を必要としないというに至っては，全く彼らに学者としての良心があるかどうか，否人間として正常な理由をもっているかどうかを疑わしむるのである．

　医学部門は学界のうちでも，最も封建的であり，今日もまだ民主化が一番遅れているところであり，大学の医学部の教授は殿様のようなふるまいで弟子に対しており，また派閥間の対立が一番強い．このような空気の中では学問は正常に発達する事はできない．極めて多くの患者の生命が，教授たちの体面や，派閥間の情実のためにギセイに供されているという事は，若い医学者たちの良心をきずつけ，はなはだしい苦痛をあたえているのである．

　最近広くよまれている『長崎の鐘』は著者が原子爆弾のギセイ者であることから，非常な同情が寄せられており，自分の体験した原子爆弾の悲惨を記録して，平和のために寄与するという意図，ならびに原子病にきずつきながら人命救助に努力している姿に対しては敬意を表するのであるが，科学者であり，しかもクリスト教徒である著者が，日本の侵略戦争そのものの罪悪や，旧日本の社会文化に対して何らの反省批判も行なわず，また科学者としてクリスト教徒としての罪悪戦争に対する自己のこれまでの考え方に対して，何らの反省も行なっていないという事は，まことに驚くべき事であり，私を悲しませる事である．

　以上の事からして学問思想の自由という事がいかに重要な事であり，政治そのものがこの自由から得るところが大きい事がわかるで

あろう.新憲法もそれ故に学問,思想の自由を保証し,日本学術会議も,その出発の声明において,「われわれは,日本国憲法の保障する思想と良心の自由,学問の自由および言論の自由を確保する」と唱えている.それにもかかわらず,具体的問題において,学問,思想の自由を主張すると,何らか急進的な,または危険なもののようにさえ考えられ警戒されるのはどういうわけであろうか.日本学術会議内部においてさえそのような空気が看取されるのははなはだ残念な事といわねばならない.米国学術諮問団の「本邦学術体制視察報告書」には「国民の権利および義務を列挙し且つその第23条に於いて『学問の自由は,これを保障する』とさえ述べている新憲法第3章は,保守的自由主義の典型である.」と述べている.まことに先進民主主義国にとっては学問思想の自由を主張する事は何ら急進的なものではなく,保守的自由主義の典型なのである.

この報告書は従来の日本について次のように批判している.「日本の社会組織は封建的であった,一の軍国主義的な型の組織によって,上から日本のあらゆる部分に於ける個人に対し統制が行われた.個人の思想さえも悪名嘖々たる思想警察に従属せしめられた.家庭に於ても,権威に対する尊敬は特徴をなしていた.行動の独立と思想の自由は軽んぜられ,一世代近くにわたって殆んど完全に抑圧された.社会並びに教育制度は権威に対する服従を強調し,国民は容易に指導された.斯くの如き環境にあって繁栄する官僚主義は,種々の階層並びに種々の分野に於て,その結果として自派の追随者に恩恵を与え他を排除し,時には自派内で激しい権力争を演ずる一部集群乃至派閥の支配を齎した.軍閥の結局の成功は最後の破局に導いたのである.」まことに適切な指摘といわねばならない.

今日いまだに民主化が徹底しないときに，吉田自民党は，早くも特高警察をあこがれ，民主化をはばみ，日本を警察国家にする事によって思想の自由をうばおうとしている．再三声明された非日活動調査委員会の設置は，かつての治安維持法と，寸分ちがわないものである事はいまや明らかになって来た．治安維持法も最初は学問思想の自由を圧迫する粧いはもっていなかったにかかわらず，見事に自由主義思想にいたるまで，弾圧する武器となってしまったではないか．

　米国に非米活動調査委員会があるからといって日本にそれを置くという理由は全くない．こんな事を言う者は，民主主義国が軍隊をもっているから日本も軍隊を持つべきだというのと全く同じ事である．しかも非米活動委員会は軍事に関したものである事からしてもなおさらである．非日活動委員会の設置をたくらむものは，日本の非武装化に抗する陰謀をたくらむ者以外の何ものでもないのである．

　学問思想の自由の主張は保守的自由主義の典型であるのに，日本の保守的自由主義者と称する人たちは学問の自由のために何ら積極的に闘かおうとしないのは驚くべき事である．それのみではない．田中耕太郎氏は非日活動調査委員会の設立を熱情を以って歓迎しているのである．もっとも田中氏は教育勅語主義の権威主義者であり，いまだかつて自由主義者であった事はなかったのだが．そして田中氏がかつて支配していた教職追放は不徹底不公平であり，まことに田中氏は教職追放を「自派の追随者に恩恵を与え他を排除し時には自派内で激しい権力争を演ずる一部集群乃至派閥の支配を齎」す事に利用したという事がもっぱら言われているのである．

　学問の自由というとき，しばしばソ連におけるヴァルガ問題，ル

イセンコ問題に関するいわゆる学者の追放事件が引合いに出される.しかしこれらは,日本の新聞が報じた事と大部内容がちがうようである.これは学界の改組ともいうべき問題であり,しかも堂々たる学問的な議論の結果なされているのであって,政治的な一方的なものではない.特にルイセンコ問題は10年間にわたる学問的批判検討の結果なされた改組である事からいかに慎重になされたかがわかるであろう.

ソ連でメンデル・モルガン学説批判に対してこれほどの慎重さであるのにかかわらず,資本主義国では,ルイセンコ理論を,追試さえもせずに,政治的なものとして,排撃している.この態度こそまことに政治的といわねばならない.

最近資本主義国で行なわれた数々の学者追放は,大学や研究所の学問とは関係のない経営者たちの政治的な恣意によってなされているのである.わが国においても学者の地位は全く不安定であって,研究所においても,最近の東芝におけるように科学技術者が経営者の都合によってその地位をうばわれている.その他研究所の整理は目前にせまっており,何らの学問的検討もなく科学者たちは追放されている.それにもかかわらず,日本の新聞はこの追放事件については何の関心も示していないのである.

追放ならまだしも,現に私の如きは,研究に対して何らの生活上の保証も与えられていないのである.私はもっぱら文章のみによって生活費をかせぎ,自費で物理学の研究を行なっている.それのみでない.全く無料で何の特典もなしに日本学術会議と科学技術行政協議会に相当の精力を費して奉仕しているのである.

終戦後間もなく日本に来たソ連の東洋学者ポポフは語った,「自

分はアカデミー会員でもなくソ連では大した学者ではないが,月2万ルーブル給せられ,自動車を数台もっており日本の現在の財閥よりよい生活をしている.」と.これを以ても学問がいかに扱われているかがわかるであろう.

実に政治が正しくなるときに学問も何らの圧迫もなくそれ自身の正しい姿を得,したがってまたその成果の上に政治をますます正しく行ない,社会を豊かにすることができる.そしてこれは人民が解放されたその意志が政治を行なうときである.学問は学者のものではない.それは人民のものである.そしてこれは学問思想の自由の上にのみ可能である.学問がそれ自身の道の上に安心して進みうる時にのみこれが可能である.

またこれは学問が従来のように一部の特権的な人たちに独占されるのでなく,どんな人でも学問に近づく事ができ,学者になることができるときにのみ可能である.労働組合や農民組合の青年たちが,学問がしたいと思ったとき,どんどん学問をすることができ,これらの青年の中から学者が出るようになって初めて可能である.しかしそのためにはまだ多くの闘争が必要である.

文部官僚の独占支配から学問を自由にすること,これは制度としては最近その可能性がひらかれた.それは日本学術会議の誕生である.とにかく初めて選挙によってつくられたものである.ただしその選挙は,それを準備した学界のボス的勢力が,有権者を相当にせまい範囲の学術研究者に固定した事ははなはだ不十分であり,将来もっと広はんな民主的なものにしなければならないけれども,とにかく,学者が学術の問題について何らかの責任を取るという機構が出現しようとしている事はたしかである.そしてこれははなはだ重

要であり，国民の広はんな支援と監視を願いたいのである．

　文部官僚はしかし，なおもその権限を保とうと躍気になっており，日本学術会議は研究のみに権限があり，教育に対しては口をさしはさむべきではない，という考えを押しつけようとしている．日本学術会議内部にも，それに呼応してこの意見を押しつけようとする文部官僚学者勢力がある事は，まことに驚くべき事である．彼らは，日本学術会議員が教職適格審査を受けていないことをその理由としようとしている．しかしこれは全く屁理屈であり，為にする，意図された見解だといわねばならない．なぜなら，国会議員は教職適格審査をうけないにもかかわらず，教育法規を審議決定するものであるからである．

　日本学術会議は高等教育ならびに学術研究について文部省の機能を吸収する目的をもって用意された事は，先述の米国学術諮問団報告書の到る所から見る事ができる．特に次の文章はこれを明瞭に示している．

　「加之，学術の教授を学術の研究から正当に切り離すことは出来ないものであるということは，学術諮問団の意見である．高等教育の機関にある同一の職員が啻に諸研究を行い且つ指導するのみでなく，研究者となり得る人間を教授する度合は大きいのである．研究を発達せしむるということの長時間に亘る問題は，不可分的に研究要員を訓練するという問題と絡み合っている．従って以下に提議される諸提案中に於ては，研究と，高等教育に対する公共経費を処理する問題が一緒に考慮されていることがわかるであろう．学術諮問団によって以下に提案される中央政府の一新行政機関（これは学術会議及び科学技術行政協議会になった——筆者）は文部省によって

現に行われている，一定の機能を吸収するものであることが見られるであろう．我々の意見は，長い間には，提案された権限の分離により，高等教育と研究，予備的並に技術的教育及び初等教育は一様に利せられることがあるであろうと言うにある．そして単一の行政機関が，国民全体に亘って心構えを形造る上に不当な影響力を行使するに至る弊害に対し，或る程度の保護を供するであろう．日本に対する合衆国教育使節団が『文部省は，日本の心意を統制した人たちに取って，権力の座であった．』と述べていることが想起されるのである．」

また，日本学術会議法に，その目的として，「日本学術会議は，わが国の科学者の内外に対する代表機関として，科学の向上発達を図り，行政，産業および国民生活に科学を反映浸透させることを目的とすること」とある．すなわち，日本学術会議は研究に限定するのではない．教育であろうと，その他いかなる問題であろうと，学術の立場から責任を負うべきものである．このように明瞭であるのにかかわらず，その後のなり行きにおいて，それを準備した文部官僚ならびに，文部官僚学者共は，日本学術会議を研究のみに限定し教育にふれしめないようにしようという陰謀に努力して来たのである．

大学法こそ正に日本学術会議が全責任を負うべきものである事は明らかではないか．

なお同報告書は，従来の日本科学行政に対して次のような正当な批判をしている．

「帝国学士院法に基き，1919年 (大正8年) に学術研究会議が設立された．これは米国に於ける同名の団体 (ナショナル・リサーチ・カウンシル) の直接的模倣であると解釈することは容易である．研究会議

の会員は内閣によって任命せられ，研究費の配分に関し文部省の諮問に応じた．学術研究会議は戦争活動に対する科学者の動員に極めて積極的な役割を演じた．学術研究会議の一委員会は全国の人士に研究事業を強制的に割当てる監督を行った．戦争の終期に研究会議は再び改組せられ，その会員は 700 名から 300 名に減ぜられた．現在その会長及び 2 名の副会長は東京大学の学部員である．日本の多数の人々はこの団体を以て東京大学及び東京派の不当なる勢力を代表するものと目しているように思われる.」

このような忠告にもかかわらず，日本学術会議においても，戦犯的学研勢力ならびに東京大学勢力ははなはだ優勢を占めていることは，学界の封建性がいかに根強いものであるかを示すものであろう．

2　科学技術の問題

私はかつて「日本技術の分析と産業再建」という論文 (本書第3章所収) において日本の科学技術の性格を分析し，日本の半封建的な社会体制，そして労働組合の未発達が科学技術の貧弱なる状態を導いた事，したがって科学技術政策の基本に技術と労働の関連を本質的につかむべき事，労働組合の強力な発展こそが，日本の技術を本格的に近代化し，将来の国際間に伍しうる事を指摘したのである．

米国その他の一流国の最近の科学技術の発展はまことに圧倒的であって，想像にあまるものがあり，わが国の現有技術は全く時代錯誤的な感がするものであって，もはやいかなるチープ・レーバーといえどもこの技術の欠陥をおぎなう事のできないくらいな段階に来ているといえるであろう．今にして十分この点の反省を行ない科学技術の研究に根本的な方策を講じない限り，将来の貿易において由

々しき事態を引き起こすにちがいない．もはや安価労働の上にあぐらをかく事はできぬという事はすでに多くの人々の常識となっているはずである．

にもかかわらず，政府や，資本家たちの考え方においては科学技術を無視し安価労働によろうとする傾向はますます強い．

企業整備の筆頭のやり玉に考えられるのが大抵研究機関であり，政府もまた気象台などに対して3割首切りを行なおうとしている．その他研究機関，科学技術の行政機関などが整理の筆頭に頭にうかぶものであるらしい．

科学技術の無理がいかに日本の再建の支しょうになっているかという例をあげてみよう．その一つの例として，例の傾斜生産方式において最重点がおかれ，価格差補給金の最大（1949年度630億円）がそこに集中されている鉄鋼関係について当たってみよう．

鉄鋼技術は各工場においてはなはだしいムラがあるけれども，八幡は最もすぐれたものとされている．商工省鉄鋼局あたりでは，八幡の技術は米国に比べてそれほど劣っていないように考えているようであるが，実際現場関係からの調査によれば，技術的欠陥は非常なものである．

鉄鋼関係のような大独占資本が支配している領域においては，政府との関係は特殊であり，会社内部に対する言論統制とでもいえるものもなかなか強い．

最近の平炉関係の整理，集中生産のやり方は，独占資本の強力支配の下に小資本を圧倒し技術的欠陥をそのままにして置いてもっぱら労働強化のみに依存しようとしている事は明らかである．鉄鋼面の示す数字からしても，米国の鉄鋼労働者の給料が，1ドル300円

で計算して，月 11.万円に対して，わが国労働者の月給は1万円という事になっている．もっぱら低賃金労働にのみ依存している事は明らかであろう．

八幡は一般に能率がよいように言われているけれども必ずしもそのまま信用できない．ある技術者の語ったところによれば，最近八幡で千何百トンの鋼塊の使いものにならない不良品が出たという事である．それ故に能率のよい所に集中するという方式の裏にもかなりの問題をもっているという事ができるであろう．

日本鉄鋼業における技術の基本的欠陥は，技術者は工員たちの現場監督にすぎず，技術はもっぱら工員たちのカンにのみたよっているという事である．そのために状況の変化に対して十分対処できず，またさまざまの故障が起こったときその原因をしらべる事ができず，よい加減の臆測でおしまいになってしまうので，改良が行なわれないのである．

それのみでない．熟練した工員が辞めてしまい，未熟練工を水まししして使っているので，技術の低下が著しい．

全体的に言って，配炭量が以前の5割位に対して生産量は以前の2割5分位に低下しているという状態で，もっと悪い事にはこの低下の原因が究明されていない事である．

鉄鋼業に対する価格差補給金はもちろん鉄鋼業内部の問題ではないけれども，石炭が一般より安価に給せられるところから，能率が考慮されず，欠陥の原因についても真剣に追及されていない事はたしかである．

鋼塊については，技術低下のため質が悪く，したがって，それからつくる製品は品質が悪い事になる．

外国では技術者が標準作業法（スタンダード）をつくって，製鋼業が完全に科学的に行なわれている．わが国では，全く工具のカンと熟練にまかせられている．技術者がそのようなスタンダードをつくっても，さまざまな反対に会って実行されない．

標準作業法によってやらず，工具の勘にのみ依存するために，新しい方式，新しい技術を採用する事ができない．そのためには工具の勘を根本から熟練し直さねばならないからである．標準作業法により，カーボメーターその他の測定装置によって科学的に作業をするならば，異なる方式を直ちに実行する事ができ，技術を急激に発達さす事ができる．

例えば製鋼にマンガンを使うのであるが，わが国はフェロマンガンをもっぱら外国から輸入している．外国ではシリコマンガンを使用しているが，シリコマンガンであれば，北海道の稲倉石から十分な量がとれる．ところがわが国には，フェロマンガンの熟練工しかいないのでシリコマンガンに変える場合初めから工具を訓練し直さねばならない．それで相変わらずマンガンを輸入しなければならないのである．これなど技術化によって解決される問題の一つである．その他低合金鋼の精度の一定なものを得ようと思えば，デタラメに多くをつくってその中で規格に合うものを選ぶより仕方がないわけである．

なお平炉においては天井の珪石レンガが 1,700 度で軟化するのでそのギリギリの温度で作業をせねばならない．ここに二つの問題がある．第一に天井に輻射計をつければ作業が簡単で正確になるが，日本では熟練した工具が天井を四六時中見つめているわけである．も一つはもっと高温にたえる塩基性レンガの研究を行なう事である．

高炉についてもほとんどの技術的問題が放置されている．ここでも科学技術は全く無視されている．例えば火入れなども技術者がやるのではなく神主がやるのである．技術がないので高炉がフルに働かない，それで熱効果が非常に悪いというわけである．また炭もアメリカのものを必要以上に使っている．またソ連が偉大な成功を収めつつある酸素製鋼の問題など日本においても実用化の時代であろう．さらに重要な問題として国内原料をもっと使う可能性があるのにかかわらず，安易に輸入原料に依存している．資本家たちは，将来外国から原料が容易に入って来る事を予想して，国内原料の開発に興味を示さないのである．これも価格差補給金の一つの問題である．九原則に関しては国内原料開発をもっと真剣に考えねばならない．こうして技術の発展によってわが国の独立が確保される道があるにかかわらず，全く注意が払われていない．

その他圧延関係などに非常に多くの技術的課題が存在する．徹底的な技術的施策によって，労働強化や首切りの方向でなく，生産の向上，製品の質の向上を行ない，将来の貿易にとって有利な地位を占める事が初めてできる．チープ・レーバーの上に拙劣な技術を以て生産する事はもはや将来の貿易を破滅せしめる事である．

次に，政府の行政整理，ならびにこれに勢いを得てはく車をかけられる各会社の企業整備において，先ず最初に槍玉にあげられるのが，研究所である．ところが研究所こそ将来の日本を背負っている．特に日本の技術が時代遅れとなっている現在，外国から技術を導入するという事も，そう簡単な事ではないわけである．これを消化し，日本の条件の下で生産に適用する場合，相当な研究所を要する事は明らかである．しかし現在近視眼的なやり方が行なわれている．政

府から民間の研究機関維持の援助をなすべきであろう.

研究機関の行政整理がいかに重大な損害を与えるかという事を,気象台の整理問題について調べてみよう.気象台の整理について本年 (1949 年) 4 月 1 日の標準予算定員 6,209 名の 3 割減という規準におしこめられそうであるが,これは現在員の 3 割 4 分減という事になり,2,215 名が全国気象官署から首切られる事になる.これは,わずかに 2 億円を節減するために行なわれる事である.こうして気象台の陣容は,大正 10 年 (1921 年) 頃の状態に戻ってしまう事になる.気象台の要員は巡査などとちがって,それぞれ養成に相当の年数を要する技術者であって,一度整理してしまったら,もはや取返しがつかないという事を考えねばならない.

しかも日本の気象事業をアメリカと簡単に比較する事はできない.アメリカの気象台の人員と機械的に比較して,人員整理をやるという事は全く無意味である.アメリカのように極度に機械化された気象台とは,日本の気象台はわけがちがうからである.日本では設備の貧弱を人手でおぎなっているからである.次に,日本では大学関係などの地球物理学の基礎研究機関が貧弱であるので,気象台自身が基礎研究からやらねばならない事である.次に,日本の特殊性として地震観測網を張りめぐらさねばならない.これは気象台が受けもつ事が最も適切な事である.も一つの日本の特殊性としては,アメリカのように大陸でないので,細長い島に十分細かく観測網を張りめぐらさねばならない事である.その他専門的見地から,日本の特殊性という事が多く,アメリカの気象事業の定員数の標準をそのまま日本にあてはめる事は許されないのである.

気象台への投資がいかに率のよい投資であるかという事を十分考

えねばならない．それは毎年の天災が物語って余りある．風水害,震災,津波,冷害,雪害,雷害などに対する,予報,ならびにそれらの現象に対する解明がいかにそれらの災害を軽減する事であろうか．

風水害をとってみても,農林省の統計からみると,毎年の農作物被害の3割前後がこの被害を受けている事になる．たとえば1947年の風水害のみの被害は,126億円であり,またカスリーン颱風,およびアイオン颱風のみでも,863億という大変な被害である．昭和9年(1934年)室戸颱風の被害は,現在の貨幣価値が円で当時の100倍として計算すると500億という事になる．この他地方的な雪害,風水害でも被害の程度は数億という額である．大体において全国の災害の年額は約1,000億を超えるようである．これは,災害復旧が十分に行なえないため年々増加する傾向にある．

なおこの上に人命の被害も大なるものがある（数千―数万）．

気象事業の完備によってこれらの災害の全部を防止する事はもちろんできないけれども,これを予知したり,その性質を知る事によって被害を相当に軽減する事ができる．特に人命の多くは救う事ができるであろう．

予報が大なる効果を挙げた一例として,昨年のアイオン颱風においては,気象台を中心とした洪水予報によって利根川下流に対して相当の対策がとられ,こうして栗橋より下流の堤防を守る事ができたのである．もしこれができなかったとすれば数億円以上の被害が追加されたであろうといわれている．逆に,昨年の東北一関の洪水の場合,洪水予想網をもっと充実していたならば,少なくも人命は救う事ができたであろう．

こうして気象事業が充実した事により,これらの災害の2割が軽

減できたとすれば，年200億が助かる事になる．これは本年度減らそうとされている数億円に比べると，このような数億の節約がいかに重大な損害を生むかがわかるであろう．

また昨年アイオン颱風の被害復旧費として各県で，群馬 25 億，神奈川 17 億，栃木 10 億，静岡 11 億，新潟 6 億等を支出し，しかも不十分のため，次の被害を更に大としている．これら復旧費に対しても，気象台の充実の費用がいかに小さく，いかに賢明な投資であるかがわかるであろう．

今回の 3 割整理により，観測通報地点は，現在の 110 ヶ所が，65 ヶ所に減少させられる．これは大正 5 年 (1916 年) の状況である．

天気予報を発表する測候所は，大正 10 年 (1921 年) の状態に戻る．

日本の気象は複雑であり，多数の技術者を失うとき，予報の基礎が現在でも不十分だのにますます不十分となり，精度が著しく低下する．また，北半球天気図の製作が不可能となり，長期予報も，実用化の一歩手前で実現されなくなってしまう．

山岳測候所を廃止しなければならなくなり，各河川流水量予想に大障害を与え，雷雨予報の手がかりを失う．

以上の他多くの困難が起こって来る．

それ以外に，各地方の測候所は，一つの小さな科学博物館として，地方の人々の科学教育，農業気象ならびにその啓蒙にとって，見えないはなはだ大きな役割を果たしているのである．この役割はどんなに大きく評価しても大きすぎる事はない．この役割を思えば，地方測候所は地方民生のためだけでも増設してもよいであろう．小学生たちがいかに眼をかがやかしながら測候所を訪れ，所員に説明をきいている事であろうか．

なお気象台は，新気象要素の探究，理論的研究，地震予知の研究，その他の研究をして地球物理学を推進しなければ，今日の地球物理学では気象事業にとって十分とは言えないのである．そしてこのような研究は，十分広い観測網を要し，また長期にわたる事務的な測定を要する事から，大学などの少人数では行なう事はできない，気象台のみが行ないうるのである．

今日応用研究がいかに純粋科学部門に深い関心をもつかは全く驚くほどである．宇宙線が新しい気象要素として現われ，特にこの部門の研究は，気象台およびかつての理研仁科研究室の努力で，日本がはなはだ進んでいて，宇宙線の観測によって上層気象現象の見当をつける事に大きな望みがあらわれて来た．そしてこのためには宇宙線現象そのものの，より進んだ解明を必要とするのであって，気象台で，宇宙線現象の基礎的研究を是非行なわねばならない段階に達しているのである．日本の気象現象の特殊性からいって新気象要素である宇宙線は極めて重要な役割をもっていると考えられるのである．

3 基礎研究について

最近の科学技術の傾向は，基礎的研究が直接に産業技術に結びついている事である．この尨大な例は，あの原子力の解放であろう．原子核物理学は最近 20 年間に進歩した，物理学の先端である．しかも，ウラン原子の核分裂現象が見つかったのは 1939 年でこれは基礎研究の先端であった．しかも 6 年後にはこれはもはや技術的に応用されたのである．新たな基礎的物理学の発見はつぎつぎと産業に応用され，現在はむしろ産業的応用に基礎研究がせっつかれている形である．

あの新物理学としてさわがれた量子力学は,すでに現在物性論として実用技術になくてはならない理論となっているのである.

　われわれの中間子理論も,先に述べたように宇宙線現象として,新しい気象要素として認められ,実用の領域に入って来た.

　現在の世界の一流国は基礎研究をもはや,キン急に必要な産業技術の源泉として,異常な関心を払い,精力的にその充実をはかりつつあるのである.

　スティールマン報告,すなわち米国大統領科学研究委員会著『米国に於ける科学の公共政策』(コロナ社刊)は次のように言っている.

　「米国民の将来は,将来の進歩に備える基礎を確保するために米国民が如何程努力して基礎科学を充実するかと言うことに全面的にかかっているのである.」

　「産業に開発されない基礎的知識の埋蔵は決定的な範囲で事実上消耗し尽されて仕舞っている.」

　これを見ても,アメリカ技術がいかに基礎研究に期待しているか,また,今日の進んだ技術は,もはや昨日の基礎研究は利用しつくしてしまい,新たな発達は,新たな基礎研究によってのみ行ないうるという段階に来ているか,という事がわかるであろう.それ故日本において現在基礎研究を怠ったとするならば,実用技術の進歩から直ちに取残され,進んだ実用技術を輸入するという事においてすら支障を来たす事になるであろう.

　わが国はさらに文化国家として進む以上,文化としての基礎科学において,世界に貢献する義務があるのであろう.幸い,今日わが国の基礎科学の才能は,最悪の条件にかかわらず,はなはだすぐれたものである.国民諸氏の御支援と御援助を期待して筆をおく.

付録・参考文献＊

日本の科学・技術の欠陥と共産主義者の任務＊＊

日本共産党科学技術部

はしがき

狂暴な日本帝国主義が企てた野蛮な侵略戦争は，必然的な敗戦の結果，国土を荒廃に帰せしめ人民の生活を窮乏の極におとしいれた．

終戦以後1年になろうとする今日，産業・経済・民生の再建は全く麻痺状態にあり，生産再開のために，なんらの積極策も講ぜられず，資本家階級は生産のサボタージュをつづけている．これは旧支配機構の維持温存につとめている天皇制支配階級の責任にほかならない．

しかも今後行われる再建工作は，専ら，人民の犠牲によって強められるべきことは，ますます明白となっている．

日本は封建的支配機構を一掃して，人民共和政府を樹立することなしには，決して根本的に立直ることはできない．このための政治的建設とならんで，破壊した経済の再建において，科学技術が担うべき役割はきわめて大きい．当面の窮乏打開は来るべき新日本の建設に直接つながるもので，そのいずれのためにも，科学技術は計画的・組織的に動員せられねばならない．石炭増産，食糧，住宅問題

＊ 参考のため，日本共産党の科学技術政策についての方針を付録としていれておいた．他の諸党も，このような学問的に程度の高い科学技術政策を発表されることを希望する (1950年編註).

＊＊ 「前衛」1946年11月，第10, 11号 (1950年編註).

の解決，新国土計画等，当面緊急な再建計画はもちろん，民主主義革命の達成およびこれにつづく社会主義社会の建設は，科学技術の最大限の適用と発展なしには不可能である．しかも将来の日本が高度に発達した工業国家として成長すべきことは，歴史の必然である．しかしながらわが国の科学技術者がかかる偉大な任務に耐えうるためには，多くの欠陥を克服し再編成されなければならない．すなわち今日まで少数支配者の利益だけに役立って来た科学技術を，全人民の利益のために役立つようにしなければならない．そのためにわれわれはまず日本の科学技術の特質を分析して，その根本的欠陥をあきらかにせねばならない．

I 日本の科学技術の社会的基礎

わが国の科学技術は，明治維新以後先進諸国を追いつつ急速に成長し，部分的には若干の見るべき成果をあげるに至った．しかしその全般的水準は，帝国主義段階にまで発展した日本資本主義にたいして不相応に低い．これは今次の戦争において，軍部官僚の独善的自信にもかかわらず，国民が身をもって体験したところである．これは何に原因するか．

われわれは支配階級の欺瞞的解釈に反して，一切の原因を日本の社会的，経済的構造の中に求める．明治維新以後，資本主義国として出発した日本は，幕府時代から受けついだ農村の封建的，農奴的関係を土台とし，絶対主義的な天皇制権力をもって人民の大部分を無権利状態において，労働者農民を無制限に搾取しつつ，数次の植民地強奪戦争を行ないながら，急速に資本家階級を拡大せしめて，帝国主義段階に入った．それ故日本の支配体制は，

（1） 資本家，地主の搾取の鞏固な支柱たる絶対主義的天皇制と，

（2） 農民の大部分を半農奴化せる寄生的，封建的土地所有と，

（3） 前二者の援護のもとに労働者を奴隷的に搾取し，極端な利潤追求と植民地侵略によって成長した独占資本主義との以上の三つを主要な構成部分としている．

日本の支配体制のこの三つの部分こそ，これに奉仕しつつ成長した科学技術のあらゆる特質を規定している．

II 日本の科学技術の特質

日本の科学技術の弱点は，断片的にはブルジョア学者たちも指摘するところであるが，その本質的解明は共産主義的認識によってはじめて可能である．われわれは日本の科学技術の最も根本的な弱点として，

（1） 技術の植民地性

（2） 科学の非実践性

（3） 科学技術の跛行性

（4） 技術の非科学性

（5） 科学技術の人民の利益への背反

（6） 科学方法論の欠除　をあげる．そして

（7） 農業技術の低位　に諸欠陥の結合的表現を見る．また

（8） 大学および公立試験研究機関の封建的官僚性　と

（9） 資本主義的研究機関の利潤追求性　とが科学技術の研究をきわめて狭隘，低級独善的ならしめていることは周知のとおりである．次に

（10） 軍需・資本家による科学技術の独占と秘密化が，進歩を阻

害する大きな要素であったことは，すべての科学技術者が痛感してきたところである．最後に

(11) 人民生活の非科学性
(12) 科学技術者の非社会性
(13) 教育の非科学性とブルジョア性　が，科学技術の発展と人民文化の向上を妨げていることを指摘しなければならない．

われわれ共産主義者は，これらの現象的には周知の事実が，日本の支配体制の三つの構成部分の相互にからみ合った作用によって，結果するものである事を認識し，かかる支配体制への闘争によってのみ，日本の科学技術の進歩を妨げる桎梏が除去されることを主張するものである．

III 特質の分析

(1) 技術の植民地性

日本資本主義は農村における半封建的，寄生的土地所有を基礎として発展した．すなわち，資本家階級は農業におけるかかる所有関係の結果，零細・窮乏化して都市の工場に流出する貧農を，農村における隷属状態と貧窮を利用して，極端な低賃銀によって搾取しつつ工業生産を営み，この事によって急速な資本主義生産の発展で厖大な利潤を確保した．このため，わが国では明治以来技術・装置・機械の改良・発明に加うるに，労働者階級の肉体的犠牲において，生産の増大をはかることを鉄則とした．従って資本家階級は技術改善の必要に迫られる時には先進諸国の特許権購入，機械輸入，外人技術者の招聘によって，技術を模倣し技術者は設計者または機械の単なる番人と労働者の監督の役割を強要され，その本来の使命たる

技術的創造の機能を奪われてきた．模倣によって改良された技術は，労働者の労働軽減に役立つかわりに，屢々逆に労働者の原始的搾取の拡大再生産を結果した．かかる技術の植民地性は，日本の科学技術の最も根本的な弱点となり，その発展のための基礎を奪ってきたが，今日ますますその傾向を強化せんとしつつある．

(2) **科学の非実践性**

技術の植民地的性格のために，わが国の基礎的自然科学は技術的実践からの要求・刺戟をうけることがきわめて少ない．

元来自然科学は技術的課題の解決に参加することによって，直接・間接に自己の発展のための素材を汲みとり，また技術は科学の成果によって進歩を促がされ，両者が不可分の関係にあることは近代科学史の示すところである．技術にたいするかかる必然的関係が絶たれているために，わが国の自然科学は先進国の研究から主題を借りて，その模倣，追試を追うことに汲々とし，また独善的研究にふけり，たまたま現れた独創的研究も実践の機会をえなかった．商業的，封建的学位を目標とした研究によって，論文の数のみは比較的多数に上っている現況である．かくの如くわが国の自然科学は実践から切り離されているために，それ自体独創性と発展性に乏しく，技術の向上にたいしてはほとんど無力であり，また真の文化のために貢献するところがきわめて少ない結果となった．

(3) **科学技術の跛行性**

労働者農民にたいする苛酷をきわめた搾取による人民大衆の窮乏化は，国内市場の狭隘を来した結果，日本資本主義は低賃銀労働による外国市場の獲得と，軍事的手段による植民地獲得侵略政策とに全力をあげることになった．このため一方には世界無比の低賃銀を

もって，輸出品産業たる繊維工業を大規模に発達せしめると同時に，他方には人民大衆の租税搾取によって厖大なる軍需工業を発達せしめた．かかる技術的性格の相反した二大工業部門を，異常に発達せしめたにもかかわらず生産力全般の発展のための確実な基礎を欠いたため，産業機構の均衡を失い，これに伴って，科学技術の著しい跛行性が結果した．

たとえば機械工業はその基礎たる精密工作機械を輸入に仰いでおり，また製鉄業が存在するにもかかわらず，その工業内部の技術的跛行性のため，良質特殊鋼に至っては，外国製品に依存している有様である．

これに照応して科学も軍事技術に直接関聯する若干の分野および日本独特の地理的条件に関聯する分野においては相互の進歩をしめしながら，全般としてまた生産的，民主的分野においては，著しい遅れを示している．このことは他の社会的基礎と相まって，技術のセクショナリズムを生んだ．かようにして，つくられた科学技術の跛行性は，克服されない限り今後の発展にたいするブレーキとならずにはおかない．

（4） 技術の非科学性

絶対主義的天皇制はその精神的圧力をもって，あらゆる機会に非科学的思想を人民におしつけてやまない．低賃銀労働力をもって機械に代替せしめる野蛮工業政策は，他面において「勘」と称する封建的，非科学的技術を紛飾物となし，半封建的生産関係の維持につとめてきた．また生産技術の全般にわたる科学的鑑定の極端な無視もそのあらわれである．このために工業・農業を通じて生産力の合理的向上は著しく阻害されている．

（5） 科学技術の人民の利益に対する背反

 天皇制権力による人民の人権の無視は，科学技術をその本来の使命に反して人民の利益から背を向けさせている．

 工場・鉱山においては，労働者の健康維持生命保護に当然必要な設備が無視せられている結果，機械の安全装置・労働環境・衛生等に関する研究および設備はほとんど顧みられていない．

 また技術は本来，肉体労働の軽減を使命とするにかかわらず，自動的生産装置を発達せしめるかわりに，労働者の肉体の犠牲を強いている．かくして科学技術者は労働の安全軽減化を研究するかわりに，大衆の犠牲を強いる反動政策のための科学的偽装をなす役割をさえ与えられ，今次の大戦中は，労働力，とくに熟練工不足を補うために，政府は産報運動等による欺瞞をおしつけ，警察的労務管理を強行した．この際労働科学者，医学者の一部が反動政策の遂行に協力したことも指摘されねばならない．こうした人民の利益からの背反は医学・栄養学など人民生活に直接関係のある分野において特に著しい．奴隷的労働条件と劣悪な生活程度とに原因して，わが国には大衆的な疾病が極めて多いにかかわらず，大衆保護はもっぱら商業的な開業医の手に委ねられ，社会的疾病の予防・治療は全く体裁だけにとどまり，医療機関は勤労大衆の利用しがたいものとなっている．このために医学者は人民大衆の衛生のための予防医学・社会医学を極度に軽視している．また都市における資本の無政府的集中と，農村の半封建性とは，都市および農村における民衆の生産環境を極度に貧困化し，野蛮ならしめているが，科学技術は住宅そのほか民衆生活の改善についてなんら顧みるところがない．

 かかる性格が徹底的に改められない限り，日本の科学技術は人民

の労苦を軽減し,労働の生産性を高めて人民の生活を富ますことなく,人民の支持を失って,ついに発展の可能性を失うほかない.

また都市における無計画的な人口集中とこの移入人口の源泉である農村の半封建性とは,わが国の庶民生活の水準を極めて低いものとしている.科学技術は軍事的なものは勿論,都市の資本主義的経営建築物,特権階級・資本家階級の私有建築物などに採用されていながら,庶民の住宅・都市公共建築物・公園・道路などには極力採用を拒否されている.殊に都市並に農村における人民の住宅の内部には全く浸透されず,人民の生活は非科学的な野蛮な伝統の中に終始して,少しの進歩も改善もなく,貧困の中に破滅へと近づきつつある.

(6) 科学方法論の欠除

天皇制権力の蒙昧化政策による人民全般の文化的低位に照応して,日本の科学技術者の大多数は,経験主義的な実験技術の職人と化し,徹底した思想的無関心を示している.科学方法論に多少の関心を抱く者も,大部分は自然哲学的・神秘主義的・マッハ主義的観念論の域に低迷し,唯一の正しい科学方法論たる唯物弁証法に背を向けている.また特高警察は科学方法論としての唯物弁証法の確立につとめた若干の進歩的科学者を弾圧し,従って観念論的誤りを排除した自然科学もまたその成熟をはばまれていた.かかる科学方法論の欠除ないし誤謬は,日本の科学を自然の本質的把握から遠ざけてその発展を阻害している.

(7) 農業技術の低位

わが国の農業に関する科学技術は,以上の諸弱点を最も綜合的に露呈している.天皇制は地主に半封建的・寄生的土地所有によって

零細経営と高率物納小作料の維持を保証している.

したがって,小自作農を含めた零細農は経済的余剰を全く見出しえず,資本を蓄積して技術的改良を行なうことは不可能であるため,機械化のかわりに肉体をもって無制限の労働力を注ぎこみ,狭少な土地から可能な限りの生産をあげることに努めている.一方地主は高率の現物小作料が保証されているため,その利益を科学技術の採用による資本主義農業経営によって,再生産過程にまわすかわりに耕地の拡張に向かい,あるいは銀行工業株等に投資して金利生活を送ることにつとめ,農業技術向上の欲求をもたない.農業経営の共同化,機械化,農村電化,耕地整理,水系整備等の農業生産力の向上に必要なる手段は,右の事情に加うるに,自主的農民組合の存在さえ許さない抑圧政策と隷属関係のために,一つとして満足に実行されていない.

このことは農業のための国家施設のサボタージュとも関聯し,例えば土木技術が農業と結びつかないために治水の不徹底を来し,年々風水害・旱魃によって失われる水稲は総収穫量の 30—40% を占め,気象学の如きも理論的分野と軍事技術に関連ある部門においては相当に進歩しながら,農業気象にたいする国家的努力の欠除のために,年々莫大な損害を甘受せしめられている.農芸化学の如きも,農畜産物加工業醸造業等を経営する資本家の利益を保証するにとどまり,勤労農民の農業経営にたいして寄与するところがない.

農業的科学技術を農民に伝えるべき任務を有する農事試験場は,封建的零細農業に適合した品種改良,肥料増施等のほかには,ほとんどなすところなく農民の日常的要求から遊離した存在になっている.また民間研究農学の苦心にたいし,科学的検討によってその成

果を普及化することなく,局地的な秘伝々承によって僅かに活用の道を見出すにすぎない.しかしながら一部の進歩的農民が強権に抗して小作に有利な条件を闘いとった地方では,農業技術が高度化して日本型トラクターの出現をみているところがある.これはわが国の農業機械化を阻むものが水田耕作にあるのではなく,封建的土地制度にあることを明らかに示す.

農業技術の低位が半封建的寄生的土地所有およびこれと不可分の関係にある天皇制支配に原因することは右によって明瞭である.

(8) 大学及公立試験研究機関の封建的官僚性

天皇官僚機構は官立の大学および試験研究機関をも完全にその網の中へ捕えて窒息せしめている.そこでは教授・助教授・助手・研究員とその補助員は封建的・官僚的な身分関係をもって結ばれ,ギルド的な小社会を形づくっている.とくに大学は明治の初め本質的には官僚養成機関として出発したものであるが,前述のごとく科学は飾物の位置におかれ,技術は植民地的性格をもって終始したため,大学は科学研究機関としては極めて非実践的,非社会的存在となった.従って教授・助教授,とくに研究生活者たる少壮助手の経済生活は何ら保証を受けることなく,研究費は極端に切りつめられ,わずかに外国文献の模倣・追随と親方的地位にある師匠への追従に終始し,学術の探求よりは師弟関係による地位の確保に満足するという状態になっている.ソヴェート同盟・アメリカ等における大学の研究がいかに基礎的なものでも何らかの仕方で社会的実践と結びついているのと較べて非常な相違である.私立大学は職員の構成においては,官立大学のいわば出店たる性質上,後者の封建性をそのまま示し,さらに資本家的経営であってしかも多分の営利性を有し,

学位号の商品化等周知の如き点を暴露している．しかしその研究は工業資本家への隷属の上において行なわれ，研究の独立を確立していない．

官公立の試験研究機関の性格は，大学と大同小異で直接に生産技術に結びつくべき任務にもかかわらず，多くは民間から依頼される試験・分析等を行なうに止って，技術の積極的建設にも高度の技術の普及にもなんらの役割を果しえない．

帝国学士院は科学技術研究の最高機関であるべきであるが，先進国の科学アカデミーとことなって老朽大学教授・官僚の隠居所となっているのも同じ理由による．さらにまた官僚機構の中で科学者，技術者が常に無智な法科系官僚の下積みとして職人扱いを受けていることも，天皇制支配機構の封建的・官僚的技術の植民地性に原因している．大学ならびに官公立試験研究所の職員の生活の低さは，彼らを研究専門の生活に立たせることができず，生活維持のための内職に好むと好まざるとを問わず駆りたてる．この事が研究の機能を直接さまたげる許りでなくひいては研究者・大学職員の堕落とさえなってゆくことは注目しなければならない．

(9) 民間研究機関の利潤追求性

民間研究機関の大多数は資本主義的企業に属しているが，前述の通り日本の資本家階級は低賃金労働と輸入技術に依拠しているため，技術改良の熱意が稀薄である．従って研究機関の存在は副次的，飾物的意味しかもたず，研究費・予算等の如きも極めて少なく，従って研究員の生活は非常に低い．また研究の内容も資本家の経営機関は実質上製品の製作・試験，外国技術および特許の再現，他会社の技術の模倣などを目的とし本格的な技術研究はほとんど行なわない．

それ故研究者は資本に隷属してもっぱら企業の利潤追求に奉仕することを余儀なくされ, 高率利潤を短期間にもたらす見込のある研究でなければ実施が困難である.

従って資本主義的研究所では系統的組織的研究は行なわれず, また先進国に例の乏しいような研究はほとんど行なわれないので, 研究所が技術の革新的進歩のために役立つことはきわめて稀であり, またここで人民の福祉を目的とした研究が行なわれえないことも当然である.

(10) 軍需・資本家による科学技術の独占と秘密化

日本の科学, 技術は技術的実践との結びつきを, わずかに独善的軍閥と近視眼的利潤追求に駆られた独占資本家の隷属に見出したに過ぎない. したがって科学技術は軍事的秘密と独占資本の利益のために極度の秘密を強要され, その貧困さを倍加せしめられた. 殊に軍事的技術研究においては独善的な軍人は一般科学技術との交互作用的発展を拒絶し, かえって一般科学, 技術研究のための資材等を横取りして後者の進歩を阻害した. かかる傾向は太平洋戦争において極度に強化されて救うべからざる破綻を来した.

資本家に対する関係においても, 科学技術は輸入技術の補足的な役割しか与えられず, その研究は資本家の無計画な場当り的な恣意に委されて, しかも極端な秘密を強いられた. このために科学技術と生産との一応の連関はありながら, 両者の交互的発展はなされなかった.

資本家による利潤追求のための技術独占は, 不合理な特許制度によって助長された. 特許制度は元来発明者の利益を擁護して技術の改良を促すべきものであるが, 事実においては特許権の所有者たる

資本家が，技術を独占所有するための道具となって，技術の交流と進歩を阻害している．

また官庁会社等の技術者が勤労の結果創造した発明は，勤務発明の名のもとに傭主に事実上無償を以って取上げられている．これは技術者の封建的隷属性を強化し技術的創意を減殺するものでしかない．

(11) 人民の生活の非科学性

絶対主義的支配は人民の政治的覚醒を抑圧するために，非科学的神秘的思想を押しつけ，進歩的科学的思想の萌芽を弾圧することに不断の努力を払ってきた．その結果人民大衆の生活水準の低位と相俟って，合理的科学的精神の全般的欠乏を来たし，人民大衆の生活は，衣食住の凡ゆる面において不合理を極めたものとなっている．今次の大戦中支配階級は労働者，兵士の技術的教養の低劣に悩み，欺瞞的，末梢的手段によって解決を行なったが，政治的自由と人格の独立を奪っている状態のもとでは何らの効果をもあげることができなかった．人民大衆の生活に科学性を与えることと，労働の生産性を高める事とは一体のものであり，これは近代的人格の独立を確保することなしには達成することはできない．

(12) 科学技術者の非社会性

人民の政治的無権利と神秘主義の強制にもとづく思想的貧困は，科学者・技術者にも作用して科学技術の進歩を阻害し，これを人民共有の文化財となすことを抑制している．科学者・技術者は前述のごとき日本の科学技術がもつ弱点に照応して，社会および文化に対する無関心と思想的無関心とを特徴としている．すなわち科学者・技術者の多くは，自己の活動を人民大衆の利益と結びつけることに

熱意が稀薄であるため，その研究は勤労者の生活の改善向上に資する所が少なく，また人民大衆の科学・技術的啓蒙にも熱意が極めて少ない．文化的無関心は科学・技術者の人間的教養を低下せしめることによってその活動を職人的なものに制限している．科学・技術者がかかる非社会性を克服しない限り民主主義革命の担当者たる使命は果す事はできない．

(13) 教育の非科学性

天皇制下の教育は人民の奴隷的屈従強化に奉仕するものであるため，教育の全体系を通じて非科学性を特徴としている．

さらに中等学校から大学に至るまで科学技術教育が実践から遊離した形式的なものであることは，日本の科学技術の植民地性・非実践と密接に結びつくものである．かかる形式主義教育は戦時中に支配階級が自ら悩んだ通り，能力の低い多数の科学技術者を造り出した．教育におけるかかる欠陥は科学技術の発展にとって極めて重大な弱点であることは論をまたない．最後に日本の高等教育が有産者の特権的利用にまかされているために日本の科学，技術者が勤労者階級に根をおかない層より成っていることは，現在の民主主義革命の途上において克服されるべき欠陥である．

IV 科学・技術の欠陥克服のための
進歩的科学・技術者の闘争

わが国の科学技術の根本的欠陥は以上の分析によって明らかなとおり，日本における支配体制，官僚的天皇制と地主的土地所有制度と独占資本主義に根源をもつものである．故に天皇制の廃止，農村における地主的土地所有の状態の徹底的改善を当面の目的とするわ

が党の政策こそ日本の科学技術の欠陥の根本的除去を保証するものである．

共産主義的科学技術者の任務は，科学と技術の発達を阻害する一切の要因をバクロし，これに対する闘争に広汎な科学者，技術者を動員することから始まる．

日本の民主主義革命は荒廃せるわが国産業の民主的再建による人民生活の安定を，緊急の任務としてわれわれの前に提出している．

科学技術者は日本の科学技術の諸欠陥と闘いつつ労働者農民と提携してこの民主的産業復興を遂行せねばならない．

これらの闘争を通じて共産主義者は広汎な科学者，技術者と結びつき，将来における日本の繁栄と科学技術の無制約的発展のための巨大な基盤をかちとるであろう．かくて少数の支配者の利益に奉仕してきた日本の科学技術は，すべての人民の利益のために解放せられるであろう．

後　　記
――技術論および技術の新展開のために――

　ここに私の，科学論及び技術論について書いた論文を集めて，出版する事といたしました．この根幹をなす諸論文は，1946 年中に書かれたものです．これらは，敗戦と日本軍閥政府からの解放の直後，新しい時代のために，科学的思惟とはいかなるものか．日本が荒廃の中から立上がり，近代文化国家として再建されるためには，いかなる科学技術政策をとらねばならないか．また，過去の日本における技術はいかなる社会的制約をうけ，なぜに日本の技術は弱体であったか．それ故科学技術者は，科学技術によるわが国の発展のためにいかに闘うべきであるかを探究したものです．

　特に技術論に関する諸論文は，戦後，労働組合の内部で技術者を組織し，またその線にそって全国的な技術者の組織をつくろうとした民主技術協会の運動という実践のための基本的な理論として，また，それを組織するために書かれたものです．そしてこれらの論文は戦前から戦時中にかけて到達した「技術論*」の立場によって分析が行なわれ，またその立場の具体的展開であったのでした．

　以上の諸論文をまとめて，1947 年に，三一書房から『科学と技術の課題』として出版いたしました．

　ここに出版いたします『科学と技術』には『科学と技術の課題』の全論文をとり入れました．そしてその後の問題の検討のために，

―――――――――――――――
　＊　本著作集第 1 巻『弁証法の諸問題』所収 (1969 年編註)．

1949年中に書きました三つの論文,第1章のために「科学者と国際社会」,第2章のために「現代物理学の課題」,第3章に「国家と科学」をとり入れました.さらに科学技術政策の検討のための参考資料として日本共産党科学技術部発表の「日本の科学・技術の欠陥と共産主義者の任務」を採録しました.

『科学と技術の課題』はわれわれの技術論の具体的,実践的展開がふくまれているにかかわらず,私の技術論を問題にするほとんどすべての人が素通りしてしまった事は残念な事であります.

例えば哲学者山田坂仁氏は,私の技術論に対してはなはだ混乱した批判と称するものをしばしば書いたのでしたが,『科学と技術の課題』については一言もふれず,「武谷君の技術論は生産関係と生産力との交互関係において技術を見ないため……. 武谷君は生産力の要素としての技術を現実の歴史のうちに,すなわち生産関係のうちに見ないために,技術の唯物論的規定を全く否定し……」などといっています.山田氏は研究方法について,「研究に当っては何よりも先づ個別的な材料を細大もらさず取り集め……」と書いているにもかかわらず,私の技術論その他に対する批判に当っては,二,三の論文以外には目を通さず,それ以外は私が全く書いていないかのように言いふらし,なおその二,三の論文すらよい加減にしか読んでくれなかった事を残念に思います.このような態度は,いかなる意味においても真面目だという事はできないのです.

山田氏以後においても,私のものを批判する人々はやはり私のものを十分によまず,山田氏の書いたよい加減の誹謗のうけ売りをするに止まっている人が多いのです(森信成氏その他の例).

民主主義科学者協会機関紙「科学者」の1950年3月5日号に,

大阪支部の '49 年度部会報告の科学論部会項中に「ここでも問題的な論争をひきおこしたのは武谷三男氏の技術規定の論議であった．この規定の肯定者と否定者との間に多くの論議が交されたが，武谷氏の技術論がいつまでも抽象的規定に終始して生産力，生産関係の中に，階級闘争の中に，政治の党派的観点をつらぬいた具体的な展開がないのは今後に残された大きな課題であり……」とあります．この報告者は恐らく，私の『弁証法の諸問題』中の「技術論」をよんだかどうかもあやしいくらいで，もちろん『科学と技術の課題』などまるで知らなかったのでしょう．

　山田氏をはじめとしてこれらの人々のこまった傾向は，まるでしらべず，知りもしない事について知ったかぶりの事を書く事です．「武谷氏の技術論がいつまでも抽象的規定に終始して……」とか，「……具体的展開がないのは……」といった類で，まるで人のものを読まずに断ずる事，まさにデマゴギーといわねばなりません．

　このようなことは技術論についてだけではありません．山田氏をはじめとした哲学者たちはしばしば，科学論について私が物理学の具体的分析をやっていないかのように言いふらしておりますが，これも私の書いたものをまるで調べようともせずに勝手に決めているのです．とにかくもう少し相手について調べてからものを書いてほしいものです．

　技術論について——それはともかくとして，この書の諸論文における日本社会における技術の具体的分析は，私の「技術論」の立場からなされ，その具体的な展開であります．そして，そのような立場でのみ可能である事です．そして技術論のこのような考え方でのみ，ブハーリン主義を克服する事ができるのです．ブハーリンの

「技術は労働手段の体系である」という技術概念の規定は，ブハーリン主義，ブハーリンの論理と無関係のものではないのです．（山田氏の理解に反して！）．そしてこのような考え方が，社会についてのブハーリンの考え方の誤りを生んだのです．山田氏その他のブハーリン的論理しかもたない人々は，ブハーリンの表立った理論の形をすてる事ですべてが克服されたと思いこんでいて，論理にまで考えをいたしていないのです．これでは決してブハーリン主義は克服されないのです．

私はかねてより，歴史について羽仁五郎氏の業績から教えられるところが多く，歴史に対するダイナミックな把握の仕方を学んだのです．そしてこのようなダイナミックな把握は決してブハーリン技術論と共にある事はできないものです．われわれの技術論の立場のような本質的な概念把握のみがそれと共にありうるのです．そしてそのような歴史に対するダイナミックな見方はマルクスによって示され，その後の大家たちによってうけつがれ発展されたものです．

私は『科学と技術の課題』の主な諸論文を書いた後になって，羽仁氏の「科学と資本主義*」を読みました．ここで羽仁氏は資本主義社会のいかなる要因で科学技術が発達するのであるか，という問題に対して深い示唆をもってダイナミカルナな観点を展開していました．これは私が得た結論を強く支持し勇気づけるものでした．羽仁氏は書いています．

「さて資本主義が一方において科学を発達させ，他方において科学の発達をさまたげた，とすれば，資本主義が科学を発達させたと

---

* 『中央公論』1946 年 6 月号所載；1947 年，三一書房『ヂョコンダの徴笑』所収 (1969 年編註).

みえたところも，実はもっと根本的なものが科学を発達させたのではないか，ということが論理的に考えられる．

そして，この問題を，歴史的に考えてゆくと，資本主義はその初期においては科学を発達させ，末期においては科学の発達をさまたげたとみるべき事実もある．

しかし，これを，資本主義が若かったときと老いてしまったとき，とか，資本主義の上向きの時期と下向きの時期とか，上向期とか下向期とか，説明することは，たとえで説明しているだけで，本質的の説明にはならない．現に若さというなら，日本の資本主義の方がアメリカの資本主義より若いとも言えようし，ドイツの資本主義の方がアメリカの資本主義より老いていたともいえないだろうが，日本やドイツの資本主義のもとでは阻害されていた科学が，アメリカで発達をつづけた事実があったのである．たとえば外見的の説明にはなるが，本質的の説明にはならず，矛盾がべつの矛盾でおきかえられただけのこととなる．

そこで，資本主義の初期という歴史的現象のもとに，もっと根本的の関係をさがすと，われわれはそこに，封建主義とのたたかいによる自由なる労働力の自己解放の事実をみいだすのである．そして，この自由なる労働力の解放の上に資本主義がかたちづくられた事実を知るのである．

そして自由なる労働力と資本主義とは同じものではない．資本主義は利潤を目的とするが，自由なる労働力は生活を目的とする．そして，資本主義が現象的関係をあらわすとすれば，自由なる労働力は本質的関係をあらわしている．

すなわち，資本主義が科学を発達させたか，阻害したか，ではな

く，自由なる労働力が実現されたとき，科学が発達し，自由なる労働力が実現されなくなったとき，科学の発達も阻害されたのであったことが，判断されるのである．*」

従来多くの歴史家や経済学者はスタティックな見方に支配されていたものです．型の理論など，その最も極端なものです．そのような考えがここで根本的に批判されてあります．

技術論についてのわれわれのような考え方が，ダイナミックな社会把握に一致し，したがって技術者の実践的活動の理論になり得るものです．ブハーリン的，労働手段体系論では，全く技術者運動にとっては何らの指導方針も出て来ないのです．実際にわれわれの技術論ならびにそれにもとづく本書の諸論文の分析は，戦後における技術者運動である民主技術協会の設立に相即しながら実践的に形成されたのでした．民主技術協会は戦後の運動にある役割を果たす事になりました．しかし，その後，民主技術協会はこの方針から外れたため次第に衰えてしまった事は残念な事です．

重要な事は，技術論は実践から遊離した哲学者の単なる議論であっては，無意味な混乱に陥るだけだという事です．これは技術者の社会的ならびに技術的な実践に指導を与えうるものでなければならないし，そこでのみ発展しうる事です．そしてそうなってこそ，技術者以外の人々にも意味をもち，その行動に示唆を与えうるものになりうるのです．

労働手段体系論の一つの結果——私はここに，労働手段体系論をとったとき，具体的問題に対していかなる結論がもたらされるかを

---

* 羽仁五郎著『ヂョコンダの微笑』173 頁 (1969 年編註).

例示してみましょう．それは，奥村正二著，『現代機械技術論――技術復興の方向と現状』であります．奥村氏は技術概念について，同書第1部に「技術とは何かという問に対しては，各種の解答が与えられているが，筆者は『技術と労働手段の体系である』という規定に従う．」と述べています．奥村氏はなお「労働手段とは生産活動の中で生きる媒介的なものの概念であるから，機械即労働手段ではなく，機械が手段として働くときはじめて労働手段即ち技術となる．」と但書きをしていますが，これは過程しつつある手段といったふうな規定と同じ事でこのような但書きをしたからといって救われるものではないのです．すなわち奥村氏の但書きからは，「従って本書では生産設備としての機械の量質両面に於ける能力が主題となるが，併せて資材及び労働力の量的質的変化との関連をも取扱わねばならない．」というくらいの事しか出て来ないのです．労働力との関連も，この程度のスタティックなものとなってしまうのです．

奥村氏のこの書の第4部「現段階に於ける技術者の任務――『日本共産党の科学技術対策』――の批判に関連して」の「二，党の結論に対する批判」で，労働手段体系論がいかなる誤りに導くものであるかという事を完ぷないまでにさらけ出しているのは興味があります．

技術の植民地性について奥村氏は，それが低賃金と輸入技術の二つを基盤としているという考えに反対して，「輸入技術に依存していることをもって『技術の植民地性』と呼ぶならば，ソ連こそ真先

---

* 奥村正二著『現代機械技術論―技術復興の方向と現状』, 1949年, 白楊社 (1969年編註).

にこの名に値するだろう．だが重要資源の大部分を自国内で賄うことの出来るソ連は輸入技術による生産の継続の中に，何時の間にかそれを消化してソビエトの技術へと発展さした．」さらに「従って輸入技術を基礎にすると云うことは決して技術の主体性を失うものではなく，又植民地性と呼ぶべきことでもない．問題は輸入された技術を維持培養して真に自国のものとする為の原材料の量質両面の裏付けがあるか否かということである．」と述べています．(傍点筆者)．

奥村氏は輸入技術をも自国のものとする事ができるか否かは，「重要資源の大部分を自国内で賄うこと」，「原材料の量質両面の裏付けがあるか否か」にあるという事においています．この考え方はまさにナチ流の地政治学の考え方であって，労働手段体系論の本質的な結果なのです．

この立場から奥村氏は日本技術について言っています．「それが日本の場合にはどうだろうか．下瀬火薬，宮原汽罐，平賀の艦型，伍堂の製鋼と軍事技術の異常の発達を見た軍国主義時代の日本に於ても，基幹技術である製鉄は輸入鉱石及び石炭の量質両面に於ける不安定性の為に日本型製鉄技術とも称すべきものを確立することが出来ないと云う弱点をもっていた．安定した資源の裏付がないばかりに転換に転換が続き技術の主体性をもち得ないのが実情である．」

このようにすべてを資源がない事，原料の不安定性に帰している．しかし原料が不安定であれば，測定を正確にし，各原料の質に応じたスタンダードができるのが当然であるはずだのに日本の製鉄，製鋼においては，ほとんどメーターを使用せず測定が行なわれず，スタンダードはできておらず，もっぱら工具のカンにたよって，行き当たりバッタリの操業が行なわれ，質的に不規則な製品の中から目

的に合ったものを選び出して使用するというような事が行なわれているのです。この一事でわかるように、技術を発展せしめないのは決して原料の不安定性によるのではない。もっぱらカンやコツなどによる、根強い封建的な従弟制度的な工具の伝統に直接には起因しているのです。そしてたまに、技術者で、このような伝統を打ちやぶって、技術化を行なおうとする人が出ても、全くボイコットされてしまうのが実情なのです。

奥村氏はさらにつづけて、「次に低賃銀の問題であるが、農村から溢出した労働力が都市に於て極端な低賃銀を招来していると云うことよりも、この過剰労働力を完全に吸収し得る程度に迄工業生産の規模を拡張するに足る原料資源の入手が何故不可能であるかと云うことを重視せねばならない。前者は後者の必然的な結果にすぎないからである。」といっています。日本の低賃金まで原料資源の問題に帰しているのはむしろはなはだ非常識で、完全にナチ流の考え方です。さらにいっています。「一国の技術にとって最も重要なことは、その基盤となるべき経済がこの技術の活用によって、その国の国民に一定水準以上の生活を維持せしめることを可能ならしめるだけの原料資源の裏付けをもっているか否かと云う点にある。生産利潤の分配の問題も生産体制の問題も重要には違いないが、決定的な問題は国民経済を維持するに足る原材料の裏付けである。この基礎が不安定なものであれば、その国の技術は主体性を失ったものとなり、固有の特長をもつことが出来ず、国外列強の政治的経済的動向の変化と共に常にそれに追随して性格を変えてゆかねばならぬ。このような状態こそ技術の植民地性と名づけるべきである。」この観点のも一つの欠陥は原料を固定したものと考えている事です。科

学技術の進歩は常に原料そのものの意味を変える事を知らねばなりません。技術の主体性とはいかなるものをも原料とし，いかなる原料に対しても処理できるだけの高度さを具えている事にあるのです。これがわからないのは，技術を労働手段の体系だとか，行為の形だとか考える，固定した形骸主義の考え方だからです。

このようにして奥村氏はナチ流の資源論にもとづき，天皇制や，資本主義の擁護にまでテン落していくのです。すなわち，

「共産党は技術の植民地性を国内問題として扱い国内に於ける階級対立の中に主因を見出している。相対的な比較をクローズ・アップさせて本来の絶対値の低いことを隠蔽している。国内の階級対立を揚棄すれば解決すると言った様な生やさしい事情ではない。技術を向上させ，労働の生産性を高めても現在では労働軽減に役立つ代りに失業者の数を増すに役立つのみであることは事実である。それ程生産の規模が縮少しているのである。

結論として再言すると，共産党の指摘した日本の科学技術の弱点は全く正鵠を得たものであるが，この弱点の根本的除去の方法として天皇制の廃止及び資本主義の否定を掲げているのは的外れであり，原料資源の安定した入手こそ唯一の解決である。」

労働生産性の向上が失業者を増加さすのは，階級対立の社会においてのみである事はすでに常識なのです。これをもっぱら資源に求めるに至っては全く驚くべき事です。アメリカは資源にめぐまれていますが，失業者はどんどん増加しているのを何と見るのでしょうか。このようなナチス的大東亜共栄圏的技術論が残存している事は全く驚きを禁じ得ないのです。

ついでですが，付録としてとり入れた，日本共産党の「日本の科

学・技術の欠陥と共産主義者の任務」について一言すれば，全体として妥当ですが，難を言えば，積極性が足りない事です．これはこの文の題名が，欠陥の指摘に当てられているからでしょうが，しかしたとえば，日本科学技術の一般的欠陥にもかかわらず，特に理論物理学は，唯物弁証法の方法と，民主的な共同研究のおかげで世界の最高の水準に達する事ができた事は当然指摘さるべきではなかったでしょうか．

その後の日本技術の問題については，石井金之助氏の「危機に立つ科学技術の諸問題」(潮流講座経済学全集『第3部日本資本主義の現状分析』)にくわしいからそれを参照していただきたいと思います．

技術白書について——通産省では 1949 年 11 月 19 日「技術白書」を発表し，日本の技術の現状をのべ，米国と比較し，わが国の技術の欠陥を指摘して与論にうったえました．このような試みははなはだよい事で，今後も調査を盛んにして大いにやってもらいたいものです．

この技術白書を見ると，第一に，技術調査の方法が確立していない事です，というよりも技術調査という事すら考えていないといえます．そして常識的に手あたり次第の材料をならべてみたにすぎません．第二に，労働と技術の関連が全く考慮されていない事です．特に労働環境や安全装置の技術的役割については全くふれておりません．これは恐らく厚生省の問題だと考えたのだろうと思いますが，技術の一つの中心問題のはずで，ここに注意を払わなければならないのです．

技術調査に関し，この白書は全体としての技術状態を何ら量的統計的に示す事をしませんでした．さらに進んで生産力や遊休施設と

の関係，労働者の技術程度との関連もまるで無視してしまいました．このようなところから始まって個々の技術問題にふれていくべきでしょう．しかも個々の技術問題にいたってもはなはだ不十分なものです．これは恐らく，独占資本からの報告をそのままうのみにしたからだとも言えると思います．

　この白書に一つ注目すべき指摘は，技術の向上が国内市場の広さにもっぱらかかわっていて，貿易は第二義的である事が述べてある事です．すなわち，

　「生活水準の低いことが技術の向上をさまたげる関係を述べよう．それは国内市場の狭隘を通じてもあらわれる．およそ安定した需要を欠いては産業の継続した発展は期待できないが，日本では生活水準が低く，しかも国民の生活様式が複雑多岐であるために，需要が細分化し，かつきわめて限定されている．それがわが国に広く中小企業の存立を許した一つの原因でもあるが，同時にそれは相当の需要の存続を前提とする技術の本格的改善を困難にしたのである．市場が狭ければ大量生産は不可能であり，したがって量産にもとづく近代技術の発展は望みがたい．たとえば世界に進出する米国の自動車も，その8割以上は米国内の市場に売られたものであり，かつての英国の産業の発展も，国内市場に準ずる植民地市場を背景とするのであって，不安定な輸出市場を主体としての産業はよほど世界に有名な製品でもないかぎり，確立することはむずかしい．つまり国内市場が狭い場合には，一般的にいって技術水準の向上がさまたげられるわけである．したがってわが国民の生活水準の向上は，当然日本の技術水準の向上への刺激になるのであるから，生活水準と技術水準とはそれぞれ一方の向上が他方の向上に資する関係をもって

いるといえるであろう.」

ところで国内市場,即ち生活水準は人民が労働運動によって闘いとったものに外ならないのです.

この技術白書に,ずい所に日本の技術が各分野において,米国の技術に20年,30年と立ちおくれ,これが貿易の不振をまねいている事が指摘されております.実際この問題は非常に重要です.従来は,技術的に劣っていても,それを世界に有名な低賃金労働力でおぎなって輸出市場に進出していたのですが,今日のように技術にへだたりができると,とても低賃金などではこれをカヴァーできない事になります.決定的な技術のための施策が必要である事は疑いをいれません.

今ここにその例として鉄鋼について例示してみましょう.鉄鋼業においては戦後ばく大な価格差補給金が出され,独占資本はその上にあぐらをかいて技術の改良を怠っていたのですが,今年夏で鋼材に対して補給金が撤廃になるのでひどくあわてています.そしてそのための宣伝を行なっていますが,その中には貿易の将来と日本技術と低賃金の問題にふれたのもあります.次に引用するのは,「日本経済新聞」,1950年3月15日号に出たもので,「下向く鉄鋼輸出,助成金か円レート切下要望」という標題のものです.

「鉄鋼の輸出は最近次第に下向き特に日本鉄鋼製品の重要な市場であった,フィリッピン,濠洲,東南アジア諸国などは割高の日本製品からドイツ,ベルギーなどの西欧諸国の製品に切替えて行こうとする傾向が強くなっているが,鉄鋼業界では補給金撤廃後は日本製品の輸出が急速に減るおそれがあるとし,原料輸入―製品輸出の原則に立って日本の製鋼業が自立するためには,結局補給金を続け

るか,円レートを切下げるか二つに一つの方法を採るしか途がないという意見が強くなっている.

7月1日以後の鉄鋼価格は鋼鉄が 33 ドル,普通鋼材(ベース物)が 75 ドルになると見こまれるが,西欧諸国の輸出鋼材価格は 65 ドル以下だから,大体 10 ドル以上の開きが出て来ることになる.この 10 ドルを埋めるためには,企業の合理化と原料の安価な入手に成功しなければならないが,業界では,国内炭がしばしば問題になるように高すぎる上に,国外炭も政治的な条件などがあるため高い米炭以外はあまり期待されない.銑鉄も 33 ドル以下での輸入は無理であり,スクラップは次第に値上りしているので,原料面からのコスト引上げは望み薄とみている.

また企業合理化も企業集中に類する合理化が許されない現状では機械化や労賃の切下などの微温的方法が考えられるだけだが,これも機械化は資金面の制約で思うようにならず,労賃切下げは鉄鋼業のような大規模産業ではコストに占める比率が少ないので大した効目はないとされる.

そこで補給金撤廃後できるだけ合理化に努めた上で,どうしても自立化できなくなった場合に,政府の善処を仰ごうという今までの業界の方針を変更し,産業基礎の弱い日本では補給金に代って産業助成金のようなものを一時的にでも与えるか,または,円レートの切下げを断行するかを政府に要望しようということになったもので,26 日に関西でひらかれる鉄鋼連盟の理事会では,この問題が中心課題になると見られている.」

以上のようにあくまで補給金や助成金にかじりつこうとしています.なるほど原料の問題は重要で,高価なアメリカ原料よりも,低

廉な中国原料が使えたならはなはだ有利です．しかしこれで問題は解決された事にはならないのです．それは戦時中の外国における技術の進歩に対して，おくれたわが国の技術で，地理的有利と，低賃金を以て太刀打ちできるかどうか，今日ではあやしいからです．技術問題は決して微温的解決法ではないのです．補給金にあぐらをかかず，技術の改良を専心やるべきであったのです．それと同時に，低賃金はもはや無意味になった事は明らかでしょう．それは次に示すアメリカの戦時中の技術の躍進にてらしても明らかでありましょう．

戦時中のアメリカ技術の躍進の意義——戦前から戦時中にかけてのアメリカにおける，技術の進歩は著しく，資本主義下の従来常識になっていた技術のあり方と異なった注目すべき様相をあらわして来たようです．すなわち一般に資本主義下においては，会社が研究所を置いて，新しい技術のための研究を行ない，発明や特許を確保するのは，必ずしもそれを生産に移すためではなく，競争相手の会社にこれを先取され，競争にまけないためで，一度採用した技術は，その費用の償却期間が長く，またそれが利潤を生みつづける限り，新しい技術におきかえる事はないのでした．ところが戦前から戦時中にかけてのアメリカ技術の様相は，飛躍的な技術の進歩のため，極めて短日月で償却されるので，どうしても新技術を生産に採用せざるを得なくなったようです．これは技術史において一つの時期を意味するようです．大きさは別として第2次産業革命とあるいは言えるかも知れません.[*]

---

[*] これは技術革新とのちに呼ばれたがその非常に早い時期の予言的指摘であった．星野氏は技術の第三の変革期と呼んだ（1969年編註）．

そしてこの事は否応なしに恐慌や失業の速さを増すのではないかと思われるのです*。

このような点をはなはだ明瞭にとらえたものに，戦後間もなく書かれた，ソ連のエム・ボクシツキーの「第2次世界大戦時におけるアメリカ工業の技術的経済的諸変化」(『戦時戦後のアメリカ経済』直井武夫訳)という極めて注目すべき論文があります．(この論文を私に指摘下さった雀部高雄氏に感謝致します．) この論文はアメリカの技術，経済の詳しい調査資料に基づいて論じたものです．ボクシツキーは次のように述べています．

「第2次大戦時に生産増加をもたらした重要な原因としては生産施設の拡張の他，戦時には極めて性能の高い最新技術が採用されたということも忘れてはならない．この事は戦前すでになるほど実施されていた所であるが，典型的な例について最新技術がいかに生産力の高いものであるかを知れば，容易に納得できるであろう．

しかしそれについては次の点を注意する必要がある．従来アメリカの企業の償却期間は普通 10 年―12 年であったが，戦争直前には生産施設の稼動率が非常に低下していたので，機械の一部を近代的な機械と取替える必要が生じた場合にはその新設機械は高度の利潤率を保証するとともに，それによってまた一層短期間で該機械の購入費と資本利子とを償いうるものであることが必要であった．

従ってアメリカの産業が戦前に尨大な遊休生産力を擁していたという事は，技術の発達に対して全く相反する刺戟を包蔵するものであった．すなわち固定資本の更新を妨げる事によって技術の発達を

---

* 朝鮮戦争からはじまる世界緊張の演出はこれにもとがあるといえる (1969 年編註)．

阻止する傾向をもつ反面，生産的資本支出を急速に回収するためには技術の発達に関心を持たざるを得なかった.」

ここでボクシツキーは，米国議会の一委員会でゼネラル・モーターズ会社の社長が証言し，第2次世界大戦の直前のアメリカ自動車工業においては新設機械の費用は「自動車の販売を通じて普通は1ヵ年，遅くとも2ヵ年以内には完全に回収された」と述べた事を引用しています．つづけてボクシツキーは述べています．

「しかし固定資本への投資を生産物価格を通じて，このように速かに回収し得た結果，その場合には生産物価格は旧機械の銷却費を含む必要がなかったので，銷却済の旧装備が長く使用し続けられる事となったのである．

かくして，戦前のアメリカ工業においては少数の高性能機械と並んで，極めて多数の旧い機械が使用されていた．」

次にボクシツキーの論文によって，特徴的なものを例示してみましょう．

固定設備の取替えが著しく短期化しました．例えばシット・アンド・チューブ会社の千トンの新設大溶鉱炉は，旧炉の火をおとして84日目に同じ場所で火入れが行なわれました．これは，従来に比して約半分の日数でできた事になり，これは7万トンの銑鉄の増産に相当するのです．これは旧炉の取りコワシ跡に新炉の土台をつくるのに平行して，仮土台上に新炉を組立ててこれをこのまま移置さしたのです．そして炉の建造に新溶接法，重量荷揚機を利用することによってこれを可能にしたのでした．

このように固定設備の取替え期間を短縮する事ができるようになったので，一部企業家の間にはすでに1942年において，生産設備

能力の激増を危惧するものも生じました.

なお 1941 年から 1942 年にかけて, 建設数量は 10% 増しているのに, 労働者数は逆に 13% 減っているのです. この理由は, 超大規模建設に重点がおかれた事, 大量生産法によった事, 以前になかった大型建築機械が採用された事によっております.

化学工業にとって特徴的な事は, 第 2 次世界大戦期において, アメリカの化学工業生産高は, 自動化と電化の実施によって著しく増加されました. 例えば, 高オクタン価ベンジンの最新工場は, 175 種の計器および調整装置が中央運転室に集められ, 最新式フードリ式流動接解分解法により, 操作は, 一交替時にわずか 8 人の人員が, 自動調整装置を見守っているだけで行なわれるのです.

冶金業においては, 技術の著しい進歩によって, 機械製作作業および, 建設業の金属消費量を著しく節約し得る事が明らかになりました. たとえば金属消費量は, 遠心鋳造法によれば, 約 45% 節約, また最新の自動電気溶接法を用うれば, 10%—20% 節約でき, 造船において, 電気溶接を使用して節約した金属量は, リバティー型船舶 50 隻分に当り, 同時に, 船舶の自重が著しく節約されました.

金属の切断においては, カサ高な工作機で切削するよりも, ガス切断によると, 金属および労働力を著しく節約でき, 金属加工業に広く用いられて来ました. 工作機械では重量部品を機台上で操作する事にはなはだしい困難があったのですが, ガス切断法は作業能率を 3 倍—10 倍に促進する事となりました.

また粉末冶金法によって, 金属が著しく節約される事となりました. この方法は初め非鉄金属に使用されましたが, 次第に鉄材にも使用されるようになりました. これは金属粉を型に入れて圧縮して

作業の種類		シリンダ頭部穿孔	据付シリンダの穿孔	プラッグ用眼球の加工	円錐及螺旋孔	穿孔	合計
機台数	従前	42	35	5	10	4	96
	現在	1	1	1	1	1	5
工作機(装置を含む)の価格(千弗)	従前	320	200	35	74	28	657
	現在	310	132	7	40	13	502
作業種類	従前	17	9	1	3	5	35
	現在	2	1	2	1	1	7
就業労働者数	従前	107	105	14	30	9	265
	現在	8	2	2	2	1	15
支出労働時間	従前	797.5	831.0	107.5	231.5	67.4	2034.9
	現在	7.8	9.4	13.1	16.7	0.4	47.4

アメリカ航空機工業の戦前と戦時中の比較

自由な形の製品をつくるのです．削屑が出ないので，70%の材料節約という結果が得られました．

造船業では，最新のガス切断法，電気溶接法，巨大な起重機，同一規格，大型部品の組立て，によって予想外な生産力が生じました．この生産力についてはすでにわれわれ日本人によく知られているのですが，初期にリバティー型で，1万トンについて 1,700 万労働時間を要したものが，後には 24 万7千労働時間しか要しなくなった事はまことに驚くべき事です．

航空機工業においては，需要が尨大で急速を要したので，自動化，流れ作業を急速に実施しました．航空機工業のための工作機械の製作は，設計に新機軸が生み出され，電化，自動化が行なわれ，工程のずい所に自動調整装置が設置されました．

1台の大量生産方法の近代的機械をつかう事によって，数百の工作機械が不用となり，生産は数倍となりました．1台の価格は高い

けれども，総額は結局低廉に当たるのでした．

航空機工業においてどのような飛躍がもたらされたかは，上掲の表を見るだけで一目瞭然でしょう．これを見れば，もはや低廉な労働力にたよる時代ではない事が明らかでしょう．

こうしてボクシツキーは次のように結論しています．産業が戦時中に拡張し，新生産方法，新製品の導入は，戦後の経済に対して非常な反作用をもたらすはずである．軍需産業の一部が停止閉鎖されても，現在の生産施設の生産能力は生産の大増加を必至ならしめる．これを戦前に戻す事は不可能で，戦時の生産増加は，生産力が比較にならぬ程性能優秀かつ大規模化した結果であった事，戦時中，自動化，電化された大量生産方法が民需商品に適用された場合，商品の非常な過剰を招来し，市場購買力が戦前のように著しく制限されている限り背負い切れない事，また戦時中尨大化した資本が最新の技術的基礎に投資される場合ますます問題化する事を指摘しているのは注目しなければなりません．

戦時中より，米国における科学技術の研究は，集中的に国家の費用によって行なわれるものが過半を占めるようになったのは，極めて注目すべき事です．戦後，スティールマン報告に記されているように，米国政府は，科学者の養成，基礎から始めて応用にいたるまでの科学研究に異常な力を入れております．[*]

科学的精神については，敗戦後労働組合が組織され，一応の言論の自由が回復されたため，希望があらわれたのでしたが，反動勢力を克服するに至らず，逆に反動勢力が再び完全に支配する事となっ

---

[*] 本書第3章Ⅵ「国家と科学」参照 (1969 年編註)．

てしまいました．今日の商業新聞の言説にも，議会その他における反動勢力の言辞にも，科学的精神などはみじんも見られず，戦前，戦時中と全く同じようになってしまいました．学校などの状態は，むしろ昔よりも悪いくらいだと言う事ができましょう．しかしあくまで科学的精神をもって正否，黒白を明らかにしなければならないのです．

　後記を終わるに当たり，民主技術協会設立に共に努力した石井金之助氏その他の方々，また技術論の建設に努力された星野芳郎氏，若くしてなくなったおしむべき安藤恒也，向笠晴干両氏，また東芝研究所，その他の技術者諸氏に共に努力し闘った事を感謝いたします．

　なお私の日本学術会議，科学技術行政協議会の一員としての活動を支持して下さっている諸氏，特に気象台労組，日鉄などの技術者諸氏に感謝いたします．また，新しい論理的研究をすすめておられる三浦つとむ，田中吉六氏の御努力に感謝します．

　理論社小宮山量平氏は，以前から『科学と技術の課題』の意義を評価しておられた数少ない一人でしたが，今回本書の出版のため骨折られた事を感謝いたします．

（1950 年 4 月 13 日）

科学・技術および人間[*]

　私は,「物理学はいかに世界を変えたか」(1961年毎日新聞社刊)[**]という本のなかで,"物理学精神"というものを強調しました.この本を読んだ他の専門の人たちのなかに"なんだ物理学者ばかりいばっている"と感じた人たちがあるようです.

　そのような考え方こそあのなかにいってるように,排斥すべきセクショナリズムということであって,物理学者がいばることが物理学精神ではない.また,物理学精神といったからといって,物理学者がみなそれを体得した人たちというわけではけっしてなく,物理学者のなかにも物理学精神の欠けている人が多い[***].しかし,物理学が本質的な発展をとげるときはかならず,物理学精神というものによって発展しているという点が重要なのです.

物理学精神とはなにか

　第2次大戦のとき,英国であらわれたオペレーショナル・リサーチのやり方に,典型的にこの"物理学精神"というものがあらわれている.ブラッケットとか,バナールという物理学者,数学者,といった人たちが,その中心メンバーになって,オペレーショナル・

---

　　[*]　「人間の科学」1963年7月,創刊号所載 (1969年編註).
　　[**]　本著作集第5巻『自然科学と社会科学』所収 (1969年編註).
　　[***]　近年物理学者が世界的にますます矮小化し,テクニカルになって,この意味でも物理学精神と縁遠いものになって来た.オペレーショナル・リサーチも同様に初期の精神が忘れられ単に細かい技術的なものになってきた (1969年編註).

リサーチというのをつくりあげていったというその精神自身が、こんにちの技術革新などの基本的な考え方だと私は思っています。そういう点から、"物理学精神"と名づけたのです。しかし、こういう精神は昔にはないものが突然あらわれたようにいったわけでもなく、啓蒙主義も"物理学精神"だし、合理主義というのもぜんぶ"物理学精神"です。ただ、それが現在において、もっとも典型的に実践されていることはなにかというと、これはすぐれた物理学者が中心になって行なわれたことにおいて、もっとも典型的にあらわれていて、それがまた技術革新とかなんとかの積極的モメントにもなっているということによっているのです。だから、そういう名前をつけたのです。もちろん、それ以外にも、いろいろあります。唯物弁証法も、私の考えでは、それが希望しているものは、こういう意味での"物理学精神"だと思います。

それでは、どうして私が唯物弁証法といままでの一般的な名前でいわなかったかといいますと、唯物弁証法という名前でいわれているものがたくさんありまして、まるでそれとはちがうようなことも唯物弁証法の名で呼ばれています。だからもっと現在の実績が目の前にあり、最近の世界の進歩のもとになっており、しかも道徳的とかいろいろな他のモメントで混乱させられていないようなものをつかみだして、それではっきりといろいろな人にわからすということにあったのです。したがって、科学者、技術者のみでなくて、日常的な次元でも当然、こういうことはいわれなければならない。もっと一般的な名前でいうと、合理精神とかいろいろな名前があります。しかし合理精神ということには、やっぱりむかしからいろいろな解釈があり、いろいろなことを合理精神というふうにいってきたりし

ているので，当面，もっとも活動的にそういう点が強調され，実行され，それによって大きな進歩がえられているものを，中心にしてつかんだということがひとつです．

もうひとつは，あの本にもいいましたように，物理学が自然を扱う科学のなかでやはりもとになっていて，それと生産その他の領域とが，戦後になってつながってきたということが，現在の特徴だということによるのです．すなわち新しい自然観に立脚するものです．

物理学の進歩，いや科学諸領域の進歩がセクショナリズムを廃止していく，それで横につながって，いわゆる専門の壁というものがもうなくなってしまった．

物理学のいちばんの基礎からいろいろな領域がつながってくるということを，はっきりさせるということにあったのです．

科学者的人間と技術者的人間

ここで，科学者的人間像と技術者的人間像というものにふれてみたいと思います．

科学者的人間像と技術者的人間像ということばの内容が，どういうことを意味しているか問題もあると思いますけれども，そういったことばは当然，現在いろいろと問題になっているようです．

ここで，私が技術というものをどう考えているかということをはさみますと，私の技術についての考え方は，いわゆる適用説という名前がつけられております．つまり人間の実践，もっと狭義にいえば，生産的実践において客観的な法則性を意識的に適用する，その意識的適用そのものが技術であるという考え方なんです．この適用

説というものが，しばしば誤解されました．たとえば私が規定だけを議論していて具体的なことを議論してないとかいうことが，いろいろな人からいわれています．

それはたいへんなまちがいでして，私は日本の具体的な技術をこの立場で扱ったし，原子力問題をはじめとして，すべて私の技術論の観点から扱ってきたわけです．しかもそれは抽象的な規定の議論だけではなくて，具体的事実を扱うことこそ私の技術論の目的なのです．ところで規定なんてものは抽象的で役にたたんかというとそうではなくて，やはり根本的な規定が正しくなくては役にたつ技術論にはならない．ちょうど，マルクスの『資本論』が，価値と使用価値という基礎からはじまらなければ，なにもできなかったと同じように，やはり根本的な概念をはっきりさすということが，いちばん役に立つことであって，諸事実をいくら沢山寄せ集めても年報にしかならない．つぎの年には役に立たないものとなるのです．日本人には秀才根性が多く資料豊富などとよく書評にほめて書きますが，それこそ無意味なことで，資料がどう生かされているかが問題のはずでしょう．

もうひとつ，私の『弁証法の諸問題』の技術論の論文，これはマルクスの理論にたとえていうならば，フォイエルバッハのテーゼとか，『賃金・価格・利潤』などの小さなパンフレットにあたっていると思うんです．ですから，それだけを読んで，具体的なことがないではないかと早合点してもらっても困るし，また基礎的なことが非常に簡単に要約されてありますから，それだけを走りよみですまして，なんだこんなことかというふうにいってもらっても困る．もちろん，私の具体的展開はその後のいろいろの本でやったのです．

ところがこっちの方は,いっこうにみなさん読んでくれないか,または技術論と関係があるとは考えてもらえないのです.

客観的法則性の問題

ところでこの規定という場合,これは十分注意し多方面のことを長い間考えての結論であって,ひょっと思いついたというものではありません.

たとえば,客観的な法則性の意識的適用という場合に,これは客観的な法則性を認識してそれを適用したということでは,ぜんぜんないのです.これは認識しない段階でもよいのであります.客観的法則性があることをなんらかの形で意識して適用すれば,それはもう技術ということなのです.だから古代のというか,人間の発生にまでさかのぼることができるわけです.そういうことによって,対象の中に法則性というものを意識する(認識するのではない),自分と対象との相互作用の中に法則性を意識する,客観的法則性の場において行動するということを意識する,そういうことが適用されて技術的行動になっている,人間のそういった行動における適用の面,それが技術だということなのです.したがって認識という段階にまだならない,認識ということばではあらわせないような,つまり科学の発生のずっと以前にさかのぼることができる,すなわち,意識の発生ということといっしょになってでてきている.したがってその意識ということばには,そこで非常に多面的な意味を私は与えているのです.

つまり人間が人間になったということは,こういう技術的労働,そういうことによって意識が発生してきたということなのだが,そこまでにさかのぼっての規定を,私は与えているのです.ところで,

このような大昔の技術を問題にすることが，現代には前進的な意味で役にたたないかというと，そうではない．自然科学とはなにかというと，客観的法則性を認識するということにあるのでしょう．認識したうえで意識的に適用すれば，それはもっとすぐれた技術になるという発展的なモメントを含んでいるのです．しかしこの技術一般というものは，必ずしも，その客観的法則性を認識した上でということはまったくはいっていない．認識しなくてもあるがままの客観的法則性というものが，なにかそこにあるんだという意識ですね，そしてそういうことが意識的に適用されているということでよろしいのである．

それをみんな誤解して，というよりは，なにかこれをかんたんに走りよみして誤解してしまっているという点があるようです．その点で，たとえば，「自然に対する人間の能動的抑制活動，人間の生活の直接的生産過程が技術の本質規定だ」という人もいますが，しかし抑制活動は，やはり活動そのものであって，人間の活動の中に技術はありますけれども，これは技術そのものではなく，技術以外の要素と統一されたものであり，技術そのものの本質規定ではない．生活の直接的生産過程を技術と規定してよいかというと，それは生産過程なのであって，その中に技術はもちろん含まれてあるけれども，技術の本質規定とはいいがたい．いろいろな技術以外の要素といっしょになってあらわれた現象面の話です．すべて活動の現象面のことであり，生産過程として現象した現象面のことである．そういうものは，みな現象形態のことであって，現象面での概念で本質規定を与えることはできない．

実体と本質——わたしの論理学——

 それからもうひとつは，技術の実体と技術の本質という問題は，私が最初に提起した概念分析であって，それは私の三段階論の論理学にもとづいているのです．それは人間の認識というものが論理的にいうと，まず現象論的な認識があって，そのつぎに実体論的認識が行なわれ，それによってはじめて，本質論的認識に進むという三つの段階で認識がすすむ．そしてかならず実体論的な認識が，媒介されなければならぬ．それが認識の発展のひとつの本質的な過程であるというのが，私の理論でありますけれども，それと同時に，人間の実践というものが，かならず実体と実体，つまり人間という実体と自然における対象の実体というものを対決させるものであり，そうでなければ認識も行なわれない．そのような考え方です．

 私はこの実体概念というものがどうしても必要だということは，マッハに対する批判，観念論に対する批判，但しそれは論理学的批判ですね，認識論的だけでなくて，論理学的批判によって，この実体という段階が，必要だということがわかったのですけれども，そういう意味で，技術の実体論的認識が，労働手段の体系という考え方である．つまり労働手段というものを重視するのは，実体論的段階であるということです．しかし労働手段の中には，技術ならびに技術でない要素も混在しているのです．それは本質規定でないのです．つまりもっと現象面に近い把握なんですから，技術も含んでいるし，技術でないものも含んでいる．それからまた，技術のすべてを含んでいるわけではない，そういうことなんです．またそのように技術を考える考え方が，実体論的であり，機械論的形而上学的なのです．

論理学のぬけた本質論

　私の技術論を見る方にぜひ考えてほしいのは，私は私が展開した論理学に基礎を置いて，その観点から技術論を展開してきたのであって，ただのことばのよせ集めで規定を唱えたわけではないことです．

　ところで本質的規定というものをどのようにして，現象面までそれをつなぐかということが，私の問題なのであります．たとえば，それは物理学でふつう行なわれているいちばん基本的なこともそうでありまして，ニュートン力学でいうと，その基本方程式の微分方程式を積分していって，いろいろな現象が説明されるのですけれど，ニュートンの微分方程式というものは本質的な認識にあたるわけで，これにはわれわれが現象面で見るような形もなにもないのです．そこへ特定の質量を持っている粒子とかいろんなものを入れ，初期条件を入れ，そういう微分方程式にとって偶然的なものや状況を媒介にしてはじめて物の運動というものが，どういう軌道を通ってどう現象するかというような，つまり形の論理というものに到達するわけなんです．私の技術の規定の仕方も，そういうふうな考え方で，最初は抽象的な規定が与えられて，それが論理にしたがってずっと展開していって具体的な技術のあり方という現象面までつながっている．これはマルクスの『資本論』でも同じことで，価値と使用価値というものがどのような論理で展開されていって，いろいろな階級社会，資本主義社会というものにおいて，それがどういうふうに社会を構成する基本になっているかということなのであって，おそらく私の技術の本質規定に対して不満をおっしゃる方は，『資本論』の第1章だけ読んで，なんだこれでは階級もないし，社会もないと

いう不満をだすのと同じことになってくるのです.

そういうことを理解しないで，こんどは技術面の方に興味のあるかたは，こんなことを，書いておられます.「単に客観的法則の意識的適用だけだったら，いかに技術者でも無味乾燥でたえられぬ. ぼくの乏しい技術的な仕事の体験からも，そういう実例はいくらでも提出できる」というふうにいっています. が，これはただ本質規定だけが技術論でなにかそのまま「客観的法則の適用」と念仏のようにいうのが技術論だというふうに考えておられるのです. すなわちぜんぜん，論理学のぬけた形でその本質規定をそのまま自分がやってきた日々の技術者としての仕事にくっつけようというのです. それはちょうど使用価値と価値とで，なにかすぐ階級闘争をやろうというのと同じくらいに，途中の論理を全部ぬかして念仏のように価値と使用価値ということをいうことで階級闘争ができると思ったら，とんでもないまちがいなのと同じことであります. 論理というのは，もっともっと高度なものであることを，知ってもらわなければならない.

認識の立場・適用の立場

ところで最初の問題にかえって，客観的法則性というものに対して，これを認識するという立場があるのは当然である. これが科学です. それから適用という立場，これが技術の立場ですから，適用面では形というものが非常に重要な役割を果たすのです.

実体とか，形とか，そういった具体的なもので最後に，勝負しなければならぬ. 自然科学の方は，これは現象から法則を認識していって，またふたたび本質的な認識を諸現象的にどのように合うかを

デダクションしていくという,そういうやり方です,要するに自然界にどういう現象がおこるか,おこっているかということについて明かにしていくので,自分の目的とした行為を実現していくという立場ではない.したがって科学者と技術者は非常にちがう人間像になることは,当然のことでしょう.

しかしちがうということですまされるかというとそうではなくて,今日の技術は自然科学の成果という土台の上になりたっていて,科学が一歩すすめば,技術もただちにすすむというように,その間非常に距離が短くなっています.態度はちがうけれども,距離は非常に短くなっている,ということで両者がいっしょにやっていかねばならない.それからもうひとつは,科学者は広い視野をいつも必要としますが,技術者のなかにもいろいろありまして,非常に狭い視野でものをやらねばならなかったり,または非常に広い視野が必要である技術者もあったり,ありとあらゆるところがあります.その点でも,両者がちがっていることはとうぜんです.

それからもうひとつは,科学者の方が,比較的資本主義とか,つまり現在の社会の制約がすくない.技術者はものを実現していくのですから,現在の社会の中で妥協しながらいろんなことをやっていく.たとえば,資本家の命令でなにかをつくらされる.それから資本家の命令というものが直接でなくても,ある工場のある場所で,ある小さな物をつくるということだけの,技術者もあるというようなことになるのです.したがって,非常に視野の狭い人もいますし,狭くさせられてる,歯車として扱われているという技術者がとうぜんいる.また,高級技術者は次第に経営者,資本家になったり,またつながっており,経営者の立場からものを考えることになる.で

すから技術者というのは，千差万別の形をもっている．科学者というのは，もちろん，専門分化が非常に激しいので，ある部門の科学者は他の科学の部門のことはぜんぜん知らなかったりしますけれども，態度というものは技術者ほど社会から直接規定されたり，引きまわされたりしないというようなことになるかと思うのです．だからといって，科学者が社会から自由だということにはならないのです．*

物理学こそ合理主義の牙城

　物理学者はたいへん確信があるように一般の人びとに印象をあたえていますが，物理学が戦時中ごろから，いろいろな科学の部門に直接つながりだし解決を与えはじめたということによるものでしょう．物理学自身にも戦後は，神秘的解釈がなくなりました．戦前はかなり物理学の解釈に神秘的な考えが横行していて，物理学そのものを神秘主義のひとつのよりどころにするということが行なわれたものですけれども，今日はそういう傾向がほとんどなくなって，物理学こそむしろ合理主義の牙城のもっとも根本だという立場の方が強くなってきているのは，物理学自身が，いろいろな問題をどんどん解いていくことができるようになったというところにあると思うんです．たとえば，化学と物理学とがこんにち直接つながっておりますし，生物学も物理学，化学とつながってる．つまり昔からなにか神秘的なものを導入されていた場所が全部なくなってしまった，そういうことによっているのです．

---

　*　科学者は主に研究費を通じて体制化される．特に巨大科学の時代において，強力に国家権力の支配を受ける．この点については本著作集第2巻『原子力と科学者』解説参照（1969年編註）．

だからといって，こんにち物理学者はなんでも知っているかというと，知らないことは無限に多く，知っていることは，小さな有限にすぎない．では，そんないばったことはいえないではないかということになりますが，しかしこの方法でこうやれば，たしかにいけるんだという確信を持つようになった．つまり，現在は科学の終りではなくて，いまこそ科学がやっとはじまったということを，意味しているのです．

哲学よ，時代を直視せよ！

ここで，物理学上の成果と哲学との関係にふれてみますと，さきに述べたような物理学が切り開いた現在のあり方は，抽象的な形では，昔から哲学者がいっていたものをより具体的に，新しい形で実現してきたともいえるのです．それでは昔から哲学者がいってきたことでよいかというと，それはちょっと困るのです．どういうところが困るかというと，具体的なものとの結びつきの論理が非常に欠けていたということなのです．いわゆる"信念"の問題です．つまり，"私は唯物論者である"というようなことがよくいわれる．だけどそれはただ，そう信じているだけで，信じたからといってなにもそうとはかぎらないでしょう．たとえば，私は善良な人間であると，すべての人は信じているだろうと思うのです．私は悪党だというのは，なにかすごんでみせたりするだけのことで，みな善良だけれども，なにかのきっかけから悪いことをしなけりゃならなくなったりするというようなことになると思います．もっともキリスト教の原罪とかいう問題は別の問題ですけれど，多かれ，少なかれ，みんな自分に

味方するようなものの考え方をしているのではないかと思うのです．それと同じように，私は唯物論者だとかいう宣言をしておられることがよくありますが，それはただ信念を表明しただけのことで，自分がそう思っている．それは結構なことだけれども，ほかの人がそう思ってくれるかどうかはまた別の問題ということになるわけなのです．その点で現在物理学は，私がいいましたように，どんどん発展して切り開いてきているという面を，哲学はよく注目してほしい．

実践の構造を明確に

　私が多少とも，挑戦的なことばであの本（前掲「物理学はいかに世界を変えたか」）を書いたのは，みんながそういうことを注目しないから，この点に注目しないと時代おくれになるぞということをもっとはっきりいいたいためだったのです．哲学者はいまそういう意味では，こんにちの重要問題を扱うのができなくなっているのではないかと思います．

　一方において，技術革新それ自身がいろいろな混乱をよんでいるその時に，それがほったらかされてあって，哲学ではなにか自分の信念を表白するような，古い信念を表明するようなことばかりいわれているのではないですか．

　現在，科学・技術の産物にわれわれはとりまかれ，人類までがそれに脅かされたりしている時代に，科学・技術を扱うことを避けたりすることは，非常に危険である．ますます将来，科学・技術というものが重要な役割を社会で演じてくるようになることは明らかでしょう．ところが，なにかそういうことを哲学の中心問題として扱うと，これは技術主義だ，科学主義だということで，ひとことでか

たづけられてしまう.

　宗教も道徳も芸術もすべて，こんにちそういう意味で，新しく考えなおす時期にきているのではないか．それを怠っていると混乱が起こってくると私は考えるのです．

　私が技術論をああいう形で展開したのは，実は人間の実践の構造というものを，もっと深く，新しい形でほりさげてみたいという考え方が基本にあったのです．

　一般に実践については，社会的実践として多くの人に論じられていますけれども，直接その問題にぶつかりますと，いろいろな複雑な問題にわずらわされ混乱させられます．たとえば，道徳の問題とか，主観的な問題とか，善意とか，悪意とか，個人の段階，社会の段階，政治とかいろんな段階の問題ですね.

　それで人間の実践というもの，有効な形で目的を達していくという行為，その実践の論理構造をはっきりさすために，そのいろいろなことからわずらわされない生産過程における技術の問題を，論理的に扱うことを基本にすえよう，こうすることによって実践の構造というものをはっきりさせていく．ここから，社会というものをもう一度見直していくということが必要なのではないかと考えたので，技術論を展開したのです．これはひとつのモメントです．

認識の正しさを保証するもの

　認識がいかに行なわれるか，その正しさを保証するものは何かについて考えてみましょう．生産過程における技術論の問題，つまり生産過程における技術の問題でいちばん問題なのは，やはり失敗と成功なんです．あることをやって失敗すればどこかまちがっている

はずです．つまり客観的法則性の場において，人間の実践が行なわれている．失敗したら失敗しただけの理由がある．私がカント哲学だとかなんとかに対してアンチテーゼをだしてきたのは，なにも私が唯物論者であると信念をもつことによったのではない．カント哲学からごっそりぬけているのはなにかというと，正しい認識というものが実践によって媒介されるというところがぬけている．実践において成功したり，失敗したりするということ，つまり正しい知識をもって実践して，それで成功する，失敗すればどこかがまちがっているのだということによってまちがいをなおしていく，これが科学と技術の結びつきの特徴なのです．だから，失敗を科学的に反省するということが，科学的な実践の根拠であって，道徳的な問題とはそういう点でちがう面がある．いかに善意をもっていても，いくら熱心に勤勉にやっても，成功するとはかぎらない．その時の目的に合うように客観的法則性を意識的に適用するということに根本があるのであって，それが失敗すればどこかがまちがっている，それを早くみつけだす，ここに生産過程における技術の特徴があるのです．ところが社会の問題の場合には，その点の反省がしばしば怠られたり，変な形にもっていかれたりするのです．それはやはり，道徳とかいろいろな問題がからんでいるからだろうと私は考えるのです．したがってよほどその点を反省する必要があるのではないかということになるのです．

信念の欠けた合理主義

さきほどは，信念ということにふれたのですが，逆に，信念のない一貫しない合理主義というものもあります．信念のない合理主義

というのは,目的をどういうふうに設定するか,狭い視野で設定するとか,明日だけ目的をはたしたらそれでよろしいとかいうような短い時間における目的とか,その目的の設定に問題がある場合だと思うのです.それはなにもこのごろの青年だけでなく,共産党やその他の大きな組織が,しばしばいままでまちがったことをやったのも,そういうことにあると思うのです.つまり,その場かぎりの宣伝をして,つぎの時に大衆がそれを記憶していることを忘れてしまう.日本政府やアメリカ政府だって同じようなことをやって,われわれは過去の記憶をもっています.要するに,それはたいていの人が目的を達しようとするとき,いろいろまちがったことをわざと,意識的に行なう.それは,その場はそれでとおるような合理主義の面があります.しかし長い時間でやると,それはうまくいかない.

だんだんそんな宣伝には"ああまたか"ということになって,ひとつも大衆に訴えかける手段にはならなくなる.ましてや大衆がのぞんでいる目的とも,ひとつもそぐわない.むしろ,ファシストがやるようなことが,よく行なわれます.いわば,マキァヴェリズムと通俗にいわれていることが,政治の面でしばしば行なわれるということになると思います.

科学・技術と人間性の将来

今日の社会では,分業が行なわれるのは当然です.しかし,こんにち,技術者などでたいへん片輪のような観点しかない人が多いのです.すなわち,分業は人間を片輪にしています.だけど将来の人間像としては,分業がいくら行なわれても社会の全体に対するイメ

ージとか，自然に対するイメージというようなものは，各人が正しくもっているのが当然でしょう．その問題と強く結びついているもので，技術者はヒューマニズムとはぜんぜん関係ないという説があります．技術をやってるかぎり，たとえば戦争のためのすぐれた武器を作るということに，技術者は喜びを見出だすという説です．しかしそれはたいへん狭い視野が与えられているからなのであって，だからといって科学や技術というものがヒューマニズムとは別な次元だとは私は考えない．文学だとか宗教はヒューマニズムだけれども，科学・技術というのはヒューマニズムとは次元のまったくちがうものだという説がある．ところが昔からの歴史をみてきますと，戦時中，芸術家や宗教家だって戦争をあおった人が非常に多い．ほとんどヒューマニズムの問題に及第した人はいないので，日本の芸術家や宗教家はほとんど，まあ"戦犯"といえるかもしれない．

科学はヒューマニスティック

ルネッサンスをよく考えてみますと，それまで宗教が中心になって持っていた非人間性というものに対して，人間の自然存在というものからヒューマニズムをうち立ててきた．自然というものの解明，自然というものはなんであろうか，宗教にわずらわされない正しい自然の見方，自然科学の発達，そういうものがほんとうにヒューマニズムへ導いてきたのです．たとえば，ファウストなどといった芸術作品も，そういう観点からみることができる．久保栄のファウスト解釈もそういう点を明らかにしたものです．[*]

---

[*] 久保栄著「新ファウスト考」三一書房『久保栄全集第6巻』，1962年，所収（1969年編註）．

そこで科学というものが，むしろヒューマニズムの味方としてあらわれるということになったと思うのです．だから科学は本質的にヒューマニスティックなものだといえるのではないか．こんにち，平和か核戦争かという事態に対処して，科学者はパグウォッシュ会議を行なっているが，技術者はあまりそういうことをやらない．現在の社会において，非常に視野をせばめられたり，資本主義の機構に強くむすびつけられている技術者の立場というものからは，そういうことはなかなかでてこない．では技術者は本質的にそういうものなのかということになると，私はそうではないと思うのです．

　科学者，技術者として基本的な点は，自分の知っている範囲内でウソが許せないという面だと思います．つまりいくら現場でせまい視野におかれている人でも，自分の当面タッチしている技術についてはなにかウソを強いられる場合，たとえば労働者に対して企業家が非常に危険なものであるにかかわらず，それは危険ではないからお前たちここで働けというようなことに対しては，それはやはり危険なんだということに狭い範囲でもなる．

　将来の社会において，現在自分がタッチしているウソが許せない場面というものを一歩一歩広げることができたならば，やはり技術者は社会の問題というものを，ウソでなくいえるということに到達すると思います．

　将来かならずや技術者も，仕事はたとえ同じであっても現場の強いられた歯車という，その歯車の面だけを，意識するということでなくなるにちがいない．そして科学者も技術者も，もっと広い視野を持って目的を達していく．したがって広い視野にさえ立てば，狭い面でウソを許せないという技術者や科学者の精神というものは，

かならずやヒューマニズムと直結するようになるだろうという考えを私はもっているのです.

社会改革と科学者・技術者

　技術の面からはいっていって,社会の改革にいたるのが,戦時中の生産力論というものではないかというふうに,とくに久保栄の『火山灰地』なんかに対して評価をする人がありますが,私はそれにはまったく賛成しかねるのです.生産力論というのは,もっとちがった視点から出発しているからこそ,技術者の論理とははなはだちがう論理なのです.つまり,そこには,戦争についてのゴマカシ論理がはいってこなければ,そういうものにはならない.

　したがって,この生産力論というのは,技術者や科学者の論理とはだいぶちがう論理なんです.つまり戦争を利用して,社会改革をやろうということなので,これは科学者・技術者が思いおよばぬ論理なのです.私は科学者,技術者の論理というのは,もっと率直な,ウソを許さないということであって,それがヒューマニズムに直結するのだから,戦争というものについて科学者,技術者が自分達の考え方で素直に広い視野で反省したら,なんてバカなことをやるのだろうということになるにきまっているのです.

　では,科学者,技術者で革命ができるかということになると,これはできないのがあたりまえのことであって,科学者,技術者は政治家でも,社会運動家でもありません.科学者,技術者というのは,その社会の発展に対して,ビタミンのような作用をする.労働者が主食にあたるというような構造だろうと私は考えるのです.

科学・技術に密着した人間像

では,科学者,技術者は反戦運動で有効な作用をするか,ある科学者が反戦的になって軍事研究を拒否しても,他の科学者ですぐおきかえられてしまうじゃないか,という点については,それは当然で,だからといって,科学者の反戦行動が有効でないということにはならない.労働者でも同じことで,労働者が武器をつくっている工場で働かないことになれば,ほかの労働者でおきかえることにも同じ論理が通用する.ただ労働者の場合には,もっと団結がつよいとか,そのほかいろいろありますが,しかし労働者といえども,ほっといてそのまま反戦的になるわけはないのであって,社会を認識しなくてはならない.それから自分の生活を大きく守るということになる.

資本主義は合理主義的だから科学技術について合理主義で矛盾しないという人もいるが,私はかならずしもそうだとは思わない.たとえば,こんにち会社で研究していることが,すぐ生産につかわれるかというと,実は研究して他の会社につかわせないために特許をとるというやり方が多く行なわれているのです.その他公害関係では科学技術者はいつもウソをつかされたり,本当のことがいえない立場に心ならずも置かれているのです.

したがって,科学・技術に対して今日の社会が,資本主義だからといって合理的であったり,または科学・技術をどんどん発展させるということにはなってない.将来の社会において,もっと科学・技術をすくすくとのばすことこそが,ヒューマニスティックなのであって,それが人間を守るものだというような形で,科学・技術に密着した人間像ができてくるのではないかと,私は考えているのです.

(この論稿は,山口武彦氏との対談で,まとめたものです)

『科学・哲学・芸術』より*

は　し　が　き

戦後間もなく出しました私の論文集『弁証法の諸問題』は，原理的な観点から難点とされている量子力学や科学史，技術論，芸術の問題の解明をめざしたものでした．これは，いく分難解だといわれましたし，またいろいろと誤解もされましたが，地道な追求をしておられる方々に広はんな理解者を見出しつつある事を感謝いたしております．

第2報告として出しました論文集『科学と技術の課題[**]』は，科学方法論，科学的精神の問題と，生産技術の社会的規定性の問題を，特に日本の科学技術の具体的分析によって明らかにしようとしたもので，技術論の具体的展開のため，そしてさらに実践的な課題に答えたいと思ったものです．

ここにもっと広く文化の問題を扱った論文集を第3報告として読者諸兄の御批判にうったえる事にいたしました．

哲学をはじめとした，文化に対する基本的な理論や考え方に関しては，進歩的な哲学者や理論家といわれる人々も，公式的なはんいを出ていない事は残念な事であります．

あらゆる局面にわたって，もはや古い考え方ではどうにもならないところまで来ているというべきでしょう．そして，ただ単に書物を秀才式によむ事によって新しい進展ができるのではなく，常に現

---

[*] 双流社よりこの表題のもとに1950年刊．24編の論文中から以下8編を収録，他は本著作集第6巻『文化論』に収録 (1969年編註)．

[**] 1947年，三一書房より刊行，1950年に一部改編し『科学と技術』と改題して理論社より刊行．本著作集の本巻に収録 (1969年編註)．

実の問題を解決する事によってだけ正しい考え方が成長するものだからです．

次に戦後旧観念が取去られるべきはずにもかかわらず，この努力が見えたのは戦後のほんの一時期に限られ，最近は，ほとんどあらゆる面にわたって，旧態依然としてしまい，旧い勢力が完全に居すわり，新しい勢力を圧殺する事に浮き身をやつしています．そして日々の大新聞は公式通りに旧勢力及びその代表者としての権力者の御用機関に転落してしまった事です．戦時中の新聞の方が，まだ軍に対して批判的な眼を紙面の裏にかくしていたものでした．

今日ほどこれらの言論機関その他に理性が失われた事はないという事もできましょう．

二口目には人民的な動きに対して暴力という事をいっていますが，権力者の最大な暴力に対してはこれを無批判に受けいれているのです．旧勢力を何とかして維持し，歴史の前進をくいとめようとする権力者の暴力こそが暴力の大本なのであって，これに対して，人民の勢力が自らの人権を守る事は正当防衛と言うべきでしょう．旧い頭は，どうしてもこれを一方的にしか見る事ができなくなってしまっているところに問題があるのです．

あらゆる問題に対して，基本的人権を守るという観点から対処する事，ここにこそ新しいヒューマニズムの基本がある事はすでに明らかでしょう．人民の基本的人権を侵すこと，これこそ暴力といわねばならないのです．

いまや一方においては政府権力者のファッショ的狂態が進行していると共に，その逆に世界的な明るい人民の勢力がのびつつある時代なのです．

はしがき

この論文集の成立については，何よりも，私のような筆ブショウな人間を激励して筆をとるようにするために努力せられた各雑誌の編集者諸氏に感謝しなければなりません．

この書は吉岡政明，宮崎友一郎の両君がこのたび，清新な思想のための双流社をはじめられるというので，そのささやかなはなむけにしたいと思いました．両氏の御努力に感謝します．また，『哲学入門』の著者三浦つとむ氏にこの書の成立についての御努力を感謝したいと思います．

また座談会「現代知識人の立場*」をここに掲載する事を許された野間宏氏，思索社片山修三氏，その他雑誌「思索」編集部の方々に感謝いたします．

1949 年 7 月 30 日

著　者

---

* 本著作集第 6 巻『文化論』所収（1969 年編註）．

原子物理学への期待

―― 理論発展のあと ――

　人類はついに原子そのものの中にひそむエネルギーをとり出し，これを自由にすることに成功した．すなわち原子力の解放である．

　そして現在の物理学は物質の究極の単位の問題にせまっているのである．

　原子力の解放にいたるまでは，温泉などの地熱を除いては，人類が利用する総てのエネルギーは太陽からのエネルギーに依存していた．

　炭やまきなど，いずれも植物が太陽光線によって同化作用をいとなんだ結果なのである．また畜力はこの植物が化学的エネルギーとして貯蔵したものを食して，筋肉のエネルギーにするのである．

　古来帆船を走らした風力は，太陽のエネルギーによって大気の中に気圧の差が生じたために起こる．

　また昔から水車をまわし，現在では発電所のエネルギーの源となっている水力は，太陽熱によって海や湖などから蒸発した水蒸気が，山に降りそそいで，それが再度海に向かって流れていくのを利用したのである．

　石炭や石油はどうか．これは昔といっても何千万年，何億年といった昔，やはり植物が同化作用によって太陽エネルギーを化学的エ

　　＊　「九州タイムス」1949 年 2 月 25 日所載（1950 年編註）．

ネルギーとして貯蔵し，また動物がこれを食して肉体をつくったものが，地中にまい没し，形をかえて貯蔵されていたものである．

こうしてこれまで人類が使用していたエネルギーの全部は太陽熱によっていた．この太陽熱はどんな原因によるものであろうか．この事は今から 15 年前まではほとんどわかっていなかったのである．

原子核物理学の発展は太陽の源に関する秘密のかぎをひらき，同時に人類に原子力の解放をもたらした．

原子の大きさ，これは，原子を一億個ずらりと並べるとやっと 1 センチメートルになる．それで原子はもちろん眼で見る事はできない．

物質が原子のような単位からできている事を，眼で見ないで，ギリシア人たちは紀元前に，論理的に考え出した．彼らの唯物論がこのような考えをもたらしたのである．

その後さまざまな人によってさまざまに原子が考えられた．そして科学的にしっかりした根拠を原子が得たのは今から約 150 年くらい前の事である．そして 100 年ほど前に，原子の大きさについての見当がつけられた．

今から約 50 年ほど前に電子という原子よりもっと小さい単位が発見された．それと共にギリシア以来考えられていた原子が物質をつくり上げている究極の単位であるという考えはこわれてしまった．そして原子は電子からつくられている事になった．しかしそれでも十分ではなかった．

1911 年原子はまん中に重い原子核があり，まわりに軽い電子が飛びまわっている事がわかった．そしてそれ以前に発見されていたあのキュリー夫人のラジウムの放射能は，原子核の現象であり，原

子核は大きなエネルギーをたくわえている事が考えられた.

1925年に, 原子の現象の解明はもはやニュートン物理学ではだめで新しい量子力学がつくられ, 原子の現象が完全に明らかになって来た. しかし原子核はラサフォードやキュリーの努力によって一歩一歩知識がつまれたが, まだ暗黒であった.

1931年中性子が発見された. これは一番軽い水素原子の核——陽子とほぼ同質量, ただし電気を帯びていないものである. こうして, 原子核は陽子と中性子とからでき上がっていることがわかった. また人口放射能の現象が見つかった. そのころ, 原子核破壊装置が実現した. こうして原子核についての豊富な知識が急激に増加し, 明らかになって来た. 太陽のエネルギーの根源は何百万度という高温で, 水素核が炭素原子核を仲介にしてつぎつぎと四つ加わってヘリウムをつくり上げることによることがわかった.

1939年, マイトナー女史がナチスから亡命した直後明らかにした最も重い原子核ウラニウムの核分裂が, ついに人類に原子力の解放をもたらしたのである. 原子爆弾の製造は, オッペンハイマー教授が述べているように, 戦前の物理学の知識を正直に適用することによって得られたものである.

今日, 米国のみならず英国でも原子力が製造されつつあるといわれる. また先日の報道によればフランスもこれを完成したといっている. 今や原子力に秘密はないことは明らかであろう.

原子力の平和的利用の時期ももはや目前にせまっている. しかしそのためにはこれが人類史上画期的なものであるだけに, また, 生産力の一大躍進を生むものだけに, 新しい社会制度を要求している. すなわち失業も恐慌もない社会である.

物質の究極的単位粒子のもつ構造に向かって現在の物理学はなおその歩を急速に進めている．

原子核の中で中性子と陽子をむすびつける力として 1935 年湯川博士は中間子を導入した．その後中間子は宇宙線中に見つかった．

1942 年戦時中，坂田昌一博士を中心としてすぐれた方法論的分析の結果，湯川理論に重大な変更を与え，原子核力の中間子と，宇宙線中間子が異なるもので，前者がある時間たってこわれて後者ができるとした．これは 1947 年宇宙線現場で証明された．

ついに 1948 年にはカリフォルニアのサイクロトロンで中間子が人工的につくられた．こうして中間子に関する知識が一挙に明らかにされ，坂田理論が証明された．

また戦時中私どもの理論的分析をおしすすめて戦後直ちに坂田博士は，素粒子の本質にふれる凝集中間子論をつくり上げ，これは電子についてはいま学界の中心問題の一つになっている朝永シュヴィンガー理論に発展した．

先日来朝したラビ教授は，もし日本の理論物理学者と実験物理学者の協力が十分に行なわれたならば日本の物理学は英国と同等，フランス以上になるだろうと言った．

現在は経済事情のため日本の実験物理学は壊滅し，すぐれた日本の理論物理学の要求に答えることはできない．

ラビ教授は，アメリカでは，物理学者の重要性が戦前の 5 倍くらいに評価されることになり，物理学に対し社会がいちじるしい支持を与えることになったと述べている．

原子力時代の随想[*]

一昨年から昨年にかけて物理学は大きな飛躍をなしとげた．そして今度も日本の理論物理学が中心的な役割を演じたことを皆さんに喜んでいただきたいと思う．これは坂田昌一博士の業績を中心とするものである．

1935年わが湯川博士が理論的に見出した中間子が，昨年2月，カリフォルニア大学のサイクロトロンにより初めて人工的に発生さす事ができるようになったのである．これは実に記念すべき素晴しい事件であった．これまでは中間子は宇宙線の中でのみ見出されていたのである．

中間子は，原子の核をつくりあげている構成粒子であり，中性子と陽子をしっかり結びつけている力の原因をなしているものである．それゆえ中間子こそ原子力の根源だということができる．

今日までに，原子核の現象，宇宙線の現象を研究することによって，中間子がどんなものであるかということについて一歩一歩解明されてきたのである．この解明は，しかし方法論的にいってさほど容易なことではなかった．研究の指導原理ともなる科学方法論を正しくもっているか否かということがその研究の進歩を著しく左右したのであった．すなわち科学者の間でかなりの力があったマッハ主義的な観念論的経験論とは決定的にたもとを分つべきことが明らか

---

[*]「世界の動き」1949年1月号所載 (1950年編註)．

になったのである．

　われわれ日本の若い物理学者たちはリアリスティックな方法論によって局面に対処してきた．すなわち認識論的に実在論的であり，論理学的に弁証法的な方法によって常にあらわれてきた事態を分析して研究の進むべき方向を見出してきたのである．

　1942年，太平洋戦争のさなかで，われわれの素粒子論研究の仲間である坂田昌一博士を中心として，最初に湯川博士が考えたように中間子は1種類のものではなく，2種類あることが提唱された．すなわち原子核の力をなしている中間子と，宇宙線の中の中間子とは種類が違うものであって，前者は後者よりも重く，前者が原子核からたたき出されると，しばらくして崩壊して後者ができるとしたのである．

　戦時中は実験事実がこれ以上得られなかったのでそれ以上の発展は行なわれなかった．昨年になって，英米ソ各国の宇宙線の実験は，中間子が1種類でなく重軽2種類であり，その重い方が崩壊して軽い方ができることを示し，また重い方が直接原子核からでて来，また原子核に吸収されやすく，軽い方は原子核とはほとんど作用をしないことが明らかにされた．こうして坂田理論が立証されることとなったのである．

　サイクロトロンで中間子が人工的に造られるようになって以来中間子についての知識が急激にはっきりしてきた．現在では重い中間子は電子の約280倍くらい，軽い中間子は電子の約210倍くらいの質量だということがわかっている．2種類の中間子の理論は新事実にもとづきアメリカでも1947年ベーテとマルシャックが坂田博士とは独立に次の理論を提出したけれども，その後検討するところに

よれば坂田博士の理論の方がよいことが明らかになった．有名なオッペンハイマー教授も最近（1948年10月）の私あての手紙においてこの考えに同意を表している．

こうして最近における理論物理学の最大の発展は，5年前坂田博士を中心とした方法論的検討の結果として予言されたのであった．

も一つの重要な問題は，素粒子自体の基本的な構造に関するものである．これはたとえば電子をとると，電子は電荷をもっており，それゆえにそのまわりに電磁場を作っている．ところがこの場がエネルギーをもっていて，これが理論に重大な困難をもたらしていた．これはわれわれの観点から物質と場の両基本的概念の根本的な矛盾として分析されたものである．坂田博士はこの観点を推し進めて凝集中間子の理論に到達した．これは相当にこれまでの困難を除くものであった．凝集中間子については朝永振一郎博士ならびにその一派の人々の研究が行なわれ，自己無撞着引算法が案出され，なお真空偏極の問題にまで展開され，これまでのばく然とした難点について，一そうはっきりした分析が行なわれることとなった．名古屋大学の梅沢博臣君などはこの点をもっと実体化そうと試みている．

こうして理論物理学は日本の困難な条件にもかかわらず，世界の先端を切って進んでいる．しかもこの研究のために政府などはほとんど研究費を出さなかったことである．

しかもこのような悪条件の中で研究ができたことは一つは理論物理学の特殊性によるものであり，一つは自由なる討議研究組織を若い素粒子論学者たちがつくり上げたたまものだというべきであろう．

実際あの膨大に空費された軍事費のほんの一カケラでも研究につぎこまれていたならば，どんなに学問が進歩したかと考えるのは自

分だけであろうか．

今日研究について何らの考慮も払われていないのである．植民地でないということは，とにかく文化の自立性ということが一つの目標となるであろう．われわれはそのためにでも奮闘しなければならないのである．外国に行かなくても，とにかく一流の研究ができるという状態を保ったこと，これがわれわれの責任でなければならない．

大学研究所を学問そのものの要求に応じて，学問の自由を保証しながら援助するときにのみ，それは真の学問として発展し，そのときにのみ有効な学問となることができる．

われわれはすでに昭和8年滝川事件で学問の自由に学問外の圧力が加えられ，これがファッシズム，戦争などの犯罪の決定的な標識であったことをよく知っているのである．

今日科学はすでに道徳とからみあっている．

科学の最高の達成を土台にせずに今日政治を論じ政治を行なう事はすでに許すことはできないのである．科学の真の性格を知らなかった日本の支配者たちはあの罪悪を犯してしまったのである．

科学は道徳を生むということができる．あの捕虜生体解剖事件について一部宗教家たちは戦時中の精神状態を忘れて，宗教のない科学があゝしたことを行なわしめたように宣伝しているが全く逆である．残忍な戦時中の宗教的状態が真の科学精神を忘れしめたのである．科学は何ら人命をギセイにする生体解剖など必要としないのである．ただあの排外的，宗教的狂信状態のみがあのような残ぎゃく行為を可能にしたのである．科学こそが人命を大切にすることを教え，また人命を大切にすることが科学を生むのである．特攻隊精神

は科学の欠乏のところに生ずる.

　科学は人命をギセイにすることなく，自己の目的を達するための研究方法を見出すものである．一捕虜を殺害するような研究方法は科学の研究方法に反するし，また何らの有用な結果を生むものではない．科学者たちはもっと科学的な科学の研究方法をもっているのである．

　またある宗教家は，科学は仮説のうえに築かれ絶対の真理ではなく，常に変ボウするので信用がおけないといった．しかし科学の進歩による変わり方というのはそんなに出たらめのものではない．たとえばニュートン力学がこわされて量子力学が出てきたのであるが，ニュートン力学は全く虚偽になったかというとそうではないのである．一定の条件のもとにおいてはニュートン力学は絶対的真理なのである．間違いはこの一定の条件を無視して，無制限にふえんし，固定したから起こったのである．すなわち形而上学的方法が誤りをもたらしたのである．さらに量子力学の中にニュートン力学はある形で含まれており，量子力学に一定の条件を与えればニュートン力学を導き出してこられるのである．しかも科学の到達したものに対してはすべての科学者の間に意見の一致が得られることである．

　宗教はどうか．絶対的真理であると唱えながら古来宗教ほど変わり方の激しいものはないであろう．しかも種々な宗派があり，また同一宗派の人の間にもその考えるところははなはだ異なっているではないか．絶対不易の真理は一体どこにあるのか．しかもそれだけならよいが，前にもいったように，ある宗教家たちが科学の真理性を攻撃するにおいては，はなはだ奇怪なことといわねばならない．

　しかも科学は戦争に利用される．科学だけではこれは防げないと

宗教家たちは唱える．しかし，彼らは一体この日本の罪悪戦争に反対しただろうか．戦争に屈服し便乗し，あおったではないか．また軍の宗教的精神主義，神風主義こそまさに戦争をひき起こし，推進したのではないか．もし科学者たちが指導しておれば恐らく戦争など起こらなかったであろう．こうなると科学だけでは戦争に利用され罪悪に利用されることから防げないという宗教家たちのいい分もはなはだ怪しくなってしまう．

　世は原子力時代である．科学を無視した人々は犯罪戦争をひき起こした．今や政治も道徳も科学の理解なしには誤びゅうと犯罪に陥ることから防止することはできないのである．科学を盛んにし，その基礎のうえにすべてを築かねばならない．敗戦直後科学の重要性が一ころ唱えられたが今日また精神主義がもり返そうとしている．

理論物理学のトピック*

　現在理論物理学は中間子理論を中心にしていよいよ究極の物質を構成する要素である素粒子の問題について掘りさげつつある．なお事態は波乱をふくみ，われわれを驚かすような新事実が期待される．しかし今日までの発展において，われわれの方法論——唯物弁証法の有効性を証明しその内容の充実をもたらしつつあるという事ができると思う．

　唯物弁証法に基づく認識発展の論理に基づいて，中間子理論の建設において当時の段階をわれわれは実体論的段階と規定し，場の理論の型，ならびに過程の機構の決定を，対応論的に量子力学を使用しながら行なうべきだと考えた．その後実体論的な整理を行ないつつ新しい本質論的な素粒子物理学への道を探す段階だと規定し，これを指導原理として素粒子論の検討を行なって来た．1941年以来われわれ日本の中間子学者は自由に討論する中間子討論会を中心として戦時中の不利な事態をしのぎつつ素粒子論の研究にまい進して来たが，その組織的研究にもこの方法を指導原理にして来たのである．

　すでに一般に知られている成果は湯川，朝永両教授による素粒子論の相対論化の問題，朝永教授の強い相互作用における解法などまことに注目すべきものがある．これらは本質論的方向に対する手が

---

　* 「東京民報」1947年11月24日所載（1950年編註）．

かりを与えるものとなるであろう.

　最近とくに注目されて来たのは坂田昌一教授を中心としてでき上がった二つの理論である. 一つは重軽の2種類の中間子の理論であり, も一つは凝集中間子の理論である.

　重軽2種中間子の理論は, 実体論的整理を意識的に行なう考えのもとに坂田博士を中心として出来上がったものである. すなわち中間子に対する模型, 機構の整理の問題を体系的に行なう事である. こうして, 中間子には原子核の力をつくり上げている重い中間子, すなわち電子の約 300—400 倍の質量の中間子と, 宇宙線の中に普通に見られる電子の 200 倍の質量をもつ中間子という2種類を考え, 先のものが空間に飛び出し一定時間たって崩壊して宇宙線中間子になるとする事によって中間子理論の困難を克服しようとするものである. こうして, 湯川理論が核力についても, また宇宙線中間子が重粒子 (陽子・中性子) によって散乱される問題についても, 実験に対して十分でなかった困難を克服しようとした. これは 1942 年に考え出されたものである. 私はこれについていろいろ討論したが, 実体論的整理の一環として賛成し, 中間子の散乱をこの理論のみで解決する事に対しては反対した. それは強い相互作用との関連において考えらるべきであったからである.

　今年になって, アメリカでフェルミーとテラーが, 以前に朝永, 荒木両氏が計算した遅い負荷電中間子が物質の中を走り核に吸収されるが, その寿命100万分の2秒によって電子と中性微子に崩壊するかという計算をやって, 非常に著しいちがいを発見した, これについてベーテとマルシャックは先の坂田理論と同じ型の理論によってこの難局を切りぬけようとしている. また英国で写真乾板の中の

飛跡から重い中間子が止まり，それが崩壊して軽い中間子が飛び出
していることが明らかになった．この他の種々の現象もその理論の
正しさを示すように思える．こうして坂田理論は今日の一つの中心
問題となって来た．

次に素粒子論の基本的困難として場の理論の困難がある．これは
電子などの荷電粒子は電磁場を出しており陽子・中性子などは中間
子場を出しているが，自分が出した場によってまた自分自身と交互
作用をやっている．それは量子力学によると無限大になってしまう．
その他にもこのような意味での無限大の困難が関係している現象が
ある．私は 1948 年素粒子論の困難を弁証法的方法によって分析し
ちょうど量子力学が出て来るための基本的矛盾が波動と粒子の矛盾
であったように，物質（哲学的物質ではない，場を出している粒子
の事である）と場の対立矛盾という基本的な概念の矛盾に整理した．
戦争が終わり，私が特高警察の取調べから解放されるや，その秋，
富士見に疎開中の名古屋大の物理教室を訪れ，坂田教授その他の人
々とこの問題を論じ，将来の研究方向を検討した．この線に沿って
坂田教授を中心として名大グループによって新しい凝集中間子（C
＝メソン）の理論ができた．これは自己エネルギーの困難を除くだ
けでなくこれまで明らかにすることができなかった陽子と中性子の
質量差を出して来る事ができた．この理論はしかし困難を総てはぶ
いたのではない．ミラー核の数値を正しく与えないし，朝永教授の
指摘した場合の反作用の無限大を完全には除かない（これは計算の
誤りであった）．しかしこれはこの理論がまだ実体論的なものだか
らであろう．これまでの修正理論と異なりこの理論においてはこの
ような不一致は将来の方向を示すような積極性をもっている．その

点将来の理論の入口を指摘し示すものといえるであろう．

　日本の物理学は今研究上の最悪の条件にある，しかし理論物理学は決して外国にまけることなく，先頭を切って進んでいる事を皆様に喜んでいただきたいと思う．

坂田グループの業績[*]

ランデ教授の手紙

坂田昌一君が朝日賞をうけた．朝日賞受賞者中でも彼の業績は特にすぐれている．彼の業績は湯川氏の業績に比して決して劣るものではないからである．

日本人の島国根性というものには，同輩の業績をできるだけ認めまいとする傾向がある．ところが一度その業績が無視できなくなってしまうと，その人だけを神様のようにしてあがめてしまうものである．

戦後になって現代物理学の中心である素粒子論は画期的な躍進を行なった．そしてこの際も日本の理論が指導的な役割を演じたのである．その中心が坂田君であった．

現在坂田君や朝永振一郎氏を中心として，多くの若い理論物理学者たちは着々と世界にさきがける仕事を素粒子論においてなしとげつつある事が，世界の学界の注目のまととなっているのである．これに反して日本の物理学者の中でも，素粒子論グループでない人たち，また無理解な人たちは，できるだけ，このグループの業績の意義を認めようとせず，ケチをつける人たちもあるのは遺憾な事である．

---

[*]「文芸春秋」1949 年 3 月号所載 (1950 年編註)．

コスモポリタンを以て自認する私の親友Ｗ君ですら，このような偏見から自由でないようだ．「文芸春秋」昨年11月号の寸言集もこのような傾向を示している．その中に次のような節がある．

「……渡米前湯川教授の所に，在来のドイツ系の一流物理学者たるランデ教授の寄せた書翰には，日本の理論物理学は『その高度に哲学的な業績により』戦後再び『世界のリーダーシップを恢復した』と書いてあった．余りの過褒に，湯川教授及びその友人たちは驚愕し，中にはジョーダンに『エル』と『アール』の間違いだろうなどとの珍談も飛び出したが，湯川学説とその発展に世界が想像以上敬意を表していることに疑いない．私は古橋と湯川を並べて，そのことだけから一般的結論を導こうという訳ではないが，古橋も湯川も共に『個人競技の選手』であることに興味がある」

この文には多くの歪曲と偏見が見られる．

第一ランデ教授の手紙を全然歪曲して使っている事である．第二にランデ教授の手紙を見て，日本の素粒子論学者たちは確かにほめられたとは思ったが決して「余りの過褒」だとも思わず，また驚愕もせず，自分たちの努力が正当に評価されつつある事を喜んだのである．第三に「珍談」は寸言子自身が考えた機智にすぎない．そしてこれは寸言子自身のコンプレックスかも知れない．第四に，日本の素粒子論の一般的評価を湯川個人の評価にすりかえて，「個人競技」にしてしまっている．

ところでこのランデの手紙を正直に引用してみよう．（私の名も入っているので恐縮であるけれども．）

「……日本における研究そのものが，いかに再度理論物理学のリーダーシップ（指導地位）を取り戻したかを見て，特に喜びにたえ

ない．粒子と場の対立の問題があなた（湯川氏），武谷，坂田，朝永及びその他の人々によってこのように高度な哲学的観点から攻撃されている事は最も賞讃さるべき事と思う．このような観点のみが基本的な種類の新しい洞察に導く事を約束しているのである．」

坂田氏の天才

坂田君の業績について簡単にふれてみよう．原子は，その真中にその大きさの1万分の1くらいの直径の原子核があり，これは正の電気を帯び原子の質量のほとんどがここに集中している．この原子核から原子力が出て来るわけである．原子核は，陽子と中性子という2種類の粒子がある数しっかりと結びついてできている．この陽子や中性子の間の力をなしている場として 1935 年に湯川氏が中間子を提唱した．陽子も中性子も電子の約 1,800 倍の質量であるが，中間子は電子の約 200 倍と考えられた．その後宇宙線の中にこのような粒子が見つかり，湯川粒子であるとされていた．ところが研究するにつれて困難が続出して来た．

1942 年（昭和 17 年），坂田昌一君を中心として，谷川，井上，中村の諸氏によりこのような困難を解決する理論が提出された．それは最初の考えを決定的にかえるもので，原子核の力をなす中間子と，宇宙線中間子とは異なるものであるという理論である．すなわち，核力中間子は宇宙線中間子より重く，大きなエネルギーが核に与えられ，前者が原子核から飛び出すと間もなく崩壊して後者になるというのである．

戦後一昨年になってイタリア，英国の実験によって，従来の中間子論ではどうにもならない事が明らかにされ，また坂田君と独立に

マルシャックとベーテが坂田君と同様2種の中間子の理論を提唱し，坂田学説が証明された．

昨年は物理学にとって記念すべき年であった．それはこれまで中間子は宇宙線の中でのみ観測されていたが，初めて人工的に中間子がつくられた事である．そして坂田理論が完全に立証された．われわれの検討によればマルシャックとベーテの理論よりも坂田理論の方が優れている事が明らかになった．

こうして坂田学説は中間子論の基本的改革をなしとげたわけである．

坂田君のも一つの革命的業績は，素粒子の基本構造に関するものである．戦時中われわれは素粒子の基本構造に関する困難について概念分析を行なったが，戦後直ちに坂田君を中心として凝集中間子論が提唱され，これをきっかけとして電子論の難点の分析がすすめられ，やはり一昨年からの実験の進歩によって証明されつつあるのである．

坂田昌一君はこのような偉大な仕事をなしとげたのである．この坂田君は従来の天才と全く異なった型の天才である．彼は第一に協同研究の天才である．従来の日本の学会は封建的であり，教授独裁が通念になっていた．坂田君は湯川氏の助手をしていた頃から，できるだけ多くの人と討論しながら研究を進めるというやり方をとり，またこうして優れた後輩，弟子を養成した．天才というものはとかく，孤高のもののように考えられているが，坂田君は全くその点新しい．こうして現在名古屋大学の物理学教室は模範的な民主的教室運営機構を樹立し，気持よく，能率的に研究をすすめている事で有名である．これらの事について，坂田君の名著『物理学と方法*』に

よく記されている.

次に坂田君はも一つの意味で新しい型の天才であるという事ができる. それは彼が, これまでの天才のように単に勘にたよる人でなく, はっきりとした方法論をもち, この方法論に従って研究を着実に進め, こうして二中間子論, C＝中間子論を提出した事である. この方法論についても『物理学と方法』に明晰な展開を行なっている. 彼の方法論は, 唯物弁証法である. 彼はあらゆる意味で進歩的学者の模範というべき人であろう. しかもその人格はおだやかであり, 親切であり誰からも好かれ敬服されるような人である.

彼は関西のブルジョアの子弟が入る甲南高校の出身である. この高校は面白いことにその先輩として, 加藤正, 加古祐二郎という進歩的学者をもっていた. 両氏の訳, エンゲルス「自然弁証法」を坂田君は早くから読み, 進歩的思想を自己のものとし, 新しい学問の方法を鍛えつつあった.

真の進歩的学者

私が初めて坂田君を知ったのは, 私が京大物理科の2年の終わりで, 坂田君は3年で, 雑誌会でハイゼンベルグの原子核に関する画期的な論文を報告したのを聞いた事である. 彼がこの難解な論文を極めて明晰に説明したのに私は驚いた. 卒業後しばらく, 東京の理研仁科研究室で朝永振一郎氏の協力者として仕事をしていた. 私が3年の夏坂田君を訪れ, 観念論と唯物論の間をふらついていた私は, 奇妙な質問をしたのに対して坂田君は親切に私の話相手になってく

---

* 坂田昌一著『物理学と方法―素粒子論の背景―』, 1947年, 白東書館 (1950年 編註).

れた．その後大阪大学ができ湯川氏が講師になったので彼の助手になって大阪に来た．私は京大にいたが，研究上の指導者も，理解者も協力者もなかったとき，初めて活路を見出した思いだった．私はゆううつな，沈たいした京大の研究室から時々大阪の両氏の研究室に出かけていろいろと教えてもらい，討論を行なった．これが発展して，3人の協同で，湯川理論の精力的な建設へと進んで行った．

当時私は量子力学の論理分析をやり自然弁証法を展開しつつあったので，坂田君に方法論的な点まで相談にのってもらった．また，原子核理論の進展の方法論の建設を行ないつつあったので，湯川理論の建設において検しつつ方法をきたえ，また理論の建設を進めて行った．これらは坂田君といつも討論を重ねた．研究室で，また中之島の川べりを歩きながら，また電車の中で夢中で討論をし，理論は混迷におちこんだかと思うと一条の光明があらわれ，うまく解決されたり，思いもよらない発見をしたり，興奮を感じながら，電車の中で計算を進めたりしたものである．また混迷に陥入ったときは，基本的な方法論的検討を加えながら，その攻撃の突破口を見つけるためにいろいろと論じ合ったものである．協同研究の楽しさをわれわれは心ゆくまで味わったものだ．

当時中井正一氏や新村猛氏を中心とした反ファッショ運動の一翼として京都で出されていた雑誌「世界文化」の一員に私がなっていたが，坂田君も熱心に応援してくれた．彼は当時の大阪の学生を私に紹介してくれたが，これらの人たちは今は学者としてもまた良心的知識人としても第一線をなしている．

私はいつもはなはだ不遇であったのを坂田君は常にかばってくれ，できる限りのあっせんをしてくれた．「世界文化」が弾圧され，私も，

われわれの研究が最高潮にあるとき特高警察によって検挙されたが(1938年)坂田君は私の援護のために奔走してくれた．また物理学の進展を長期間留置されている私に報告してくれたものである．

　その翌年釈放後私が大阪大学で研究しつづけるように彼は尽力してくれた．間もなく湯川氏も坂田君も京大に移り，私は実験を菊池教授の下でやる事になったが，もちろん坂田君との理論の協同はつづけられた．

　1年ほどでしかし私は病にたおれたが，そのとき坂田君との一つの興味ある共同研究が完成していた．

　1941年私は東京の理研に移り，坂田君と東西に別れたが，東西呼応して共同研究を全国的にひろめ，民主的な中間子討論会を行なって行く事にした．

　ここで坂田氏の二中間子論が発表され徹底的に討論されたのである．

　戦争が終わるや否や，私はいち早く当時富士見に疎開していた名古屋大学の坂田研究室を訪れ，私が戦時中考えていた物質粒子と場の対立の分析を報告し，坂田君，谷川君その他の人と討論を行ない，今後の研究方針について討議した．坂田君等はこの方向にぐんぐんと進み，翌年，戦後最初の物理学会において，凝集中間子論を発表し，日本の物理学の健在を示し，また坂田君は，通常は計算の発表に終始する物理学会において，堂々と唯物弁証法の方法から説き起こし，その成果にいたる報告をして，言論の自由を勇敢に示したのであった．このような事は決して容易な事ではないのである．

国民の強い支持を

太平洋戦争の初め,いくらか良心的な学者連は,戦後フタをあけたとき,外国の学者連に学問でまけていてはならないといったものだが,間もなく,こういった人たちも戦争にまきこまれてしまった.その中で,素粒子論グループは黙々として,日本の真の文化が外国に劣るものでない事を保とうとし,これを実現したのである.

素粒子論グループは,学閥にとらわれず,封建的な教授独裁の網の目から独立して,不遇をかこちながらも横のレンラクをつけ,民主的に研究を進めていった.このような民主主義のみが,学問の水準を世界的水準に保つ事を得せしめたのである.文化の先端である理論物理学は,民主主義と,正しい学問の方法論によってのみ発展される事を身をもって示したのである.

また文化の先端である理論物理学が,世界の指導的位置を保っている事は,日本の文化が植民地化に陥らない一つの保証であろう.この意味でも,国民からの強い支持を期待してやまないのである.

残念な事は,せっかく坂田君がすぐれた理論を提出していながら,日本の実験研究が財政的に潰滅状態にあったために,この実際的証明を日本で行なう事ができず,偉大な功績をイタリア,英国,ブラジルなどに取られてしまった事である.

今は理論物理学者たちは,研究発表の学会雑誌ですら財政上の原因で思うようにならず,はなはだ不利になっている.実験研究はかなりの設備をもっていながらやはりもう一歩の財政上の不足のためにスタートする事もできないでいる.

日本文化自立のため,また外国に日本人が文化人である事を示す

ために，坂田君の成功をきっかけにして，このような成果ある物理学のために，国民の支持を切望する次第である．

原子力とマルキシズム[*]
―― 「社会」編集者の質問に答えて ――

原子力とマルキシズム

　原子力の発見がマルキシズムにいかなる影響を与えたかの問題については「原子物理学者座談会[**]」において一応述べておいたように，原子力の発見は，マルキシズムの否定をもたらすのではなく，むしろマルキシズムの自覚と責任を促すものだと思う．英国労働党のハロルド・ラスキーが言うように，もし原子力が，恐慌と失業を必然的に惹起せしめる資本主義体制の社会で発展させられることがあれば，それは第 2 次産業革命を惹起する．すなわち失業と恐慌のある社会において生産力が高まることは，ただ恐慌と失業を誘発するだけであって，人類の幸福にならない．したがってそういう社会では原子力を充分に発展さすだけの能力がない．だからちょうど第 1 次産業革命のような悲惨を防止するには，まず合理的な社会体制が確立されていなければならない．でなければ原子力は発展しえないし，それがいいことには使われずに破壊的な方向へ使われるだけである．合理的な社会体制が築かれておれば，これを人類の福祉の方へどんどん使うことができる．これはまことにラスキーの言うとおりであるし，マルキシズムもそういう立場にあるので，原子力はマルキシ

---
　[*] 「社会」1948 年 8 月号所載（1950 年編註）．
　[**] 「文芸春秋」1948 年 7 月号所載（1950 年編註）．

ズムの否定でなくして，むしろマルキシズムをよりはっきりと理解させるものと言えるのである．

　原子力について次に触れなければならぬ問題は，原子力の国際管理である．現在においては原子力管理委員会は非常な障害に突き当たっている．それはソヴェトの立場とアメリカの立場が根本的に反対であるからだ．アメリカの立場では，拒否権をなくした各国家の多数決制で管理する，つまり超国家的機関をつくろうというのである．その場合，各国は平等なわけであるが，それは権利が平等だというのでなく，各国が質的に相違がないという意味である．そういう考えの上に立ち，超国家的機関によって原子力を管理する．ソヴェトの考え方はそれと対立的で，質的に異なる2種の国家が存在するという基調に立っている．ソヴェトは，要するにアメリカが原子爆弾を持ちながら管理体制を築こうというのがいけない，原子爆弾を放棄した後に管理問題を発展させようというのである．ところが，アメリカはあくまで管理体制が先に樹立されなければ原子力を捨てるわけにゆかぬと言う．

　ソヴェトは，各国の社会体制の相違は決定的なものであるから拒否権を放棄するわけにゆかない．アメリカの原子力管理案は独占資本主義の観点に立っていて，世界の原子エネルギーを独占資本家が左右するための機構にすぎない．現在のように資本主義体制と社会主義体制の二つの国家群が対立している場合，拒否権がなければ，資本主義体制の国家が多いのであるからいかなる論議も資本主義体制の国家に都合のいい議論が通り都合の悪い議論は多数決で決済されてしまうに違いない．だから拒否権はあくまで保持しようというわけである．大体現在の管理問題の基本的な線はそんなところにあ

る.

さらに,アインシュタインを初め,各国の有力な原子科学者が,原子力の問題について,根底的な発言をなしている.科学の社会的連帯の自覚,認識による科学者の強固な団結に充分な期待をもっていいと思う.国家政治機関には,アドヴァイザーという形で参加し,その意見が,現在のこの問題について非常な重要性をもっているのも確かである.しかし,当面科学者の発言は無力に違いないし,原子力管理の問題もいろいろな障害に突き当たっているが,原子爆弾を無制限に造ったり,また次の戦争にそれを使うことはおそらく可能性はない.

結局,迂余曲折の後に,原子爆弾を使うような戦争に至らないうちになんらか解決点を見出すと思う.人類はまだそれだけの叡智は持っている.つまりもし解決しないとすれば,これは人類の滅亡を招くよりほかはない.人類はここにおいて滅亡を欲するか否かの問題に迫られているわけである.だが,人として滅亡したいと思うものは誰もいない.少数の文学者以外は,自分で死にたいと思う人はあるまいと思う.

アインシュタインとハイヤー・リアリズム

アインシュタインの思考方法は,結局弁証法的な考え方が欠けた実在論だと思う.もっともその実在論は宗教的実在論というふうなもので神秘性をもっているが,これはアインシュタインの性格的なものであり,しかも機械的な実在論である.すなわち,ただ素朴になんの媒介的な原理もなしに,すべて物質が存在している,それを認識するのだ,というふうに彼は考えている.アインシュタインの

実在論者として考える場合の積極性は、いろいろな原子模型の形成とか、光粒子説とかいう問題において表われており、その範囲内でアインシュタインは非常に立派な功績を残している。しかしこれは1920年頃までである。ところが、光の波動性と粒子性の矛盾がだんだんはっきりして来た頃から、アインシュタインはほとんど何も仕事ができなくなってしまった。彼は量子力学を全然受けいれない。量子力学が波動性と粒子性を非常に弁証法的な形で統一しているわけだが、そういうメカニズムを受けいれずして、依然として古典力学的な考えに終始していて、そういう波動性と粒子性の矛盾というものでなしに、古典力学的な考え方で解決できるというふうに考えているためにそれ以後量子力学にたいしてほとんど貢献していない。そういうようにアインシュタインには弁証法的な考え方が不足しているために、その実在論も抽象的神秘的となって、宗教的実在論であるが、実在性と神とを結びつけ自然の合理性、自然の法則性、また、そのものとして美が神だということになる。そういう意味で彼が唯物論者であった限りにおいて、いい仕事をした。但し、彼は、弁証法が前面に出て来るようになってからは、弁証法をもっていないためにほとんどその後仕事をしていないし、またそういう科学の性格について理解ができていない。

　アインシュタインのハイヤー・リアリズムの提唱については私はほとんど知らないのだが、私の理解した限りでは、理想主義とプラグマティズムを結びつけた考え方のようにみえる。すなわち、原子力が発見された以上、今までの各人の空想的な理想論や、あるいは国際関係についての考え方ではしようがない。たんに目先だけの現象を追うようなローワー・リアリズムに拘泥せず、平和を維持する

具体的な方法を，現実的な利害関係の立場から，しかも原子力の要求に応ずるような体制を樹立しなければいけない．もっとハイヤーな現実主義に立脚しなければならぬという意味だろうと思う．しかし，それは私の解釈で文献的でないが，今まで社会は勝手にさまざまなことをやれたけれども，原子力という偉大な自然力が発見された以上，今後は，この自然力の偉大なる解放の方へ社会を否応なしに近づけてゆかなければならない．そういう意味とも言えるかもしれない．ハイヤー・リアリズムについて，片山敏彦氏が，宇宙の神秘的なより高い次元の調和の認識といったふうに書いてるそうだが，片山氏のような人は，いろいろなものをいろいろに勝手に考える．これが詩人というものであるから，あるいはそう感じられたかも知れない．要するに，アインシュタインは社会体制の問題の本質がほとんど理解できなく，大体修正資本主義に近い考え方をしている．したがってソヴェトとアメリカの社会体制上の対立ということを考えない．この間の原子力委員会にたいするアドヴァイス，国連にたいするアドヴァイスを読んでみても，そういう社会体制の基本的な相違を考慮に入れているとは思われない．

　故ローズヴェルト大統領は，おのおのの社会体制にはおのおのの要求がありその要求を無視しては世界平和は成り立たない，だから拒否権によって，おのおのの社会体制における要求を最大限に発揮させその上で平和機構をつくってゆこうという考え方をしていた．つまり拒否権が脱退にたいする安全弁であった．多数決制で何でも押しまくってしまえば，必ず脱退の問題が起こってくる．その点ローズヴェルトの拒否権こそ，むしろハイヤー・リアリズムというようなものであったと私は思う．

ローズヴェルトは非常に現実的で、誰も脱退させず、しかも折りあう道を見出す、そういうところに彼の非常に偉大な政治家としての面があったと思う．

原子力の思想的意義

原子力が思想的に何をもたらしたかという問題について考えてみると、それは、ザインとゾルレンの分離に対して一つの決定的なピリオドを与えたということだ．今までは科学は科学、われわれの善悪は善悪で別の話である．大砲やいろいろなものを造るのは科学であり、これをいいように使うか、悪いように使うかは人間の道徳の問題で、科学・技術と道徳は全然無関係であるという考え方でザインとゾルレンは分離の立場であった．ところが、原子爆弾ができた現在においては、原子爆弾を果たして悪いように使いうるかどうかということが問題になって来た．1発や2発の原子爆弾を広島や長崎に落とすということは、これはどういうふうにも使える問題であるが、もし将来戦争が起こって、原子爆弾を使う場合には、1発や2発で済む問題でない、必ず何万発かの原子爆弾が使われると思う．そうなると当然人類の滅亡という大問題になってくる．原子爆弾が、科学的に製造されてこれをいいように使おうか、悪いように使おうかは人間の道徳の問題である、ときめてしまう哲学者もいるが、それは全然間違いである．原子力は悪いように使える代物ではない．必ずいいようにしか使えない代物である．人類が、すべて生の本能をもっている限り、人類絶滅の道具として使用することはあり得ない．道徳の問題としてでなく、ザインとしてそういう事はあり得ない．

したがって原子爆弾は，ザインとゾルレンの分離に決定的な終止符を完全に打つことになる．一般に宗教家は，また進歩的な唯物論者も，ザインとゾルレンの分離に，これはカントが初めに体系的に述べたのだが，カントの考え方にそのまま現在無意識に従っている．

もっともカントのザインとゾルレンの分離は，一面非常に進歩的なものであった．中世思想，科学に神をもちこんで，神の従僕として科学を取り扱うというやり方に対して強固な防壁を築いたことは進歩的であった．ところがカントは，かえって科学にまた，科学の限界をあたえてしまった．そういう点で，カントは反動的なものをもっている．科学の限界という考え方が，現在まで進歩的な唯物論者といわれる人の間にもなお残っている．真実のマルキシズムは，ザインとゾルレンの分離というのでなしに，いちおうザインとゾルレンをカント的に批判し，然るのちにもっと完全な形でザインとゾルレンを統一した立場に立っている．ザインとゾルレンを分離して，別の世界，二つの世界というふうに扱うのではなくして，ザインの地盤からゾルレンがザインの自己発展として出てくる．そういうのがマルキシズムの見方である．

ソヴェトとアメリカの科学

ソヴェト体制下では，科学は資本主義体制下の科学とは違う形で発展している．資本主義の下では科学はある制約のもとにしか発達しない．原子力なども，平和的利用の方へは，ほとんど全予算の数パーセントにも及ばない予算しかさかれていない．非常に宣伝されているが，実際は原子力の平和的利用はほとんど無視されている．という事をアメリカの科学者達は訴え，熱心に平和的利用のそく進

を説いている．資本主義社会でいろいろな発明や発見がなされるが資本主義社会における特許とはそれによって生産力を上げるために特許を取るのでなく，他の会社がその発明や発見を利用して生産力を上げることにたいして，こっちがさきに特許を取っておこうというのである．もっと悪いのは，例えば電球の寿命が，長すぎて困る．これじゃ会社が立ってゆけないから電球の寿命を適当に短かくする研究，そういう研究があるなど有名な話である．そういうわけで，資本主義的技術はいろいろな点で社会主義的な技術とは質的に違う面が非常にある．社会主義体制になると，利用する点が違うということを知っておかなければならぬと思う．

資本主義体制下における科学の進歩を資本主義そのものがもたらす利益のように考えている人があるが，これは非常な間違いだ．資本主義体制というものは，そこに資本家だけがいるわけじゃない．資本家の意思だけで動いているものでない．そこには労働者，人民がいる．一般に人民の圧力がないところでは科学が進まない．アメリカの科学は，アメリカのデモクラシーの地盤の上に立った労働組合や，いろいろな人民的な団結によって可能になったのである．その圧力に対して資本家が科学技術の面において生産力を挙げる．この圧力の下では人民から搾取を無制限にすることはできない．これにたいして日本は，非常な低賃金労働の基礎の上に立っている．この低賃金というのは，労働者の団結というものを弾圧する事によって確保されたもので，この低賃金労働においてはいろいろな点において科学の利用の必要を失わしめるのである．したがって科学は本格的に発達する基盤を持っていない．だから同じ社会体制でも，日本が後進国だから科学が発達しないというわけでない．アメリカは

英国より後に進んで英国より発達した．資本主義が後から進んだから科学が発達しないということはない．

要するに，人民がどれだけデモクラティックであるか，どれだけ団結して闘っているかが問題であり，資本主義体制をただ一定の型だと見るのは，マックス・ウェーバー的であり，左翼的な言葉でいえば，ブハーリン的な考え方である．日本の講座派の中でも，資本主義の上昇期の段階では何でも発達し，独占的な帝国主義段階になると何でも駄目という形式的な考え方，このブハーリン的な考え方が多い．

社会はつねに人民の圧力によって推進されている．この間の服部之総氏の羽仁五郎批判は誤解に基づくというべきである．羽仁五郎氏は，ニュー・ディール政策そのものがいいとか，英国の労働党が理想的であるとかいうことを言っていないので，人民の圧力がニュー・ディールをして進歩的政策をとらしめ，人民の圧力が英国の労働党をして社会主義的な政策をとらしめていると言ってるにすぎない．資本主義が科学を発達させたというが，それは資本が発達させたのでなく，人民の圧力の関係においてのみ科学は発展するである．日本において科学が発展しなかったということは，人民の圧力が貧弱であったことを意味する．

ソヴェト科学の実情については，資料はあまりこの頃入らないからはっきり言えないが，非常に健康な体制を取っていて，将来どんどん発展してゆくと思う．アメリカはその点偏頗な形で発達している不均衡な部分がある．ソヴェトは，たとえば，原子核物理学だけがやたらに発達するというのでなく，実力に応じて下からピラミッド型に築き上げられている，だから将来その地盤の上にどんな大き

な建築でも建てられるような地盤が造られている．ラングミュアーというアメリカの有名な応用物理学者がソヴェトの戦後を見て来て書いたものによると，ソヴェトの科学者も非常に優秀だし，科学の組織も立派だ，政府も科学者にバク大な補助をしてやっている，だから非常にいい研究も出ているし，将来非常に伸びるだろうといっている．

　アメリカの原子物理学がけんらんと発展している一つの理由は，ヨーロッパのすぐれた物理学者がアメリカに亡命して来たことによる．アメリカ科学界は世界中で卓越しているが，特別に科学者を優遇している組織はないようである．

　原子爆弾の製造の時は別だが普通は大学などにいろいろな寄付がある．その寄付をする資本家などから構成された理事会で大学が支配されている形がある．それにアメリカでは目ざましい研究を始終やっていなければならない．したがって数年間沈黙を守ってすぐれた研究を発表するというようなことは行なわれ難いようである．この傾向はヨーロッパから来た科学者にも見られる．だから理論物理学などはアメリカで経済的にいい条件がありながら，日本のわれわれのようなピービーで結構太刀打ちできるわけである．実験は金がいるから，アメリカでなければどうにもならない．だが理論においてはわれわれはまけていない．たいてい先手をうっている．

　ソヴェトの科学がどういうふうな状況にあるか，また政府がどういうふうにこれを扱っているかということの一つの例としてマジャエフという，ソヴェトの科学者が日本に来た時に東大の第二工学部で講演をした．その時に日本の学者が，ソヴェトでは研究費の割振りはどういうふうにして行なわれているかと質問した．ところがソ

ヴェトの学者は，研究費の割振りという概念が全然理解できない．聞き返すけれどもどうもわからない．しまいにわかったという顔をして，ソヴェトには研究費の割振りということはない．必要な研究費はいくらでも要求すれば取れるという返事をした．実際必要な研究費をいくら要求したにしても，それは知れたもので，他の予算に比べれば，また目茶に要求したって使いきれない．ちょっとある程度要求すれば使いきれなくなる．科学というのはやたらに研究費を要求できないものであるから，要求したって大した額にもならないけれども，それだけで非常な成果を挙げるものなのである．ソヴェトでは為政者たちが非常に科学者をよく理解していると，ラングミュアーも言っている．渡辺慧氏のいわゆる第五階級論だけれども，ソヴェトでは科学者，技術者が一番優遇され，その次が労働者となっていて官吏みたいなのが，かえって悪い待遇をうけている．またラングミュアーは，原子爆弾がソヴェトでできるのには戦後おそらく3年たてばできるだろう，という予想をしている．なおベーテという理論物理学者が，いろいろと合理的な計算をして，ソヴェトが原子爆弾を造るその最大限の年数は5年であろう，それ以下の短い期間で造るかも知れないが，最大限年数を5年と予測している．

　ソヴェトの科学技術問題に一番重要なのは労働組織，労働組合である．その一つの例としては労働の安全性については組合の力はすばらしく大きいように思われる．

　何か一つの事故が起きたら，あらゆる知識を動員して，事故の原因を確かめる委員会がすぐもたれ，非常に手早く，それに対する処置が講じられる，そのことはさまざまのソヴェト抑留者の手記などによく書かれている．

文芸春秋に立教大学の宮川教授事件の話が載っている．それには，学問の自由とかなんとかいう人は，宮川事件を学問の自由の名によって大学側がいけないというが，ソヴェトのヴァルガ教授が批判されたのはどうか，そういうことについてはいわないじゃないか，というふうにいっていた．ところが，これはとんでもない誤解だと思う．宮川事件の場合にいったい立教大学のどの支配者たちが宮川教授の学説を誤れるものとして批判したか．ただ共産党に行って話をするのがいけないといっただけであって，学問の名において宮川教授の学説をいけないといって批判した人は一人もない．これに反してソヴェトのヴァルガ教授の批判問題は，学問の名においてあくまでも批判している．これにたいしては，ヴァルガ教授は学問の名において反駁することができるわけである．多数少数の問題でなしに，ソヴェトといえども，少数の人たちが猛烈な批判を展開して勝利した例が沢山あるわけである．だから学問の自由というのはソヴェトにおいて真に守られていると思う．もし宮川教授の場合，ソヴェトと比較すべきものがあるとすれば，それはヴァルガ教授追放問題ということでなしに，ソヴェトで宗教がどう扱われているかという問題，つまり宗教の自由があるかどうか，その問題とむしろ比較すべき問題だ．ソヴェトではスターリンが何やら大司教というのに勲章を与えたりしている．アメリカの宗教家でソヴェトへ行った人たちは，必ずソヴェトの宗教政策を非常に讃美している．それから英国のなんとかという大司教もソヴェトを宗教的な立場から讃美している．

　これらの事は人間の自由の問題であり，一体共産主義とキリスト教とどっちが，学問の自由を，宗教の自由を信仰の自由をより保障

しているか，そういった問題として出さるべきであって，文芸春秋の問題は，非常に先入見のある意図をもったいい方だと思う．あれを書いたのは東大教授らしいが，東大教授というのはああいう考え方しかできないのかも知れない．

新物理学の悪用[*]

　新物理学は学問の花形であり，知識の先端である．それは革命的であり，日常的な考え方の及ばない思想を生み出して行く．また，それは厳密であり，あらゆる学問の模範だといわれる．

　これだけではない，これは複雑な数学を駆使するので，多年研鑽を重ねた専門家でなければそれをうかがい知る事はできない．これを伝説的に誇張して昔相対性原理が出たとき，相対性原理がわかるのは世界に8人しかいないとアインシュタインがいったとかいわれている．しかし，これはほんの初期の事であってその後は物理学者の常識になってしまった．アインシュタインが，一般相対性原理について到達した知識の光の中でみると，うまく当たった成果はほとんど当り前のように見える，そして賢い学生は誰でもあまり多くの苦労なくそれを把握できると言っているのは当然である．

　とにかくこのような理論物理学の性格，評判を悪用しようとする人たちがあまりに多いのに驚く．しかもそれらの人たちは，全然理論物理学の内容を理解しようともしないで，ちょっとした物理学者の言葉の端をもって来て自分に都合のよいような議論にしてしまうのである．物理学者から見ると，まるであいた口がふさがらないような事ばかりである．

　理論物理学を悪用して宗教の宣伝をやって来たのが賀川豊彦氏で

---

　[*]「東京民報」1948年2月14日所載 (1950年編註).

ある.氏は宗教講演に量子論の話などをまぜ,愚衆(!)に自分の話を深刻なものだと思わしたが,もちろんその話たるや量子論などは全く理解もしていないものである.まさに意識的に人をだまそうとしているのだといえる.

次に理論物理学を悪用して,他の哲学者たちを沈黙せしめ自分の独壇場だとして勝手な哲学をふりまわしていたのが田辺元氏である.もちろん氏も量子力学の内容など全く理解していないのであるから,読者は恐れられる必要はない.その部分はうそだと思ってもらって結構である.

最近またこのような悪用が横行し出したので,私はその方面の事をやっている者として,注意をかん起しておきたい.

読売新聞,1月1日号「年頭展望」に馬場恒吾氏は「原子爆弾は広島と長崎を爆破すると同時に,今までの世界観をも爆破した.原子理論の発展は物質は固定しているということを前提とするニュートンの因果律と,それと同時代に生れた唯物史観に修正を強要する.われわれは流動する世界に住んでいる.原子が分裂し,物質が流動し,したがって機械的運命観など存在しない」と書いている.自然科学の問題は別としてもちょっと常識ある人間であれば,その非常識さに呆れるであろう.

ニュートン力学の成立は1680年代のことであり,唯物史観の成立は1840年代である.その間約200年これがどう見れば同時代だと言えるのであろうか.中学生の知識もないといえる.思想史的にいってもニュートンはマヌファクチュア期の典型であり,マルクスは産業革命の後である.アダム・スミスとニュートンを同一視するのなら,まだ話はわかる.

さらに，唯物史観が弁証法によっていることも知らないのであろうか．弁証法は機械的運命観を批判するものである事も周知である．唯物史観こそ流動する世界，原子の分裂，物質の流動を主張しているのである．「唯物史観はますます立証された」と馬場氏は書くべきであったのだ．馬場氏のいう事は「人殺しは罪悪であるということは馬場氏の倫理観に修正を強要する」というよりもひどい．

　これで私は止めようとは思わない．馬場氏は原子爆弾がいかなる物質の法則によっているか御存じであろうか．それは弁証法的因果性を根本とする量子力学によっているのだ．そして原子爆弾は原子物理学の厳密な諸法則の知識を動員して合理主義のうえに初めてつくられたのである．

　馬場氏は尊大に自分の知らない事などよい加減に書くのをやめて「敬虔な心をもって自ら反省しなければならぬ」そしてもう少し常識程度の勉強をしてはどうか．

　要するに馬場氏の文は，為にする宣伝文であり，愚民をだまそうという意図は明瞭である．

　つづいて1月5日の東京新聞の社説「思想界に望む」は，「早くも日本人はマルクスを卒業する日を迎えた．これは日本人にとって極めて大きな意義を有する．欧米諸国の思想水準に近づきつつある事を示す証拠だからだ．……マルクスが偉いのは時代と共にその影のうすれゆく学説の故ではなくて永久に輝いている人類愛の故である．事実，近世の理論物理学の驚くべき発展は，哲学の域にまで偉大な影響を与え，両者の抱合による新しい世界観はようやく次の時代の精神革命の基幹になろうとしている．ひとり日本の思想界のみが古い貝がらの中に低迷することは許されないのである．」といっ

ている．この筆者はマルクス主義思想は理論物理学で克服されたかの如く宣伝しようとしている．しかしこの理論物理学の革命的意義とその今日の姿に対する予想を，他の人がコン迷に陥っているとき，誰よりも早く正しくつかんだのは，まさにレーニンであったことを知らないのだろうか．*

いかなる立場であろうとも，無責任な，為にする新物理学の悪用は，戦争への科学の悪用と同じように排さるべきである．このような偽まんと戦う事は知識人の責任であり，これを放って置くことはまさにファッシズムの進出を許す事である．

いかなる立場であろうとも真面目に新物理学を理解し，それをおし進めようとする人たちをわれわれは歓迎するものである．

---

* 本著作集第1巻『弁証法の諸問題』，坂田昌一著『物理学と方法』参照（1969年編註）

アインシュタインの『わが世界観』[*]

　相対性原理の建設者として今世紀最大の科学者の一人であるアインシュタインのさまざまな方面に関する論文を集めたものである．これらの論文は前大戦後から，ナチスが政権をとった 1933 年前後にいたるまでのものである．これらは単なる感想や随筆ではなくて自由主義者としての社会的活動の記録である．

　アインシュタインは偉大な科学者であるばかりではない．彼はまた熱心な平和主義者，世界主義者であり，反ファッショ科学者としてわれわれが深く尊敬する碩学である．

　今大戦後，二つの事によって世界はこの碩学に注目を集めた．一つは，原子爆弾の根底に横たわる最も基本的な原理は，1905 年にアインシュタインが特殊相対性原理を樹立する事によって見出した質量とエネルギーの関係だということである．すなわちウラニウムの質量の一部が爆発のエネルギーに転化したのである．も一つは，この原子爆弾と関係のある事であるが，平和主義者アインシュタインが永久の平和のために戦後熱心に世界国家の樹立をさけんでいる事である．

　本書は五つの部分からなっている，第 1 部わが世界観は倫理問題，国際問題，教育問題，宗教問題，ファッシズム問題，アメリカへの礼讃，などに関したものからなっている．アインシュタインの考え

---

[*]「読書倶楽部」1948 年2, 3 月号所載 (1950 年編註)．

方は一貫して理想主義, 自由主義, 天才的個人主義, 文化主義という言葉で正に特徴づける事ができるであろう. 宗教については, 科学と宗教の合一を唱え, スピノザ的な考え方であって, 宇宙の合理性についての確信, 宇宙的宗教的感情に基本を置くべき事を主張する. こうして恐怖の宗教, 社会的道徳的宗教, 賞罰を与える神に反対する. 彼はいう,「科学は道徳をくつがえすと攻撃せられて来たが, この攻撃は正しくない. 人間の倫理的行動は同情, 教育, 及び社会的結合に効果的に基礎を置かるべきである. もし人が恐怖や罰や死後の望みによって制動せられねばならなかったのなら, 全く憐むべきものであったろう. それ故なぜ教会が常に科学と戦い, その奉仕者を迫害して来たかは容易に知られる.」

また, 彼は科学的研究の最も強烈な鼓舞は宇宙的宗教的感情であった事, これがケプレルやニュートンなどをして労苦の長い年月を過す事を得せしめた事を主張し, 実用上の結果から科学研究に導かれる人たちはこの事について誤解をふりまくといっている. この事は, 天才たちの個人的な意識において, しかも個々のある場合に正しかった事は認めねばならない. しかし科学の発達の基礎に宇宙的宗教的感情をすえる事はできない. 科学と技術と社会との関連は立体的な論理によってはじめてとらえられるのである.

このような地盤の上において, しかし科学はアインシュタインが主張するように完全な研究の自由においてのみ十分に発達する事ができるのである. アインシュタインはイタリア・ファッシズムの下において, 学者が「残酷な迫害」に「脅かされている」事についてイタリア国務大臣にむかってムッソリーニがそれを止めるように熱心に主張した, この事にわれわれは敬意を表する.

しかし一般の自由主義者と同じように，ソヴェトについて自由が圧迫されているという俗見に立って，ファッシズムの事態と区別していない事に彼の社会観の限界性を認める事ができる．

第2部は政治と平和主義であり，前大戦後アインシュタインやロマン・ロランなど，最大の知識人たちは平和の保証のために熱心に努力したが，そのときの記録である．国際連盟，軍縮会議などに対する抗議，痛烈な批判が見られる．また 1930 年前後の世界経済危機に対する意見から出発して経済問題，生産と労働の問題におよび資本主義自由主義経済の欠陥を指摘する．ここにおいては「論理的に最も単純にして又最も思い切った方法というのは完全な計画経済で，」「それは本質的に今日ロシアで試みられているものである．多くの事がこの大実験がどんな結果をもたらすかにかかっているのであろう．ここで敢えて予言することは僭越であろう．」しかし「このシステムは今までそれに附随したテロル，吾々西欧人が誰一人身を入れることを望まなかったところのものなしに自らを維持しうるものだろうか？」という一般に流布されたうたがいを表明するが，しかしアインシュタインは「併しながら吾々はこれらの懐疑が，客観的な判断をなすことをさまたげる様な偏見とならない様に注意せねばならぬ．」という態度に科学者としての偉大さを認める事ができる．つづいて，「私個人の意見はこうである」として修正資本主義といえる意見を示し，経済的自由の制限，労働時間を制限して失業を減少せしめ，最低賃金を設定して購買力を生産に伴うようにする事，このような社会政策的なところに彼の考がある．とにかくあの恐慌が彼に大きなショックを与えた事は興味ある事実である．

平和の保証について，われわれは現在最大の関心をいだいている．

そしてアインシュタイン等の努力に大きな敬意と期待とをもっている．しかしわれわれとして現在考うべき事は，このような努力にもかかわらず，なぜ以前に平和機構が樹立されずそれがあのように破壊されねばならなかったかという事である．この点の解明と，それに対する戦いのみが将来の平和を有効に保証するであろう．

第3部，1933年の独逸は，ナチスによりアインシュタインが追放された際の，ドイツの学会との間に交された声明戦である．これは痛切な記録であり，反ファッショ科学者としてのアインシュタインの態度にわれわれは多くを学ばねばならない．

第4部，猶太人は，ユダヤ人としての彼が自らうけたさまざまな迫害に対する戦い，また，被圧迫民族としてのユダヤ人の事態に対する抗議であって，その烈々たる正義感，社会的関心に頭をさげねばならない．また彼はユダヤ人の伝統について一般の偏見を去るように多大の努力を傾けている．「ユダヤ人民の伝統の中に埋もれて正義と道理の愛が存在するのですが，それは現在及び将来に於て全民族の幸福のために活動しつづけねばならないのです．近代に於てはこの伝統はスピノザとカール・マルクスを生んだのです．」といっている．民族の間の平等，これはいかなる事によって実現されうるものであり，また現にいかなる社会がこれを実現しているかという事をアインシュタインは現在理解したのであろうか．

第5部，科学，および科学方法論，主に相対性原理それも特に一般相対性原理についての，解説，ならびに彼の独自の意見，その理論に到達するまでの思考過程の思出について興味ある叙述がある．

アインシュタインをマッハ主義者のように考えている人もあるけれども，アインシュタインはプランクと同じように宗教的実在論と

でもいうべき立場であり，マッハと対立した考え方である．

彼の宗教的実在論の考え方は一面実在論としてはなはだ有効な作用をもっており，この実在論の積極性が，光量子論，特殊ならびに一般相対性理論の発見をなさしめたけれども，それが宗教的形而上学的であり，実体論的な論理に止まっていた事にその限界が置かれる．アインシュタインが，光量子説に始まり初期量子論にあれだけ輝かしい先駆的業績を示したのにかかわらず，波動と粒子の矛盾が明らかになるにつれ，特にまた量子力学が出現するにおよんで，これを理解しようとせず，それ以後量子論に何らの貢献をなす事もできなかったのである．

彼はいう「私は単に（量子力学の様に）事象の生起の確率のみならず，実在の模型即ち事象自体を表わすところの理論を作りうる可能性をまだ信じている．」「私は原子的構造が斯様な風に完全に表現されてない限りは，量子問題は解決せられたとは考えられないであろう．」と．彼が古典的な場の理論のはんいで考えている場と質点との矛盾の問題は，まさに現在の素粒子論の基本問題の原型であって私は今日の問題がこの点に重点がある事を指摘して来たが，これは一度量子力学を超えた後の問題として出て来るものであって，量子力学か，または構造論かというようなアインシュタインの問題の出し方は量子力学を全く理解していないというべきである．しかし古典論のはんいでのアインシュタインの考察は学ぶべきところが多い．私がこの事と関連してはなはだ奇妙に考える事は，特殊相対性理論はその出発において明瞭に光量子論の考えに関連して彼が出発したという証拠があるにもかかわらず，1910年以後両者の関係についてふれようともしない事である．それのみではない．彼はその

後，彼の量子論における卓越した研究について一切ふれない事である．それは量子論を解決されたもの，確実なものと彼が考えていない事によっているのであろうか．

一般相対性理論の導入についての彼の叙述ははなはだ興味あるものであり，従来いわれているところを訂正するものである．「勿論私はマッハの見解を知っていた，それによれば惰性抵抗が反対にはたらくのは加速度自身ではなくて，世界に存在する他物体の質量に関する加速度であることは把握できる様に見えた．私にとってはこの考えにひきつけられるものがあったが，それは新理論のための有効な何等の基礎をも与えなかった．」アインシュタインはもっと実体論的方法によって接近して行った．「特殊相対性理論の埒内で重力の法則を取扱おうとしたとき，私ははじめて問題の解決に近く一歩を進めた……私は万有引力に対する場の法則を工夫しようと試みた．何故なら絶対的な同時性の考えが廃止されたために，直接的遠隔作用を少くとも自然的な方法では導入することはもはやできなかったからである．」こうして実体的な重力場の導入がまず考えられ，空間の物質化が行なわれる事によって一般相対性原理に到達したのである．アインシュタインは他の人のように物質の空間化を強調せず，空間を物質的と見ている事に注目しなければならない．

原子爆弾と人類の運命，第3次世界大戦などが人々の口に上っている今日，われわれはこの偉大な平和の使徒アインシュタインの活動に大きな期待をもつものである．

特に日本の科学者として感ずる事は，日本の科学者，教授たちは，

---

* 武谷三男著『量子力学の形成と論理』1948年6月，銀座出版社（1950年編註）．

アインシュタインの知識人としての理性，良心，社会に対する責任感，社会，世界をよくする事，反ファッシズム，世界平和に対する熱意について学ばなければならない事である．彼の態度に対して一体どれだけの人たちがはずかしくないであろうか．日本には科学ズイ筆は多いが科学者がこれだけ戦った記録があるであろうか．私が本書を推せんする理由である．

10年ほど前にできた訳の再版だが飜訳は残念ながらはなはだよくない．是非改訳していただきたいものである．また各声明書その他書かれた年月があればよかったと思う．

坂田博士の『物理学と方法』*

坂田昌一博士の注目すべき著書『物理学と方法』**が出版された事を喜びたい.

坂田博士と私は湯川理論建設の協力を通じて,常に物理学の方法というところから具体的理論の展開について熱心に検討しながら進んで来た.こうして常に自らを疑いながら用心深く,しかも明確に唯物弁証法こそ唯一の正しい物理学の方法であるという確信をもつにいたった.それは実際の研究に当たって,有効に使いうる形に具体的に唯物弁証法を展開することができたことによるのである.

こうして当時から素粒子論の新しい段階を,われわれは実体論的な整理を行ないつつ,本質論への入口をさがしている段階と規定し,組織的に実体論的な整理を行なう事となった.

これは素粒子の種類,場の型,相互作用のメカニズムについてさまざまな可能性を見透しをもって組織的に検討する事であった.このような方法論的検討によって 1942 年に坂田博士およびその協力者たちは,湯川博士が提唱されたように原子核力中間子と宇宙線中間子とが同一ではなく,異なる種類のものであり,重い核力中間子が崩壊して軽い宇宙線中間子ができるという理論を提唱された.

この理論は最近アメリカにおける実験からのフェルミーおよびベ

---

* 「東大新聞」1948 年 3 月 11 日所載 (1950 年編註).
** 坂田昌一著『物理学と方法―素粒子論の背景―』1947 年,白東書館 (1950 年編註).

ーテ等の結論によりまた英国のラッテス等の極めて明りょうな実験によって完全に立証されたのである．

次に素粒子論の基本的な困難に関して私は戦時中物質と場の両概念の決定的な対立を指摘し，終戦後坂田博士その他名大の諸氏と討論を重ねたが，坂田博士はその具体化の実体論的方法として混合場原理から凝集中間子を導入してこの困難を克服することに成功した．

この問題は朝永博士を中心として東京グループによっても検討され予想以上の成果を収めつつある．

坂田博士の研究における著しい成功は，第一にその方法論的な正しさによるものである．彼はすぐれた後輩弟子を指導し，明朗に討論を行ない，民主的研究組織を確立した．

坂田博士のこの小著には，唯物弁証法の啓もう的叙述，さらに進んで物理学の研究におけるその具体的展開がのべられてある．また研究組織の民主化の問題，全国にさきがけて模はん的にでき上った名大教室の研究組織がのべられてある．

全巻を通じてその学問的熱情，ヒューマニズムの迫力，民主主義への努力は人を打たずにはおかない．

『科学・モラル・芸術』より

は　し　が　き

　この書は題の示すように，科学や芸術について，そして新しい意味の道徳についての私の文を集めたものです．

　5年前に私は『科学・哲学・芸術』という文集を出しました．この書はいろいろと引用され論ぜられましたが，その後絶版になっておりました．多くの方々から再版がのぞまれていました．今回，いくらか趣向をかえ，その後書いたものを追加し，またその中の哲学の部分は少し調子がちがうので省き，また，全体として私がどのような意図でこれらの文を書いたか，そしてその後のいろいろなことはいかに考えるべきかという，展望を書きました．これは，新しい道徳とでもいうべき思想からすべてのことが考えらるべきだという考えを根本にもっているものです．前掲書から省いた哲学の部分は，近くあらわれる理論社の『続弁証法の諸問題』に収めることにいたしました．

　この書の編集は詩人北原節子さんのアレンジになるものです．同氏に厚くお礼を申しのべます．なお「新女苑」にのせた二，三の文は『文化論』にもこの書にも採用致しました．

　1955 年初頭に

武　谷　三　男

---

　*　三笠書房よりこの表題のもとに1955年刊．なおこの中の7編を6巻『文化論』に収録した．『科学・哲学・芸術』と重複しているものは，そちらの方からとり，ここでは省いた．

20 世紀前半科学の歩み*
―― 原子と 3 人の女性 ――

平和への科学

いつのまにか 20 世紀の前半も終わってしまいました.

この 20 世紀前半は,科学と技術にとって,なんとすばらしい躍進の時代だったことでしょう.この事は,原子力一つをとっても皆さんにおわかりの事と思います.皆さんの眼にふれるものだけで,ラジオ,飛行機そして十数年前までは手のほどこしようもなかったさまざまな伝染病などをなんでもない病気にしてしまったズルファミンやペニシリン其他の化学療法はなんとすばらしい進歩でしょう.

しかし他面において,このような科学の発展は戦争をますます悲惨なものにしたといわれ,さらに戦争によって,科学が進むようにいわれています.

たしかに戦争はますます悲惨になってまいりました.しかし戦争が科学を進める重要な要素なのでしょうか.そうではない事は直ちにわかります.それは戦艦一隻の費用を研究にあててごらんなさい,科学はどんなに進むことでしょう.さらに進んで,戦争全体の費用を科学の研究にあてたとしたらどうでしょう.その発展は想像する事もできないのです.その上もし科学の研究が平和のためにのみなされているとしたら,また秘密にされる事もなく,すべて公表されたとしたら,どんなに無駄がはぶけ,世界の学者が協力できる事で

しょう．

このように科学の本質は平和的なものであるだけでなく，科学者たちの多くの人々は平和主義者なのです．

20 世紀前半の科学は戦争にまきこまれ，戦争を悲惨にし，戦争から逆に不利をこうむったのでした．そして終に人類の生存をもおびやかす原子爆弾を生み出しました．そしてこれをもって戦争は 20 世紀前半で終わりという事になってほしいものと思います．科学の進歩が人間の解放のための下からの圧力に最も基本的な原因があると共に，また人間の解放と，科学のこのような段階とが恐らく戦争を絶滅する事になるだろうと思います．

原子力は科学の発展のたくましさを如実にわれわれの眼に見せてくれたのでしたが，しかしこれは，原子の世界から，さらに進んで原子核や，もっと進んで物質を構成する究極的な要素である素粒子の世界へと進んで行った，偉大な人類の科学的探究の一つの結果にすぎないものなのです．

この 20 年間の科学的探究は，終に，ギリシア人の最後の課題であり夢であった物質の究極的な要素の世界に足をふみ入れる事になったのでした．

3 人の婦人科学者

皆さん，このような世界は女性とは縁のない世界のようにお考えになっては困ります．この叙事詩的な探究の歴史に，3 人の偉大な女性がはなはだ重要な役割を果たし，これらの女性の名と切り離す事はできないからです．

それはキュリー夫人，ジョリオ＝キュリー夫人，マイトナー女史

の3人です．キュリー夫人は誰も知っているラジウムの発見者で放射性元素研究の一方の旗頭です．ジョリオ＝キュリー夫人は，キュリー夫人の娘さんで，人工放射能の発見者で，夫妻して現在フランスの原子力の指導者です．マイトナー女史は原子力の原理であるウラニウムの原子核の分裂の発見者です．

この3人の偉大な女性科学者のもう一つの重要な役割は，この人たちが熱心な平和主義者であり，ファッシズムに対する熱心な反対者だということです．キュリー夫人の事は皆さんの御存じの通りですが，ジョリオ＝キュリー夫人は共産主義者であり，現在平和運動の急先鋒をなしています．またマイトナー女史はナチスを追われた反ナチ派なのです．

新しい物理学の展開

この50年のすばらしい追求の歴史を特徴づけると，物質の究極的な構造，要素と，それらの行なう行動の追求だという事ができます．これは原子，原子核，素粒子とほりさげ，また，エネルギー量子の発見，光も電子も持っている波動と粒子の不思議な二重性に基礎を置く新しい力学の展開です．そしてこれは，観念論哲学や，形而上学などの予想や考え方を片っぱしから裏切って進んだものです．

18世紀までに，ニュートンの力学が完成しました．これは遊星や通常の物体の運動を正しく扱う事ができるものでした．

19世紀を通じ光学，電磁気学，熱学が展開され，これらを結びつけるものとしてエネルギー恆存原理が明らかにされました．これらは眼に見える大きさのものを相手にして科学がきずかれたものでした．

ところが，19世紀の半ばからあとになりますと，これらの中から，色々と不思議な現象があらわれました．

光学の領域では，種々の物質を熱しそのガスが出す光を分光器にかけるとその元素特有の決った波長の幾種かの光しか出さない事です．これを線スペクトルと申します．当時電磁気学ができましたので，さっそく光を電磁波として，原子を電気の振動として当時の力学で扱う事となりました．ところでこのような考えでは線スペクトルは絶対に解決する事のできない現象なのです．

光学でのもう一つの困難は光は波動なので，これを宇宙空間を充たしているエーテルという物質の振動だと考えられましたが，こうすると奇妙な事がつぎつぎと起こるのでした．

熱学では次第に物質がどうしても眼に見えない小さな分子からできていると考えねばならなくなりました．19世紀の終わりに，かねて理論的に考えられていた，眼に見えない電気的な究極の単位である電子が発見されました．その頃また革命的なラジウムがキュリー夫人によって発見されました．

ラジウムは全く当時の科学では考える事もできない不思議な性質でした．微少な物質がほって置いても多大のエネルギーを放出する事は，エネルギー恆存の原理を破るからなのです．実際，この放射能の理論ができ上ったのは，それから30年も後，新しい原理に基づく新物理学がきずかれ，その上にのみ可能だったのでした．

観念的な科学から唯物弁証法的な科学へ

20世紀は物理学にとってこのような混沌の中に幕が開いたのでした．ここでは科学の方法そのものから考え直さねばならなかった

のでした．

　当時の科学者も哲学者も，その多くの人々は昏迷におちいりました．これは特に学問の方法論の問題なのです．私が科学の方法論という事をここで申しますと，皆さんは恐らく，科学は，ガリレイやその他の人々の努力ですでにしっかりと樹立されたもので，今さらその方法などとり立てていう必要があるのかと変に思われるかも知れません．しかし，科学の方法を学問としてはっきりさすものは哲学なのであって，哲学にはこれまで種々な種類のものがあるのです．

　しかし大ざっぱに観念論と唯物論という二つの大きな潮流があります．観念論は，感覚や意識や観念が基本であって，自然はこれらが組立てたもの，つくり上げたものと考えます．これに対して唯物論は，自然，物質が基本的なもので観念などは，それが発展しその上に咲いた花であると考えるわけです．

　哲学によって自然科学の方法はこれまでさまざまに解釈されてまいりました．それは立場立場によってすべて異なっております．それにもかかわらず科学が，すでに決ってわかりきっているように考えられるのは，科学の成果が全くはっきりしたものであり，一歩一歩自然によって験めされ，また人間が自然を利用し，自然の物質や法則を使って行動し，生活して来たからです．

　すなわち，自然を正しくつかんだかぎりにおいて人間の行動は成功し，間違ってつかむと失敗するわけです．こうして，自然科学の認識は人間が行動するかぎりにおいて，否応なしに自然から強いられて，一定の知識として成立するわけです．それで過去に伝えられた知識を科学として述べるかぎり，科学は確実な一定のものであるという事になるわけです．

ところが、人間がまだふみこんだ事のない領域に立ちむかうと、事情が全く異なるのです.

科学者は科学の方法を過去の科学の成果を身につける事によって体得するものです. しかしこうして持っている科学に対する体験的な考え方は, 新しい領域では必ずしも成立つとはかぎらないのです. 実際, 科学史をふり返って見ますと, 大科学者たちはいつも成功ばかりしていたとはかぎらないので, むしろ失敗の方が多い位なのです. そしてこれらの失敗が, その科学者のもっている観念論的な, また形而上学的な哲学的傾向に基づいている事が多いのです.

過去の科学の成果を固定してしまう傾向, これが形而上学的, 観念論的傾向なのですが, これに対して, 過去の成果を発展的につかむ事, そして新しい領域に立ちむかうとき, いつも流動的な考え方で自然に立ちむかい, 積極的に自然に働きかけ自然に語らせる事, これが弁証法的な唯物論的な考え方なのです.

20世紀の初頭の物理学の困難にぶつかって, 多くの観念論的な科学者や哲学者は,「物質は消滅した」とか, 科学は対象を自然にもつのでなく, 感覚が一切だとか, 方程式が一切だとかいう考えに陥ってしまいました. これに対して, 唯物論的な科学者たちは, 着々と一歩一歩物質の構造とその運動の法則を解明していったのです.

19世紀の中頃から終わりにかけて, ボルツマンや, その他の唯物論的な科学者たちは分子の存在を主張し, これによって熱力学を解明し, 物質の構造を明らかにしようとしました. これに対し, 観念論的な科学者たちは, 分子の存在を否定し, ただ現象を数学的に記述するにとどめようとしました.

面白い事には, 電子が発見され, 原子の構造が明らかにされよう

としていた時代に，マッハ等は，原子の存在を否定しました．また哲学者カッシラーは，1910年，原子構造が明らかにされる前年に，原子などは実在しないし，また1個の水素原子と1個の塩素原子がどういう法則によって化合して1個の塩化水素分子になるかは永久に知る事ができないと宣言しました．

ところでその後間もなく原子の正体が明らかになり，今日ではわれわれはこの化合の機構を手にとるように知っているのです．

皆さんは恐らく革命家としてだけ知っておられる，あの偉大な社会科学者でありまた哲学者であるレーニンは，当時 (1908年)「唯物論と経験批判論」という本を書いてこのような混乱した考え方をするどく批判し，正しい科学の方法を示し，当時の困難は，電子などが弁証法でのみつかむ事のできる新しい世界をあらわしつつあるからだ，という発展的な考えを明らかにしたのです．そうして実際その後の原子物理学はこれらの困難を克服し，全く新しい，レーニンのような世界，ニュートン力学を根底からくつがえす，弁証法的な量子力学をつくり上げたのでした．

原子核から物質の究極の単位へ

この世紀の初頭1900年，プランクは，この世紀を特徴づけるかのように，新しい原理の入口である，エネルギー量子を明らかにしました．これは原子などが，エネルギーを光として出し入れする場合に，これまでのようにどんな小さな分量にでもできるのではなくて，一定の波長に対して一定の大きさの粒のようにして出し入れするという事です．これがはからずも，全原子の世界の基本的な法則になったのでした．

1905年にはアインシュタインが，光はエーテルの波動ではなくてエネルギーの量子の粒として空間を飛んで行き，金属などに光が当たるとそこから電子が，粒としてのエネルギーを全部吸収して一定の速度で飛び出す，という光電効果の現象を解明しました．この光電効果が今日，トーキーのように，光の強弱を電流の強弱に変えるのに使われているのです．

アインシュタインは同じ年に，さらに進んで空間と時間の性質そのものに検討を加えたのです．アインシュタインはそれまでの固定した，時間や空間を絶対化した考え方に反対して，空間と時間と物質はお互いに関係し合うものであるという弁証法的な考え方を展開しました．これが有名な相対性原理なのです．この相対性原理は，物質の基本的な性質を解明しました．すなわち，質量とエネルギーは同等なものだという事です．この考えが，今日の原子力の基本になっているのです．

1911年に，ラサフォードは観念論的な昏迷を物ともせず，原子の構造を明らかにしました．すなわち原子には中心に原子の大きさの約1万分の1の直径の，しかしほとんどの原子の目方がそこに集中している原子核があり，これは正の電気を帯びていて，そのまわりに軽い，負の電気を帯びた電子が飛びまわっている事を明らかにしました．

1913年，デンマークのニールス・ボーアは，このような原子を量子論的に扱い，初めてスペクトル線の秘密を明らかにしました．ボーアはその後も原子物理学に対して指導的位置を占め，多くの有能な学者たちを指導しました．ボーアもファッシズムに反対する平和主義者で，今回の大戦中もナチに占領されたデンマークでナチに

対する抵抗運動の一中心をなし，終にデンマークを離れ，舟にのって逃れ，アメリカで原子爆弾計画に参加したのでした．

1925年前後，フランスのド・ブローイー，ドイツのハイゼンベルグ，シュレディンガー，英国のディラック等によって新しい原子の力学である量子力学が建設されました．これは物質粒子が波の性質と同時に粒子の性質をもつという矛盾した二面を統一する，極度に弁証法的なものでした．そのため難解であるとされ，特に古い考えをもつ科学者にこれは全く理解できませんでした．

量子力学が，原子の外側の電子の運動を力強く明らかにしましたが，他方において，キュリーのラジウムにはじまる，原子核の現象の追求が，キュリーの研究室および英国のラサフォードの研究室を中心として次第に盛んになって来ました．そして，またまた奇妙な事がつぎつぎと発見され，ボーアですら観念論にわざわいされて，その道を見失う位でした．しかし唯物論的な着実な努力のみが正しい道をあゆむ事ができました．

1932年中性子が，ジョリオ＝キュリー，英国のチャドウイックの努力によって発見され，それまで全くわからなかった原子核の構造が，ソ連のイワネンコやガポンによって明らかにされました．すなわち原子核は水素原子核である陽子と，この中性子とからできていることです．同じ年，米国のアンダーソンによって陽電子が宇宙線の中で発見されました．またジョリオ＝キュリーはそれまでラジウム等のように天然にしか見つからなかった放射能を，普通の元素に人工的におこす事に成功しました．

1935年，日本の湯川氏によって，原子核の内で，陽子と中性子をしっかりと結びつけている力の原因をなす中間子が理論的に提唱

されました.これは電子の 200 倍位の質量をもつとされました.1937 年に宇宙線にそのような粒子が見つかりました.1939 年マイトナー女史を中心として,それまで発展した原子核物理学の一つの頂点としてウラニウムの原子核分裂が発見され,世界の学界の集中的な研究を土台として,アメリカで,反ファッショ科学者たちによって戦時中原子力の解放が行なわれ,今次大戦に終止符を打ったのでした.

この陰惨な戦時中,日本でも研究が止まっていたのではなかったのです.坂田教授一派は中間子について,原子核の中間子と,宇宙線中間子とは別であって,前者が崩壊して後者になるという事を明らかにし,戦後各国の実験がこれを証明しました.これは中間子理論の一つの革命なのです.

この数年間ソ連のアリハノフ,アリハニアン兄弟は,中間子からはじまってもっと重いさまざまな粒子,ヴァリトロンの存在を宇宙線の研究から明らかにしました.

現在物質を構成する究極の要素として,電子,陽電子,中性微子,光子,陽子,中性子,中間子,ヴァリトロンなどをあげる事ができます.これらは不変なものでなく互いに他に転化しあう流動的な存在なのです.

現在の物理学は物質の最奥の秘密にせまりつつあります.それには固定しない流動的な,しかも不屈な唯物論的な探究精神によって一歩一歩進んで行くのです.

これが今日までのはなはだ特徴的な半世紀の物理学の素描なのです.

(1950)

解　説

星野芳郎

1 権力と対決する科学思想
2 技術の論理
3 戦後技術と技術者運動の出発点
4 技術者運動の論理

1　権力と対決する科学思想

　本著作集の第1巻『弁証法の諸問題』の解説で，痛感したことだが，氏の思想の骨格は，1930年代のなかば，つまり年齢的には20代のなかばにおいて，すでにしっかりとつくられていたようである．それ以後，その思想の基盤は，年とともにいっそう掘りさげられ，思想の内容は，ますます豊かになってきている．本著作集全6巻は，1930年代のなかばから1950年代のなかばにかけての，約20年間にわたる氏の思想のけんらんたる展開を示していると，言えるだろう．

　さて，本巻は，一つの論文"科学・技術および人間"*をのぞいて，1946年から1950年にかけて書かれたものを，おさめている．ことに1946年における氏の執筆活動は，活発をきわめていた．日本軍国主義の強圧のなかで，ためにためていたものが，どっと堰を落したように，氏の筆がおどった．軍国主義がいったん崩壊し，天皇の人間宣言が発せられ，主権在民の日本国憲法が公布されて，日本の世論は180度転換した．ついこの間までは，民主主義や自由主義は敵性用語であり，公けにそんなことを主張すれば，たちまち憲兵に連行されたという状態であったのが，今や民主主義が錦の御旗となったのだから，信じがたいほどの変りようであった．

　人間の思想は，それほど容易に変りうるものではなく，軍国主義をささえた旧支配階級も，やすやすと権力の座を明けわたすわけではない．古い支配階級とそれにつらなるイデオローグたちは，戦争責任は全くの頰かぶりで，何時のまにやら，私は昔からの民主主義者だということになってしまった．ふりまわされた"民主主義"は，もちろんエセ民主主義である．根本的に重要なのは，支配階級は，本質的に民主主義と矛盾するということである．支配階級が民主主

＊　"科学・技術および人間"，1963年，本書 p. 247〜266.

義を口にしたり，時には多少とも民主主義者らしく振るまおうとするのは，人民の民主主義の圧力による現象にしかすぎない．人民の圧力が減退すれば，権力は無慈悲に，あらゆる民主主義を圧殺する本質を持つ．だから，民主主義は，基本的に，権力とのたたかいを意味する．民主主義はむろん，制度や組織としても現われるが，それらは，たたかいの過程での一つの結果であり，人民の権力攻撃の橋頭堡と解すべきものである．支配階級が権力をにぎっているかぎりでは，それはまた，支配階級の自己防衛の橋頭堡でもある．たたかいなき民主主義は，ありえない．たたかわざる民主主義は，形骸化した民主主義であるにすぎない．武谷三男氏の鋭鋒は，まずこのエセ民主主義にむけられた．

　日本軍国主義の場合，民主主義を圧殺する基本的な武器となったものは，天皇制の思想である．国家が基本的人権に先行するどころか，"国体"が国家に先行し，天皇を国家の機関と解した天皇機関説さえ，不敬罪として罰せられた．教育の基本には教育勅語がすえられて，それは，「朕惟フニ，我皇祖皇宗国ヲ肇ムル事宏遠ニ」という文章から書きおこされたのである．日本軍国主義は，いったん崩壊したかに見え，天皇は人間宣言を発したけれども，天皇はなお，国の"象徴"として残った．そして，この象徴が，旧支配階級とそのイデオローグたちの，民主主義に敵対する重要な拠点となった．おどろくべきことには，天皇制はもともと民主主義であったのだとさえ言われたのである．

　国体が国家にさえ先行することによって，天皇制には濃厚な神秘主義がつきまとった．言われもなく他国に攻めこむことも，"大御心"に発することであり，ほとんど効果のなかった特攻隊攻撃も，天皇陛下のおん為であった．天皇は，自然科学的には，明らかに人間であったにも拘らず，その単純明快な科学的事実でさえ，口にすれば不敬罪となった．天皇制は，民主主義を圧殺し，科学精神を圧

殺した．天皇が国の象徴として残ったことは，日本の民主主義の前進にとっても，科学の進歩にとっても，きわめて不幸であったと言うべきであろう．徹底的で頑固なヒュウマニストであり科学者である武谷氏が，この天皇制について，鋭い批判の矢をむけたことは当然である．

さて，天皇制のもとでは，合理的な科学思想は認められず，さらには西欧には西欧の科学があるが，日本には"日本的科学"がなければならず，"日本的科学"は西欧の科学より格段にすぐれているなどというところまで行ってしまった．この傾向の裏がえしが，戦後まもなく発生したコスモポリタニズムの傾向である．科学には国際性があり，科学の真理はどこの国においても同じであることは当然であるが，それを主張することと，あたえられた研究条件のよさをもとめて，科学者はどこの国へでも移るべきだと主張することとは，全く別である．真に創造的な研究をめざすならば，どこの国でも，それに対する研究条件がととのっているわけはなく，あたえられた研究条件のなかへ入って行くことは，その国の既成の学問体系のなかに安住することにしかすぎない．研究条件は，ほんらいかちとるべきものであって，与えられるべきものではない．

また，自国の研究条件が悪ければ，科学者たちはその研究条件を変えて行くたたかいをおこして，多くの科学者が成長しうる条件をつくりだすべきであろう．それが，科学者たちの，自国の人民に対する一つの大きな責任である．コスモポリタニズムは，これらのたたかいと責任を放棄するものであり，さらには，科学をも自己をも矮小化させる以外の何ものでもない．

コスモポリタニズムの悪しき傾向は，戦後しばらくは，さほどめだってはいなかった．しかし，この 10 年来は，とくにアメリカへの頭脳輸出の傾向が，学界のみならず，一般にも問題にされはじめた．そして，日本においても，アメリカにおいても，コスモポリタ

ニズムに根ざす科学の退廃が,はっきりとあらわれてきたのである.武谷氏が,戦後いちはやく,この憂うべき傾向について警告を発したことは,達見であったと言えよう.

本書では,1946年の各誌にのった"革命前期における思惟の基準","言論の責任","頭脳の改造","自然科学とはどんなものか","自然科学と学問の自由"それに1949年の"科学者と国際社会"が,エセ民主主義と神秘主義およびコスモポリタニズムに正面から挑んだ武谷氏の論鋒を示している.そして,この当時から,すでに20年余りの歳月を経ているのであるが,今に及んでも,いや,現在の時点において,ますます,これらの論稿の重大な意味を痛感させられる.それは,一つは,武谷氏の論理が,1946年というその時かぎりのものでなく,日本資本主義のイデオロギーの根本をついていることによるのであり,今一つは,ここ数年来,支配階級は,厚顔にもふたたび時代を逆行させつつあるからであろう.

なお,本巻には"哲学の失敗","現代物理学の課題"がおさめられているが,前者はその全部が,後者は一部が,『弁証法の諸問題』における"哲学はいかにして有効さを取戻しうるか"のいっそうの展開と見られよう.前者はカッシラーの思想が,後者の一部は田辺元の思想が,そのまま物理学に適用されたら,物理学はいかに破壊されたかを論じている.また"ラッセルのルネサンス論批判"は,ラッセルの平面的な合理主義が,偶然と必然の具体的な論理をもたない故に,法則性と便宜主義を混同し,あれもある,これもあるという事を無媒介にられつし,結局は類比によって法則化する,つまり類比を論理とすることにおちいっていることが説かれている.主観的に合理主義をとろうとしていても,形式論理によっているかぎりは,合理主義をつらぬきえないことを説いている点で,逆に弁証法の何たるかが示されている.

"現代物理学の課題","原子物理学への期待"以下計10篇の,

物理学と原子力関係の文章は,『弁証法の諸問題』の正続両篇の論理を敷衍したもので,理解をいっそう容易にさせるものである.以下,現時点での天皇制の思想,学問思想の自由,コスモポリタニズムの思想についての,武谷氏と筆者との意見の交換を聞いていただきたい.

戦後思想にあたえた天皇制の影響

星野 今,この巻を読んでみますと,遺憾ながら現在でもほとんど有効性を失っていないのですよ.たとえば"革命期における思惟の基準"に出ているアナロジーの問題とか理屈じゃないというところをみますと,そう思わざるをえません.本当は戦後の日本の思想の出発点として論じたはずなのですけれども,その出発点は依然として今日なお出発点となっているところが重要だと思います.しかし,現在でもこのロジックは依然として重要だというのは困ったことですね.今から10年ぐらい前から時代がまた元へ戻ってきたということでしょうか.

武谷 そうなんだよ.逆コース的にね.いや,というよりね,それほど意識の変革はできなかったけれども,みんな遠慮して言わなかったことが——一時黙っていたことが,今やおこってきたんだな.このごろは大手を振って,ぬけぬけと権力が言うようになったということじゃないの.だから戦前に戻ってきたということですね.

星野 天皇制の問題にしましてもね,今年(1968年)の教科書が神話を大幅に入れるとか,太平洋戦争の起った原因もろくろく触れず,触れてもさらっと触れるということになったでしょう,だからこの本は,まるで今の時期のために今書いたようなところがある.

武谷 遺憾ながらそうね,戦前と似たようなことをぬけぬけと言い出すようになっていますね.

星野 そうすると,戦後の日本人のものの考え方をささえていたものは,かなり天皇制だと思うのですがね.

武谷 そうです.正直なところ,戦後の第1回の選挙(1946年4月10日)で,われわれは社会党なり共産党がかなり伸びると思っていた

ら，保守勢力は，天皇制絶対護持の旗をかかげてだあーっと進出したのですからね．

星野 読売新聞社のストで鈴木東民さんたちが追放されたことがありましたね（1946年6月13日）．あのときに鈴木さんが追放されたきっかけは天皇制への批判です．それから5月19日の食糧メーデーのあとでアメリカのアチソンが共産主義は困るという明確な声明を出したのです（5月29日）．食糧メーデーの時は，群衆が皇居に入ったわけですよ，鈴木さんなんかが先頭にたちましてね．しかし，あのあたりで日本の戦後の革命的高揚がどこか息切れしてきた感じでしたね．向うにしてみれば絶好の反撃のチャンスになったのです，それもやはり天皇制がきっかけですね．日本の戦後史を顧ると，やはり天皇制がきっかけとなって戦後の解放的な雰囲気が薄れるという傾向がはっきりしています．それから深沢七郎の「風流夢譚」が1960年の中央公論12月号にのったところが，ただちに宮内庁や大日本愛国党などが抗議し，さらに中央公論社の社長の家が右翼におそわれたのが，1961年の2月です．

武谷 あれで言論界が萎縮しちゃって，天皇問題については何も言えなくなってしまうのです．

星野 ブルジョア民主主義的な思考形態にたっていても，天皇というのはおかしいものですね，つまり身分が残っていますでしょう．天皇の子であるからという理由だけで，日本の国の象徴というわけですよ．能力があれば象徴も結構でしょうが，それがそうじゃないのだから，ブルジョア民主主義的な平等も与えられていないということです．

武谷 そうです．それが要するに，日本資本主義が，天皇制を利用して発達したということです．日本の資本主義というものの特殊な性格ですね．

星野 「君に忠」ということになると自然に「親に孝」になるのですね．今度は家柄が大切になってくるのです．イギリスもやはり家柄を大切にしています，あれは明らかにイギリスにも皇帝が残っているからです．伯爵だの侯爵だのというのは，昔の領主で，その身分が大切なのですね．それでイギリスでは，身分や格式が未だにずいぶん残っている．

武谷　ただ，英国の皇室は，革命で首をちょんぎられたりしているのですよ．それからロシアのツァーリは，人民が選んだりなんかすることがあるのです．その点で完全な世襲制と違う断絶があるのですよ．

　星野　イギリスでは世襲制といっても，人民の意思を尊重しないと首をちょん切られるかもわからんぞという程度の世襲制ですからね．日本の場合はまずそういうことはないわけです．戦後になお天皇が象徴として残ったというのは，日本人のものの考え方にかなり深刻なあとを残していますね．この"革命期の思惟の基準"で言われていることは，天皇が象徴として残ったために，十分には浸透しきれなかったと思えます．基本的人権みたいな思想もどうしても浸透しません．もしも天皇制が何も残らなかったら，頼りになるものはなんであろうかということなのですよ．日本人は物質的にも精神的にも本当に裸にされますからね．そうなれば，基本的人権以外によるべきものがない，おそらくブルジョア民主主義の発想はもっとずっと強まったと思いますね．天皇が象徴として残ってしまったために，どうもそのへんが曖昧になっているのです．そうすると頼るべきものは今度は大会社——独占資本であると，こうなってしまいますね．

　武谷　だから結局，『自然科学概論』3巻に書かれている特権と人権の区別が，一般に曖昧になっているのですよ．それにもう一つ，ヒューマニズムとセンチメンタリズムが混同されているという問題がありますね．

　星野　権利と特権の区別が明らかでないということは，センチメンタリズムとヒューマニズムの区別が明らかでないというのと一つのものですね．

　武谷　天皇制とそれから家族というものは，やはりセンチメンタリズムを武器としていますからね，芸術なんかでもそれが非常に強力にでてくるのですね．竹山道雄の『ビルマの竪琴』にしても，センチメンタリズムだけで，ヒューマニズムとは縁もゆかりもないのに，ヒューマニズムだと思われたり，それからもっと反動的センチメンタリズムのものだと三島由紀夫の『憂国』があるでしょう，ああいう芸術面でも，センチメンタリズムが天皇制と結びついているのですね．

星野 センチメンタリズムがあって，特権の上に安住していると，大体いろいろな運動は，右も左もすべて取引かけ引きということになるのですね．つまり基本的人権のような思惟の基準みたいなものはないから，結局その場その場で互いに適当にやっていこうとするのです．

　武谷 そうなんです．堂々と権利を主張するのではなくて，適当にやっていますよ．そして無原則になっていますね．原則という基準がないのです．

学問思想の自由の問題

　星野 この巻の"国家と科学"の中で，大学の学問の思想の自由を論じているところがあります．これが初期の学術会議あたりから，なかなかこの議論が通らないのですね．書かれているように，とくに医学部がひどい．最近の大学を見ても，教授会の自治の意識はますます希薄になっています．たとえば1968年1月にエンタープライズが佐世保に寄港したときがそうなのです．今度は原子力潜水艦じゃなくて原子力空母でしょう．これはベトナムへ行く軍艦なのですよ．もっとも，途中で北朝鮮へ廻っちゃったけれども，そういったときに，全国の大学のどこの学部もこれに反対声明を出さなかった．原子力潜水艦の寄港のときはまだ全国的に反対声明があり，学術会議でも反対を声明したのですが，今度は全くない．エンタープライズの寄港はもっと重大で，もっと戦争に直接かかわりあっているのに，今度は大学の連中はひるんだのです．非常に憂うべきことだと思いますね．

　武谷 本当にそうね．

　星野 大学の人たちは，実は学生運動をどうするのかということにとらわれたのです．学生が羽田事件以来どんどん行動していくと，大学の教授会のほうは，全国的にそれをいかに処理するかということに追われちゃうのですね．エンタープライズがきて，学生がまた佐世保に行ったりしたら，どうしようかという思案が先にたつのですよ．エンタープライズの寄港に抗議して学生が佐世保に出かけるということは，甚だ根拠のあることです．根拠のあることにも拘らず，行ったらどうしようとう

ろうろしているというのは，やはりかけ引，取引きの思想ですね．

武谷 それからもう一つはね，日本にはおりこうさん思想というのがあるでしょう．「うちの子はいい子ですよ，悪いのは隣りのあの坊やだ．」という考え方ね．つまり学生がああいうことをやると世間で評判が悪くなるでしょう．そうすると私はあれとは関係がない，関係がないという思想です．中国で紅衛兵が暴れるとね，うちの子はあれとは関係がない．いい子なのですよと，そういう言い方が多いですね．

星野 戦争中でいうと左翼が弾圧されたときに，リベラリストという人達が「私はあれとは関係はない．私はリベラリストである」として，リベラリストであることを放棄してしまうような情況と似ていますね．

武谷 エンタープライズの寄港に先生が反対すると，学生がますますその先生方と結びついてああいうことをやることになり，先生方は困っちゃうわけなのだ．うっかりやると学生に利用されるからもうやらないということになる．

星野 そのいい子だというのは，誰に対していい子なのかが問題です．

武谷 そうですよ．とにかく今の世間でいい子なのよね．

星野 文部省あたりを一番念頭においているのでしょうね．

武谷 そうですね．やはり天皇制的考え方でしょうね．天皇制というのは明るいもので，それに反対するのは日影的なものだというような．

星野 ここで書かれている学問，思想の自由の問題は書かれた時期からしますと，戦前からの古い勢力やイデオロギーがかなり残っていて，けしからんと批判している形なのですけれども，今になってみると，この批判は，今日かえってますます必要だということになっています．学問の論理ということが，実は日本の科学の中では元々すいのです．

武谷 うすいのです．学問でなくて，ただテクニックスなのだ．本当に学問的な学者というのがいかに少ないか．本当に少ないです．

星野 学問の論理というのをはっきりもっているならば，既成の政治や経済の論理というのは甚だおかしくて，それに対していかにして学問の論理を守らなくてはいけないかという思想がでてきて，大学の自治が根本的に重要ということになりますけれども，もともと論理があやしげ

なものだと，大学の自治といっても，セクショナリズムと裏がえしになってしまう．

武谷 本当にそうなのですよ．この間も，立教大学の原子炉に自衛隊が一区隊侵入したのです．武装して侵入したのですね．それに対して反対したのは若い人たちと服部学君だけなのですね．あとの人達は，自衛隊が隣りだし仲良くやりましょうという感じなのですよ．大学の構内に，武装した一区隊というと40人，公称40人というのだが，もっと多かったかもしらんけれども，それがゆうゆうと無許可で裏門から，裏門も鍵のかかった裏門から，横の塀のようになっている岩を乗り越えて，通過しようとした．それを所員が静止したら，所員をつきとばしてね，それで隊員に「かまわぬ，行け」と隊長が号令してさっさっさと行っちゃったというのです．それで後で謝りに行けと上官が言ったと称して，実は謝るのじゃなくて了承を得に来た．ところが，そこの所長以下，何らそれを重大問題だとは思っていないのですよ．もっと前にさかのぼれば，『現代の理論的諸問題』に入っている"学術会議の危機"が論じている問題が重要です．朝永，桑原ラインでいけば，南極観測に自衛艦をつかうようなことになる．自衛隊にああいうことをやらせたセンスも同じです．防衛庁にもっていかないと予算がでないという話のもとで，そうなったのです．そういうことを何とも思わない考え方があるね．

星野 そういう南極観測では，科学的な成果といったところで，もともと論理の筋を通したものではないからかなりあやしいものですね．データはとったでしょうけれども，さて，データをどう処理するかというと，ろくな方法はあるまいと思えますからね．結局，むしろ金の浪費ですね．ただ，行った連中は，「おれは南極に行ったぞ」ということで，学界に顔がきく程度ですね．

武谷 そういう変なことが横行するのだな．金をとるためにはなにを利用してもいいのだという考え方は大きな問題だ．

---

* 同書，p. 215〜233, 1968年，岩波書店．

コスモポリタニズムの本質

星野 ところで，ナショナリズムと裏がえしのコスモポリタニズムですが，この問題はそれにもかかわってきますね．つまり自分が仕事をしやすい条件があるなら，東へでも西へでもどこへでも行ったらいいじゃないかということ．これは一見甚だ合理的な考え方にもとれ，学問の自由をもとめているようにみえるけれども，リベラリズムとはその程度のものかということですね．学問の自由を求めてではなくて，学問の安易さを求めているのだと思いますが．

武谷 そうなのです．だから，そういうのではやはり根のない学問になりますよ．ファシズムに使われるような．

星野 万策つきて亡命するというならば，話がわかるけれども，そうではないのだから，一歩後退二歩後退みたいな後退です．

武谷 あっちのほうが何となくよさそうだとか，あっちのほうが金があるから行くというようなことでは困ります．いわゆるサイゴン派とぼくは名づけているのだが，サイゴン的アメリカ派の物理学者たちは，みなそれになっちゃったのですね．結局仕事は駄目になりますよ．今度は向うへ行って，つまらん奴に汲々として仕えるというふうになる．

星野 素粒子論グループの人たちが海外にどんどん移りだしたのは何年ごろからですか．

武谷 1953 年に京都で国際学会があって，そこで外国の物理学者と知り合いになった．若手の人たちが，そこでコネがついたわけだ．この典型的な例が福田信之教育大教授ですよ．それ以来，日本で学問をちゃんとやろうというのではなくて，ただ向うへ行ったり日本へ帰ってきたりして，向うの流行はこれですと持ち帰る，それを商売の種にしているだけです．もう一つの商売は，若手にむかって「お前，今度はあっちの誰のところへやってやる，お前は誰のところへやってやる」というブローカーみたいなことをやる．彼らはそれでボスになったわけだ．アメリカのマーケットに対してのね．そういう種類のボスになったのだ．

星野 研究条件をかちとるということをまるで放棄しちゃって，しやすいところに行くということになると，やっぱりアメリカの既成の権威

に弱くなるということですね．身銭を切って行くのならいいのですが．

武谷 そう，それで自分で学問を盛りたて育てようという態度がどうしてもなくなるのです．

星野 明治時代に留学した科学者よりまだレベルが低いのじゃないのですか．

武谷 それは低いでしょう．

星野 明治時代の科学者というのは向うへ行っても，日本へ帰ってきて何とかしなくてはならんから，そのために勉強するということでしょう．今の頭脳流出というのはそういう流出ではなくて，いいところがあればどこへでも行きましょうということだから．

武谷 それで向うの労働力になるわけですよ．だから日本でいい仕事をしていた人でも，向うへ行くと仕事の質がたいてい落ちていますね．

星野 そこが"科学者と国際社会"に書いてあるコスモポリタニズムとインターナショナリズムとの違うところですね．インターナショナリズムでは，対等の立場で学問の論理にしたがってディスカッションをやるということですから，対等の組織がつくられますが，コスモポリタニズムのほうは，いかにもリベラルで，すべて万事平等のようにみえるけれども，内実は一番金をもっている国であるアメリカがあらゆる論理を支配して，いや論理を支配することはできないのだけれども，つまり論理を駄目にして，科学者を支配する，そういう結果になっているのじゃないでしょうか．だから渡辺慧さんのように英語が使えない物理学者は困るという議論が，露骨にそれを現わしていますね．*

武谷 よく現わしている．

星野 渡辺さんのあの思想は，この本に当時すでに批判されているわけですけれども，その後いよいよ決定的になったということですね．渡辺さんは，戦争中は戦闘的なリベラリストで立派だったのだけれども，やはりリベラリズムには条件が良くなるとリベラルな面を失うという，そういう限界があるのでしょうね．

---

* 「現代の理論的諸問題」，p. 380〜383 を参照．

武谷 あるのですよ.それは全くそのとおりです.

星野 リベラリズムには,条件さえよくなれば,そこでいつも固定してしまう危険がある.条件が悪ければ甚だ戦闘的なものになる.金と条件ができればそれで立ち停って,逆にあとを追い越そうというものに対して妨げようとするから,これはリベラリズムの自殺ということになりますね.

武谷 科学者が外国へ行った時,本当にそこの土地で,そこの文化を育てるというために奮闘するのならばいいと思うのですよ.ただ何か上ずみだけすくいとるという考え方だと駄目なのだ.

星野 アメリカが各国の科学者をどんどん吸収しているのは,これが学問の自由だというふうに,あるいは個人の権利として当然というふうに考えられるけれども,実はそうじゃなくて,アメリカ帝国主義の科学者支配になるのですがね.

武谷 ナチスから追放された科学者たちを受入れたという戦前の時代には,立派なことだったのだが,今度はそういうこともないのに,そうであるかの如き幻影をあたえているのだな.それが今度はアメリカの帝国主義的な軍事支配に利用されている.というのは,多かれ少なかれアメリカの研究費はアメリカの軍を通してでていますからね.日本でも例の米軍資金問題というのがあった.アメリカの科学が非常に偏頗な,何というか歪んだ情況を呈しているのは,やはり軍を経て金がでているからでしょう.だからアメリカの物理学の品位は非常に悪くなった.昔のような雰囲気はいまやない.

星野 多少よいのは,カルフォルニア大学のバークレーぐらいなものですか.

武谷 いや,今はもう駄目でしょう.バークレーも.それと今のビッグサイエンスというのは,軍と非常に関連がある.そういうことであれば,なおさら学問ではなくて,一種の業績が商品になっちゃうのですね.業績でもって就職するとかいうように,物理学の業績が商品化しちゃっている.そうすると今度は人の仕事をできるだけ認めまいとする態度になる.戦前は外国の学者の仕事でも,同僚の仕事としてお互いに評価し

ただけでなくて，困っている人を助け合ったりしたのだけれども，今はそういう空気がなくてね．もう，無視できる場所にいる奴は全部無視しろ，盗めるものは全部盗めという非常にがめつい空気があって，学問らしい空気は非常になくなったね．

星野 1930年代ではどうだったのですか．

武谷 そういうことはなかったですね．それはもう戦後の風潮ですよ．

星野 ひどくなってきたのは，いつごろでしょうかね．'50年以降ですか．その影響がいよいよ学問の上にあらわれてきたのは'57, 8年でしょうか．

武谷 そうそう．ビッグサイエンスの原子力を通じて，物理学が軍事と強く結びついてきたことと関係がありますよ．日の当る学問ということでね．

星野 そうですね．'50年というのは水爆製造にアメリカがふみきった年ですし，'58年というのはアメリカの人工衛星が地球からとびだした年で，年表的には馬鹿によく対応していますよ．

2 技術の論理

技術分析の基本的論理としての技術論

　本巻の第二の主題は，日本軍国主義が日本の技術発展をいかに不均衡にさせ，反人民的なものにさせ，けっきょくは全体として，技術発展をいかにはばんだかという問題である．再編成の軌道を走りはじめた日本資本主義のもとで，日本の技術は再出発の位置にあったのであるが，その進路をいくらかでも健全にさせ，日本人民への奉仕の方向をとるには，その再出発の位置を明確にする必要があった．武谷氏は，戦後いちはやく，この問題の分析にとりくみ，1946年から 47 年にかけて，精力的にいくつかの論文を書いた．本書では，"技術をわれらの手に"，"日本技術の分析と産業再建"，"人民の科学技術建設と労働条件の改良"，"科学技術による再建"，"科学技術政策の基準"，"政治と科学技術"，"世界史の方向決定と技術"などが，それである．

　再出発における日本の技術の分析の基本的視点は，本著作集の第1巻『弁証法の諸問題』におさめられている"技術論——迫害と戦いし知識人にささぐ——"に展開されている．そこでの解説で筆者がふれたように，もともとこの"技術論"は，軍国主義下の技術のありかたに抵抗する技術者の実践の原理論として書かれたものであり，"技術論"においては，社会の変革において，なぜ技術者運動が必要なのか，技術論はその運動においてなぜ必要なのかということが，その前文において論じられている．

　本書におさめられている上記の論文は，すべて，たんなる第三者的な日本の技術の分析ではなく，日本の技術を変え社会を変えて行く運動の観点での分析であり，その分析の論理は，"技術論"にお

いて示されていることを，読者は注意すべきであろう．ところが"技術論"は発表されると，ただちに旧唯物論研究会系の哲学者たちから，批判と攻撃の的となった．それらの内容は一言にして言えば，武谷氏の技術論は社会的関係において，技術をとらえていない，それは技術主義だということである．

批判者たちは，技術の論理において全く無知であったし，技術と経済とを安直に平面的にむすびつけていた．たとえば，強い社会的要求があり，それに答えるだけの十分な資本の蓄積がありさえすれば，技術はおのずから発達すると彼らは考える．この考えかたは，じつは日本軍国主義以来の支配者の考えかたであり，現在では，それは，アメリカが宇宙開発をやれば日本もただちに宇宙開発をやるべきであり，アメリカが大加速器をもっているならば，日本もまた一日も早く大加速器を持つべきで，科学者や技術者たちのあいだで基本的なストラテジーを十分に討議するよりも，拙速を重んじてとにかく巨額の資金を投入することが先決という考えに，よくあらわれている．

ところが，現実には，戦時において日本軍国主義はかつてなく多くの研究資金を投入し，研究者の総動員をはかったにも拘らず，まさにこの時期において日本の技術は深刻な空白状態におちいったし，アメリカのベバトロンに対抗して，ソヴェトやイギリスが建設をいそいだ巨大加速器は，いっこうに，はかばかしい成果をあげてはいない．科学や技術と経済とは，支配階級や自称唯物論者たちが考えるようには，容易にむすびつかないのである．

武谷氏は"技術論"において，技術論は高度の論理学を要求すると指摘している．「技術は自然と社会を媒介するものである．それは人間の実践の根本にふれたものである．それゆえに，技術論は高度の論理学を必要とする．安直な形式的な論理学のよくするところではないのである．われわれはたとえば量子力学などにおいて，従

来の形式的に把まれた論理学が, 露わな破綻を示すことを知っている. そしてこの量子力学の構造を真に分析し理解するためには, 高度の弁証法の論理でなければならぬことも, よく知っている. 技術の論理も高度な弁証法の媒介の論理を鍛えなければ把握しえないものである. 逆にまた, 技術の論理を把握することによって, 論理学が高度化されると言いうるのである.*」

本巻では, 後に (1963 年) 書かれた"科学・技術および人間"が収録されているが, ここで氏は, 氏の原子力問題, 安全問題, 軍事技術問題, 日本の技術の停滞と歪曲の問題等々の多くの論文のなかでの, この"技術論"の位置について, 次のように述べている. 「私の『弁証法の諸問題』の技術論の論文, これはマルクスの理論にたとえていうならば, フォイエルバッハのテーゼとか,『賃金・価格・利潤』などの小さなパンフレットにあたっていると思うんです. ですから, それだけを読んで, 具体的なことがないではないかと早合点してもらっても困るし, また基礎的なことが非常に簡単に要約されてありますから, それだけを走りよみですまして, なんだこんなことかというふうにいってもらっても困る.**」

「私の技術論を見る方にぜひ考えてほしいのは, 私は私が展開した論理学に基礎を置いて, その観点から技術論を展開してきたのであって, ただのことばのよせ集めで規定を唱えたわけではないことです.

ところで本質規定というものをどのようにして, 現象面までそれをつなぐかということが, 私の問題なのであります. たとえば, それは物理学でふつう行なわれているいちばん基本的なこともそうでありまして, ニュートン力学でいうと, その基本方程式の微分方程式を積分していって, いろいろな現象が説明されるのですけれど,

---

* 本著作集, 第 1 巻, p. 128.
** 本書, p. 250.

ニュートンの微分方程式というものは本質的な認識にあたるわけで，これにはわれわれが現象面で見るような形もなにもないのです．

そこへ特定の質量を持っている粒子とかいろんなものを入れ，初期条件を入れ，そういう微分方程式にとって偶然的なものや状況を媒介にしてはじめて物の運動というものが，どういう軌道を通ってどう現象するかというような，つまり形の論理というものに到達するわけなんです．

私の技術の規定の仕方も，そういうふうな考え方で，最初は抽象的な規定が与えられて，それが論理にしたがってずっと展開していって具体的な技術のあり方という現象面までつながっている．これはマルクスの『資本論』でも同じことで，価値と使用価値というものがどのような論理で展開されていって，いろいろな階級社会，資本主義社会というものにおいて，それがどういうふうに社会を構成する基本になっているかということなのであって，おそらく私の技術の本質規定に対して不満をおっしゃる方は，『資本論』の第1章だけ読んで，なんだこれでは階級もないし，社会もないという不満をだすのと同じことになってくるのです．」[*]

実践の原理の把握

こうして，武谷氏は，「技術は実践概念であることには異論の余地はない」，「実践を内面から，その実践がいかにして可能であり，いかにして行なわれるかについて，その原理について見る必要がある」．「この場合に，レーニン等によって引用されたヘーゲルの有名な言葉，『自由とは必然性の洞察である』というのが，やはり私の考えの指針」であり，「技術的実践について次の二つの基本的な観点を得るのであります．」と述べる．

---

[*] 本書，p. 254〜255．

「第一，人間の実践，特に生産的実践は客観的法則性において行なわれ，客観的な法則を無視せる人間の実践は存在せざる事であります．

第二，技術と技能とは異なるものであります．これは截然と分離して考える事によって初めて技術史の発展を正しくつかむ事ができ，また現在の技術の難点に対処する事もできるのであります．」

「技術について客観的法則性と言って，あえて自然法則性と言わなかった事については，この技能との分離に重点が注がれるからである．技能も技術も，自然法則性に根拠がある．ところで，技術は客観的自然的であるのに対し，技能は主観的自然的なものである．*」

ここで言われている生産的実践とは，むろん労働そのもののことである．マルクス経済学でいえば，資本の生産過程の一側面をなす労働過程のことである．マルクスは『資本論』第1巻の第5章において，手短かに労働過程について分析しているが，そこでは，まずこう論じられる．「労働は，まず第一に人間と自然とのあいだの一過程である．……人間は自然素材にたいして彼自身一つの自然力として相対する．彼は，自然素材を，彼自身の生活のために使用されうる形態で獲得するために，彼の肉体にそなわる自然力，腕や脚，頭や手を動かす．**」

労働が本質的にこれだけのものであったならば，労働は動物が餌を食べたり巣をつくったりする営みと変らない．人間と動物とのあいだに本質的な差別はない．人間労働を人間労働たらしめる原理が問題にされなければならない．「実践がいかにして可能であり，いかにして行なわれるかについて，その原理について見る必要がある．」

マルクスは，自然力としての人間労働の性格について述べたあと，

---

* 本著作集，第1巻，p. 136～137.
** 『マルクス・エンゲルス全集』第23巻，p. 234.

「われわれは、ただ人間だけにそなわるものとしての形態にある労働を想定する.」と言い,「労働過程の終わりには、その始めにすでに労働者の心像のなかには存在していた,つまり観念的にはすでに存在していた結果が出てくるのである.労働者は、自然的なものの形態変化をひき起すだけではない.彼は、自然的なもののうちに、同時に彼の目的を実現するのである.その目的は、彼が知っているものであり、法則として彼の行動の仕方を規定するものであって、彼は自分の意志をこれに従わせなければならないのである.」と論ずる.

労働の基本的性質について、われわれが注目すべきは、マルクスが論じているこの二点であろう.つまり、人間は一つの自然力として自然と相対していること、つぎに、それにとどまらず、法則として人間の行動の仕方を規定する目的を、自然のなかに実現するということである.だから労働は、何よりもまず自然法則性によって規定されている.自然法則性を無視しては、労働は成りたたない.さらに、労働の場合、その自然法則性は、目的を媒介としてあらわれる.その自然法則性は、たんなる自然法則性ではなく、合目的的な自然法則性である.

こうして、労働を労働たらしめる本質は、労働において、合目的的な自然法則性を意識的に適用することである.動物はただ、自然法則性にしたがって行動するだけであるから、自然の法則性から自由になることはできない.動物はいつまでも動物のまま存在するより他はない.しかし人間は、目的を意識し、合目的的な自然法則性を客観的に、ないしは主観的にとらえ、それを実践のなかに意識的に適用する.このことあるがために、人間の行動は自然の法則性に立脚しながらも、しかも自然の法則性から自由である.人間は自然のなかに文明社会をつくりあげ、人間自身をかぎりなく変えて行くことができる.「自由とは必然性の洞察である」とは、一つは、こ

のことを指しているわけである.

　武谷三男氏は,「技術とは人間実践(生産的実践)における客観的法則性の意識的適用である*」と規定したが,ここで言われている客観的法則性とは,ここに述べた合目的的な客観的な自然法則性のことだと解してよいであろう.労働と言わずに生産的実践あるいは人間実践としたのは,認識論における実践という概念をここにすえて,認識論における技術論の重要な意味を示しており,また,この認識と実践との本質的関係は,生産場面においてのみならず,政治や経済や科学研究その他,人間のあらゆる実践の場をつらぬいていることを示すためであったと解される.

　また,先にも引用したように,自然法則性と言わずに客観的法則性と言ったのは,人間が合目的的な自然法則性をとらえるやりかたには,二通りのものがあり,両者は差別すべきことを明確にしようとしたためである.つまり,炉内の溶鋼の色を見て銑鉄が完全に鋼鉄に転化したと判断するのは,鋼がつくられる自然法則性を視覚において,つまり主観的な自然法則性として,とらえたのに他ならない.一般にカンと言われているものは,これであり,武谷氏はこれを技能として,客観的な技術との違いを原理的に明らかにしたのである.武谷氏は,こう述べている.「技術は客観的なるものであるのに対し,技能は主観的心理的個人的なるものであり,熟練によって獲得されるものであります.技術はこれに反して客観的であるゆえに,組織的社会的なものであり,知識の形によって個人から個人への伝承という事が可能なのであります.すなわち技術は社会の進展に伴い伝承により次第に豊富化されて行く事になります.**」

　技術と技能との関係については,武谷氏はこう述べる.「労働とは技術と技能の統一において実現されうるのであります.すなわち,

---

　*　本著作集,第1巻, p. 139.
　**　前掲, p. 137.

一定の技術には一定の技能が必然的に存在して，労働を実現する事になりますが，しかし，技術の立場というものは常に，主観的個人的な技能を，客観的な技術に解消して行く事にあります．しかし，解消される事によって技能が消失するものであるかというのに，決してしからず，新たな技術には新たな技能が要求され，これがまた再度技術に解消されながら発展して行くという弁証法的関係をとるのであります．しかして技能の技術化によって，一般に生産力ははなはだしき上昇を示し，また生産物の質も向上するのであります．*」

こうして，武谷氏の技術概念の規定は，労働の本質にかかわるものであり，技術の本質規定としては，論理的にこれ以外はありえないことは明らかである．そして，この技術と技能の本質は，労働過程の要素である労働力，労働手段，労働対象および生産物に統一され対象化されて，それぞれの実体の合目的的機能としてあらわれる．**労働者や技術者のいわゆる技術的能力，労働手段や労働対象や生産物のいわゆる性能は，これである．技術と技能との区別，労働力の技術的能力や機械や材料の性能などの意味は，技術概念の本質的把握によって，こうして統一的に明らかにされるのである．

科学と技術との関係の論理

技術の本質をこのようにとらえるならば，科学と技術との本質的関係は，おのずから明らかとなる．科学が問題にするのは，普遍的な自然法則である．科学は，実験ないしは観測のうえでとらえた経験法則を，さらに普遍的な法則にまで深めようと，自然の奥深く切りこんで行く．これに対して，技術において問題にされるのは，たんに普遍的な自然法則ではなくて，普遍的な自然法則，ないしは自然法則性が，特殊の目的を媒介としてあらわれた特殊的な自然法則

---

* 前掲，p. 138.
** 詳しくは，拙稿"技術論再説"(1)，立命館経営学，第3巻第6号を参照．

性である．科学は経験法則をとらえただけでは満足せず，さらに自然に立ちいって，普遍的な自然法則をとらえようとするが，技術においては，目的を実現して生産物を得ることが，最も重要である．だから，経験法則が普遍的な法則にまで高まらなくても，そのような合目的的な自然法則性を意識的に適用して，ともかく目的を実現してしまうことが，重要である．

武谷氏の技術概念の規定において，客観的法則ないしは自然法則と言わずに，客観的法則性ないしは自然法則性と言っているのは，このことに根拠をおいている．自然法則性と言うことによって，ああすればこうなるというような，その場かぎりでの因果性，かなり広い範囲にわたって有効な経験法則，さらには普遍的な自然法則によって裏づけられている合目的的な自然法則までを包含していることが，注意されなければならない．

技術概念のこのようなつかみかたによって，技術の科学に対する先行性，あるいは科学の技術に対する先行性は説明される．前者の例では，熱力学法則が明確にならぬうちに，すでに蒸気機関は出現しており，高分子化学が確立せぬうちに，すでにセルロイドやベークライトのようなプラスチックは大量に生産されている．いや，自然科学理論を否定してさえ，技術は前進する．ガリレイ以前までは，アリストテレスの自然学によって，自然は真空を嫌うとされ，真空の存在は否定されていたが，真空を利用するポンプは，アリストテレス説がくつがえされぬうちに，至るところに普及していた．また，電離層の存在が発見されていない時期の物理学が，大西洋横断の無線通信は不可能としている時に，マルコーニによって，それは成功した．机上の理論よりも，現場でつかんだ経験法則を信頼して，あらゆる手段をつくして目的を実現してしまうところに，技術者の面目がある．

しかし，そのような経験法則が科学者によって普遍的な自然法則

にまで高められることは，技術の発展をさらに意識的計画的にさせ，幅広く水準の高い技術発展を可能にする．この意味では，技術は科学の発展を要求するのである．蒸気機関の発展は熱力学の形成をもたらし，その熱力学は一方では内燃機関や蒸気タービンのような高度な技術発展を可能にし，他方では化学反応平衡論や化学反応速度論を介して，アンモニア合成法にはじまる近代の合成化学技術のけんらんたる発展をもたらした．また，高分子化学の成立は，合成ゴムやナイロン，ポリエチレンをはじめとする今日の高分子合成技術の時代をきりひらいた．これらの場合は，科学の技術に対する先行性が見られるわけである．

　科学の技術に対する先行性は，電気技術や化学技術，原子力技術などにおいては，さらに明瞭にあらわれる場合が多い．ファラデーによって電磁誘導の法則が発見されて，はじめて発電機の発想が可能になった．マックスウェルによって，電磁場の方程式が確立されたことから，電磁波の伝播の可能性が明らかとなり，ヘルツによってそれが実証された時，その電磁波検出装置は，マルコーニやポポフによる無線通信機の原型となった．テレビ受像機は，ブラウン管を原型としているし，ウラン235の電磁分離装置は質量分析器を原型としている．また，ケクレによって，ベンゼンの分子構造が解明されて，はじめてアリザリンやインジゴの構造が明らかとなり，それらの合成が可能になり，さらに写真感光剤や医薬品，スルファミンその他の化学療法薬品が開発されるということになった．いずれの例にあっても，自然科学上の基本的な原理が発見され，あるいは画期的な科学実験装置がつくられて科学の歴史が大きく飛躍したことによって，はじめて，新しい技術の世界がひらかれたことを示している．いかなる天才技術者といえども，科学の歴史のうえでのこれらの飛躍がなければ，このような発明は不可能であったろう．

　こうしてみると，科学と技術は，ますます密接に相互作用を演じ

つつ発展するものではあるが、しかも、それぞれに独自の発展の論理をもっていることが分る。科学はしばしば、技術の面からその発展を要求されるが、その要求は科学の論理からすれば、いわば外的な偶然的な要因であって、科学自身は、自然の論理にしたがって、ますます普遍的な統一的な法則をもとめて、自然の奥深く切りこんで行くものである。だから技術の面からとくに解決が要求されなくても、技術的実践においてあらわれた未知の現象は、時には科学研究における興味あるテーマとなる。一つは、材料の延性や弾性や破壊などの現象を、量子力学法則によりつつ解明しようとして、今日の固体物理学が体系づけられてきた。固体物理学は、その対象をそのような生産現場において見いだしたが、生産現場がとくに固体物理学の発展を直接に要求したわけではない。また今日の固体物理学は、材料の質の向上や新しい材料の開発という具体的な問題にただちに有効というわけではない。固体物理学はいわば生産技術を基盤として、それ自体の論理にしたがって発展してきたのである。

技術はまた、新しい実験装置の開発を可能にするということでも、科学の進歩の基盤をなす。天体望遠鏡や真空ポンプや各種測定器、電子顕微鏡や大加速器やプラズマ発生装置などが、科学の進歩において、いかに大きな役割をはたしたかは、ふれるまでもないであろう。こうしてみれば、科学に対する技術の直接の要求も、科学の発展に対する技術的基盤ととらえることができ、その直接の要求は、技術的基盤のひとつの形態とした方が自然であろう。

武谷氏は、科学と技術との以上のような関係について、こう述べている。「技術的要求は科学と技術の直接的な関連を意味している。科学は先に述べたように、技術と自然自体の構成と思惟様式の三者に規定されて進むものである、しかしまた特に技術との直接な関連をもつ場合も、その一つの形態として存するわけである。技術との関連はしかしながらこのような直接な形態よりも、大きな環をなし

て相互に発展して来たといえる.*」そして科学認識は,技術や思惟様式に規定されながらも,それ自体としては自然の論理にもとづいて,現象論的段階から実体論的段階を媒介して本質論的段階にすすむとする武谷氏の科学発展の論理は,すでに本著作集の第1巻において筆者が解説したとおりである.**

技術からの要求,あるいは技術的実践による科学理論上の通念の否定は,むろん科学の発展をもたらすが,もし,科学が,その場その場の技術の要求にこたえるだけで,自然の論理にもとずいてのそれ自身の深く広い展開を怠ったならば,科学の本格的な進歩はありえない.事実,マルコーニの大西洋横断無線通信の成功は,科学者をして電離層の発見にむかわせたのであるが,科学はそれにとどまらず,宇宙線物理学へと展開して行って,天体物理学,さらには素粒子論とむすびついたのである.そして,そのような科学それ自身の発展こそが,ある時期にいたって,技術の巨大な発展をもたらす.原子力技術の発端は,核分裂の発見であることは,よく知られているが,その核分裂は,原子核エネルギーの応用という問題意識とは全く無関係に,中性子による核破壊の体系的な研究の重要な一環として,超ウラン元素の本質を追究した結果であった.

目的と手段との矛盾

技術は,自然の法則性によってささえられていることはむろんだが,科学者による自然法則の追究は,技術にとっては外的で偶然的な要因である.技術にとって直接に問題になるのは,特定の目的を媒介してあらわれた特殊的な合目的的な自然法則性であって,自然法則一般ではない.先にも述べたように,そこでは技術をささえる自然の法則性の把握はむろんきわめて重要であるが,場合によって

---

 * "ニュートン力学の形成について",本著作集,第1巻,p. 84.
 ** p. 410〜438.

は,科学理論上の通念の無視もまた必要である.そして,さらに必要であるのは,目的そのものの検討である.それはまだ実現していない使用価値であり,意識や計画のなかにあるものにすぎないが,技術者があつかう合目的的な自然法則性は,自然法則性によって規定されるばかりでなく,目的によって根本的に規定される.だから技術者は,自然の法則性一般をつかむだけでなく,目的そのものが,人間社会にとってどんな意味があるのかを問わねばならないのである.哲学上の概念でいえば,自然の法則性をどうつかむかは,存在論の領域に属し,人間社会に対する目的の意味を問うのは,価値論の領域に属する.この意味で,技術は存在と価値との統一であり,技術論は存在論と価値論とを統一するものである.武谷氏が「自由とは必然性の洞察」ということを技術の本質をとらえるさいの指針としたことは,この点でも,問題の核心をつくものであろう.

目的が実現した生産物が人間社会に,現実にどういう意味をもっているかをも,当然技術者は問わねばならないであろう.それだけではない.人間労働力にとって,労働過程がどういう意味をもっているかをも,技術者は問わなければならない.と言うのは,人間は労働によって生産物をつくりだすことによって,現在の社会に寄与するばかりでなく,労働をつうじて人間的に成長し,さらに高次の目的を実現しうる能力をもつことによって,未来の社会にさらに多くを寄与しうる可能性を生じるからであり,これこそ人間社会の発展の原動力だからである.労働力は労働手段や労働対象と同様,労働過程において目的を達成する手段であるが,労働力は同時に労働主体であり,それ故に労働手段や労働対象とはちがって,その機能は労働過程をつうじて高まる.そして,人間労働力の成長こそは,目的の実現とならんで,人間社会にとっての労働過程の基本的な意味に他ならない.

目的を実現する合目的的な自然法則性は,さしあたって,いくと

おりも考えられうる．そのどれを取るかを決めるきわめて重要な基準は，人間労働力が労働過程をつうじてどれだけ成長しうるか否かということである．可能な合目的的な自然法則性のどれをとるかという基準において，次に重要であるのは，できるかぎり少ない労働力の投入によって，できるかぎり多くの生産物を獲得するということである．ここで労働力と言うのは，現に生きている労働力ばかりでなく，労働手段や労働対象を過去に生産するに必要であった労働力をも指す．労働力は自己を維持し成長させるに足りる以上の使用価値を，労働過程においてつくりだす．これがまた，労働力の独特の機能であって，労働力こそが生産力の発展の根源である所以であり，人間社会の発展の基本条件である．

もし，労働力が自己を維持するに十分以上の使用価値をつくりだすことができなかったら，人間は餓死してしまって人類は亡びさっていたであろう．また，労働力が自己を成長させるに十分以上の使用価値をつくりださず，ただ自己を維持するに足りるだけの使用価値をつくりだすにすぎなかったら，人類は亡びはしないであろうが，生産力の発展はなく，人類は永久に原始の世界にとどまっていたであろう．労働力が自己を維持し成長させる以上の使用価値をつくりだしてきたからこそ，人類社会の今日までの発展はありえたのであり，かつ，これを可能にさせたものは，人間労働力が労働過程をつうじて成長しうるという独特の機能にほかならない．この機能がなければ，人間社会の発展はありえない．どちらにしても，可能ないくつかの合目的的自然法則性のどれをとるかを検討するにさいしては，労働過程をつうじての人間の成長をもっとも重視しなければならないのである．

労働過程をつうじて人間労働力が成長しうるのは，労働過程に対して，つねに新たな高い目的が設定され，既存の手段——労働力，労働手段および労働対象とのあいだに矛盾が発生するからである．

つまり，労働過程における目的と手段との矛盾が，人間労働力の成長の根源である．先に述べたように，このさい人間労働力は，その目的を検討し，労働過程と労働力とのかかわりあいを検討し，できるかぎり少ない労働力をもってできるかぎり多量の生産物を得ることを考慮して，もっとも適切な合目的的な自然法則性をつかもうと努力する．そして，従来よりも深く広く自然法則性をさぐり，カンや経験法則や高度の自然科学理論などのすべてをつくして，合目的的な自然法則性をとらえ，それを労働力や労働手段や労働対象のうえにあらわして，労働過程を成立させる．目的と手段との矛盾は，このようにして目的が実現することによって解決されるのである．

さて，目的と手段との矛盾が発生したのは，従来よりも高い目的が設定されたからだと述べたが，ではなぜ，より高い目的が生じたのであろうか．それは，第一に，一つの労働過程における目的と手段との矛盾が，これに直接に関連する労働過程において，新たなより高い目的の設定を要求するのである．つまり，目的と手段との矛盾は，その手段をより高めることによって解決されるのであるが，と言うことは，その労働力や労働手段や労働対象が，可能性の段階において，新たな目的として，直接に関連する労働過程において設定されるからである．目的が達せられて，生産物が実現されたならば，それらは，次の労働過程において新たな手段として登場することになる．こうして，労働過程における目的と手段との矛盾が，つぎつぎと新たな目的と手段との矛盾を生みだし，この連鎖反応がかぎりなくつづくのである．

労働過程の連鎖は，あらゆる部門の技術が相互に密接につながりあって，一つの技術体系が形成される根拠である．ガスタービンの発想は，19世紀末の蒸気タービンの発明とともに生じていたが，それが実現するにはタービン翼の材料として耐熱鋼の開発が必要であった．ガスタービンのジェット推進を利用することにより，航空機

の速度はたちまち音速前後に近づいたが,その音速の壁を突破するには,薄翼につづいて後退翼や三角翼を採用せざるをえず,機体の設計は大きく変った.さらにこの高速を可能にするには,電子的な制御装置が必要となった.従来は航空機の技術開発の比重において,半分が機体関係,残り半分が原動機関係とされていたが,ジェット機以後,半分が機体・原動機関係,残り半分が電子装置関係とされるようになった.ジェット推進のシステムが旅客機にまで導入されてくると,速度の不均衡を調整し,ジェット機の騒音を回避するために地上の交通体系の変革がせまられている.技術は労働過程の連鎖を介してあらゆる部門にわたって相互に密接につながり,たがいに生産性のバランスをたもちあって一つの体系を成しているために,このようにして一つの部門での技術の変革は,たちまち目的と手段との矛盾の連鎖反応をひきおこし,全技術体系の変革をひきおこす.これが生産財を生産する労働過程に対して,つぎつぎと新しい目的が設定されて,目的と手段の矛盾が,たえまなく発生する第一の根拠である.

第二に,目的が別の労働過程の労働力や労働手段や労働対象というようなものではなく,人間の衣食住にかかわる消費財である場合がある.もともと消費は,それ自身消費であると同時に,労働力の再生産という側面をも持つ.逆に言えば,労働過程における労働力や労働手段や労働対象の営みは,それ自身生産にかかわっていると同時に,それら自身の消費であるとも言いうる.

また,消費は生産のためのものであり,生産は消費のためのものでもあり,生産は消費において,消費は生産において,それぞれ真に完結する.生産された衣服は,着るという消費によって,はじめて現実に衣服となる.着られない衣服は,じつは衣服ではない.生産物は使用価値たりえて,はじめて生産物たりうるし,したがって,生産は,はじめて生産たりうる.他方,消費によって,活力を回復

し，さらに肉体的精神的能力を高めた労働力は，生産において，はじめて労働力たりえ人間たりうる．マルクスは「食うこと，飲むこと，生むこと等々は，なるほど真に人間的な諸機能ではある．しかし，それらを人間的活動のその他の領域からひきはなして，最後の，唯一の究極目的にしてしまうような抽象がされるところでは，それらは動物的である．*」と言っている．消費は，生産の場での人間的な労働において，はじめて人間的な消費たりうるのである．

　生産と消費とは，このように，それぞれ別ものであると同時に，同一のものであるとも言える．労働過程において，新たな目的実現のために，個々の労働力のいっそうの質的向上が要求されるならば，消費においても，より高度の消費が要求される．こうして，消費の過程においても目的と手段との矛盾が発生する．つまり，より高い消費という目的（より高い人間像の形成）が設定されるならば，その目的と，消費手段としての衣食住や消費主体（同時に手段でもある）とのあいだに，矛盾が発生する．この矛盾は，衣食住の向上や消費主体の向上（人間的教養の向上）によって解決される．消費内部の矛盾がさらに大きくなって，内部的に解決しえなくなれば，その矛盾は，生産と消費との矛盾に転化される．つまりより高い消費が要求されるならば，それは労働過程のうえに，より高い目的が設定される結果となり，目的と手段との矛盾が発生する．新たな目的が実現されて生産力が高まるならば，消費の向上は可能となり，消費の向上はまた，労働力の質の向上の可能性をもたらし，目的と手段との矛盾の解決を可能にする．つまりは，労働過程における目的と手段との矛盾は，消費内部の矛盾を媒介として，生産と消費との矛盾をもたらし，その矛盾は新たな目的を生みだす．また，目的と手段との矛盾の解決は，消費の向上の可能性をもたらし，それは労

　　＊　『経済学哲学草稿』，岩波文庫版，p. 93.

働力の質の向上をもたらして,目的と手段との矛盾の解決を可能にし,生産と消費との矛盾の解決にみちびくのである.

新たな目的が設定される第三の根拠は,自然自体の変化である.先にも述べたように,人間は一つの自然力として自然に対立する.新たな目的が実現するにつれて,自然はその姿を変え,資源としての自然は刻々と消費されて行く. 19世紀末におけるチリ硝石の欠乏は,空中窒素の固定という新たな目的を設定したし,稼行炭層の深度の増大は,水力採炭あるいは地下ガス化という新たな目的を設定させている.生産力の増大にともなう水資源の枯渇は,海水の淡水化という目的を今日の緊急課題としている.

また自然力としての人間は,生殖行為によって人口を増大させ,したがって消費を増大させて,これが消費を介して新たな目的を設定させる.生殖行為は,それ自体消費でもあるが,新たな労働力の生産とも言え,消費の増大によって新たな目的を課すると同時に,目的と手段との矛盾を解決する新たな可能性をも提供するのである.

さて,以上が科学発展とは区別される技術発展の独特の基本的メカニズムである.見られるように,それは,武谷氏が論じた技術の本質論から論理的に展開されたものであり,きわめて抽象的な論理が,しだいに具体的な論理をみちびきだす過程を示したものである.論理は,核心をついて正しく抽象されるかぎりは,その抽象の故に,きわめて豊富な内容を内にふくみうるのである.

価値増殖過程として存在する労働過程

さて,マルクスは『資本論』第1巻の第5章において,抽象的な労働過程について論じ,そこで次のように述べた.

「これまでにわれわれがその単純な抽象的な諸契機について述べてきたような労働過程は,使用価値をつくるための合目的的活動であり,人間の欲望を満足させるための自然的なものの取得であり,

人間と自然とのあいだの物質代謝の一般条件であり,人間生活の永久的な自然条件であり,したがって,この生活のどの形態にもかかわりなく,むしろ人間生活のあらゆる社会形態に等しく共通なものである.*」

筆者がここで述べてきた技術発展のメカニズムもまた,人間生活のあらゆる社会形態に等しく共通であり,武谷氏による技術概念の本質規定も,当然,あらゆる社会形態に共通である.マルクスは,抽象的な労働過程について,こうも述べる.

「この過程を見ても,どんな条件のもとでそれが行われるのかは分らない.たとえば,奴隷監視人の残酷な鞭のもとでか,それとも資本家の心配そうな目の前でか,あるいはまたキンキナトゥス〔古代ローマの将軍〕がわずかばかりの土地の耕作でそれを行うのか,それとも石で野獣を倒す未開人がそれを行うのか,というようなことは,なにも分らないのである.**」

武谷氏の技術概念の本質規定もまたそうであって,それだけを見たのでは,いつの時代,どの社会での技術かというようなことは,だれにも分らない.技術概念の本質規定が歴史的社会的性格をもたないとしても,それは論理のうえからすれば,あたりまえのことであって,これをもって,技術概念の本質規定が技術主義だなどと攻撃するのは,当の批判者が,およそ論理について無知であることをさらけだしたものに他ならない.

ただ,いかに抽象的な論理であったとしても,それから具体的な技術形態がみちびきだされず,いつまでも抽象の域を脱しえないようであれば,それは無意味でまちがった抽象である.真の抽象は,抽象であるがゆえにこそ,ますます豊富な現実を,うちにふくみうるものである.さて,次に,これまでに展開してきた技術本質論,

---
* 『マルクス・エンゲルス全集』第23巻,p.241.
** 前掲,p.242.

技術発展論から,いかにして,現実の技術問題が,論理的にみちびかれてくるかを示そう.

これまで,現実の労働過程から労働過程一般が抽象されて考察されたのは,資本主義下の商品の生産過程から,その一側面としての労働過程が切りはなされ,一般化されて考察されたからに他ならない.つまり,資本主義下の労働過程は,価値増殖過程として剰余価値をうみだすことができなければ,存在のしようはない.もちろん,労働過程が労働過程として成立しないかぎりは,言いかえれば,労働力が合目的的な自然法則性を意識的に適用して,有用な使用価値をつくりださないかぎりは,それは価値増殖過程として役にたつことはできない.しかしまた,労働過程がただそれだけにとどまっているかぎりは,労働過程はやはり現実の労働過程として成りたつことはできない.言いかえれば,資本家が労働力や労働手段や労働対象を購入し,労働力がうみだした剰余価値を手中におさめて,生産物を商品として売りだすという形をとる以外には,労働過程は労働過程として成りたたない.マルクスは,「労働過程と価値形成過程との統一としては,生産過程は商品の生産過程である.労働過程と価値増殖過程との統一としては,それは資本主義的生産過程であり,商品生産の資本主義的形態である.」と述べている.

目的をつうじて労働過程に反映される階級性

労働過程における技術のありかたを規定するものは,一つはその生産的実践の目的であり,いま一つは,その目的を達すべき合目的的な自然法則性だということは先に述べた.ところで,まずその目的が,価値増殖過程によって制約される.資本家にとっては,絶対的剰余価値か相対的剰余価値か,超過剰余価値か,ともかくなんら

---

* 前掲,p. 258.

かの剰余価値の取得が問題である．剰余価値が取得されるためには，なんらかの利潤を見こんで，生産物が販売されなければならない．生産物が販売されるためには，どういう使用価値であるかは問わないにしても，その生産物が社会の誰かに有用な使用価値として，顕在的にか潜在的にか，社会的に要求されるものでなければならない．

そうした社会的要求であって，しかも剰余価値をひきだしうる使用価値の意識像，これが，資本家が労働過程に対して設定した目的である．もともと，社会的要求は，先にも述べたように，諸労働過程の連鎖的変化，生産と消費との相互変化，資源や人口の変化などを根拠として，労働過程そのものに即して，労働過程の内部から，新たな目的として発生してくるものであって，資本家がどのような目的を労働過程に対して設定しようと，これらの根拠を無視しては，目的は目的たりえない．また，逆に言えば，労働過程の内部から，いかに必然的に社会的要求がうみだされたとしても，それが剰余価値創出の目的と一致しないかぎりは，現実の労働過程の目的とはなりえない．

それはともあれ，社会的要求は，資本主義市場の要求であり，労働過程に対して現実に設定された目的は，なんらかの商品の開発計画である．さて，その資本主義市場は，資本主義社会の経済法則にしたがって，たえず変動し発展するが，それはつねに，その時点の階級対立を反映する．戦争勢力が強くなれば，市場は軍需市場となるだろうし，反対に平和勢力が強くなれば，市場は平和市場となるだろう．また，国内の労働者や農民の生活水準向上のための闘争が成功すれば，市場は国内に重点がおかれるようになり，反対に，それらの闘争がうまく行かなければ，市場は飢餓輸出に重点をおくようになるだろう．公害反対の闘争が成功裡にすすめば，公害防止設備の市場があらわれ，反対に，公害反対闘争が進展しなければ，公害防止設備の市場など，ついぞあらわれないであろう．

このような市場の変動・発展によって，さまざまの種類の開発計

画がたてられ，したがって，さまざまの種類の目的と手段との矛盾が連鎖的に発生し，その矛盾を克服すべく，それぞれに合目的的な自然法則性が追究され，意識的に適用される．つまり，さまざまの性格の技術がつぎつぎに発展し，それらはまた，新たな目的の発生の基盤となる．

このようにして，技術は，その本質においては，あらゆる社会に共通であり，特定の歴史的性格を帯びているものではないが，価値増殖過程を媒介として現実の労働過程として現象すると，まずその目的が，階級対立の結果たる社会的歴史的条件の刻印をうけ，技術の上には，特定の階級関係や歴史的な性格が反映される．

目的達成の条件——資本の蓄積

ところで，ここに一つの資本主義市場の要求が発生し，資本家がそれをとらえて，目的と手段との矛盾が発生したならば，それでただちに，矛盾を解決すべき技術が実現されるであろうか．また，実現すべき技術の形態は，この矛盾によって，一義的に規定されるであろうか．

そうではないのである．目的と手段との矛盾という条件だけでは，新たな技術が実現されるか，されないかは決定されず，また新たに登場すべき技術形態は，一義的に規定されはしない．

たとえば，第2次世界大戦の後半においては，日本の軍部や資本家のレーダー開発に対する要求は熾烈なものがあった．しかし，レーダーの開発は遅々として進まず，生産されたレーダーにも故障が続出して，敗戦にいたるまで，レーダーの開発や生産は満足には行われなかった．

また，つぎに，目的と手段との矛盾が解決でき，新しい技術が出現しうる場合であっても，その合目的的な自然法則性には，いくとおりものものが存在する．硫安のガス(水素)源を得るさいにも，水を電気分解する方法もあれば，石炭を完全ガス化する方法もあり，重油

やナフサを分解する方法もある．また，プラントに対しては自動制御装置をできるかぎり採用して，労働者の数を減らす方法もあるし，そうした装置はあまり採用せずに，労働者を多数配置する方法もある．

いずれにしても，客観的に存在する合目的的な自然法則性を実現できるか，できないか，また，そのどれを発見でき，どれを実現できるかということは，つぎの三つの社会条件の如何によって，終局的に規定される．それは，第一に，資本の蓄積，第二に労働力の賃金，第三に労働力の状態である．ここに，労働力の状態というのは，生産や開発に対する労働力のエネルギーと労働力相互のコミュニケーションの如何を指している．市場の要求という社会条件は，技術の発展のさいの目的にかかわるものだが，それに対してこれら三つの条件は，技術発展のさいの手段にかかわるものである．つぎに，これらの三つの社会条件と技術発展との関係について述べよう．

第一に，資本の蓄積という条件についてであるが，この意味は次のとおりである．資本家が社会的要求をとらえて，それを剰余価値創出の手段としたところで，それに対して，まず労働力や労働手段や労働対象を購買しなければならない．それにはむろん資本の蓄積が必要である．資本の蓄積がとぼしければ，新しい技術を発見すべき研究機関や中間試験プラントを建設することは不可能であろうし，既成の高価な機械や設備を購入することもできまい．そうなれば，資本家は市場の要求におうずることができないで，生産や開発を放棄してしまうか（この場合には目的と手段との矛盾が存在したところで，新しい技術は実現できないわけである），それとも水準の低い，さしあたり安価な技術の採用によって，まがりなりにも市場の要求におうずるほかはないだろう．

反対に，資本の蓄積がゆたかであれば，厖大な研究機関や試験プラントを設置して，そこからたえず新発明をうみだし，市場の要求におうじて，つぎつぎに技術として実現させることができるし，む

ろん既成の高価な技術を採用することも可能である．独占資本が小資本にくらべて，一般に技術的に有利と言われる理由は，一つはここにある．戦争や軍部が技術の発展に大きな役割をはたすと，しばしば信じられるのも，そこでの強い軍事的要求や集中的な投資に根拠をおいている．

しかし，資本の蓄積という条件は，技術の発展にとって，必ずしも過大評価できる条件ではない．20世紀における50の重要な発明について，ジュークスたちが一つ一つ詳細に検討したところでは，その半分以上が，意外にも巨大資本の内部から生まれておらず，小資本の工場の片隅や，大学の研究室や，個人の自宅の書斎などから生まれている＊．また，前にもふれたように，太平洋戦争中ほど，日本の科学・技術に尨大な資本が投下されたことは，かつてなかった．ところが，また，この時期ほど日本の技術の発展が貧しかったことは，かつてなかった．この時期における注目すべき技術的事件を強いてあげるならば，1942年の関門トンネルの開通，軽巡洋艦阿賀野の竣工，1944年の伊号400潜水艦の竣工，ドイツのMe-163Bをモデルとしたロケット戦闘機秋水の試作ぐらいのものであろうか．しかも秋水のほかは，いずれも戦前にすでに設計を完了したものばかりである．一方，戦争中に研究を開始して，戦後に実をむすんだなどというものは，ほとんど存在しない．戦後しばらくの日本の空前の技術的空白は，戦争中のこの空白時代から直接にもたらされたものである．

武谷氏の技術概念のとらえかたが，社会的関係を無視していると言って非難した人たちが，さて，技術と社会との関係についての当人の見解をもちだしてくると，ほとんどと言っていいほど，ここに示した市場の要求と資本の蓄積とを技術発展の決定的な要因としてしまっていることは，特徴的である．この人たちは何よりもまず独

＊ ジュークス他著，星野・大谷・神戸訳『発明の源泉』参照．

占資本が,そして軍部が強力に技術の発展を推進したと説く.しかし,批判者たちは,たとえばジュークスたちのように,重要な発明の一つ一つについて,史実に即して検討したわけではない.技術史上の事実は,このような社会通念を裏ぎるものであるが,もともと歴史について虚心に検討しようという気のない批判者たちにとっては,歴史上の事実などはどうでもよいことなのであろう.また,先にも述べたが,批判者たちには論理はない.マルクスがみごとに分析してみせたような,抽象的な労働過程一般が価値増殖過程を媒介して,いかにして現実の具体的な労働過程に現象してくるかという論理は,批判者たちにとっては無縁のものである.抽象的な技術一般が,それ自身にとっては外的で偶然的な価値増殖過程を介して,歴史的社会的な技術としてどのように現象するか,そのさい技術発展の形態を基本的に制約する社会条件は何かという論理も,当然,批判者たちには無縁のものである.だから批判者たちは,たんなる思いつきで,市場の要求や資本の蓄積がありさえすれば,技術は自動的に発達するものと考え,これこそ技術を社会的に見る所以だと思いこむのである.

目的達成の条件——賃金

それはさておき,第二に,労働者の賃金という条件についてであるが,その意味は次のとおりである.たとえば,アメリカの経済史家ボガートは,19世紀中葉のアメリカの産業について,次のように述べている.「当時はすでに,労働は植民地時代のように払底してはいなかった.だがそれはまだ,労働をはぶくような方法を採用する方が,より有利だと言えるほどには,高価なものであった.われわれは,低賃金労働というハンディキャップを背負ってはいなかったのである.低賃金労働は,東洋において機械に対する関心を喪失させ,東洋の産業革命を遅延させたのであった.[*]」

ボガートはここで,アメリカにおける技術の高度の発展の一つの基本的原因を,そこでの賃金の高さにもとめており,東洋における技術の発展の停滞を,そこでの低賃金労働にもとめている．この見解は正しいものである．なぜなら,もし一つの経営の労働組合が他経営に先んじて賃金値上げに成功したならば,そこでの資本家は,賃金の低い他経営と同一の技術条件では,製品のコストの高低を争うことはできず,資本家はいきおい,生産性のより高い技術を導入して,高賃金をもってしてもより安いコストを実現させるか,ないしは別に新製品をつくりだして,新しい市場を開発するか,どちらかの手段をこうぜざるをえないからである．

これに反して,労働者が低賃金の状態におさえられていたならば,資本家はたとえ十分な資本の蓄積をもっていたとしても,新しい技術の採用をはかるよりも,そうした低賃金労働をできるかぎり酷使して,市場の要求にこたえる道をえらぶだろう．マルクスの言うように,「ただ生産物を安くするための手段だけとして見れば,機械の使用の限界は,機械自身の生産に必要な労働が,機械の充用によって代えられる労働よりも少ないということのうちに,与えられている．だが,資本にとっては,この限界はもっと狭くあらわされる．資本は,充用される労働を支払うのではなく,充用される労働力の価値を支払うのだから,資本にとっては,機械の使用は,機械の価値と機械によって代わられる労働力の価値との差によって限界を与えられるのである。**」

実際,ことに戦前において,日本の技術が欧米にいちじるしく遅れていたのは,労働組合が弾圧された結果,賃金がきわめて低い水準に釘づけされたことに最大の原因がある．日本の炭鉱の機械化は,

---

  * E. L. Bogart, & D. L. Kemmerer, *Economic History of the American People*, p. 340, 1947.
 ** 『マルクス・エンゲルス全集』第 23 巻, p. 512.

戦後にはじめて本格的にすすんだのであるが，この大きな原因は，炭鉱の労働組合が活発をきわめ，賃金上昇の圧力を不断に資本家にくわえたがためにほかならない．日本と欧米との技術格差は，いまなお存在しているが，これは，資本の蓄積の相対的な遅れにも起因しているが，より決定的には，欧米にくらべての賃金格差に起因していると言うべきであろう．

　また，高賃金は高い技術を生み高い技術は高い生産性をもたらし，高い生産性は資本の蓄積の増大をもたらすことが注意されなければならない．つまり，資本の蓄積と賃金との二つの条件を見るとき，いずれが基本的な条件かと言えば，それは賃金である．賃金はむろん，労働者と資本家とのあいだの階級的力関係を端的に示すものである．資本は，労働者階級が搾取にあまんじているならば，どこまでもその低賃金の上に安住しようとする．その意味では，資本には本質的に技術発展に積極的な姿勢はない．現象的には資本はいかにも自己の意志で技術を発展させるようにも見えるが，それは仮象であって，資本の本質をあらわすものではない．資本は労働者階級の圧力を，つねになんらかの形でこうむっているので，資本相互のあいだに競争が発生せざるをえず，その競争のためには，技術を発展させざるをえないのである．この意味では，労働者と資本家との階級的力関係は，賃金を媒介として，直接に現実の技術形態の上に反映され，また，資本の蓄積を媒介にして，間接に技術形態の上に反映されると言うことができる．

資本主義的労働過程の自己矛盾——労働の疎外

　第三に，労働力の状態という条件についてであるが，その意味は次のとおりである．強い市場の要求があり，それにこたえる資本の蓄積が十分であり，かつ賃金は高くて，資本家をして新技術の導入によって目的と手段との矛盾を克服させるような条件がそろえば，

それで技術発展の速度や方向はおのずから決まるかというと，そういうわけには行かないのである．なぜなら，目的と手段との矛盾は，手段のなかでも他の手段とは全く異質の労働力の，特有の機能によって解決されうるものであり，労働力の側において，合目的的な自然法則性をとらえる能力が欠けているならば，市場と資本と賃金のような経済条件がいかにそろったところで，目的は達成されるわけはなく，新たな技術が発展するわけはない．経済と技術とを単純にむすびつける論者たちは，技術発展における労働力主体の決定的な重要性について，全く盲目になっているのである．

労働力は，目的に対しては，自ら手段でありながら，手段としての自己を意識できるという点で，主体性を持ち，その主体性のゆえに，目的を達しうる合目的的な自然法則性をとらえることができ，その自然法則性にもとずいて，合目的的な労働力，労働手段，労働対象をつくりだし，目的と手段との矛盾を解決する．目的と手段との矛盾は，手段の一つである労働力の主体性によって，はじめて解決できる．だから，労働力の主体性が，いかに発揮できるか否かが，目的と手段との矛盾がどういう形で解決できるか否か，技術がどう発展しうるか否かの，終局的な決定的な条件である．

前に述べたことだが，労働力は，目的と手段との矛盾を克服する過程で，自己を成長させることができる．だから，次にさらに高次の目的が課されても，高まった自己によって，目的と手段との新たな矛盾を克服できる．これは，どの社会にあっても変らない永久条件であって，これあればこそ，生産力の発展も文明の発展も可能であった．しかし，この労働過程の本質も，価値増殖過程を媒介して現実の労働過程として現象するとなると，労働力のすべてが，労働によって自己を成長させることは不可能であることが，ただちに見てとれる．

現実の労働過程の内部では，多くの労働力は，それぞれ分業を行いつつ，全体として結合労働力ないしは社会的労働力（マルクスの

用語)を形成して,労働手段の体系を介して労働対象にはたらきかけ,目的を達成している.結合労働力としては,労働力に主体性があり,労働をつうじて労働力は成長するが,その結合労働力の内部は,精神労働と肉体労働とに分裂していて,主体性は精神労働の側に集中し,ことに部分労働(単純労働)としての肉体労働には,ほとんど主体性はあたえられてはいない.

精神労働と肉体労働との分裂は,資本主義的労働過程の最大の特徴であり,技術発展における資本主義の自己矛盾は,ここに集中的にあらわれている.資本にとっては,労働過程は価値増殖過程の担い手として,はじめて意味をもつ.剰余価値の一方的な収奪のためには,資本はその内部に労働支配の秩序を貫徹させることが前提となる.その資本の労働支配の秩序の支柱は,労働能力の格差である.封建制社会における領主の農民支配の秩序の支柱は,身分格差であったが,ブルジョア民主主義革命によって,この身分格差が粉粋されると,新しい支配者としての資本家は,形式的な自由と平等のかげに,能力の格差をすべりこませ,労働過程においてこれを固定化させる方向をとったのである.

精神労働と肉体労働との分裂といっても,両者のあいだには,いくつもの段階があり,全体として能力の格差を形成している.また,産業革命以来全面的にあらわれてきた部分労働は,それ以前の肉体労働のように,とくに肉体を苛酷につかう労働でもなく,微妙な感覚を忍耐強く継続させる労働でもない.そうした労働にくらべれば,むしろ楽な労働である.しかし,部分労働にとって最も致命的なことは,その労働が労働者の肉体的精神的能力よりずっと下まわる程度の労働にしかすぎず,労働をつうじて自己を成長させることはできず,部分労働者はいつまでも低い労働能力の状態に釘づけにされるということである.

初期のマルクスが,この労働の状態に注目し,いわゆる労働疎外

論を展開したことは、よく知られている．マルクスはまず、生産物からの労働者の疎外について、こう述べる．「労働者は商品をより多くつくればつくるほど、それだけますます彼はより安価な商品となる．事物世界の価値増大にぴったり比例して、人間世界の価値低下がひどくなる．……労働の生産物は、対象のなかに固定化された、事物化された労働であり、労働の対象化である．労働の実現は、労働の対象化である．国民経済的状態のなかでは、労働のこの実現が、労働者の現実性剝奪として現われ、対象化が、対象の喪失および対象への隷属として、〔対象の〕獲得が疎外として、外化として現われる．*」

つづいて、マルクスは、「疎外は、たんに生産の結果においてだけではなく、生産の行為そのものにおいて、自分自身を疎外されないとしたら、どのようにして、彼は自分の活動の生産物に疎遠に対立することができようか．」と問い、労働者の労働そのものからの疎外について論ずる．「第一に、労働が労働者にとって外的であること、すなわち、労働が労働者の本質に属していないこと、そのため彼は自分の労働において肯定されないでかえって否定され、幸福と感ぜずに、かえって不幸と感じ、自由な肉体的および精神的エネルギーが、まったく発展させられずに、かえって彼の肉体を消耗し、彼の精神は頽廃化する、ということである．だから労働者は労働の外部ではじめて自己のもとにあると感じ、そして労働のなかでは自己の外にあると感ずる．労働していないとき、彼は家庭にいるように安らぎ、労働しているとき、彼はそうした安らぎをもたない．だから、彼の労働は、自発的なものではなくて、強いられたものであり、強制労働である．**」

労働は、ほんらい社会的で創造的なものだと、マルクスは言う．「人間は、まさに対象的世界の加工において、はじめて現実的に一つの類的存在として確認されることになる．この生産が人間の制作

---

* 『経済学哲学草稿』岩波文庫版, p. 86.
** 前掲, p. 91～92.

活動的〔Werktätig〕な類生活なのである．この生産をつうじて自然は，人間の制作物および人間の現実性として現われる．それゆえ労働の対象は，人間の類生活の対象化である．というのは，人間は，たんに意識のなかでのように知的に自分を二重化するばかりでなく，制作活動的，現実的にも自分を二重化するからであり，またしたがって人間は，彼によって創造された世界のなかで自己自身を直観するからである．*」

ところが疎外された労働は，この労働のほんらいの意味を逆転させてしまう．マルクスは，こう述べる．「それゆえ，疎外された労働は，人間から彼の生産の対象を奪いとることによって，人間から彼の類生活を，彼の現実的類的対象性を奪いとり，そして動物にたいする人間の長所を，人間の非有機的身体すなわち自然が彼から取りさられるという短所へと，変えてしまうのである．同様に疎外された労働は，自己活動を，自由なる活動を，手段にまで引下げることによって，人間の類生活を，彼の肉体的生存の手段にしてしまう．したがって人間が自分の類についてもつ意識は，疎外によって変化し，類生活が人間によって手段になる，というところまで変ってしまうのである．**」

マルクスは，労働者のこのような疎外の根源が私有財産にあることを論理的に明らかにする．「したがって，私有財産は，外化された労働の，すなわち自然や自分自身にたいする労働者の外的関係の産物であり，成果であり，必然的帰結なのである．***」そして，共産主義とは労働者の疎外からの脱出であり，私有財産の廃止そのものにほかならないとマルクスは言う．「人間の自己疎外としての私有財産の積極的止揚としての共産主義．それゆえにまた人間にたいする人間のための人間的本質の現実的獲得としての共産主義．それゆえ

---

* 前掲, p. 97.
** 前掲, p. 97.
*** 前掲, p. 102.

に社会的すなわち人間的な人間としての人間，意識的に生まれてきた，また今までの発展の全成果の内部で生まれてきた完全な自己還帰としての共産主義．この共産主義は完成した自然主義として＝人間主義であり，完成した人間主義として＝自然主義である．それは人間と自然とのあいだの，また人間と人間とのあいだの抗争の真実の解決であり，現実的な存在と本質との，対象化と自己確認との，自由と必然との，個と類とのあいだの争いの真の解決である．*」

労働の疎外について，初期の『経済学哲学草稿』において刻明に分析したマルクスは，次の『ドイツ・イデオロギー』においては，労働の疎外とは，精神労働と肉体労働との分割の直接的結果にほかならないことを示しつつ，労働の疎外と私有財産とが一つのものであるならば，労働の分割と私有財産ともまた一つのものであり，その私有財産についても，生産力の資本家的所有が問題の核心であることを明らかにしている．『資本論』においては，これまで述べてきたように，いつの時代や社会にも共通な労働過程の本質が価値増殖過程を媒介として現象すると，結合労働力の内部に精神労働と肉体労働との分裂があらわれ，部分労働としての肉体労働が，いかに疎外されているかが（疎外という用語は用いられないが），分析される．

労働の疎外，言いかえれば，精神労働と肉体労働との分裂の問題においてこそ，技術発展に対する資本主義の制約が，もっとも鋭くあらわれ，この問題こそ武谷技術論を敷衍し展開するさいのきわめて重要な点である．

労働の疎外を前提とする技術体系

ほんらいなら，労働の疎外や精神労働と肉体労働との分裂は，労働をつうじての労働者の成長をはばむという点で，技術発展ないし

---

*　前掲, p. 130〜131.

は生産力の発展にとって大きな障害となり，資本家にとっても，明らかに損害をあたえているとも思われる．しかし，先にも述べたように，能力の格差，言いかえれば精神労働と肉体労働との分裂は，価値増殖過程の前提である．資本の労働支配が貫徹していなければ，剰余価値は資本の側に集中することはできない．すべての労働者が成長して社長になったのでは，剰余価値を資本の側に集中することはできない．資本主義下の教育制度の目的は，資本主義的労働過程における能力の格差を労働過程以前に社会的に固定させ，同時に，資本の労働支配という社会秩序をイデオロギーとして信仰させることにある．戦後にアメリカが日本にもちこんできた教育制度は，このねらいを露骨にあらわしている．5点評価法にあっては，すべての児童が5をとることは拒否されている．教師の努力は，すべての児童の学力を高めることではなく，児童のあいだに，いかにして能力の格差を明確にするかという一点に集中される．これは，技術発展における資本主義特有の自己矛盾である．

　重要なことは，労働の疎外を前提として，労働過程での目的と手段との矛盾の解決がはかられ，それによって生じた技術体系が，労働の疎外を固定化させる役割をはたし，技術体系自身もその方向に固定化されるということである．マルクスは，資本主義的労働過程における機械と労働者との関係について，次のように論ずる．

　「機械労働は神経系統を極度に疲らせると同時に，筋肉の多面的な働きを抑圧し，身心のいっさいの自由な活動を封じてしまう．労働の緩和でさえも責め苦の手段になる．なぜならば，機械は労働者を労働から解放するのではなく，彼の労働を内容から解放するのだからである．資本主義的生産がただ労働過程であるだけではなく同時に資本の価値増殖過程でもあるかぎり，どんな資本主義的生産にも，労働者が労働条件を使うのではなく，逆に労働条件が労働者を使うのだということは共通であるが，しかし，この転倒は機械によ

ってはじめて技術的に明瞭な現実性を受け取るのである．一つの自動装置に転化されることによって，労働手段は労働過程そのもののなかでは資本として，生きている労働力を支配し吸いつくす死んでいる労働として，労働者に相対するのである．生産過程の精神的な諸力が手の労働から分離するということ，そしてこの諸力が労働にたいする資本の権力に変わるということは，すでに以前にも示したように，機械の基礎の上に築かれた大工業において完成される．個人的なからっぽになった労働者の細部の熟練などは，機械体系のなかに具体化されていてそれといっしょに『主人』(master)の権力を構成している科学や巨大な自然力や社会的集団労働の前では，とるにも足りない小事として消えてしまう．」*

　労働者が労働条件をつかうのではなく，労働条件が労働者をつかうという転倒は，機械によってはじめて技術的に明瞭な現実性を受けとると言われているが，この現実性は，20世紀に入ってからは，コンベア・システムという形で，とめどもなく広がっている．機械は人間よりもはるかに高速，強力，かつ正確にはたらくが，その運動は人間とはちがってげんみつな反覆運動でしかない．だから，機械の部品の工作の自動化は，さほど困難ではないが，部品の組立てはきわめてむずかしい．複雑な機械の各部が，ステーションごとに全く正確に指定された位置にやってこなければ，組立機械ははたらかない．人間が組立作業にあたる場合は，機械の位置が多少ずれていたとしても，それと気づかないで適応してしまい，同じような作業をやってのける．このさい，人間の作業を細かく分解して徹底的に分業させ，部品の輸送をコンベアにゆだねるシステムが，コンベア・システムである．

　だから，コンベア・システムは，機械の大量生産において出現す

＊『マルクス・エンゲルス全集』第 23 巻, p.553.

べき技術的必然性をもってはいるが，同時にそれは，資本主義的労働過程としても，出現すべき必然性をもっている．マルクスは「マニュファクチュアでは，全体労働者の，したがってまた資本の，社会的生産力が豊かになることは，労働者の個人的生産力が貧しくなることを条件としている.[*]」と言っているが，コンベア・システムは，このマニュファクチュア分業の本質を，コンベア装置という労働手段に体現させたものである．コンベア・システムは，個々の労働者の生産力をできるかぎり貧しくさせながら，しかも全体の生産力をできるかぎり大きくさせるという点で，資本主義的労働過程の資本主義的自己矛盾を典型的にあらわしている．コンベア・システムは，コンベアという労働手段（不変資本）を媒介して，資本の労働支配を不動のものとしている．

資本主義的労働過程では，労働者はコンベアの両側の部分労働に釘づけにされる．それは労働者の労働能力をあまりに下まわっているので，労働をつうじての人間的成長などは全く考えられない．労働は空疎であり，その労働時間のあいだ，労働者は資本家に自己の魂を売ったも同然である．当然，コンベア・システムは，技術発展の過渡期にあらわれる性格から逸脱して，その技術形態はできるかぎり拡大され固定化される傾向をもつ．コンベア・システムの技術的な存在理由は，量産される機械の部品点数がきわめて多い，ということである．コンベア・システムが人間の労働を無内容にし非人間的にする傾向をもつものならば，部品点数をできるかぎり減少させるような機械の設計原理があらわれなければならない．自動車の部品点数は，俗に１万点といわれるが，設計を大幅に変えて，もしそれが１千点となるならば，単純な算術計算によれば，コンベア・システムの規模は 1/10 に減少するわけである．そのうえに分業の

---

[*] 前掲, p. 474.

組織を変えて、それぞれ別に自己の職場をもつ人たちが、短時間ずつ交代に組立作業にあたるようにすれば、諸個人の労働における非人間的要素はわずかなものとなり、労働の疎外は技術的に消滅の方向にむかうであろう．

　資本主義的労働過程にあっては、こうした分業組織は期待できない．それは、資本の労働支配の支柱を破壊してしまうことだからである．それにともなって、量産型機械の設計原理の変化も、遅々としている．相対的な停滞状態におちいっていると言ってよいであろう．現実には、当然労働者の側からの圧力もある．賃金上昇の圧力によって、組立作業における人海戦術にもしだいに限界が生じて、部分的な組立の機械化、あるいはプリント配線に見られるような設計原理の部分的変化も生じてはいる．その意味では、労働手段の体系に対する労働者の技術的従属も、労働者と資本家との階級的力関係によって、その形態は変化する．しかし、生産手段の資本家的所有が廃されないかぎりは、この階級関係も、終局的には、資本家側のイニシャティブのもとに妥協される．したがって、労働条件が労働者をつかうという転倒が、機械の上に技術的に体現されるという技術の性格は、本質的には変らない．この意味で、資本主義的労働過程における技術形態には、それが労働力の分業組織であれ、労働手段の体系であれ、階級的性格が反映されざるをえない．

資本主義的労働過程の自己矛盾──労働力の分断

　個々の労働者についていえば、労働条件が労働者をつかい、労働者は技術的に機械に従属しているのであるが、結合労働力全体についていうならば、結合労働力は、経済的には機械に従属しているにしても、技術的には機械に従属してはいない．経済学者たちは、しばしば部分と全体とを混同して、結合労働力全体もまた、経済的にばかりでなく、技術的にも機械に従属していると解するが、そうし

たことは，論理的にも現実的にもありえない．労働力は全体として，労働手段を思うようにつかいこなして，目的を達成する．そのような結合労働力の主体性がなければ，労働過程は，価値増殖過程として，資本家の役にはたたない．つまり，結合労働力の労働過程における主体性があればこそ，その労働力は，価値増殖過程において，不変資本たる労働手段に経済的に従属するのである．

労働力における部分と全体との，この技術的機能の逆転の根拠は，むろん精神労働と肉体労働との分裂，ないしは知識労働と部分労働の分裂にある．労働過程における精神労働者とは，技術者のことにほかならない．技術者は，労働者をひきいて，合目的的な自然法則性をつかみ，労働手段を介して，労働対象を目的とする生産物に化する．労働者は技術的に労働手段に従属するだけでなく，技術者にも技術的に従属する．結合労働力が精神労働と肉体労働とに分裂しているということは，労働者の技術者への従属をも意味しているのである．この場合，労働手段が資本として労働者に対立するように，技術者は資本として労働者に対立する．労働者をひきいて目的を実現する能力が技術者になければ，むろん，技術者が資本として労働者に対立するようなことはありえない．

マルクスは協業の規模が拡大されるにつれて，このような意味での労働者の階層分化が生じることを述べている．「資本家の指揮は内容から見れば二重的であって，それは，指揮される生産過程そのものが，一面では生産物の生産のための社会的な労働過程であり，他面では資本の価値増殖過程であるという，その二重性によるのであるが，この指揮はまた形態から見れば専制的である．いっそう大規模な協業の発展につれて，この専制はその特有な諸形態を展開する．資本家は，彼の資本が本来の資本主義的生産の開始のためにどうしても必要な最小限度の大きさに達したとき，まず手の労働から解放されるのであるが，今度は，彼は，個々の労働者や労働者群そ

のものを絶えず直接に監督する機能を，再び一つの特別な種類の賃金労働者に譲り渡す．一つの軍隊が士官や下士官を必要とするように，同じ資本の指揮のもとで協働する一つの労働者集団は，労働過程で資本の名によって指揮する産業士官（支配人, manager）や産業下士官（職工長, formen, overlookers, contre-maîtres）を必要とする．監督という労働者が彼らの専有の機能に固定するのである．」

先にも述べたように，結合労働力内部のこのようなヒエラルヒーは，多数の労働者の疎外の上に成りたっているのであるが，初期の『草稿』でマルクスが言っていたように，疎外された労働者が，「労働の外部ではじめて自己のもとにあると感じ，そして労働のなかでは自己の外にあると感ずる．」ようでは，労働者たちが自ら進んで協同して生産にあたるエネルギーをもつというようなことは考えられない．しかし資本としては，技術者の指導のもとに，これらの労働者を有無をいわさず定常的な作業につかせねばならない以上は，労働過程においては兵営的な規律を維持せざるをえない．マルクスは，こう論じている．「労働手段の一様な動きへの労働者の技術的従属と，男女の両性および非常にさまざまな年齢層の個人から成っている労働体の独特な構成とは，一つの兵営的な規律をつくりだすのであって，この規律は，完全な工場体制に仕上げられて，すでに前にも述べた監督労働を，したがって同時に筋肉労働と労働監督者との，産業兵卒と産業下士官との，労働者の分割を十分に発展させるのである．」

兵営的な規律をともなうこのような労働の分割がすすめばすすむほど，疎外された労働者はますます結合労働への積極性を失い，兵営的な規律に反撥するであろうし，それはまた，ますます兵営的な規律を強化させ，労働の分割を促進するという悪循環をもたらす．

---

* 『マルクス・エンゲルス全集』，前掲, p.435.
** 前掲, p.554.

この悪循環は労働の疎外をますます促進するのだが,労働の疎外が技術発展における資本主義の自己矛盾であることは,すでに述べた.労働の疎外が資本主義の自己矛盾をいっそう深める一方,注意すべきは,労働の分割がすすんで,部分労働や肉体労働が展開している生産現場から精神労働が遊離すればするほど,精神労働が精神労働としての機能をはたしえなくなり,ここにおいても,資本主義の自己矛盾が増大するということである.

ひと口に技術者といっても,現代のように技術が発展し資本が巨大化してくると,その階層の幅はきわめて大きくなる.上層の方は,研究担当重役として資本家そのものにもなっているし,下層は単純な計算や図面引きに追われて,労働の疎外は技術者にも及んでいる.上下の幅のみならず,横の幅も増大していて,中央研究所で基礎研究に専念している技術者から,建設現場の労働監督のような技術者,さらにはセールス担当の技術者もいる.しかし,どの位置にある技術者であっても,生産と販売の場所に根ざして仕事をすすめるのが本当である.と言うのは,ここにおいてこそ技術はそのほんらいの機能を集中的にあらわすからである.その有用性も矛盾も,設計や開発の理念も,カンや経験則や科学理論を総動員しての合目的的な自然法則性も,ここに集中的にあらわれるのである.技術者は,さまざまな自然法則の特性を本質的にとらえて,それらを縦横無尽に設計や開発のシステムにとりこみうる能力をもつことが必要だが,同時に,生産現場でどう技術がこなされ,どういう問題が日常的におこっているのか,消費者たちにとって技術がどう役だっており,どういう問題をひきおこしているのかという勘どころをとらえていて,はじめて技術者は技術者たりうる.

ところが,資本主義的労働過程にあっては,資本の労働支配にもとずく精神労働と肉体労働との分裂のために,技術者は上下の方向にも横の方向にも分断されていて,正常な技術感覚をもちえないで

いる．この意味では，技術者は末端の労働者ほどではないにしても，多かれ少なかれ疎外されていると言える．生産や販売の第一線から遊離して，あたえられたテーマの枠内でありきたりの仕事をすすめているうちに，技術者たちは，そのありきたりの発想さえも枯渇してくる．つまり技術者たちはつかいつぶされてしまう．30歳のなかばをこえては，技術者は技術者として役だたなくなるとは，よく言われることだが，技術者の場合は，才能をすりへらされ使いつぶされるという形で疎外がおこっている．これもまた，技術発展にとっては，その源泉をつぶすことであるから，資本としてはいかにも損のように見える．しかし，資本の労働支配を第一義とする資本主義的労働過程にあっては，これは止むをえざる自己矛盾である．

現実には，すべての技術者が，こうした疎外に甘んじているわけではない．一部の技術者は，社内秩序あるいは職場秩序という名の資本の労働支配に抗して，自己の職場の枠をこえて，生産や販売の場所とつながりをもつ．あるいは，かぎられた時期やかぎられた場所において，資本自らが，機動的にさまざまの職場の交流や接触を意識的に行う．一般には，外的にも内的にも経営が安定に近い時には，資本はこのような機動的な体制はとらず，縦にも横にも労働力を分断して，資本の労働支配を貫徹させる．新しい技術を生みだす必要もなく，ルーティン・ワークに明け暮れていてよいような場合には，労働力の完全な分断体制でも，資本はやって行ける．しかし，労働者階級の圧力によって，外的にも内的にも，経営が不安定となり，どうしても新しい製品やプロセスを生みださなければならない状態に，資本が追いこまれると，資本はかぎられた時間や空間のなかで，それまでの社内秩序や職場秩序をくずしてまで，労働力の協同体制をつくりだす．以前は社内秩序に反抗して自己の職場の枠をのりこえた技術者たちも，資本がこうした状態に入ってくれば，もはや"日影者"ではなくなる．そして，技術者たちは，一時的に，

疎外からまぬかれることができる.

　資本主義下の技術の進歩は，たんに市場や資本や賃金などの客観的条件がととのっただけでは，その速度も方向も規定されず，労働力についてのこのような主体的条件が得られて，はじめて，最終的にその速度や方向が規定される．日本の技術と欧米の技術との格差の原因は，一つは賃金格差によるということはよく知られている．しかし，問題の焦点は，その低賃金にだけあるのではなく，日本の低賃金は，日本での労働支配のきびしさの結果にほかならず，その労働支配はまた，労働力の分断体制をもたらしていて，技術の発展の根本的な障害となり，それが結局は低賃金でなければ国際競争力をたもてないといった悪循環が生じていることが，注意されなければならない．

　技術の歴史のうえで，新しい技術が登場する場合は，必ず労働力のこの分断体制は破れている．一つの目標に対して，さまざまの分野の専門家が積極的にそれぞれの機能をはたし，さらには研究補助員や労働者たちも，それぞれのヒエラルヒーをのりこえて，努力を集中し相互のコミュニケーションをよくして，はじめて新技術の開発は可能である．20世紀においてさえ，巨大企業から生みだされた技術が意外に少ないという事実は，巨大企業はその独占ないしは寡占の故に経営の安定への傾向が強く，また組織が尨大であることもかさなって，資本の労働支配が強化されており，したがって労働力の分断状態が固定されやすいからであろう．第2次世界大戦中に，とくにイギリスにおいて，レーダーやオペレーションズ・リサーチなどの新技術が急速に進歩したのも，さまざまの専門やヒエラルヒーをのりこえた民主主義的協同の成果であったことについては，筆者もつとに指摘していたところである．第2次世界大戦下の日本の技術の空白も，多額の研究投資にもかかわらず，軍国主義のもと

　＊　拙著『技術革新の根本問題』，1958年刊，第2版，1969年，勁草書房，p.44～47．

での資本の労働支配が苛酷で，労働力が分断されていたことに，大きな原因があるというべきであろう．いずれにしても，以上のような局面においても，資本主義下の技術発展は，労働者階級と資本家との階級対立の結果であり，その原動力は労働者階級の圧力だといえるのである．

武谷技術論の技術発展の分析

武谷三男氏は，本巻におさめられた『科学と技術』において，1946年に発表された社会党の科学技術政策を批判して，次のように述べている．「この政策は『技術は労働手段の体系である』という技術論を，その基礎においている．このような技術論の根本的欠陥は，技術を労働との結びつきにおいて本質的に解明しないことであり，したがって技術の発展を正しくとらえることができない．この理論を根底に置く科学技術政策は，社会を根本からとらえることはできない．それ故に私が先に示したような日本の科学技術の性格をつかむことができず，この欠陥を克服して豊富な科学技術の発展を可能にする道を見出すことはできないのである．しかし『技術は労働手段の体系である』という規定は，まさに社会党にふさわしい技術論であり，科学技術政策の根本をこの理論においたことは，はなはだ本質的な興味を感ずるのである．[*]」

ここで武谷氏が，日本の科学技術の性格と言っている内容は，一つは『弁証法の諸問題』の"技術論"で言われた日本の技術の形骸主義である．武谷氏はそこで，「日本の技術者には，私の言い方をすれば，『形骸主義』とでもいうべきものがほとんどであり，日本の技術者は主として外国の特許を輸入するのがほとんどその仕事であり，したがって技術は三木清の言うように形であるという考え方

---

[*] 本書 p. 171～172.

がハビコった為に根本的な発展がなく,またこのような考え方をしたため,さまざまな失敗が生じたのであります.*」と言って,すぐれた物理学者であった故天野清氏が,高炉の炉心の温度を測定したところ,わずか 30°C にすぎず,その代り周辺部の温度は 1800°C にも達し,炉の能率は悪く早くいたんでしまうという形骸主義の例をあげている.そして,武谷氏は,「これは技術者が炉の設計をするとき,日本の石炭と外国の石炭との質の差を考えず,たんに外国の炉をもって来たためだと考えられるのであります.」と書き,さらに次のことをつけくわえている.

「形骸主義はその論理的性格において,形式論理であり,それゆえにまた,形骸主義の失敗は形式論理の失敗であり,これに反して正しい技術は全体を統一的に弁証法的に考える時に成立するのであります.**」

日本の技術の形骸主義,あるいは外国技術の形式的導入の社会的根拠は,日本の資本家が労働者の賃金を低水準に釘づけにするために,労働組合を圧迫し,労働力の分断をはかって,欧米にくらべてはるかに苛酷な資本の労働支配を徹底させたことにある.つまり,低賃金ならば,外国技術の導入によっても,ある程度は欧米の資本との競争に耐えられるし,また低賃金を維持するためには資本の労働支配を強めねばならないから,労働力の分断はそれだけひどくなり,したがって前に述べたように,技術者は生産現場から遊離して,技術の形骸主義におちいってしまう.ところで技術の形骸化は,生産性の上昇をはばむから,資本家はその不利益を低賃金によって補なおうとし,その低賃金はまた……という悪循環が発生するのである.こうして,武谷氏は,日本の技術の性格について,さらにつぎのことを指摘する.

---

* 本著作集,第 1 巻,p. 133～134.
** 前掲,p. 134.

「資本家はすべてを労働者の犠牲に転化し,科学技術の発展を怠っても,進んだ資本主義とある程度張り合って行く事ができた.そのことは,日本においては明治末から大正にかけて,産業革命から恐慌の時期を通して原動機を有しないようなマニュファクチュア的工場の数が約半数を占め,絶対数はむしろ増加していたことからも明らかである.すなわち資本家は第一に生産技術そのものの改良を怠ることができた.第二に労働諸条件が全く考慮されなかった.すなわち労働諸条件を改良して能率をあげ,労働者の健康状態を良好にし,生活を豊富にすることによって労働の質を高めるということを全く怠ったのである.そして,資本家は尨大な農村からの労働予備軍を消耗品として使用し,すべてに人力が使用されたのである.それ故自動装置や安全装置のような高度の科学技術を必要とするものは発達せず,また一方において封建的徒弟的に養成された技能に解決を求め,これを技術化して生産を高めるということは,本質的には行われなかった.ところが,このような技術は,最も敏感な,そしてまたはなはだ精緻なる科学技術の発達を要求するのである.

これを以てしても,勤労者の団結の圧力がないところには,科学技術の本格的な発展は存在しないという事が言える.*」

先に筆者は,技術発展の速度や方向を規定する要因として,市場,資本,賃金,労働力の状態という四つの要因をあげ,究極的には労働者階級の圧力を基盤とし,労働者と資本家との階級的力関係を媒介として資本主義的技術形態があらわれると書き,それを武谷技術論の論理的帰結として展開したのであるが,武谷氏はむろん,一方において技術の基本的論理を示しつつ,ここに見るように,他方において,階級社会における技術発展の原動力を示し,その論理によって,日本資本主義のもとでの技術形態の特徴を分析したのである.

---

* 本書, p. 167〜168.

それが，本巻における"技術をわれらの手に"，"日本技術の分析と産業再建"，"人民の科学技術建設と労働条件の改良"，"科学技術による再建"，"科学技術政策の基準"，"政治と科学技術"，"国家と科学"の諸論文に他ならない．

武谷三男氏による安全問題の追究

さて，戦後の日本においては，日本軍国主義はいったん壊滅して，軍需市場は消滅し，連合軍総司令部によって，不完全ながら，土地制度の改革，労働組合の結成の自由，疑瞞的ではあったにせよ財閥の再編成にともなう部分的な競争の導入などによって，技術発展を規定する社会的要因は大きく変った．1955，6年の神武景気以後は，合理化と技術導入を軸としての高度経済成長がつづき，二重構造をともないながらも賃金もしだいに上昇して，日本資本主義下の技術発展における矛盾は，合理化にともなう労働災害，公害の増大，労働者の疎外，技術の創造性の枯渇という面にあらわれてきた．戦前から日本の労働条件の劣悪に注目していた武谷氏は，当然，新たな局面における災害，公害の問題をとりあげ，この巻におさめられている『科学と技術』以後は，まず核実験にともなう放射能の人体への影響を論じ，許容量概念の本質を明らかにし，平和運動の先頭にたった．『死の灰*』，『原水爆実験**』『科学者の心配***』は，その実践をつうじて展開された理論である．

1956年以来，各地に実験用原子炉が設立されはじめると，原子炉の安全問題を論じ，1957年の関西原子炉設置については，高槻市阿武山への設置という誤れる立地に反対し，茨木市民の原子炉設置反対運動を強力に援助し，市民はついに原子炉の立地を変更させることに成功した．これは戦後における公害反対運動の成功の最初

---

　　* 1954年，岩波新書．　** 1957年，岩波新書．
　　*** 本著作集第2巻『原子力と科学者』に所収．

の例である.この問題の経過は,本著作集の第2巻『原子力と科学者』におさめられている.*

武谷氏の理論と実践とは,多くの物理学者に大きな影響をあたえ,ついで生じたコールダーホール型原子炉の導入にさいしては,その安全性をめぐる議論が物理学者のあいだに沸騰した.

原子炉の安全問題は,技術全体の安全問題の一つであるから,安全問題に対する氏の原則的なきびしい指摘は,合理化にともなう災害や公害に対して全面的にむけられ,それは『安全性の考え方』**という一書にまとめられるに至る.氏のこれらの理論活動や実践活動は,本巻におさめられた『科学と技術』の当然の発展であり,かつ『弁証法の諸問題』の中の"技術論"の論理的帰結であることが,注意されなければならない.氏の技術論が,技術を社会的,階級的な視点でとらえておらず,それは技術主義だと批判した人たちの行動や具体的な理論が,いったいどんなものであったか,読者は,この,まるでひっくりかえった事態について注目する必要があるであろう.それらの人たちは,安全問題に対しても何の行動もなく,何の理論も展開できなかった.つまり批判者たちは,日本の技術をめぐるさまざまの悪に対して,もともとたたかう気はなく,ただ傍観者的な第三者として,たたかう武谷技術論に対してケチをつけていただけである.その階級的役割は明らかと言わねばならない.そうした姿勢であればこそ,武谷氏の言う高度の論理が見えず,武谷技術論を理解できず,筆者がここに展開してきたような論理など,思いもよらぬことだったと言うべきであろう.

災害及び公害の発生の論理

さて,災害や公害は,資本主義的労働過程において,資本が労働

---

* 同書,p. 452〜464.
** 1967年,岩波新書.

力そのものを破壊し,施設付近の住民を破壊し,消費者を破壊し,さらには,資本そのものである労働手段をさえ破壊し,資源としての自然をも破壊する,ということである.労働過程においての労働力の疎外は,労働力が人間的には生存できず,ただ動物的に生存することを意味していたが,災害や公害においては,労働力や付近住民や消費者は,動物的生存さえ不可能にされることを意味している.資本は労働力を支配することによって,人間の人間性を無視して行くのであるが,さらに人間の生命をさえ無視して行く.資本主義的労働過程における階級性の反映は,ここにおいて,もっとも露骨にあらわれる.災害や公害を生みだす技術という意味において,技術における階級性の反映は,ここに露骨にあらわれる.

　施設付近の住民や周辺の自然が,個々の資本の直接の支配下にない場合は,それらを破壊して行く資本の横暴ぶりは,相手がだまっていれば,どんな悪事でもはたらくという資本の本質を端的にあらわしており,その価値増殖過程によって規定される技術形態の階級性を,誰の眼にも見えるように,あらわしている.重油を燃料とする火力発電所の建設にあたっては,燃焼によって発生する亜硫酸ガスは,当初から取り除かれるべきものであり,その技術開発がすすんで,はじめて技術として成りたつべきものである.それは,有毒成分をふくむ食品の製造販売が許可されるべきではないことと,全く同じことである.しかし,資本家も技術者も,亜硫酸ガスを有毒と知りつつ,それを回収する脱硫装置の開発を無視し,そのコストをゼロとして原価計算を行い,"新鋭火力発電所"における電力コストの低廉ぶりと,その技術の優秀性を自画自讃する.付近住民の生命を尊重するならば,当然脱硫装置はつけねばならず,それだけのコストがくわえられれば,電力コストは上昇し,はたしてその技術が優秀かどうかには,大いに疑問が出てくるはずである.ひと口に技術の進歩といっても,何を基準として"進歩"と言いうるかと

いう問題が、ここに明瞭にあらわれている。技術の進歩そのものに、階級的性格が反映されており、技術は支配階級にも人民にも同じように奉仕するとか、資本主義でも社会主義でも、技術の進歩のありかたには何の変りもないという考えかたが、間違っており、それ自身支配階級の立場に立つ思想であることが明らかであろう。

労働災害は、労働過程における労働力の破壊にほかならないが、大量の労働予備軍がある場合には、これもまた、相手がだまっていればどんな悪事でもはたらくという資本の本質をあらわしている。失業者が巷にあふれていれば、労働者の一人や二人が死んだとしても、ただちに補充が可能だからである。職業病などの場合は、労働者の死は、資本家にとって、むしろ利潤をもたらす。なぜなら、数年、あるいは十数年働いてついに死に至るような場合は、その労働者の賃金は低廉なりといえども多少は上っていようから、その労働者の代りに、より安価な労働力を補充できるということは、資本にとって魅力だからである。

住民や自然を破壊する公害の場合もそうだが、労働災害の場合も、それらを防ぎうる機械や装置の設計は、当然高度の技術を必要とする。武谷氏も指摘しているように、労働力や住民の犠牲の上に成りたっている資本主義的労働過程は、技術の発展をはばむものであり、公害反対闘争や労働条件改善闘争こそが、技術発展を促進する。ここにも、人民の圧力を基盤とする階級的力関係が、労働過程のありかたを規定し、技術進歩や技術形態を規定するという論理がつらぬかれている。

景気の一時的な上昇によって、労働力の一時的な不足が生じているような場合は、労働力の破壊は、資本にとっては決して有利ではない。労働力は剰余価値の源泉で、これを失っては、資本は資本として成りたたない。資本にとってはあらゆる労働力を成長させるこ

とは無意味であるが、さりとて、労働力不足の場合は、労働力を破壊することも無意味である。つまり、資本は、それぞれのヒエラルヒーの枠の中で労働力を生かさず殺さずの状態におくことが、もっとも望ましい。先にも述べたように、この場合は、労働力の疎外が発生し、労働者は動物的には生存できても、人間的に生きることは困難となる。

しかし、労働力不足の状態があるならば、資本はつねに、労働力を生かさず殺さずの状態におきうるであろうか。そうではないのである。この場合にも、資本はしばしば、労働力を殺す。それは明らかに、資本にとっても不利益なのであるが、それにも拘らず、資本は労働力を殺す。それは、資本はしばしば、当然災害がおこるはずの技術法則について盲目となるからである。

この根源は、またしても資本の労働支配にある。先にも述べたように、資本の労働力支配が強化されればされるほど労働力の分断は徹底してくる。労働力の分断がすすみ、労働力のヒエラルヒーが強化されればされるほど、資本の搾取代行人としての技術者は、生産現場から遊離し、技術の形骸主義におちいり生産現場の技術法則に対して盲目となる。資本は、そうした技術者たちのまちがった情報をもとにして、資本の労働過程を設定しているから、いつかは形式論理は破綻し、技術は失敗し、災害が発生する。災害はたんに労働力をおそうのみならず、資本そのものである生産手段をも破壊してしまう。資本はおびただしい損害をさえこうむるのである。技術発展における資本の自己矛盾は、ここにおいて、もっとも明確にあらわれ、深刻な経済的自己矛盾となってあらわれるのである。

1960年から61年にかけての三池炭鉱における労働組合の敗北は、資本の労働支配の強化をもたらし、労働力の分断状態はひどくなり、生産現場からいよいよ遊離した技術者は、保安の確保に失敗し、1963年11月の惨たんたる炭塵爆発をひきおこしてしまった。458

人の労働者が殺され，さらに多数の CO 中毒の後遺症が発生したが，三井鉱山資本もまた数十億円にのぼる損害をこうむったのである．資本が多大の損害をこうむることは，自業自得で勝手であるが，その労働支配にもとずく盲目の故に，多数の労働者が生命を奪われたのでは，踏んだり蹴ったりだという他はない．資本主義下の技術形態の階級性は，ここにも悲惨な形であらわれている．

この意味では，労働者階級による労働条件改善闘争や保安闘争は，労働力の分断をある程度緩和させ，技術者を生産現場に近づけ，多少とも技術者を形式論理から脱却させ，災害を防いで，資本自身をも損害からまぬかれさせる．事実，三池炭鉱においても，労働組合の力が強かった時期には，保安は行きとどいていて，災害の発生はきわめて少なかったのである．労働条件改善闘争や保安闘争が，技術者の能力を向上させ，新しい技術の発展を促進しうるものであることは，つけくわえるまでもない．

施設付近の住民や周辺の自然を破壊する公害は，個々の資本の労働過程の中で労働力や生産手段を破壊する災害とは，いちおう区別されるが，総資本の総生産過程を考えるならば，その中での労働力や生産手段の破壊と考えてよく，したがって，公害は，ほんらい労働災害の延長と考えるべきものであろうし，両者の本質は同じと言うべきである．また，公害や災害は，生かさず殺さずの労働力の疎外が進んで労働力を殺す状態にまで至ったものという意味で，労働力の疎外の延長にあると考えるべきものであろう．いずれも，資本の労働支配にもとずく労働力の分断の結果であり，両者の根源は同じである．

生かさず殺さずの状態であろうと，殺されようとする状態であろうと，どちらにしても，その状態のなかで，個々の労働者が生産意欲や技術開発の意欲をもちつづけられるはずはない．また，その状

態では，技術者もまた生産現場から遊離して，多少は技術開発の意欲をもったとしても，合目的的な自然法則性の把握において，形式論理におちいることをまぬかれず，成果はあげがたいであろう．また災害がおこるほど労働力の分断がすすんでいるかぎりは，労働者と技術者とのあいだにおいても，技術者相互のあいだにおいても，コミュニケーションの伝達は不完全をまぬかれない．労働力のエネルギーやコミュニケーションが，このようにおさえられている状態は，技術発展をおくらせ，その方向をねじまげ，技術発展における資本の自己矛盾は深刻なものとなる．

　抽象的な労働過程一般が，価値増殖過程を媒介として資本主義的労働過程として現象し，技術が資本主義的な技術形態として現象するさい，技術発展の速度と方向を規定する社会的要因は，市場，資本，賃金，労働力の状態であると述べたが，以上のようにして，もっとも重要な要因は，労働力の状態という主体的な要因であると言わなければならない．技術を社会的，階級的な視点でとらえるということは，このような視点で技術発展の論理をとらえるということに他ならない．読者はすでに気づかれたであろうが，技術をこのように社会的，階級的にとらえる論理は，「実践を内面から，その実践がいかにして可能であり，いかにして行われるかについて，その原理について見る」という立場から技術の本質を追求して，はじめて得られたものである．技術は生産的実践における客観的法則性の意識的適用という技術の本質概念から出発して，はじめて技術形態に対する階級性の反映の論理がつかまれるのである．それはあたかも，『資本論』が，その第1章において商品の本質を追究し，商品の論理をつかむことによって，はじめて，第8章の労働日や第12章の分業とマニュファクチュア，第13章の機械と大工業における具体的な剰余価値収奪の論理がつかまれうることと対応される．まことに武谷氏の言うように，「技術論は高度の論理学を必要とする．

安直な形式的な論理学のよくするところではないのである.」

 以上で,『弁証法の諸問題』における技術の論理が,いかにして『科学と技術』における論理に発展するかという筆者なりの展開を終えた.武谷氏の技術論においては,なお補足をくわえた方が,読者の理解を助けると思うので,以下しばらく,武谷氏と筆者との対談という形で,いくつかの重要な問題について敷衍を試みたい.

言語と技術との対応

 星野 『弁証法の諸問題』でスターリンの言語学について序文(理論社版)に一言でていますね.*スターリンの言語学では,言語そのものには階級性はない,何故ならば革命前のロシアであろうと革命後のロシアであろうと言語の基本になんら変りがない.変るものは階級性があり,変らないものは基本的には階級性がないのだということをスターリンは言っているのですね.

 武谷 貴族社会で使っている言葉と,労働者の言葉とは違う.違うけれどもそれは方言のような違い方である,骨格は変っていない,そういう考え方です.

 星野 それから言語は,ちょうど生産用具みたいに,領主にも役に立てば人民にも役に立つ,そういう社会的なものだということですね.ただ私は,言語が貴族の口を借りて出てくるというとイデオロギーとして人民を虐げるという問題があると思うのです.

 武谷 文化として使われた場合には,それは階級的意味をもつということです.

 星野 技術もそうですが,機械はなるほど資本家にも労働者にも奉仕するが,労働者に奉仕する場合の機械と人間との関係と資本家に奉仕する機械と人間との関係とは違う.技術で非常に重要なことはこの関係をみることですね.機械を切り離してみることじゃないのです.だから技術に階級性がないという言いかたは一面ではある危険性をもっていて,

---

* 本著作集,第1巻,p. 14.

これはどんな機械でも作ればいいのだということになってしまう可能性がある．そういう考えかたでは，社会主義を共産主義に改造していくというさいにも大きな障害となる．中国での技術の考え方にもやはり技術は労働手段だというようなところがあります．中国では技術に階級性はない．しかし技術者には階級性があると言う．ちょうど言語学者には階級性はあるけれども，言語にはないということと対応しているのですが，人間と機械の関係のあり方をどう考えていくかを問題にすると，そう簡単には割りきれなくなる．*

武谷 技術にはやっぱり階級社会が反映しますね．言葉だって階級社会を反映します．反映するけれども，骨格は何も階級が違うからと言って違うものではないということですね．

星野 実際は，そこのロジックがわかりにくいのです．階級性がないと言ってしまうとこれは全然ないということになる．あると言うとまるきりあることになる（笑い）．

武谷 反映するぐらいがいいところですね．それのややはっきりした例が安全問題とか公害とかですね，そこでは階級性が非常にはっきりでてくるのですよ．

星野 言語の問題にもからみますが，人間と猿との違いという場合に道具をつくるかつくらないかの違いが大きな基準なのですが，道具は一つの実体的な指標だと私は思うのです．動物はただ自然の法則にしたがっているだけだが，人間は自然の法則を使い，自然を支配できる．だから今日の文明が現われたのだということが最も本質的だと思うのです．

武谷 私の技術論で，それをもうちょっと詳しく言うと，伝承できるものが何かという問題ですね．本能というのは肉体の中に宿って，肉体から肉体に伝承する．技能というのは肉体に宿っているけれども，肉体から肉体へは伝承できなくて，見習わねば伝承できない．見習って肉体の中へ宿る．それから，技術というのは知識の形で人から人へと伝える

---

* 中国の技術の発展は，資本主義のそれとは，きわめて異った形をとっている．意識の面でも，資本主義の技術をそのまま社会主義にもちこむのは誤りだという主張も強い．拙著『技術革新の根本問題』，第 2 版，p. 341〜431 を参照．

ことができる．つまり客観的に伝えるということで社会的なものといえる．客観的な伝承によって社会が成り立ち，客観的な伝承が可能であれば，社会は発展することができる．動物の段階では，一切伝えることはできないでしょう．本能の形以外では伝えることはできない．まあ多少のみようみまねということはあるけれども，決して発展性はない．伝承ということじゃないのです．一匹だけおいておいたって，それぐらいのことは獲得できる問題です．だからやっぱり客観的な伝承が技術だということですよ．そこで言葉というものが，人間の技術的行動のときにどうしても必要だということと，それから技術というのは，本質的に言葉で表わし得るということ，それによって伝承できるということです．それに対し技能は言葉で表わせないということですね．それで言葉と技術とはやはり発生が同一であって，しかも言葉が技術の一部をなしていて，それが意識の発生をもたらすということになるのです．人間の技術的行動が意識を発生させたのです．

星野 意識の発生があるから，自然を支配することができたということですね．"意識的に適用"ということは，その意味で非常に重要な規定ですね．つまり意識しなければただ自然の法則に従っているだけだが，自然をそう意識するならば，自然を支配することができる．意識的か意識的でないかということは，決定的な概念上の分かれ目になりますね．

武谷 それが技術であるか，動物の行動であるかということの決定的な違いです．それからマルクスの『資本論』では技術概念を規定する必要はなかったのです．経済学ですからね．技術概念を規定しなくたって経済学は成り立つのですよ．技術の成果だけを扱うだけで十分で，当然，技術の内容は分析しなかったことになります．ぼくはマルクス・エンゲルスのいろんな文献に当って，技術は労働手段だというふうに彼らが具体的に言っているかどうかを調べてみた．そして決してそういう概念規定をしていないことをたしかめたのです．労働手段とか技術などのいろんな話はしているけれども，技術は労働手段じゃなくてはいかんということは一言も言っていない．

文字と日本人の思惟様式

武谷 それから『弁証法の諸問題』の解説でちょっと議論しかけた象形文字と音標文字のことを，ここで一言追加しておきます．技術革新らしき言葉でそれを追加しますと，象形文字というものはアナログなんです．コンピュータでいうとアナログに当るわけだ．音標文字は論理的にディジタルに当るのです．だから象形文字というのは非常に簡単につかみやすいということ，このごろ，はやっているんだけれども，幼稚園で漢字を教えてもいいとか，それから外人タレントのイーデス・ハンソンが漢字というのはすぐわかっていいと，言っている．それはアナログだからですよ，アナログはそういう特徴があるんですね．ただこれは概念じゃないんですよ．

星野 アナロジーだから．

武谷 概念じゃなくて表象フォルシュテルングなんですね，ベグリーフじゃなくて表象ですね．それを概念じゃないのに概念だと思うところに便利さと同時にまやかしがはいってくるということね．だから危険な便利さだし，非常に早わかりだけれども，こんど早わかりすると，なんでもわかったような気になるわけだ．そういう危険性と便利性とをもっていて，つまり概念と表象との混乱というものが，象形文字にあるということね．だから羽仁さんのいうオブスキュランティズムというものは，そういうところにはいってくるんであってね．ところがディジタルというのは悟性論理になって，全体のストラテジーをつかむことができにくい．理性的な判断よりも悟性的な判断の概念なんですね．だからほんとは両方の発想がなければいかん．というのは，コンピュータなんかでも，ディジタル式のものと，それからアナログ式のものと，上手に使っていけばよい．将来のコンピュータというものは，そういうものだと思っているんですよ．だから象形文字的な発想というもののよさと，その欠点というものをやはり考えなければならないんだけれども，論理的なものを教えていくのには，やはりディジタルな音標文字というものが，どうしても必要だということがぼくの理論なんです．

星野 それは当然，文化に影響を与えるんでしょうけれども，しかし

社会的な形態が変れば，同じ象形文字をつかっていても，概念分析みたいなものは，別の手法で教えられることができる．

武谷 だから裏付けがあればいいんですよ．あればいいけれども，それでわかったような気になるということは，どうしても残るのですね．つきまといますね．

星野 それからディジタルのほうは，こんどはなんでも分解すればいいんだという観念になる．

武谷 だから悟性論理だけになって，全体をつかむという観念がなくなってくるわね．弁証法的でない観念になって，形式論理的になるんですよ．

星野 形式論理の極致みたいになりますね．

武谷 そういうことになる．だからそれぞれ特徴と欠点をもっているんだね，だけど日本人はとにかくディジタルな発想をもう少ししなければいかんということですね．

星野 文字がそうだからということもあるけれども，それはむしろ社会体制が論理的な発想を許さないような状態になっているから．

武谷 もちろんそうです．それをこんど象形文字がよけい強めているということね．

星野 世界が象形文字と，音標文字に分かれたというのは，それぞれの社会体制の差がいちばんはじめからあったということなんでしょうね，おそらくは．

武谷 それはそうですよ，中国でもなんでも，特定の階級だけが文字を独占している場合には，どうしても象形文字みたいな煩瑣なものでいくということになる．

星野 こちらはやはりはじめから専制国家的であり，向こうははじめから，多少，民主的であった．

武谷 ですから大衆は文字をもたないことになる．ところが音標文字といったら，大衆だって言葉はしゃべっているんだからね，ディジタルだとそれをすぐ文字にしうるわけですよ．

星野 泉靖一さん，あるいは神島二郎さんもそうだけれども，あの人

たちがちょうど象形文字と音標文字みたいな調子で，日本文化と西洋文化を分けちゃうんですよ．ひどいのは，日本人は憎しみをもたないというんですね．『きけわだつみのこえ』なんか読んでも，敵を憎む声はひとつもないという問題にもかかわりますが，冗談じゃありません．だいたいあれはこっちが侵略して行ったんでね，個々の学生にしてみれば，侵略して行ったのだから敵を憎むいわれはない．

武谷 同じことは，中曾根大臣が討論会でいっていたんだが，日本人というのは，心のやさしい国民ですよと，そういうふうにいうんだね．心のやさしい国民で，明治維新だって殺されたのはいないとか．たしかに上の人は殺さないんだ．ところが百姓一揆の首謀者がどうなったか，みんな片っぱしから殺されているのですよ．

星野 織田信長の皆殺し戦争というのは，ものすごいものだったんですよ．

武谷 そうですよ，だから心のやさしいなんて言ったって，下のほうに対しては，お手討ちだって，みんなひどいものでしょう．日本人というのは王様の首を斬ったりなんかしないんだ．それを心のやさしい国民というんだから，まったくたまったものじゃないね．

星野 鶴見俊輔さんにもそういうところがある．鶴見さんは憎しみはいけないことと考える．ぼくは憎しみは基本的なモラルであって，憎しみのない人間はよくないと思うんです．ベトナムでも中国でも，侵略されてきて，親や子どもや兄弟や友人が殺されたら，侵略者を憎まずにいられないでしょう．こっちはいつも侵略側だし，そういう経験がないから憎まなかったんでね，たまたま．

武谷 鶴見氏だって支配階級の子どもだから，だれも憎む必要はないじゃないか．ところがわれわれは無限に憎むものがあるわけだ．だからそれはおかしな話ですよ．それで憎んじゃいかん，憎んじゃいかんみたいな話でしょう．それと嘘をついちゃいかんという話と結びつくんですよ．

星野 きょうの問題に関連しますが，平和の問題にも同じことがある．鶴見さんとぼくと違うのは，鶴見さんは戦争はとにかくいけないんだと

いう．人が死ぬというのはとにかくよくないことなんだということです．だからなんでもかんでも平和でなくちゃならん，むろん人を憎んではいかんという．しかし平和だ平和だといったって，エリートにとっては平和はいいんでしょう．戦争もなくストライキもなければ，いいでしょう．しかしたとえば合理化の話ですけれども，コンベア・システムの速度は非常に緩く，しかも音楽も鳴っている，ときどき雑談もできるし，タバコもすえるかもわからん，しかし，それで労働者はいいのかという問題がある．それが平和かということですね．そんな平和だったら，労働者は反逆を起して戦争するかもわからないんですよ，極端にいえば．そういう平和はやはりエリートの平和，支配階級の平和なんで，けっして人民の平和とは私は思わないんですね．そこは戦後の平和論でいちばん肝腎なところで，戦後，平和論はたくさんあったけれども，人間にとって平和とはなんであるかということは論じられなかった．人間にとって生きるとか，死ぬとかいうことはどういうことなのかということは，あまり問われなかったんですね．とにかく死ぬことはよくないということは非常に重要ですよ，基本的に重要ですがね．しかし……．

武谷 それは戦時中のひどい状態に対して，死ぬことはなんでもいいみたいな話に対しての一つのアンチテーゼですよ．

星野 ええ，それがまた非常に有効だったし，事実それが歴史を動かしたんですけれどもね．いつまでもそこにとどまっていると，これはたちまち反動的な平和論に転化すると思うんですよ．

武谷 だからゲバ棒もいけないみたいな話になる．

星野 そうなると，その次は話合いでいきましょうということになる．

武谷 ところが支配階級，国家は無限に暴力を使っているんだね．国家暴力はそれを暴力といわないところがまたおかしい．そのへんがおそるべきところなんだな．

星野 日本人の平和論も，いま申しましたように，日本人の心のやさしさとくるんです．

武谷 そこが曖昧主義ですよ，なんでもいいから，まあまあ主義で，曖昧主義でしょう．『科学と技術』のはじめのほうにある論文でアナロ

ジーとか、いろんなものを分析したものがありますね、そういうアナロジーとか、曖昧な論理というものはいかんということを、戦後の新しい出発として、はっきりさせなければということだったのだ.

星野 天皇制こそこの根源であるということですね。天皇制の象徴というのは、まさに象形文字みたいなもので、よく対応しているんだ、しゃくにさわるほど（笑い）.

武谷 わからんことを、わかったようにやるということなのだ.

論理をわがものにする条件

星野 武谷さんの『弁証法の諸問題』の中の技術論とこっちのほう（本巻の）の技術論とのかかわりが、なかなか読者につかめないということがあります。武谷技術論の批判者は、大体こっちは読まないし、それに『弁証法の諸問題』の方でも技術論の全部を読まないのです。技術論の前文をみますと、きわめてコンパクトであるけれども、低賃金の問題、技術者論から技術者の運動の問題まですべて書いてあるのです。つまりこの本の内容を濃縮したようなものが『弁証法の諸問題』の技術論の前がきにあるのですが、読むところは「客観的法則性の意識的適用」という一行か二行だけなのですね.

武谷 前文を読んだ人も、その前文のうちの一ヵ所だけ憶えていてね。それで技術者だけの手で戦争が防がれると書いてあるなどというような人がいる。その前にちゃんと書いてあることを全部すっとばしてね.

星野 武谷さんの言う科学の論理や技術の論理がしっかりわかっている人があれば、戦争はどうなるかをわかっていたはずだし、当然戦争のなかで何らかのことを講じていたであろうということだと思うのですが.

武谷 そうなのです。それからあの前文に、人民と結びつく運動のことがちゃんと書いてあるのだがね.

星野 書いてあるのだけれども、一見、奇異に思うのですよ。科学者や技術者が、まともにその仕事をしていれば、戦争の行末がわかったはずだし、反対もしただろうというその論理がわからない。論理をちゃんともっていれば、社会的な問題についても、専門家としてちゃんと見通

しはつくはずだというロジックがわからないのですね．もともと科学者や技術者には，そういうことは分らんものだという前提みたいなのがあるのですよ．

武谷 それから多くの人が読みとばしているけれども，あそこに正しい論理で十分訓練をすればと書いてあるのです．すぐれた技術者と言っても，せまい専門分野だけですぐれた技術者の場合は，論理の訓練に欠けている人はたくさんいます．そういう"優れている技術者"はすべて戦争の見とおしをもっていたとは，あそこでは書いていない．

星野 訓練すればということが分りにくいのです．論理を本当に闘いとるような，裸の生き方を経験しないと，論理というのはわからんのじゃないですか．ヨーロッパの人間が比較的に論理をきちんともっているというのは，ブルジョア民主主義革命で古い体制をすっかりぶちこわしてしまって，精神的にも自分自身で裸で生きなければならなかったからではないでしょうか．そうなれば社会をどう運営したらよいか，人間は如何に生きるべきかということを思わざるを得ないですね，そこまで行けば自分自身で論理をつかまざるをえない．

武谷 日本はすべてが手直しですからね．ちょっとこれはまずいから，この辺でちょっと何かくっつけておけみたいなことでしょう．

星野 明治維新の前の言葉で世なおしという言葉がありましたな．

武谷 依然として世なおしですよ．革命じゃない．

星野 世なおしが日本人の裸の生き方を非常におさえているのですね．

武谷 その論理に非常に関係があるので科学の一つの例をあげましょう．相対性原理のことだけれども，普通エーテルに対する地球のはやさがわからなくなってアインシュタインが相対性原理をつくったと言われているが，それだけならローレンツ変換でもいいのですよ．ローレンツ変換といっても，その基礎はニュートン力学そのままですからね．あそこで重要なのは，あの仕事のちょっと前に，アインシュタインがやった光粒子の理論です．アインシュタインは，光粒子の理論を実験からどうしてもつくらなくてはいけなくなった．それで，光をちょうど分子のように考えて，そこに運動論を適用し，光の統計的な運動論を出したので

す．これは非常に優れたアインシュタインの光粒子の理論です．ところで光が粒子でガスが分子からできてるみたいになっているということになれば，今度はエーテルなどの波動は必要でなくなってしまったのだ．そうすると，エーテルも何にもないところに光があるということになる．今度は何に対して動いているかという基準がなくなってしまった．そこでアインシュタインは何に対して，光はこういう速さだという基準を，そこではじめてつくらざるを得なくなった．だから結局すっからかんになって，そこで初めからつくりなおしたのですよ．エーテルという基準が完全になくなってしまったのです．それであそこであらたな基準を導入してきたのです．

星野 エーテルを導入するのはニュートン力学的発想でしょうか．

武谷 ニュートン力学です．というのは，太陽から地球まで光がくるということは，光は波なのだからエーテルなんかが振動しているに違いない，エーテルがあれば，地球はその中を動いているのだから，それに対する速さは観測できるはずだと考えるからです．ところがやっていくうちに，今度は光粒子の存在を考えざるをえなくなって，すったもんだの末，結局アインシュタインが，エーテルによらずに，光をガスみたいに，分子のガスと同じに扱ったところで，基準を全然失ってしまったわけだ．それで新らたな基準として，非常に積極的なものが必要なのですね．だから日本の天皇制の場合でも，戦後にそれが全然なくなってしまえば，はじめて新しいものが考えられるということです．ローレンツの場合はそうではなくて，手直しの考え方ですね．そこが面白いところです．このようなアインシュタインの発想のことには，みんなあまりふれないのですけれども．もちろん天才だとはいえ，その発想が非常に決定的ですよ．何かがあってその手直しでやっている間は駄目なのだ．

技術の階級性とはどういうことか

星野 武谷さんの技術論について，いろんな批判があったのですけれども，前文を読んでいないとか，それから『科学と技術』との論文とのつながりがわからないとかいうことは，一つはあの概念規定に非常にこ

だわったのですね．概念規定がどうしてでてきたかということについては目をむけなくて――．

武谷 そうです．それと，その概念規定は高度の論理がなければ駆使できないということですよ．あの概念規定はたとえば微分方程式なのです．微分方程式だけならいくら眺めたって何もでてこないのだ．積分しないと実際の運動形態はでてこないのです．あの技術論は微分方程式をつくるまでの話ですよ．物理の話でもよくあるでしょう．微分方程式をつくるまでにいろいろあって，この微分方程式のゆえにこういう運動が可能だというような．これを解くのにはロジックがいるわけだ．やっぱり本質と現象，あるいは微分方程式のロジックをつかまないと，だめだ．

星野 自然法則性というものが目的を媒介として現象する．この目的が自然法則性に対しては偶然的なものであるという，そのロジックですけれども．

武谷 A と書いてあるところへ何かを放り込み，B と書いてあるところへ何かを放り込めば話になるという，こういう形式論理のロジックしか分らないのです．微分方程式という無形のものがあって，それを初期条件や境界条件に合うように積分していくうちにいろんな格好なものがでてくるというロジックがないと，あれは読めない．

星野 ある条件を放り込めば，きわめて危険な技術ができて，ある条件を放り込めばきわめて安全の高い技術ができるという――．

武谷 社会のいろんな形の中で放り込まれていくということです．封建社会では，封建的な技術となり，資本主義社会では資本主義的な技術としてあらわれる．資本主義の中でもいろんなありようによっては，いろんな形態の技術がうまれる．だからあの技術論には階級性がないとか，何とかいうけれども，それは『資本論』の第1章だけみてもどこにも階級がないじゃないかというのと全く同じことですね．あそこには階級なんていうことは書いていない．価値の実体としての労働とかそんなことしか書いてない．あれはやはり微分方程式ですね．それからずっとあとで積分されて行くのですよ．

星野 つまり人間と自然との関係のなかでは労働力とか労働手段,労働対象などの要素があるということ,自然法則性が目的を媒介してあらわれるということ,こういう法則性の現われ方や実体は,社会がどう変っても,その関係は変らないわけですね.

武谷 そうです.

星野 その意味では,政治機構とか法律とか,生産関係とか,哲学とかのように,社会が変れば大きく変るというようなものとはわけが違うのですね.そういう意味ではさまざまな社会形態に拘らず,人間と自然との基本的な関係についていうならば,それは一貫している.ただ問題は,常数をどう与えるかということですね.人民の立場にたつのか,資本家の立場にたつのかによって常数の与え方が違う.そこで積分されてくれば階級性は技術の上に反映されてくるのですね.

それからついでだからうかがいますが,あそこに書いてある生産的実践というのは,『資本論』でいえば労働過程であると,解釈して差支えないでしょうか.

武谷 そうですね.

星野 そうすると,資本主義社会では,労働過程は価値増殖過程としてしかあらわれない.価値増殖過程と労働過程は本来は一つのものである.一つのものであれば当然価値増殖過程は労働過程に何らかの反映をすると考えなければならない.剰余価値の搾取の程度如何が階級関係によって変るでしょうし,当然それは労働過程に反映する.生産関係が労働過程という鏡にうつるようなものだと思うのです.

武谷 だから社会によっていろんな技術形態があらわれる.労働者の圧力が強いとか弱いとか,社会のいろいろなありかたが,技術形態に反映される.

合理化と労働感覚

星野 資本の支配のやりかたは,これはもう奴隷制以来そうだと思うんですが,民をして知らしむべからずというのが基本だと思うんですよ.そこでさっきの合理化の問題が起ると思うんですね.つまりコンベア・

システムの両端にいる労働者の労働はある意味では楽なんです．コンベアのスピードを上げればたいへだけれども，スピードを非常に落としてくれればきわめて楽になるんですよ，あれはだれでもできるんだから．しかしそれは落し穴なんですね．ああいう楽な仕事というのは，能力以下に，はるかに下回る仕事だから，いくらやったところで，自分は仕事をつうじては成長しないわけですよ．成長しないことが資本の労働支配の基礎だと思うんですよ．

　武谷　それは羽仁さんがよくいうように，今日では化学工業の労働者はメータだけを見ていればいいみたいな話で，自分ははたして労働しているのかという疑問にとらわれてくるだろうと思うんだね．高級技術者がもうすべて手配しちゃっていて，あとはちょっとメータの見方を訓練されたような，しかし肉体労働はそれほどでないような技術，まあ，中級技術者がメータだけを見ているような，そういう格好になっちゃうから，楽といえば楽だけれども，これほど頼りないものはないんでね．

　星野　そこには仕事の中の充実感がないんですね．あれは魂を資本家に売ったようなものでしょう．そこが合理化の中の労働者の苦しさの根源だと思うんです．ある意味でいうと，あれで2万円も，3万円もとるというのはもらいすぎかもしれない．労働力の技術は非常に低いんだから，おかしいでしょう．だけどもらうことは，逆に落し穴だと思うんですよ．あの場合，この労働は誰にもできるのだから1日たとえば100円だとかなんとかいったら，きっと叛乱が起るでしょうよ，もっといい仕事をよこせといって．しかし実際には労働組合の圧力で，そういうひどい賃金はもらっていない．しかし，それによってけっきょく魂を売っちゃっていますね．

　武谷　そういう場所では労働者意識というのは非常に稀薄になる．一種の労働貴族なんですね，ある意味のね．

資本主義における能力の格差

　星野　それがけっきょく資本の労働支配の基礎なんです．もっとも，それだけではやはり組織は動かないから，もう少しましな高卒を入れた

り，学卒を入れたり，学卒なども東大のをおいたりしているんで，そういうヒエラルヒーをつくっていると思うんですね．その結果，資本主義のなかで非常に広がっているのは，能力の格差だと思うんですよ．

封建制の場合身分の格差が永久だと思われた．百姓の子は永久に百姓で，それにはなんの疑いもあるわけはない．資本主義の場合は，おれはもともと頭が悪いからコンベアについているんだということになり，あいつは頭がいいから部長や社長になったという考えにもなる．世の中は永久的にこういうものなんだと思うのです．とくに重役なんかこういう言葉を非常に喜ぶわけだけれども，それは封建制の身分格差に対応する固定的な考え方です．

さらにいうならば，天才を絶対的なものと固定的に考えるのもこのたぐいだと思うのです．むろん現代の段階では天才は非常に必要だし，事実，天才はいると思うんです．いると思うんだけれども，本質的にいうならば，だれでも天才になれるのがほんとだと思うんですね．そこで例の方法論の問題がここにからんでくる．つまり個人の天才的な素質に任されていた天才の秘密，思考の秘密をあばき出すことが，重要です．われわれには，それは完全にはできないけれども，真理にだんだん近づくことはできますね．それを訓練する客観的な方法はあるだろうと思うんですよ．天才ですからいろんな勘もあるし，ひらめきもあるけれども，どうしたら勘を鋭くすることができるか，どうしたらひらめきをもつことができるかという方法は，武谷さんがおっしゃったように，客観的なものだということですね．

武谷 それから才能でも，いろんな形の才能があるということね，それをどう評価し，発見していくかということが重要で，これは技術というものでしょうね．それをちゃんと組織的にアレンジして，いままでぜんぜん無能なやつだと思われていたのが，実はたいへん才能のある人だということだってありうるんです．方法論がはっきりしていれば，その才能をいろんなところに位置づけることができるわけですよ．

星野 だから資本の労働支配をひっくり返すひとつの問題は，やはり能力の格差をどうやってなくすかですね．能力の格差が資本主義の武器

なんで，これに対する迷信を打倒すべきだ，ただこの迷信を打倒するといったって，当人自身たいへん努力しなければ打倒できないんで……．

武谷 才能を特権にしてしまうというやりかたがいけない．『自然科学概論』の3巻の"特権と人権の問題"のとらえ方が重要なのです．※ 資本主義は才能を特権にさせておいて，それをうまく利用するということです．

星野 才能のある人間と才能のない人間とのあいだに一線を画してしまって，いったん才能をもっちゃったら，あとから這い上がろうとする者を蹴落すというのは，これは特権ですね．人権によっていろんなものをかちとったが最後とまることができないということですね．とまればただちに特権と化するということですね．戦いをやめれば，かちとった権利はつねに特権と化する．

武谷 停滞というのは，そういう特権を生み，堕落を生むということです．

星野 だから人民的な技術とか，あるいは職場の民主化とか，われわれは資本主義のなかでも，かちとることができるんだけれども，そこで固定化して止まってしまうなら，たちまちにしてそれは反動的な存在と化すということだと思うのですね．素粒子論グループなんかでも，最初は動いていたから民主的な位置をずっと保つことができたけれども，止まったら最後，こんどはおそるべきしかもきわめて悪質な反動と化する．

武谷 そうして仕事が完全にだめになるということですね．

安全感覚と閉鎖社会

星野 戦前と戦後で，一つ違うところは，1955, 6年以来の高度経済成長にともなって，とうとうたる合理化の時代になってきたということです．そして，その合理化のために災害が広範囲にわたるようになってきた．それはまさに合理化のもたらす災害です．そこがこのころと違う点ですね．

---

* 武谷三男編著『自然科学概論』第3巻，p. 383～395，を参照．

武谷 しかし，それは戦前からやはり日本の労働安全が無視されていること，つまり人命が全然無視されていること，そしてかたわになっても殺されても別にそれほど金はかからんということの延長ですね．

　星野 ここに書いてありますね．＊10万円使って労働条件を改善するくらいなら，10万円をわれわれにくれてみんなで分けたほうが得だというようなことが書いてあります．

　武谷 苦しい仕事を余計日給をもらってやったほうが，その苦しさをなくするよりもいいと思っているのだ，みんなね．

　星野 そこが日本人のものの考え方で，問題になるところです．そうさせられていると言えばそうなのですが，その狂いは，やはり労働組合自身が考えてくれなきゃ，困ると思いますが．

　武谷 労働組合の方はもう賃金闘争以外は何にもしないということだ．

　星野 私は，1960年の夕張炭鉱の爆発の時に総評から頼まれて飛んでいったのですが，そこで，われわれとして一番必要だったのは保安日誌だったのです．なによりもまず保安日誌は労働組合がおさえなくてはいけない．ところがわれわれが到着する前にそれはもう鉱山保安監督局がもっていってしまったのです．だから現地の労働組合は何にも握っていない．それでぼくらは口惜しい思いをしたのです．あれはたまたま3番方の時ですから入坑しているのは保安要員しかいなかった．そのために20人ぐらいの死者でくいとめることができた．もしも1番方や2番方で労働者がたくさん入っておったら，あるいは1,000人ぐらい死んだかも分らない．というのはあれは全坑に達する爆発だったのですね．ガス爆発が主因で，各所に炭塵爆発を誘発したのです．つまり合理化で坑道は集約されてしまっているから，坑道は四通八達していて，爆発の方も全坑に及んでしまったのです．昔は狸掘りみたいなものだから爆発してもそう四方八方へはひろがらないのですよ．ある意味でよかったのです．ところで，それでも，もし本当に保安がしっかりしていたら炭塵爆発がおこるわけがないのです．坑道に水や岩粉を十分にまいておいたら，

＊　本書，p. 159.

ガス爆発の爆風で炭塵爆発がおこるわけがないでしょう．保安に手ぬかりのあることは明らかなのです．保安日誌をみればこれは明瞭にわかるし，証拠は確実にでてくるのです．そいつをもって行かれちゃったのです．そこで疑いがおこるのですね．労働組合がそれを黙認したのじゃないかということです．つまり労働組合のほうは保安闘争の責任を問われるわけで，労働組合の執行部から責任者を出したくないところがあるのじゃないかと思えるのです．労働組合は災害の後始末ばかり考えている．それも経済的要求だけで――．

武谷 あとは補償だけとればいいということだ．要するに土方の親分が，子分が死んだりなんかしたら金をとってやるぞというようなところがある．そういう観念だな．

星野 しかもあの結果は，誰も起訴もされず，会社側も誰も処分されない．しかし，とにかく炭塵爆発がおこっているのです．

武谷 これが日本の典型的な姿ね．

星野 1963年の三池の爆発のほうがもっとひどかったけれども．

武谷 もっとひどいのに，結局誰も悪くなくなってしまってね．

星野 三池の場合は，炭塵爆発そのものなのだから，保安の手ぬきは明瞭ですよ．けれども炭塵爆発がおこったメカニズムはわからんというのですね．

武谷 わからんから誰にも責任はないわけだよ．

星野 あのロジックはどうなっちゃっているのですかね．

武谷 けったいですね．戦前から今までそういうことですからね．全くけったいなものですよ．それからもう一つ，三池もそうなのだが，やっぱりそこは閉鎖社会なのだな．閉鎖社会でことが起ればそうなってしまうという感じですよ．

星野 それに日本人というのは，どうもドイツのような国家主義者じゃないと思うのです．私はむしろ土地主義者だと思うのですがね．

武谷 三井様なのだ．農村は地主さまなのだ．そこで闘うのは如何に難しいかということですよ．山代巴さんがそういうことを第6巻の解説に書いて下さいました．

星野　この前の衆議院の選挙のときに職権でもって，強引に土地の利権を確保した連中がみんな当選したでしょう．日本人がもし国家主義だったら，ああいう人たちは当選できない．土地のために連中ははたらいたということで，悪いことをしても当選するのですね．

　武谷　閉鎖社会ですよ．自治体とは全然違うのです．羽仁さんが地域という言葉はけしからん，学問的にも全くけしからん言葉であると言っている．自治体という概念をはっきりさせなければならんということを強く主張した*のだけれども，まさにそういう問題があるのですよ．好い加減に地域なんて言っていると，そういうことになっちゃうのですね．労働組合でいうと，企業組合というのが典型的にそれをもっている．だから今の日本の企業組合は，もう労働組合なんていうものじゃないね．水俣病でもなんでも労働組合は会社がやった悪事を伏せてしまう．さっきの炭鉱の保安日誌だって，みんな企業組合のやりかたなのですよ．だからよろしくやるのだよ．「何とか一家」なのです．

　星野　その北炭の話しですが，真相はこうではなかろうかと私に示唆してくれた人があるのです．根っからの炭坑労働者で先山だった人の話しです．彼が言っていましたが，たとえば自分のところの炭鉱でも保安要員が切羽でメタンガスがでていると報告しているのだけれども，作業を早くやめさせなかったものだからとうとう爆発してしまった．これは誰がどう考えても会社側の手落ちなのだが，労働者はというと仲間の死体を担架で運びながら，どだい，ぶが悪かったものなと言っている．なんで彼らはおこらないのか，おれはそれで本当に涙を流してくやしがったものだと言っていましたがね．労働者のあいだに，彼のような激しい怒りみたいなものが出てこないのですね．

　武谷　それから少し危険だからといってとめていれば給料は減るとか，そういう心配がおこるのですね．少しぐらい危険でも，まあ爆発することはないだろう，とにかく働けというようなものです．そういう，貧すれば鈍すというようなことがある．

---

*　『都市の論理』，1968 年，勁草書房．

星野　貧すれば鈍するというのはあまり金がないから起るのですね．金さえあれば何とかなると思うのです．だから賃金値上闘争だけに関心が向ってしまう．金もなければ困るが人間そのものがまず大切というきびしい指摘は今，非常に必要ですね．合理化がすすめば進むほど災害の規模はどんどんと大きくなりますしね．

軍事技術の非安全性

武谷　原子力潜水艦は文明の利器で非常に性能がいいから安全だというが，性能がいいから安全だというのはとんでもない話でね．馬車ぐらいならば走っているときにぶつかっても，まあ大して被害はないわね．もっともピエール・キューリーは馬車にひかれて死んだのだけれども．だけどとにかくまあ事故は大したことはないです．ところが自動車になりジェット機になれば，まかり間違うと，性能がいいだけに，被害が甚大となる．保安要員は余計必要だということになる．馬車なんか走らせておれば，とくに保安要員が必要ということもないけれども，ジェット機を飛ばすとなれば管制塔から何からあらゆる整備をしないといけませんからね．

星野　性能がいいということの内容ですが，性能がいいということは，一つは生産性ないしはコストを表わすわけでしょう．そのコストを表わす場合には原価計算のやりかたが問題になる．原価計算の場合に，たとえば賃金は低いところに据置いたり，安全対策費は付近の住民がおとなしければ零にしちゃうのです．安全対策費を零にしてしまえば，なるほど安くできるでしょう．それで性能が上ったとかコストが安いとか言っている．この計算のしかたは間違っているという意識は，口惜しいことには，技術者の中に非常に希薄ですね．

武谷　技術者には，本能的に何か進んだものをやりたいという意識がある．これは技術者の健康な本能だけれども，それを本当に人間のためにやるという観念が少ないのです．だけどもう一つは，日本の技術者がとくにそうだということも大いにあるね．日本の技術は戦前はたいてい軍事的なものですからね．そこでは命なんて大した問題じゃない．とに

かく速くて敵の戦闘機を落せばいいということが問題なのだから.

星野 軍事技術の場合は, 危険性について非常に鈍感になりますね. 九州大学にアメリカの軍用機がおっこちた時に, アメリカの司令官が, 日本の飛行機だって飛んでいるじゃないか, 軍用機だけ飛ぶのをやめても仕様がないといったけれども, あれは軍事技術の安全性と一般の技術の安全性とを全く混同している. アメリカの軍用機は板付基地の近くで 30 何回も落ちているけれども, 日本の飛行機は 1 回も落ちていないです.

武谷 軍事技術は生死の境のぎりぎりでやっているのだ. あそこでそういう戦闘訓練をやるのだからね. たまったものじゃない. それに日本で事故をおこしたって別に何とも思ってはいない.

星野 アメリカでおこせばアメリカ市民から大変な抗議がおこって, 幹部の連中は首になるかもしれんけれども, 日本でおこったところで, 別に司令官は首にならないでしょうからね. アメリカの国内でもし大学の構内に落っこちたらどういうことになるのでしょうかね.

社会主義における技術の問題

星野 生産手段が労働者のものにならない限りは, 労働者に有利な技術形態は得られないということが重要ですね. しかし労働者が生産手段を所有しているだけで直ちにそういう技術形態が出てくるかというと, そうは行かない. それがもう一つの難しい問題だと思うのですが.

武谷 その社会にふさわしい本格的な技術形態がうまれて来なくてはならない.

星野 私もそう思うのですよ. 社会主義は資本主義の技術形態を遺産として継承するけれども, 次には, それを社会主義的につくりなおさなくてはならない. そうだとすればソヴェトの社会主義が革命後, もう 50 年もたっているのに, 技術形態が資本主義とあまり変らんというのはおかしいですね.

武谷 革命後, いくらかそういうきざしはでてきたのだけれども, 最近はアメリカ追随で, そのへんが情ないところだね.

星野　まあ労働者が生産手段をわがものにしたらそれでいいのだと思っているところが問題なのですね．

　武谷　そうなのです．技術を労働手段の体系というような規定でとらえようとするから，そうなってしまうのだ．要するに実体論的な考え方にとどまっているのだね．

　星野　その規定は，ブハーリンからきているといわれているのですが，技術は労働手段だとする考え方は後進国的な考え方でもありますね．機械を輸入すれば，それで技術が進歩したと考える．先進国からの機械の導入に力を入れたところが，生産性があがって大変立派な世の中になりましたということで歓迎する．

　武谷　日本の資本主義の発達を扱うときにも，機械の導入のために非常な経済発展をとげたから，技術は労働手段であるという議論の仕方をするのです．あの考えかたは，植民地主義に発展するかもしれない．

　星野　そういうことですね．レーニンがその意義を非常に強調しているような共産主義者の土曜労働について言えば，革命後に，労働者が社会のためにまったく自発的に無償ではたらきだしたということで，歴史的転換を示しているのですが，当時はむろん技術労働者の形態はでて来ない．社会主義で一番重要なことは，資本主義の遺産の継承だけにとどまらないで，労働者がどういう創意をもってこの遺産をつくりなおすかにかかっているのですが，ソヴェトは革命後あまり荒廃しすぎていたし，労働者も大半は文盲だったのでレーニンが生きている時期にはそういう技術的な条件はまだ生まれなかったのです．しかしスターリンのころには労働者はかなり文盲から脱してきたので，単に労働時間を延長するだけにとどまらないで，技術的なちゃんとしたロジックで生産性もあげるところまではきた．そういうふうに労働力の技術形態は変ってきたけれども，社会主義固有の労働手段はまだ出てこない．そのうえに，当時はノルマというものを非常に尊重していて，レーニンの共産主義土曜労働のような人民への献身はあまり強調されなかった．

　武谷　それがやはり独裁社会主義的なものですよ．軍事的戒厳令的という規定がよくあてはまる社会主義なのです．

星野 スターリンがスタハノフ運動について一番強調したことは，これこそ社会主義から共産主義へ移行するための精神労働と肉体労働との差別の消滅の第一歩だということでしたね．しかしスターリンはそのさいレーニンが注目したような無償労働の意味を強調せずして，ノルマをあげさえすれば待遇を非常によくするということで，とにかく生産力をあげることに集中したという感がありますね．だからスターリンは，共産主義への移行の路線に徹底していなかったとみるべきでしょうな．どうでしょうか．

武谷 社会主義から共産主義へ行くという発想よりはむしろ，何んでもいいからドライブしてあらゆる手段を使いまくる．そうでなければやっていけない時代ということなんだ．

星野 スタハノフ運動は 1937 年のことで，第2次大戦の2年前．資本主義の包囲下で社会主義をどうかして守らなければならない時代ですね．

武谷 もう必死ですよ．だから手段を選ばない．社会主義の理想とか何とかいうことを言っておられんですよ．

星野 半分理想を言ったけれども，半分は大変現実的な切端づまった状況に追いこまれたのでしょうか．

武谷 非常に現実的ですよ．だからやはりぎりぎりでものをやっているということね，そういう社会主義を評価しなくてはいけない．その評価の話しだが，羽仁さんと話しているときに，羽仁さんもそう言ったので我が意を得たことがあるのですが，このごろ歴史家が，ガリレオ・ガリレイというのはあまり革命的でなかったと言うのです．その証拠にはあんなところもこんなところもみな中世的な考え方じゃないか，宗教に対してもそんなに革命的でなかったということをやたら証明して得意になる科学史家がいるのですよ．羽仁さんは冗談じゃないというのだな．人間が革命的な思想に到達するというのはそんなやさしいことではなくてね，もうぎりぎりのところで，泳いでいて首を出すのがやっとだということですね，すべてね．

星野 年がら年中，生きるか死ぬかで思想と寿命がせり合っているよ

うなものですからね.

　武谷　古いものにここまでつかっていて，やっと新しい思想が出たというものですよ．新しい考え方というのはそうたやすく到達するものじゃなくて，古い中からでてくるのでね．それを「ここも古い，あそこも古い」と言っていたら，新しいところがないみたいにみえる．だから何も古いところを指摘するのが問題じゃなくて，如何に新しいところが顔を出したかが重要なことなのです．

　星野　それはまさに突破口なのですね．

　武谷　そうなんです．

　星野　それがなければいつまでも沈没したままなのです．出たということは零から1が出たという程度の差かもしれないが，これは零ではない，あとは2とか3とか100にもなりうるという道がひらけたことが決定的ですね．

　武谷　われわれが泳いでいるのをみてね，「なんだあいつは90％水の中につかっているじゃないか」という言い方と同じなのでね．そういう馬鹿な論法なのですよ．やはり10％上にでているということが重要なのであってね．90％水の中にいるということが重要なことではないのです．そうでないと溺れているのも泳いでいるのも区別はなくなる．

　星野　あれはつまり能力のない人間の，第三者的な批評ですね．

　武谷　そうそう．如何に苦労して新しいものをつくるかということが分らん人間の言いかたです．

　星野　なんでもけちをつけたがる奴がいますね．水の上に頭を出しても，お前，体の大部分は水につかっているじゃないか（笑い）．それじゃ浮いているのじゃないといって——．

　武谷　そういう議論が非常に多いのですね．社会主義をわれわれがみるときにも，そこが非常に重要なことなのだ．

社会主義と共産主義における矛盾

　星野　社会主義でも同じことで，社会主義でも前進が止まれば，それはたちまちもとにもどってしまう．社会主義のなかでも，年柄年中ゴタ

ゴタ，ゴタゴタはあるべきですし，おそらく共産主義でも同じでしょう．

武谷 それは当然ですよ．

星野 つまり歴史は年中ガタガタしているものであって……．

武谷 ものは発展する以上，それは矛盾を生むんでね．戦後まもなく共産主義の理論みたいな話がよくあって，社会主義は矛盾があるが，共産主義になったら矛盾はなくなるというような議論が多かった．しかしそれはとんでもない話なんです．むろん，それは資本主義のような形の矛盾じゃなく，別な形の矛盾だけれども，当然，矛盾は起って，それと戦いながら発展していくということでなければならないんです．

星野 社会主義についてのいままでのいちじるしい誤解は，とにかく社会主義になればなんでもよくなるということですね．社会主義のなかにどうして古い体制がもち込まれるかという問題については，ほとんど語られなかった．現象的にはそれは官僚性であらわれると思うんですけれども，官僚性の根源は，私は二つあると思うんです．一つは資本主義のなかの能力の格差が残っているということです．マルクスの言葉を使えば，精神労働と肉体労働との分裂とか，都市と農村の分裂がそうです．もう一つは分配の格差も残っているわけで，これは労働の質量に応じて分配を受けることから出てきます．能力の格差は温存されているんですから，当然，分配の格差は残るわけですね．これが官僚主義の二つの根源だと思うのです．*

武谷 社会主義では能力に応じて受けとるわけですからね．必要に応じてじゃなくて，能力に応じてでしょう．だから当然，格差は残っている．ただそれが次の資本を生まないというところが，社会主義の救いなんだけれども．

星野 格差が温存されつづけていれば，場合によっては，資本だって生み出しかねまじきありさまですね．

武谷 スターリン時代は，資本主義の包囲という軍事的状態において，その官僚主義が強化されたということですね．

---

* 社会主義における官僚主義の根源については，拙著『技術革新の根本問題』第2版, p. 331〜340 を参照.

星野　社会主義の中ではその格差をいかにして少くしていくかという戦いのために，年柄年中ゴタゴタあるのが本筋なのでしょう．逆にいえば官僚主義は社会主義にはつきものなんだと考えるべきでしょう．そんなものはないというような言い方でいままできたから．

　武谷　とんでもない話ですよ．

　星野　論理的にいうとおかしいと思うんですね．

　武谷　まったくおかしいです．

　星野　さらにいいますと，共産主義についての理解はもっとおかしいと思うのです．ソヴェトのアカデミーの総裁のセミョーノフがいったんですが，将来の社会は1日に3時間か4時間働けば，あとは好きなことをしてもいい社会になるというんです．私はそれでは有閑社会じゃないかと思う．そんなことがビジョンだったら，おれは共産主義はごめんだと思ったんですがね．そういうことをアカデミーの総裁がモスクワの科学技術教育シンポジウムでいっているんですね，驚くべきことですね．

　武谷　そのレベルたるや，日本でも方々にある．たとえば湯川記念館で小さな組合をつくって，要求するんだが，彼らの理想はなにかというと，極端にいえば，いろいろ獲得した最後になにかというと，1日中ピンポンかなんかをやっているのが理想だということになるんだね（笑い）．つまり労働組合にとっては，人権に即していい仕事をやるということが目的であるのかと思ったら，そうじゃなくて，できるだけよく遊んで，仕事がなるべく少くなって，それでしまいには1日中ピンポンかなんかして暮しているというような話に，だんだんなってくるんだね（笑い）．これはカリカチュアみたいな話だけれども．

　星野　いや．ごく現実的に申しますと，もしも将来が全部遊びになっちゃったら，たいへんなことになるんですね．ぼくはよく学生をからかうんですがね．非常に自由になって，何でも好きなことができるのならきょうはピンポン，あしたはマージャン，その次は映画，その次は何々というように並べて行くと，1週間でだいたいスケジュールは終ってしまう．一生はその1週間の無限のくり返しになる．あんたそれでいいのというと，そこでにわかに考えて，そうですなあ……（笑い）．

武谷 退屈な話だね．

星野 つまりお金と自由さえあれば，人生なんでもうまくいくかということなんです．自由ほどこわいものはないのですね．というのは，ほんとうに無限に自由を与えられれば，なんで生きるかという人生の最大の問題が，鋭く身に迫ってくる．不自由こそ幸いなれで，コンベア・システムにいたほうが，追われ追われて，不満の原因は全部資本主義が悪いんだということで，自分もなだめられるけれども，さあ，ほんとうに自由になったならば，責任は全部自分にかぶさってくるので，これぐらい恐しいことはない．

武谷 恋人と会いたいなんていうのも，しょっちゅう朝から晩まで恋人となんの用もないのに顔を合せていたら，1週間ぐらいすればもうあきちゃうんじゃないのかね（笑い）．

星野 ほんとにそうですよ．毎日会っていてもあきないというのは，これはまさに共産主義的でたいへんなもんですよ．だけど，だいたい共産主義のイメージはそうなんです．

武谷 昔の仏教でいう蓮の花の上での極楽浄土でね……．

星野 1日中，音楽が聞こえて，いい匂いがほのぼのとただよってくるという，あれがつまり通俗共産主義の通念なんですよ．ところでマルクスの理論を見ると，そんなことはひとつもいっていない．彼らがいっているのは，従来の革命は，分配を問題にしたが，共産主義革命は労働のあり方を問題にするということです．ここが基礎だと思うんです．労働のあり方が非常に創造的で個性的になるならば，生産力は無限に増して，その結果，分配についていえば，欲望に応じてうけとれるという話だと思うんですよ．ところが共産主義の問題をみんな分配の問題にとっちゃうんですね．欲望においてとれるという，そこに力点をおくのですよ．しかしこれはまさに消費主義なんですよ．マイホーム主義の典型みたいなことなんだ．そうじゃないんですね，労働のあり方をどう変えるかということが，共産主義の基本的な問題なんです．ですから共産主義では労働時間だって意味がないと思うんです，24時間働きたい人もいるでしょう，それから疲れれば3時間でもいいじゃないか．それにつれ

て，むろん賃金の意味がなくなると思うんです．

武谷 要するに，自分のエキサイティングな仕事をやるということなんですね．

星野 それで社会全体がちゃんとした秩序をもって，しかもゴタゴタしながら，発展していくのが，おそらく共産主義じゃないか．

武谷 そうでなければまったく退屈なものでね．

星野 そのイメージが全くはっきりしていないんですよ．それは日本のマルクス主義のみならず，国際的にどうもそうですな．

武谷 そうですね．

星野 あれはしかし，独占資本主義のイデオロギーですね，実は……．

武谷 けっきょくはそうですよ．

星野 大きな歯車の一コマにみんなはいっていって，歯車のような仕事は1日に2時間ぐらいはしなければならんだろうし，あとは歯車から離れて，マイホームかなんかに自由があると考える．独占資本主義固有の論理が，なんと共産主義社会のイメージとすりかわっちゃっているんだと思うんですね．

武谷 共産主義社会は，もっとエキサイティングなものでなければならないと思う．

3 戦後技術と技術者運動の出発点

戦後技術の発展とその矛盾

　武谷三男氏が,『科学と技術』で日本の技術の性格やその社会的経済的背景について分析した時点は,主として 1946 年である.当時,日本経済は荒廃のどん底におちいっており,日本の技術もまた,海外との情報の交流を断たれていたので,戦時の空白を依然として脱してはいなかった.現在は,その頃からすでに 23 年を経過しているのだから,当時の日本の技術の分析は,古くて役にたたないとも思えよう.ところが,今の時点で改めて読みかえしてみると,意外にそうではない.それは,この解説の第1章で,戦後日本の思想の出発点についての武谷氏の分析が,今なお,そのままに有効性を失っていないのと同様だと思われる.つまり,一つには戦後日本の解放は,日本人民自身が古い制度を破壊したすえにかちとったものではなく,連合軍よりあたえられたものであるために,日本人の思想には戦前の古い殻が依然としてつきまとっており,それは技術思想においても例外ではないということである.また,いま一つは,武谷氏による日本の技術の分析が,たんに現象面にとどまっておらず,氏の技術論を方法論として,その本質をついていたからだと思われる.

　前章で述べたように,武谷氏は,技術発展の原動力を,支配階級に対する人民の圧力ととらえている.ところで,あたえられたものとはいえ,まず戦後における労働組合の結成の自由は,賃金値上げの圧力をふだんに資本にくわえる結果をもたらし,それは一方において消費市場を増大させると同時に,他方では資本の側における技術開発の刺激をあたえることになった.また,土地制度の改革にと

もなう大量の小農の出現は，一方において農業技術の変革の刺激をあたえると同時に，他方ではそれをつうじての農村市場の増大をもたらす結果となった．戦前は，日本の労働組合は弾圧されて，労働者は低賃金に釘づけにされ，農民はその 60% が小作農民で，小作農民の現金収入はきわめてとぼしいものであったことにくらべると，これはいちじるしい相違であった．

戦後の都市と農村において，市場の増大の可能性と技術発展の可能性とが，戦前にくらべてはるかに大きかったのであるから，金融資本の援助による強引とも見えた設備投資が，意外にも大きな経済効果をあげたことは当然であったと言えよう．市場と資本と賃金と技術との相互作用が効果的に行われて，1955，6 年以後は，日本経済は予想を上まわる高度成長をとげるに至った．それにともなって新規参入の資本も各産業にあらわれたが，これらの資本においては，戦前の労働力の組織の因襲がなかったから，部分的に労働力の分断はゆるめられ，それが独自の技術発展を可能にした．本田技研やソニーや日本触媒化学，呉羽化学などは，この種の資本である．

前近代的な軍需市場の消滅と，賃金上昇の圧力とは，資本をして合理化の方向をとらせ，日本の歴史上はじめて，科学的管理法が，あらゆる分野の産業に浸透した．前章に述べたような労働力の疎外は，全産業に及んだのである．そして，この合理化は，1960 年代における欧米での技術革新の停滞とあいまって，日本の産業の国際競争力を増し，それがまた，高度経済成長を，いっそう促進した．

合理化が加速度的にすすむにつれて，武谷氏が日本の技術の欠陥として指摘していた技術と技能との取り違えは，日本の技術体系のなかで，さほどの意味をもちえなくなってきた．武谷氏は，たとえば『弁証法の諸問題』の"技術論"において，日本の技術者の多くは，「技術概念の重点を技能的要素や，いわゆる『勘』ということに置き，主観的な考え方をしていて，いわゆる『日本人の器用さ』

という事を,技術のように考え,日本的技術といって得意になっていたのであります.」と指摘していたが,合理化は職場での徒弟制度をなしくずしに消滅の方向へむかわせ,作業分析を基礎とする分業の徹底によって技能の位置は急速に低下していった.むしろ,湯といっしょに赤ん坊を流すたぐいで,ことに消費財の生産に必要な技能もまた衰退して,ヨーロッパに見るような技能の伝統は消えさろうとさえしている.また合理化としての情報革命の進展にともなって,知的な勘もまた訓練されず,前近代的な官僚主義がなしくずしにくずれて行くあとに,近代的な独占資本固有の官僚主義が新たに居ずわろうとする傾向を強めてきている.

しかも他方では,あたえられた解放のために,労働者階級や農民の圧力もなお多分に不十分であり,基本的人権の思想はひろがらず,そのために,合理化にともなう公害や災害の大規模化を許す結果となった.この点は,武谷氏が指摘していた日本の技術の欠陥が,合理化にさいして,さらに拡大されたと言えるであろう.労働手段が巨大化し,大容量化し,高速化すればするほど,いったん事故が生じた場合の災害の規模はきわめて大きなものとなる.また,事故がおこらなくても,安全対策の原則がつらぬかれていなければ,労働災害や公害は日常不断に広く深く進行する.戦後技術の出発点で,武谷氏が指摘した安全問題は,現在の段階において,かつてなく重要性を帯びてきた.技術問題に関する武谷氏の理論と実践は,『科学と技術』以後は,ここに集中されてきたのである.

また,戦後日本の社会制度や政治制度が,なしくずしに再編成され,日本人の思想もまたなしくずしに再編成されてきたために,既成の体系の破壊のあとに生ずべき創造は,依然として貧弱であり,日本は,自由諸国ではアメリカにつぐ国民総生産をあげていながら,

---

* 本著作集,第1巻,p. 333.

全体からすれば，なおかつ戦前同様，外国技術導入への安易な依存をつづけている．そして，合理化にともなう労働力の新たな分断（それこそ欧米での技術革新の停滞の根源である）が，その創造性の発展をおさえる新たな要因となりつつある．

ことに科学・技術の発展が，巨大科学や大型プロジェクトを要求している現在では，いったん大規模の観測装置や実験装置が導入されてしまえば，研究開発の方向は，それらの装置によって規定されてしまうので，研究開発のストラテジーをよほど練りあげておかないと，装置をめぐる多数の研究者たちが，スポイルされてしまうことになる．また，研究開発体制そのものも，上下のヒエラルヒーを撤廃するようなやりかたでなければ，労働力の意慾もわかず相互のコミュニケーションも通ぜず，研究開発は失敗の可能性をこくするだろう．

実際には，巨大科学や大型プロジェクトは，政治家，官僚，資本家たちの利権の対象であり，利権にむらがる御用学者たちも続出して，科学や技術の論理にもとずいて，研究開発のストラテジーを練りあげる条件は，獲得しにくくなっている．また，利権が論理に先行するならば，研究開発体制においては，資本ないしは権力の労働支配が強化され，労働力は分断されて，官僚化の傾向が増す．武谷氏は，戦後の科学・技術の出発点において，研究の方法の決定的な重要性を説き，真に民主主義的な研究体制の必要を論じ，先頭にたってたたかってきたが，その実践と理論の意味は，現在の段階において，むしろ，かつてなく重要となってきたと言えるだろう．

技術者運動の構想

戦後技術の出発点において，武谷氏が指摘したいま一つの重要な問題は，技術者運動の必要性とその方向に関するものである．『弁証法の諸問題』の中の"技術論"の前文は，"日本民主主義革命と

技術者"という標題のとおり，この問題を語っており，武谷氏の技術論が，そもそも技術者運動の基礎理論であることを示している．

武谷氏の理論において，もっとも注目されるべきことは，一方において科学や技術の基本的な論理を追究すると同時に，他方において，その論理を武器として，当面もっとも重要な戦線での攻撃の理論を展開するということである．言いかえれば，人民のための新しい科学や技術を創造するたたかい，そのための科学者や技術者の組織，それを保証する社会変革のたたかいのための攻撃の論理が，武谷三男氏の哲学に他ならない．われわれが武谷氏の理論について学ぶ時，われわれは，まず武谷氏自身の戦闘的な実践と，その攻撃の論理について学ぶ必要があるのである．

さて，1946年という時点では，労働者階級の闘争の一つの重要な焦点は，生産管理であった．武谷氏は"技術論"において，こう述べている．「日本民主主義革命の一つの要点は勤労者による経営管理である．そしてこれは勤労者の利益を擁護する従業員組合や労働組合運動の展開によって行なわれ，これによってのみ資本家のサボタージュを克服して生産を向上し，国民を飢餓と窮乏から救い得るのである．勤労者による経営管理において，技術家の役割地位が重要なる問題となる．*」戦後の産業の荒廃とインフレーションのなかで，資本家は生産をサボタージュし，インフレによる手持ち資材の値上りによって濡れ手に粟の利潤をおさめようとしていた．労働者階級にとっては，生産管理によって資本家のサボタージュを粉砕し，自ら飢餓を克服することが，権力に近づく一つの重要な突破口だったのであり，武谷氏は技術者運動の焦点をそこにあてたのである．

武谷氏は，「技術家は従来，資本家，支配階級の手先として勤労

---

* 本著作集，第1巻，p. 125.

者の搾取の方法の提供者としてその有能さが認められてきた.」また,「日本のみじめな産業において, 技術家の技能も, 地位もはなはだ低劣なるものであった.」「しかし今や技術家は労働者と一緒になって利潤のためではなく, 国民の福祉のために戦うべきである. そしてこれによってのみ自己のはかなき地位を強固にし, 自己の社会的存在理由を主張することができる*」と述べている.

以上は, 技術者自身の主体的な自己主張の方向を述べたものであるが, つぎに, 労働者階級の権力打倒のたたかいにおいて, 労働者側への技術者の獲得がきわめて重要だということを, 武谷氏は論ずる.

まず,「勤労者の経営管理において, この技術者を労働者の側に獲得することが必要であり, その闘争を有利ならしめる事ができる.」そこで知識人として労働者の技術指導にあたる場合,「正しい世界観を有して工員を啓蒙することができたならばその効果大なるものを期待できる.」事実, 戦争直後の生産管理闘争から, 1949 年の産業防衛闘争にいたるまで, 労働組合における技術者の役割は, きわめて重要だったのである.

つぎに,「技術家は労働者と別の意味において生産に対して実力を有している. それにもかかわらず各々が孤立しているので, 何ら有効な社会的発言権も有せず, また自己の地位生活を強力に擁護することもできない. 技術家が互に提携し, 一つの勢力となるとき初めてこれが可能となり, 社会に対してきわめて有効な実力をもつであろう.**」戦争反対, あるいは災害や公害反対の闘争において, 科学者や技術者の技術的な実力がいかに大きな役割をはたすかについては, 武谷理論を指針としての科学者の核実験反対運動や, 原子力研究3原則をかちとる運動, 原子炉の安全闘争, 技術者たちの公害

---

* 本著作集, 第1巻, p. 125〜126.

** 前掲, p. 126.

反対運動等々の実績が十分に証明していると言えよう.

さらに,「技術家はまた,会社における従業員として労働者と利害を共にする.技術家がその広い視野において,各会社の横の連絡をつけ,一つのグループをなし,労働者の組合に協力するならばその効果は絶大なものがあると考える.*」1946 年に結成された民主技術協会は,このグループにあたるものであり,いくつかの成果をあげはしたが,組織としては,ついに成功しなかった.武谷氏がいだいていたグループの活動の構想は,『科学と技術』におさめられている"日本技術の分析と再建**"に書かれている.

そこでは,労働組合の活動への協力,生産サボタージュの調査にもとづく技術改良の計画の提示,労働条件の調査にもとづく安全と保健の確保,健全な条件の下で労働するための科学的基準の明確化,社会的発言権の獲得による国家社会における一切の野蛮行為の阻止,知識人としての労働者への知識的サービス,最新の技術を身につけ社会についての認識を深め,技術及び技術者の真のありかたについて自己の見解を強固にするという7項目が示されている.

生産サボタージュの問題をのぞけば,これらの活動の構想は,23年後の今日でも,そのまま通用する.いや,これらの目標は,今日において,ますます重要な意味をもっており,今日の技術者運動の主要な内容をなしている.

以上の問題については,武谷氏と筆者との対談の形において,なお若干の補足をくわえよう.また,戦後技術の発展と停滞については,拙著『技術革新の根本問題』***,戦後日本の技術発展については,拙著『日本の技術革新』****,戦後の技術者運動については,武谷三男

---

* 前掲, p. 127.
** 本書, p. 151〜152.
*** 1958 年, 第 2 版, 1969 年, 勁草書房.
**** 1966 年, 勁草書房.

編著『自然科学概論』第1巻の第2編第Ⅲ章"技術者の自主的な組織"を参照されたい.

技術革新の発展と停滞

武谷 『科学と技術』には,かなり長い「あとがき」がついていて,まだ技術革新の時代になる前に,そういう時代が近いという問題をおそらく最初に提起したのです.

星野 アメリカの技術が非常に進んでいるということに,注目されたのですね.

武谷 原価償却が非常に早くなって,今までと全然違う形態の技術の時代になるだろうし,その発展が非常にはやいから,それで何というか,今までとちょっと違う資本主義的な原価償却が行なわれるだろうということを,ソ連の人が書いたのを引用して,ここで議論したのですけれども.これはまだ技術革新なんていうことが言われるずっと前だった.

星野 もう技術革新が起っちゃっている時期でも,旧唯物論研究会系の人たちには,こういう問題提起はありえないことでありましたよ(笑い).私が第3の変革期論を出したのは1953年ですが,そのころはまだ技術問題の焦点は原爆問題だったのです.つまり技術は善用すればかくかくしかじかになる.悪用すれば人類撲滅になるということが問題の中心だったのです.そのときに技術の急激な発達が今つづいており,これは社会に重大な影響をあたえるだろうというようなことはナンセンスだと受けとられたのです.大体,独占資本主義の中で技術がそんなに大きく発展するはずはないというのですよ.だから'53年の時の私の論文は総すかんでしたよ.その3年後に政府が経済白書を出し,そこで技術革新の問題を打ち出してから,ようやく左翼のほうも「おやそんなことになりましたか」というので,はじめて労働の質が変ったとか言い出しましたね.羽仁さんは,資本主義そのものは本質的に技術を発展させるわけではない,労働力が自由を求めての闘いがあってはじめて技術が発

---

* 改訂版,1962年,勁草書房.

達すると言っているのですが,技術史上からは全くそのとおりですし,私にもその発想がありました.だから技術革新についても,この技術革新の原動力は第2次世界大戦における人民の闘争力だと考えなければならない.そうするとその御利益は戦後いつまで続くかという問題がおこる.ご利益が続く時期に限りがあるとすると,それはいつ頃くるかという問題になってきます.行きづまりはそのうちにおこると書いたのですが,今ではそれは明確に現われていますね.

武谷 戦後間もなく指摘したのは,戦前の日本の技術形態というものが,労働者を犠牲にするようなものであったし,労働者を圧迫するような技術の発達は非常に偏頗なものになるし,限度があるということだった.ところが戦後に労働組合が結成されて,羽仁さんの言うような下からの圧力が強くなって,戦後の技術が技術革新まで辿りついたのですね.ところが,資本主義の中からの力には,やはり限度がある.アメリカも日本も,そういう枠の中での下からの圧力では,技術が新たに活気をもちなおすのには限度があるというところまでそろそろ来ているのじゃないか,ということだろうと思うのだけれども.

星野 私は第1次大戦後の資本主義の繁栄の原動力は,ロシア革命だと思っているのです.あれのご利益は 10 年です.今度はロシアの他に中国や東欧が出て来ましたから,単純に申しますと,10 年は 20 年になってもおかしくないだろうと,思うのですね.

武谷 社会体制をそのままにしたうえでの下からの圧力ということでは,技術の若返りにはある限度がある,ということだ.

星野 私はご利益には限度があるという考え方なのです.

武谷 そういうことでしょうね.だからこのへんで何か資本主義が根本的な手をうたなきゃ,技術進歩はやはり一種の飽和状態に近づいてきているのじゃないかということでしょうね.

星野 下からの突き上げがあったから第1次大戦後の合理化が起ったのですよ.第2次大戦後は,さらに強い下からの突き上げがあったから,第1次大戦後の合理化よりも上廻った技術革新を伴う計算機,その他による合理化が大規模におこったということ.そして合理化が大規模にお

こればおこるほど，それは主体的な革命的な思想の条件を奪い去って行く．だから資本主義が技術競争に励めば励むほど，それが合理化の一部分なのである以上，技術競争はできなくなってくるというめぐり合わせになると思うのです．そういう状態が今きていると思うのですよ．その状態に技術面で大きく拍車をかけたのが，大型プロジェクトやビッグサイエンスです．まずマンハッタン・プロジェクトからはじまって，宇宙開発計画で決定的になって来たと思うのですが，そういうものが，技術の発達をしめ殺してきているのじゃないのでしょうか．科学や技術が大型化するのはこれは当然で避けられないのですが，大型化すればするほどちょうど合理化と災害みたいなもので，これはよほど根本的に考えていかないと科学者自身が自分の首の根をしめることになると思うのですがね．今はそういう時期じゃないでしょうか．

武谷 資本主義は戦争があれば助かるということも事実だし，そういう論法だった．ところがいまや，ベトナム戦争はアメリカ経済の破綻をすくってはいるが，他面，それがアメリカの首根っこをだんだんしめてきたという二重性格になってきている．これも同じことだね．

星野 いや，経済的にも助かっている面とマイナス面とがあって，今や，マイナスの面——つまりドル危機が明確にでてきたのです．

武谷 それは大変面白いことですよ．

星野 これは1929年の恐慌とはかなり違うのです．'29年の恐慌は，反乱が危機をはやめたわけじゃないのですよ．今度は反乱がおこって，反乱が経済的危機をはやめたのです．政治危機が経済的危機よりも先行しているのですね．それが今度の場合の非常な特色です．

武谷 そういう今までとちょっと違う論理が，また技術面にもでてきているし，大型プロジェクトの問題にもでてきている問題だとぼくは思いますね．

星野 さあ，資本主義はどういう抜本的な手をうつといっても，今度は手はないでしょうな．

武谷 ただ，破局を手直ししながら進むということでしょう．

星野 手直ししながら進むのであれば，それはかけ引き取り引きで一

歩一歩いくことでしょう.つまりニューディールみたいな手は打てないと思います.

武谷 打ってもそれは大きな救いにはならないだろうなあ.

星野 そうするとやはり科学技術の停滞の条件は長いですね.人民戦線,ないしはニューディールぐらいの規模の手を,もしも資本主義がもう一度打つことができれば,まだ先はわからないです.しかし打てなければ技術革新は行きづまりだろうと私は思いますね.私なんかは非常に素朴なフィロソフィーにもう一度たちかえって,すべてを疑ってみて,初歩的な点から攻めなおすべき時期じゃないかと思うのです.ある意味では今まで習ったことを全部捨てちゃって,裸で考えてみるというところが,一つの突破口ではないかと思いますね.

武谷 どうも手直しというのは限度にきているということでしょうね.

星野 反体制側も体制側も限度がきているのです.

武谷 何か基本的な論理を見つけ出していく時代でしょうね.

基本的人権を犠牲にしての経済成長

星野 ところで,『科学と技術』では,日本の技術について,その軍事的なあるいは封建的な性格ということが盛んに言われているのですが,1960年前後に一部の人たちからもうそんな時代は終った,日本の独占資本はどんどん金を出してきているし,日本の技術をどんどん推進しているじゃないかということで悪評を蒙ったりしたものです.しかし,これを今読んでみますと,たとえば日本共産党の科学技術政策でも,現在の日本の技術の問題点をよく衝いているのですよ.まず技術の植民地性でしょう.科学の非実践性,科学技術の跛行性,技術の非科学性,科学技術の人民の利益に反すること,科学方法論の欠陥,農業技術の低位,大学及び公共試験研究所の封建的官僚性,民間研究機関の利潤の追求性,軍事資本家による科学技術の独占性,人民の生活の非科学性,科学技術者の非社会性,教育科学のブルジョア性と書いてある.これは現在このまま出しても少しもおかしくはないのです.戦後の日本では天皇制が象徴として残ってしまったので,それをテコとして,科学・技術について

も，日本の古い制度が全面的に残っているということですね．日本の資本主義は非常な高度経済成長を遂げて，国民総生産というのはアメリカ，ソヴェトについで第3位には違いはないのだけれども，それは一面ではやはり封建的なもの，植民地的なものの上にたって第3位なのだということが，重要だと思うのです．

武谷 そういう犠牲の上にたって経済成長をやったのですよ．

星野 資本主義国の中で争う限りは，そういうものを犠牲にしても第3位になれるということですね．

武谷 そういうことです．明治維新以来の日本資本主義は，先進資本主義とはり合うために，天皇制や封建制をフルに利用し基軸にして，それで強引に発展した．あれを基軸にしないで満足にやろうと思ったらなかなかそうはできない．人権をふみつけながら，その上に資本主義をつくり上げたものです．

星野 そういうことでも世界の3大強国になり得るのだから，資本主義というのは一面甚だだらしがないものですね．そこのロジックはなかなか重要だと思うのですが．つまり基本的人権をふみにじってきた国でも，結構やっていけるということで，それがブルジョア民主主義の一つの限界を示しておりますね．

武谷 資本主義というのは，本質的に，なんでも利用してやれということでしょうね．フランス革命とか英国とかで発達した資本主義という場合には，古い社会制度を爆破するということで，本格的に資本主義を発達させたのだ．人権とともに資本主義が発達するのならば，まだいいのだけれども，日本の場合は，ヨーロッパから持ちこまれた資本主義だから，封建的なものを利用しながら，資本主義がまあいわば植民地的な，インドで英国が変な資本主義を発達させたのと同じような情況の下で，発達したものですよ．

星野 ただ，戦前の日本の技術と戦後の技術の条件の違うところは，それだけ国民総生産も大きくなったために研究費が非常によく出るようになったことです．大資本では少なくとも研究費の不足については，今から7，8年前からほとんどそういう不満がなくなった．

解　説

武谷　逆に言うと，やっと 7, 8 年前から大資本が当然やるべきことを，いくらか実現してきたということでしょうね．

星野　それも金の出し方も，以前はまるで無原則に金を出し惜しんだのですが，今度はまるで無原則に金を出しはじめたのです．

武谷　そうなのです．そこが一般には十分わかっていないということですね．

星野　つまり科学方法論の欠如というか，植民地性といいますか，そういう意識が戦後に結局駆逐しきれないで，高度経済成長までもちこまれ，そういう駆逐しきれないものの上に高度経済成長が成り立っているということになります．だから実際には，今度は研究費の著しい浪費がおこっちゃったのですね．

武谷　それから人間，研究者をよう使わんということ，どう使っていいかわからんということですね．

星野　研究者のほうもどう金を使っていいかわからん（笑い）ということですね．

武谷　両方ですよ．結局，何がいいのかわからんが，何かごそごそやっていれば何かがでてくるだろうというのだね．

星野　科学や技術のコマーシャルブームみたいなのは戦前はあまりなかった．しかし戦後はもう物理学も技術もすべてコマーシャルブームみたいになっています．金さえあれば何とかできるという雰囲気がある．封建的な政府研究機関などにも金がずいぶん出るようになったのですが，そうすると何千万円という研究費を使って研究しているにしても，一体それの実験結果が出たものやら出ないものやら，闇から闇へ何千万円もの金が消えていく．そういう情況が最近あるようですね．

武谷　いや，物理学の中でも，たくさん研究費をもらっているところはろくでもないことをやり，研究費が足りないでぎりぎりでやっている，たとえば宇宙線みたいなところで世界とはり合うような研究をやっている．非常に変な状態が本当にある．

星野　それからもう一つ，戦争前とちょっと違うところは，研究官僚みたいな，あるいはサービスを売り物にする代議士のような政治家がで

てきたことが大きな問題じゃないでしょうか．原子力や宇宙開発などは自民党の代議士ではなかなかわからないけれども，それにつけこんで何かわかったような顔をして大風呂敷をひろげると，あの人は何か先進的なことをしてるということで，仲間の代議士にも一目おかれますし，まわりの利権屋ども，つまり会社にしても，科学者や技術者にしてもあの人が何とかしてくれるというので寄って行く．それじゃその連中は何か明瞭な科学技術政策をもっているかというと，全くないのです．結局全部が科学・技術を食いものにしている，つまり科学・技術は利権の対象になっているのですね．そこが戦争前とかなり違うところですね．広重徹氏などの考え方は，その点で論理的にいうと甚だ現象的というか，資本家が言っている言葉をそのまま客観的なものとしてうのみにするというところがある．

武谷 あれは大体うのみです．

星野 言っていることを，そのまま受けとっている．行動をみず，成果をみていない．法案があればそれを引用する．しかし多少でも，こういうやり方の裏とか会社の内幕を知っている者だったら，すべてお体裁で，辻褄を合わせるだけの作文だということは知っていますからね．

武谷 それを資料だと称しているのです．何か資料というものをやたらいろいろなものを集めてくるのです．それほど危いことはない．実際，何が行なわれているかが重要なことです，どういう研究が成果が上ったかということが，肝心なのでね．

人民の圧力による戦後日本の技術発展

武谷 それから，技術の発達は闘争の結果だということをぼくは『科学と技術』で非常に強調したんですよ．つまり旧日本に対して新日本の違いはなにかというと，戦後は下からの闘争によって，戦前にくらべて技術がより発達をとげたということです．戦前の日本では労働組合が弾圧されたし，下からの圧力も大きくはなかったので，技術の発展が非常に遅れたが，今後，労働組合が結成されたりすれば，技術は発展し，繁栄するだろうということですね．これはこの本で非常に明瞭に書いてお

いたことで，今日，あたかも自民党のおかげで繁栄したかのようにいうけれども，ぼくの予言したのが実現したというべきなのだ．労働組合が結成されて，そして言論が自由になって，下からの圧力が強くなって，一般の民生が上がって，それが繁栄をもたらすであろうといったのがまさにそうなったんだから．それが繁栄の一つの原動力だということですね．

星野 『科学と技術』のこの巻についての理解の仕方は，そこがたいへん根本的だと思うんですよ．

武谷 今日くやしくっていっているのじゃなくて，むしろ自民党は今日になってそんなことをいっているんですが，当時われわれはこうやれば繁栄するといって，それがとにかく実現したということ．それからもう一つ，その繁栄は，公害などという人民の犠牲における繁栄，この二つが結びついているということですね．

星野 この技術が人民の圧力によってうんぬんということは，けっきょく歴史は人民の圧力によって動くということだと思うんですけれども．そこの理解が，とくに進歩派においてもいまでもきわめて薄いんじゃないんでしょうか．

武谷 非常に薄いですね．

星野 とくに技術者になりますと，実際に指令をするのはそこの重役であり，研究所所長でしょう．だからいかにも資本が……．

武谷 資本がやっているように思うんだけれどもね．

星野 資本が開明的で，おれにこの仕事を与えたという錯覚があるんですよ．

武谷 その証拠には，今日もう合理化合理化といって，いろんな技術を入れてくるでしょう．これは戦前には考えられないことです．というのは人件費が安いから，なんでも人間にやらせたほうが安くつくから，利潤が大きい．今日，労働者の賃金が高くなったら，それが大きな圧力になるから，どうしたって人間を少なくするということになるでしょう．もちろんそれだけじゃなくて，もっと複雑な要因がいくらでもあるけれども，人民の購買力とか，経済学的にいっても，その程度のことははっ

きりしているということですね.

星野 それに関連して, 武谷さんが書いておられますけれども, 興隆期の資本主義のもとにあるから技術は発展したんで, それからいま停滞期の資本主義のもとだから技術は発展しないという言い方がありますが, あれは局部的な問題を全体的に拡大したり, それから現象的な問題をそのまま本質ときめちゃったものであって, 羽仁さんのいうような本質的な人民の圧力というものを無視した非常にまずい…….

武谷 つまりダイナミックでない, 結果をチラッと見ていう話です.

星野 戦後でも国際的に技術が発達してくると, はじめは左翼は, 腐敗した独占資本主義のもとで技術が発達するわけがないというのですよ, 資本主義は独占という形でいま腐敗しているんだから, 産業革命のときはいざしらず, 今頃発達するわけはないと考えている. ところが, いよいよ技術の発達を認めざるをえなくなると, こんどはこれは独占資本が発達させたと考えるんですよ, 裏腹になっているんですね.

武谷 それは広重流の考え方なのだ. 独占資本はすごいぞ, すごいぞと, そういうことになるんだ.

星野 資本主義の本質は, 必ずしも進歩には関係ないと思うんですよ, ただ, 彼らは労働者を支配して, ヌクヌクと搾取できれば, それが最上のことなんですね.

武谷 進歩を資本主義の本質のようにいう人がいるわけだ. 資本主義だってこうやったほうがもうかるから技術をやるんだというけれども, ほんとは, 人民の圧力がなかったら賃金が安いので, そのほうがもうかるんでね. 技術を発達させるというのは, そうとう金のかかることですよ.

星野 むしろ資本は, 競争が本質じゃなくて, 独占が本質だと言ってもいいくらいだと思うんです. 独占にいけばいちばんいい. 実は支配者はもともとみんなそうで, 奴隷制以来です. 資本主義は競争が本質と見えるのは, 封建制の以前の社会に比べると, はるかに人民の圧力が高まった結果だと思うんです. 競争は, 人民の圧力の結果だと思うのです. もしも競争がなければ, たがいに提携をして, ちんまりしていくに違いないんですよ. しかしどこかで労働者が賃上げを要求するから, 向こう

がそんなに上がったんじゃ，こっちは新しい技術をとり入れていかなければならないとか，新製品でいきましょうとか，そういうところへいくわけですね．だから資本主義はいつも下からの圧力によって矛盾をかかえているし，その矛盾によって資本主義は動く．下からの圧力はさまざまな形で常にある．職場の民主化闘争もありますし，ストライキもあるし，サボタージュもある．あるいはもっとさまざまな複雑なものがあって，それが全体として圧力を加えて，年柄年中資本主義をゆすぶっているわけですね．技術の進歩はその矛盾から生ずると思うのです．左翼でもその論理のとらえ方が，どうも形式論理的ですね．

　武谷　結果だけで，現象面だけでなにかを考えようというのですね．やっぱり原動力を考えなければね．

戦後技術者運動の出発点

　星野　この本に書いてあるころの技術者の状態と現在の状態と違うところは，あのころの技術者は名前は技術者だけれども，実際は食うや食わずで，生活条件は労働者とほとんど変らない状態だったのですね．

　武谷　しかも戦後に，労働組合をまずつくったのは技術者だったのですよ．たとえばその生き残りが太田薫氏なのです．だからそういう意味では一面非常に希望がもてた．ただ，せっかく技術者がそうやっているのに，労働組合のほうが技術者に対して無関心で，ぼくなんかも労働組合と技術者を如何に結びつけるかということで何かやろうと思ったけれども，ついに成功しなかった．

　星野　民主技術協会のいろんな計画については，ぼくに言わせていただくと，それを受けついだのがわれわれの現代技術史研究会なのです．まだ技術者が労働組合の先頭に立って闘っていた時期が 1949 年から '50 年までですね．けれども，労働組合の敗退とともにこの技術者もほとんど首を切られて，潰滅しちゃったのです．その敗北の後に私が帰ってきたわけです．帰ってきましたら，働き手は誰もいないのですよ．ただちに技術者を再組織しようと思ってももはや無理で，情勢は変ったのですね．技術者は企業のヒエラルヒーにはめこまれてしまっているし，労働

者に対しても賃金その他，はっきり格差がつけられている．労働組合自身も関心をもたんし，技術者の方も外部の進歩的団体などは敬遠しているのです．これじゃ仕様がないから10年後を期して学生から組織をはじめようということで，現代技術史研究会の芽が，その頃つくられるのです．

武谷 最初は労働組合の中に技術対策委員会みたいなものをつくりたいと考えた．夢のような話だけれども，これができれば公害問題なども，もうちょっと何とか行くという発想だったのですよ．

星野 そのためには，労働組合が企業意識をすてるということでなければ駄目だったですね．

武谷 あのころは産別の組織に希望がでていたでしょう．ところがそれが潰滅して本当の企業組合になっちゃったから．

星野 総評の中に一時合理化対策委員会みたいな組織がありましたね．あれは太田薫さんがはじめて，かなり長いことありました．私もずっとついておったのです．それで総評の中で災害対策みたいなことはできないことはなかったのですが，肝心の末端の労働組合のほうには，その体制がないのです．炭労のような強力な労働組合でも，三池などを別にすれば大体がかなり弱かったのです．

武谷 全くそのとおりです．この本で日本の技術について書いたものも，ただ技術を分析したというのではなくて，全部如何にそれをつくろうかという話なのです．何とかしなきゃという話なのですね．そういう実践に付随して書いたものなのだ．

星野 今でもそうですけれどもね．政治組織が技術の問題にまっとうに取組んでくれれば，かりに非合法の形ででもすじは残りますからね．なんとか手があったと思うのですが．

武谷 そこまでの理解が，政治組織自身になかったのですね．

星野 もしも，政治組織があれば，三池のああいう災害は少なくとも免がれたでしょうな，おそらくは．労働者の考え方を変革する闘争が進んでおれば，三池の災害もやはりある程度は防げたでしょうな．

武谷 そうですね．実際にはまあ，首切り対策とかいろんな賃金対策にも手一杯だしね．しかし組合が割れるまでは安全問題でもよく闘って

解　説

いたようです．あの大事故は，組合弾圧の結果ともいえる．

星野　政治家のほうにはオルガナイザーが1人もおらなかったのでしょうね．

武谷　そういう意味のね．そのためにわれわれは政治組織の中にそういうものをつくるようにやったのだけれども，それは上のほうだけの話でね．

星野　上のほうもロジックをちゃんともってくれればかなり下まで組織ができたと思うのですが．

武谷　多少意味のあるのはこの本にのっている日本共産党の科学技術政策だけですよ．

星野　いや，戦後の歴史の上でこれがついに最初にして最後ですね．

武谷　これの最初はもうちょっと積極的なものだったのですよ．たとえば方法論と組織で闘う具体的な成果をあげてあった．反動的な戦前の状態の中でも，組織と方法論でもって闘った素粒子論グループはいい仕事をしたというような話が入っていたりね．それはみな削られちゃったのだ．

星野　何か格好がつかなかったのかしらね．

武谷　ぼくは積極的なものを入れなきゃこういうものは意味がないと思います．

星野　たしかにそうですよ．

武谷　そうでしょう．それが現にあったのだから．

星野　むしろ形式としてはアンバランスのほうが人の注目をひいていいのですよ．あんまり整然と作られているものでは，誰も読まないのです．

武谷　いくら微小なものでも，そういう積極的なものを評価する話を，どうしても入れてもらいたかったのだけれども，それをみんな削ってしまった．

星野　大体武谷さんの書れたものにはバランスが少ないのですよ．だからかえって非常にいい効果をあげているのじゃないですかね．つまりはじめから考えさせるというか，矛盾みたいなものを突きつけるようなところがありますね．

武谷　そうでないと役人の作文になってしまいます．元来現実はそんなにバランスのとれたものじゃないのだからね．はじめからバランスなんかとれているはずがないのです．アンバランスでも突くべきところは突かねばね．

星野　突くべきところは非常にするどく突くが，あとは多少アンバランスのほうが（笑い），下部で討論が活発にできるわけですよ．一分の隙もなくて「さあ，文句があるか」というようなものを作られてしまうと——．

武谷　そうなのよ．そうすると，「別にこれは何にもしなくてもいいや」ということになったりしてね．

星野　決議ばっかりしているわけですよ（笑い）．

武谷　そうなのよ．だから発展性がなくなってしまいますね．それから，既知のことを教科書風に書くのならバランスも重要でしょうが，新しいことをいう場合にはアンバランスはつきものです．独創的な仕事には欠点が多くあるというのと同じ意味です．

合理化問題と技術者運動

星野　戦後の技術者運動にとって，難しい問題は，合理化の問題なのです．災害の問題ではいかにも反人民的なやりかたでひどい技術をもってきたということができますが，合理化の場合は，単純にそうは行かないところがある．職場の環境がある意味で申しますと戦後は非常によくなったでしょう．工場は立派になったわけですよ．昔ならそのへんに仕掛品がころがっていたり，ガスがたちこめていたりしたものが，大工場については照明もよくなりましたし，工場の中は整然としている．ああなりますと，労働者は合理化されていても，その技術のひどさについてはあんまり感じなくなるのです．

武谷　というより，今度は労働者らしくなくなっちゃうのです．たとえば化学工業で腰かけてメータばかりみていたりすると，これは労働者らしいかどうかという問題がでてきたりしてね．けれどもこれほどしんどい労働はないのだけれども．

星野 石油工場や石油化学工場でメータをみている労働者の中に，ノイローゼが非常にでるのですね．どうして出るかといいますと，やはり安全問題なのです．つまり石油化学工場がもし一つ狂って火を出したりしたら爆発する可能性があるでしょう．そうするとコンビナートは火の海になっちゃうわけですよ．コンビナートで一番こわいのは煙突の煙というより，爆発なのです．だから飛行機がタンクにおっこちたらもう瞬間火の海になるはずですよ．四日市であろうと川崎であろうと徳山であろうと，われわれ見学しに行ってもあんまり気持がよくないですよ．どかんとくれば命がないのですから，それが一番こわいのです．

武谷 それからこのごろは秘密があるからね．三井ポリケミカルがこの間爆発したでしょう．何をやっているか通産省も全然知らんというような，つまり商業秘密と称してね．ああいう危険なものが至るところにあるでしょう．あれは大変なことですよ．

星野 その危険性が夜になると，ひしひしとくるのですね．昼間は人の出入りもあってまぎれるのですが，夜になるとその工場をわずか数人で運転しているでしょう．その数人で全部責任を負うことになる．それに耐えられなくなるのだそうです．

武谷 もう火薬庫の番人みたいなものでしょう．

星野 それでノイローゼが出るのだそうですよ．しかし昼間は，「こんなきれいなところにいる自分は」ということになりますし，またまわりがきれいになりますと，どうやらおれもホワイトカラーみたいになったと思えてね．

武谷 労働貴族意識だね．

星野 そういう意識がでてくるのじゃないですかね．

武谷 だからけったいなことになりますよ．

星野 そしてその労働は，疎外された単純なものばっかりで，しかも，やたらに責任が重い．ところが技術者にしてみれば，ある意味でそこは技術進歩の先端みたいなものですから，そこで労働者とともにどう闘うかということはきわめてむずかしい．技術問題での一番肝心の焦点は合理化問題だと思いますね．労働者の合理化反対運動に技術者がどういう

ふうに結びつくかということが最もむずかしく最も根本的な問題です．技術者はとにかく日常的に合理化を進めているのです．労働者がどんどん反対すれば話がはっきりするし，機械をぶちこわしてくれれば何とかしなくてはならんという問題意識も出てくるのですが，それはそうじゃないでしょう．ここがわれわれの技術者運動の焦点であって，しかも差し当り手がないのです．災害問題については，もちろん非常に困難がありますけれども，それでもどうにかこうにか技術者がむすびつくことはできるし，それなりの成果も上ってはいますが．

　武谷　それは非常に難しい問題でしょうね．そういう新しい労働という形はね．合理化されてくると労働組合意識がだんだんなくなってくるしね．

4 技術者運動の論理[*]

インテリゲンチャ運動としての技術者運動

　技術者運動は，インテリゲンチャの運動の一つに他ならない．技術者運動は，芸術家，社会科学者，自然科学者，医者，教師などの運動と同じ本質をもつ．インテリゲンチャの運動とは，ひと口にいえば，それぞれの知的職能をつうじての，たたかう人民への奉仕である．知的職能の発揮とはどういうことかといえば，支配階級に抵抗する人民のたたかいに有効な芸術や科学や医療や教育などを創造することであり，その創造をつうじて，芸術や科学や医療や教育の思想が形成され，思想は創造において有効にはたらき，思想自身がまた人民のたたかいに有効性を示すということである．創造と思想は，インテリゲンチャの運動の核心を成しており，創造も思想もともなわない運動は，運動として成りたたない．

　階級社会にあっては，あらゆるインテリゲンチャの職能は，ひたすら支配階級に奉仕することをもとめられ，支配階級に奉仕する芸術や科学や医療や教育が要求され，それらを裏づける思想が要求され，そうした要求を貫徹するための体制がつくられる．だから，たたかう人民に奉仕する創造や思想をかちとるということは，支配階級の側のこれらの思想や体制との日常不断のたたかいを意味し，支配階級の側の芸術や科学や医療や教育などの創造の面におけるせりあいを意味している．このたたかいがなくて，人民に奉仕する創造や思想が存在することはありえない．

---

[*] 技術者運動の基盤とその全体的な構想については，すでにわれわれは，武谷三男編著『自然科学概論』第3巻，第4編，第VI章　科学者・技術者運動の構想において論じている．本稿はその発展である．

人民のたたかいに有効な創造や思想は，むろん人民とともにたたかうことによって，はじめて進展しうる．自然科学は別として，芸術や社会科学，医療，教育，技術などは，人民のたたかいや労働や生活のなかに，創造のための基本的な素材があり，思想においては自然科学もふくめてあらゆる知的作業が，人民のなかにその核心を見いだしうる．したがってインテリゲンチャの運動は，人民との接触をたもちつつ，人民に学び，人民のたたかいを支援する運動であり，この運動を基盤として，支配階級の側の思想や知的作業とたたかい，支配階級の体制とたたかいぬくことができ，人民に奉仕する創造や思想をかちとることができる．

しかし，インテリゲンチャは，本質的に知的労働者としての労働貴族であり，労働者とはいえ，支配階級と人民とのあいだを浮動する階層である．支配階級がインテリゲンチャを支配し，労働者や農民を支配する体制は，人民の圧力を基盤とし，支配階級と人民とのあいだの階級的力関係の妥協線ではあるが，その体制は最終的には支配階級の手によって設定されたものである．したがって，たたかうインテリゲンチャは，人民の圧力によってはじめて社会的に存在しうるとは言いながら，最終的にはなんらかの意味で支配階級にとって利用価値がある故に，支配階級によって存在を許されているとも言えよう．たたかうインテリゲンチャの存在自身が，支配階級と人民との階級的力関係の妥協線を示している．

したがって，たたかうとたたかわぬに拘らず，インテリゲンチャは支配者の人民支配のヒエラルヒーの中間的環をなしており，ヒエラルヒーの形成になんらかの役割をはたしている．たたかう医者といえども，すべての人民を病気から救うことはできず，たたかう教師といえども，すべての児童や青少年の才能をみのらせることはできない．たたかう技術者といえども，労働者の搾取代行人という役割をまぬかれることはできない．インテリゲンチャとして存在して

いること自身が，その主観的意図や良心や人民への奉仕に拘らず，他面ではなんらかの意味で反人民的役割をはたさざるをえないものとなっている．インテリゲンチャのこのような自己矛盾は，階級社会の矛盾が，その主体にあらわれたものであり，インテリゲンチャの運動は，一つにはこの自己矛盾より生じている＊．

人民に奉仕し，人民とともにたたかうと口にすることは容易であるが，インテリゲンチャが支配階級の人民支配のヒエラルヒーの中間的環を成しており，労働力が分断されている以上は，人民に近づくこと自体が困難であり，それ自体がすでにたたかいとなる．ましてや，人民のたたかいを支援するとなれば，インテリゲンチャは，支配階級によって，その職能を奪われ，インテリゲンチャとして存在しえなくなる可能性は大きい．しかも，その危険なたたかいにも拘らず，インテリゲンチャとして存在すること自体が，なんらかの反人民的役割をはたしており，場合によっては，人民からの攻撃をこうむることも大いにありうる．たたかうインテリゲンチャが，たたかいを止め，創造のいとなみを放棄するならば，それはインテリゲンチャの特権の上にあぐらをかくことを意味し，まるまる権力に奉仕し，人民への協力者から人民支配の手先に転化することに他ならない．インテリゲンチャの運動とは，インテリゲンチャがその自己矛盾を正視し，かぎりなくたたかいと創造をつづけるということである．

技術者運動の課題——不良消費財との対決

技術者運動と他のインテリゲンチャの運動と違う第一の点は，つぎのとおりである．たとえば芸術作品や社会科学の研究成果に対応するものは，技術については消費財であるが，前者は人民をはげま

＊ 技術者運動において，技術者の自己矛盾の自覚がいかに必要かということについては，武谷三男編著『自然科学概論』第3巻, p. 383～395 を参照．

す作品か退廃させる作品かという点で,また階級社会の機構を赤裸々に暴露する研究か矛盾を隠蔽する研究かという点で,それぞれの階級的性格をあらわすが,技術の場合は,安価ではあるが性能の悪い商品を人民に押しつけ,性能はよいが高価な商品を支配階級のものにするという点で,その階級的性格があらわれる.安価で性能のよい商品を開発すれば販売量は増大し,資本はより多くの利潤を手中におさめうるので,資本はつねにそうした努力をはらいそうにも思えるが,人民が粗悪な商品をあてがわれてだまっているかぎりは,資本は本質的にそうした商品で安易に利潤を得ようとする.技術開発は,資本にとっては資金も努力も要することであり,資本はほんらいそういう余計なことはしないのであるが,消費者の圧力が高まってくると,資本もやむをえず,安価で性能のよい商品の開発にむかって,その重い腰をあげるのである.

技術者運動の一つの課題は,消費者運動への協力である.企業の中で,消費者を害したり馬鹿にしたりするような商品をつくる資本の動きに抵抗して,間接に消費者に協力するたたかい,消費者に学び,あるいは消費者を啓蒙することによって,直接に消費者に協力するたたかいが,そこにある.

技術者運動の課題——公害,災害との対決

技術者運動の第二の特徴は,商品には消費財ばかりでなく,生産財があり,それに関連してのことだが,技術者はメーカーとしての企業の中で,またユーザーとしての企業の中で,この生産財にいかに対処するかという問題をかかえている,ということである.かりに安価で性能のよい消費財を生産できたとしても,そのさい労働者がその労働過程とどうかかわっていたかという問題がおこる.労働力の分断という形での分業と,それを物質的に体現した労働手段の体系との中で,労働者の疎外がおこり,さらには労働災害や公害が

おこされているのならば,技術者はこれらをひきおこす資本の労働支配とたたかわねばならない.いや,前にも述べたとおり,じつは技術者自身が,労働力の分断体制のなかにはめこまれていて,生産現場から遊離し,能力をつかいつぶされるという形で疎外される可能性は大きい.技術者はつねに,創造も思想も枯渇する危機にさらされていると言ってよいであろう.

技術者にとっては,労働力分断の体制をこえて,生産現場とつながり,なんらかの形で労働者と協力して,疎外や災害とたたかう姿勢が必要である.同じように消費財をつくるといっても,ほとんど個人の労働力で,小説や絵や音楽をつくる芸術家,また社会科学の研究にしたがっている学者たちと,技術者とでは,この点が作業条件の非常に大きな違いであり,同じインテリゲンチャの運動といっても,その場所の広さにおいて,かなりの差が存在する.個人労働に近い芸術家や学者の場合は,労働の疎外や災害との対決は,自身の労働過程においては問題にはならない.もっとも映画や演劇にたずさわる芸術家や,病院や学校での医者や教師,大研究室にある科学者は,技術者の場合と似た環境におかれているが,大企業の技術者にくらべれば,労働力の分断の体制にはまだ余裕がある.

鉱工業における生産過程は,資本主義社会における剰余価値の最大の源泉であり,したがってまた資本の労働支配が体制的に最も強化されているところである.技術者は,その生産過程の中心にあり,労働力のヒエラルヒーの上層にあり,直接間接に搾取代行人の役割をはたしている.つまり,技術者のたたかいは,権力の中心部でのたたかいであり,ここが他のインテリゲンチャの運動と違う点である.労働者階級にとっても,資本家にとっても,いずれの側が技術者を獲得するかということは,きわめて重要な問題となり,この点でも技術者運動の大きな意味があり,また,技術者における自己矛盾は,インテリゲンチャの自己矛盾のなかでも最も大きなものとな

っている.

　労働者階級の圧力が強大な場合は，技術者運動は比較的やりやすく，運動のイメージも見えやすい．終戦の年から 1949 年ごろまでは，日本の労働組合は強大であった．当時，技術者運動が成功裡にすすんだわけではないが，運動のイメージは見えており，少くとも労働組合運動としては，技術者はかなりたたかえた．しかし，現在のように，日本の労働組合が企業組合の枠にとじこもろうとしていて，労働者階級の圧力が弱まっている時期には，技術者はきわめて動きにくく，技術者運動などといっても，一見，成りたたないようでもある.

　災害や公害がおこるかおこらないかは，機械やプラントの設計段階で，分るはずのことである．しかし，多くの場合，それを防ぐ装置を開発したのでは，コストがそれだけかかるので，労働者や住民の圧力が弱いかぎりは，資本はそれを切り捨てようとする．他方，技術者はといえば，資本による労働力の分断のために生産現場から遊離しており，従来の技術の既成観念にとらわれているので，設計段階で災害や公害の可能性をチェックする問題意識にとぼしく，多少意識があったところで，能力のうえで災害や公害を防ぎうる設計の構想をつかむことができない．こうした状況のなかで，人民の立場にたって，災害や公害をおこさせない設計をやるということは，資本の強い圧力から言っても，自己の能力から言っても困難であるし，時には絶望的な孤立におちいるだろう.

　しかし，労働組合が労働災害の問題を積極的にとりあげ，市民が公害反対運動をおこしてくれれば，状況は多少好転してくる．技術者が労働者や市民の要求にこたえて，権力の中心部において資本に抵抗し，災害公害防止技術の開発を提起することは，比較的容易になる．そして，このさい，技術者にそれだけの設計能力があるかどうかが問われるのである．労働力の分断をこえて，日常的に生産現場

とつながる姿勢がなく,労働者や市民に学ぶ姿勢がなければ,運動が多少とも可能になったとしても,技術者は人民の要求にこたえることはできない.また,技術者に災害や公害の可能性が分っていて,なおかつ資本の内部においてそれを防ぎえない場合には,なんらかの方法によって,労働組合や市民にはたらきかけて,人民の立ちあがりを期待すべきであろう.あるいは個別資本の枠をこえた啓蒙や研究や調査の運動が必要であろう.いずれにしても,このような技術者の動きが,すでに技術者運動であり,あらゆる方法をつくして,災害公害の防止技術をかちとることが必要であり,その社会的意味はきわめて大きい.運動はむろん困難である.しかし運動がやれるかやれないかが問題なのではない.あらゆる困難にも拘らず,やらねばならぬことが,問題なのである.その姿勢があって,はじめて技術者運動の突破口が見えてくるはずのものである.

技術者運動の課題——労働の疎外との対決

　労働者の疎外の問題との対決は,さらに困難である.労働者の疎外は,労働力の分断としての分業とそれを体現した機械装置のシステムに,直接の根拠がある.まず,分業の形態を変えることが問題だが,資本のなかでの分業は,もともと労働力の分断に他ならず,資本の労働支配の心棒であるから,労働者階級の圧力なしに,技術者だけで資本の労働支配に抵抗することは,ほとんど不可能であろう.機械装置のシステムを変えるということは,具体的には,たとえば部品の数を大幅に減らして,コンベア・システムの規模を縮小することであり,化学工場では完全オートメーションにもって行って計器監視労働を廃してしまうことである.しかし,こうした技術開発は,生産規模に変りがなければ,人員縮小をもたらし,労働者の圧力が弱ければ,人員整理が生ずる可能性がある.

　労働の疎外の克服というよりも苛酷な肉体労働の克服というべき

課題も,現在の技術段階では炭鉱をはじめ各産業に存在するが,このさいは,人員縮小のみならず,熟練の喪失をもたらし,かりに人員整理がなくても,熟練工の消滅がありうる.

これは技術者の最も深刻な自己矛盾をあらわしており,技術者運動の最も困難な問題であり,しかも技術者運動の核心である.ここでの運動は,もはや技術者運動の枠をこえて,労働組合運動とつながり,労働組合の思想的武装とつながらずしては,部分的な成果をおさめることさえ困難である.技術者運動の枠をこえることによって,はじめて技術者運動が成りたつと言ってもよい.

労働の疎外の克服といい,苛酷な肉体労働の克服といい,それらが一方的に技術者から提起されるならば,労働者としては,それは合理化ないしはヒューマン・リレーションに他ならず,そのさいの技術者は,まるまる資本の側の搾取代行人にすぎないであろう.これらの課題は,ほんらい労働者側の要求として出されるべきものであり,かつ,その要求は労働組合の正しい思想によって裏づけられていないかぎりは,かりに要求がかちとられたところで,たんに労働貴族を生みだした結果に終ってしまう.労働者が資本のために自ら進んで合理化を実行するようなものである.

個々の資本のなかで,このような労働者階級の圧力が存在しないかぎりは,無人化や自動化の研究は,技術者の日常業務ではあっても,それが技術者運動だと言うことはできない.共産主義の学校としての労働組合の圧力のもとで,単純労働や肉体労働からの脱出が労働者の解放闘争の上に正しく位置づけされ,そのうえで技術者に対してその技術的実現をもとめられる時に,無人化や自動化ははじめて技術者運動たりうる.災害や公害の技術的排除については,技術者の側から一方的に提起されても(そうではない方が望ましいことは言うまでもないが),それは技術者運動たりうるということと比べると,これは大きな違いである.

現在の日本の労働組合の状態では,こうした圧力はきわめて生じにくい.したがって,技術者運動としては,さしあたりは個々の資本の枠内枠外を問わず,無人化や自動化の問題について,労働組合にはたらきかけるか,資本の枠をこえて広く技術者や社会の問題とするというような啓蒙活動,あるいは研究活動や調査活動を行うあたりにとどまらざるをえないであろう.日常業務*としては,多くの場合,技術者は資本の名のもとに,労働者に対立せざるをえないであろう.

技術者運動などは存在すべきではないという意見が,しばしば聞かれるのであるが,その一つの根拠は,こうした場合の技術者の自己矛盾にある.つまり,資本の労働支配の体制のもとでは,技術者が技術開発をおしすすめること自体が合理化を意味しており,労働者への打撃を意味しているから,そういう技術開発が,技術者運動の対象となるはずがない,というのである.しかし,この見かたは,労働者階級の圧力が弱い状態をそのままに固定化し,技術者の孤立を固定化した考えかたである.資本に抵抗して,消費者運動とむすんで消費者に奉仕する商品開発をたたかいとり,労働組合や市民とむすんで災害や公害を防止する技術開発をたたかいとらねばならないのと同じ意味で,疎外や苛酷な肉体労働を克服する技術開発はたたかいとらねばならない.ただ,この運動の場所では,消費財や災害公害防止にかかわる運動にくらべて,労働組合の圧力が一段と強くなければ,技術開発そのものが運動の対象となることは困難だということにしかすぎない.問題は,困難があるから,運動を見かぎるということではなく,困難があればこそ,どうでも運動はやらね

---

* 技術者の日常業務と技術者運動とは区別されなければならないが,同時に両者は一つのものだということが重要である.日常業務のやりかたが好い加減であれば,技術者運動などできるわけがない.技術者はいかに仕事をすべきかという問題については,拙著『技術革新の根本問題』(第2版, 1969 年) p. 303~308 を参照.

ばならず，労働組合へのはたらきかけ，あるいは個別資本の枠をはずしての社会的な啓蒙，研究，調査運動など，あらゆる手段をつくして，運動の突破口をひらくということである．

技術者運動が無意味だという今一つの論拠は，かりに人民の生活に有用な消費財が開発されたとしても，また災害公害の防止技術が開発されたとしても，あるいは分業形態の変更（たとえば単純労働から多様労働への変化）や自動化が部分的に実現できたとしても，資本はそれによって，かえって大きな利潤をあげ，技術者はたちまちにして，資本のペースにまきこまれてしまうということである．しかし，これは，あらゆるインテリゲンチャの運動について言いうることである．人民的な芸術作品や，資本主義の搾取機構を明らかにした社会科学研究といえども，それらは画商や出版資本や権力機構としての大学に利益をもたらしており，資本や権力によって利用されている．マルクス主義理論といえども，それが社会の動きを正しく反映している以上は，部分的に，支配階級に利用される．いや，労働組合の賃金値上闘争といえども，放漫経営を改めさせて個々の資本を強化し，経済全体とすれば市場を拡大させ技術を発展させて，資本主義の経済成長をもたらす．

資本主義体制内での，人民の闘争のあらゆる成果は，人民の橋頭堡であると同時に，支配階級の橋頭堡でもある．それは，階級的力関係における二つの階級の妥協線にしかすぎない．

資本のペースにまきこまれるから技術者運動は無意味だというのは，運動の成果を固定させ，そこで運動をうちきることを前提とした考え方であり，また，資本はもともと本質的に，よい消費財を生産し，災害や公害を防ぎ，労働者を疎外から救いだすものであり，技術者運動などやらなくても，資本はそれ自身の論理にしたがってそう進むものだというブルジョア思想をあらわしている．それは人民の圧力を無視し，社会や歴史を階級的視点で見まいとする考え方

である.

技術者運動の課題——技術思想の確立

　技術者運動の最後の課題は,技術思想の確立ということである.前にもふれたように,あらゆる技術には,つねに,二つの問いが投げかけられている.一つは,人間にとって技術はどういう意味をもつかという問いであり,今一つは,その目的を達しうる自然法則性をいかにつかむかという問いである.これまでに述べた三つの課題——不良消費財との対決,公害,災害との対決,労働の疎外との対決とは,前者の問いにかかわる課題である.

　技術者がもし技術者としての道をまっすぐに歩もうとするのならば,これらの課題をたたかいとるという意味で,つねに技術の目的と人間との基本的関係について,問いつづけなければならないだろう.これが技術思想の一方の重要な柱である.

　すでに述べたように,資本は技術者に対して,技術と人間との関係を徹底的に追究することを拒否する.また,技術者の側は,労働力の分断体制にはめこまれていて,生産や消費の場所から遊離しており,そのような問題意識は一般にきわめて稀薄である.技術者の任務は,あたえられた目的をいかにして遂行するかということにつきるのであり,目的自体の意味を問うことは不必要という主張さえ,ひろく行われている.これこそブルジョア的技術思想に他ならないが,技術者運動にあっては,こうした思想とのたたかいが,その重要な課題となる.

　しかし,技術と人間との関係の追究は,これまで長く行われなかったので,それ自体として困難な課題である.まず,人間とは何ぞやが問われねばならず,さまざまの技術の人間にとっての基本的な意味が問われねばならず,それぞれの技術の本質が問題にされなければならない.さらに,なぜ現代の技術が歪曲されているのか,そ

の経済的社会的メカニズムが追究されなければならない．

たとえば情報処理技術についてみても，情報の伝達や変換とは本質的にどういうことなのかが，まず問われねばならないし，その本質論にもとずいて，それぞれの情報処理技術の有効限界が明確にされなければならないだろう．MISのようなシステムがかりに徹底されたら，そこでの人間はどういう状態におちいるか，それが人間にとってどういう意味をもつかが考えられなければならない．

技術思想のもう一つの柱は，目的を達しうる自然法則性を的確につかみうる思想である．公害や災害との対決と言い，労働の疎外との対決と言っても，技術者としての能力がなければ，対決などと言っても，犬の遠ぼえのようなものにすぎない．この対決は，システムとシステムとの対決であるが，人民的なシステムをまとめあげるには，従来からの先入観念を脱した創造的な発想がなければならない．

システムの目的が，どの次元と範囲の技術を要求しているかを明確につかむと同時に，さまざまな自然法則の特性，たとえば力学系，熱力学系，電磁気学系，量子力学系などの諸法則の科学的特性を，本質的にとらえていることが必要である．システムのすぐれた技術的特性をうちだすには，これらの科学的特性の把握があって，はじめて可能である．一人一人の技術者が，それぞれに個性的な自然観をもつことが，必要なのである．この意味で，『弁証法の諸問題』に展開されたような武谷氏の自然弁証法が，それぞれの科学の分野で有効な方法としてつかまれなければならない．技術者運動は，技術者の良心だけでは成りたたない．技術者として第一級の能力がなければ，技術者は人民に有効に奉仕することはできない．そして，たたかいなくしては，その能力をかちとることはできない．このような技術思想をきずきあげて行くことによって，はじめて技術者運動の現実的な課題がかちとられうるのである．

解　説

　さて，あらゆる反体制の運動は，なんらかの成果をあげたことで満足し，そこで止まってしまえば，それはたちまちにして体制側にまるまる利用されてしまう．労働者に基本的人権としての労働の権利があるのと同様に，技術者をふくめてのインテリゲンチャにも基本的人権としての労働の権利があるが，資本に抵抗して権利を獲得したところで安住してしまえば，その権利は，労働貴族の特権に転化してしまう．労働組合にしても，資本がひきおこす公害に対して，なんの反対運動もやらなければ，労働組合は特権組合と化すのである．あらゆる反体制運動と同じく，技術者運動も止まることはできない．それは，人民の圧力の増大とともに，たたかう人民のための技術の創造と技術思想の形成とをもとめて，かぎりなくつづく運動でなければならない．

　労働過程から労働手段を切りはなして，そこに技術の本質を見るような技術論では，とうてい技術者運動の指針となることはできない．技術を実践概念ととらえ，労働力に技術の源泉を見いだし，労働力の安全と成長を何よりも重視し，その意味で生産物と消費者との関係に注目するという武谷技術論にして，はじめて，技術者運動の基礎理論となりうる．また，資本は技術発展においてつねに自己矛盾をもち，労働者階級の圧力によって，はじめて技術の発展はありうるとする武谷技術論によらなければ，技術者運動の展開のしようはない．武谷三男氏は，技術者でないにも拘らず，放射能問題や原子炉問題や安全問題において，技術者運動の突破口を強力にひらいてきたのであるが，あらゆる技術者は氏の理論と実践とに強く注目する必要があろう．

　われわれはさらに，武谷氏の技術論が社会変革の思想につながり，変革の思想と一つになっていることに注目しなければならない．そして，武谷氏の思想と深くかかわりあっている羽仁五郎氏の革命の思想を学ばなければならないのである．個々の技術者の，それぞれ

の個別技術の思想の形成にあたっては，武谷技術論と羽仁五郎氏の革命の思想とは，まず検討すべきものと筆者は考える．人民の社会変革の運動に協力し，時にはその先頭にも立つことによって，技術者運動は本格的な歴史的意味をもつことができようし，また，それなしには，技術者運動は資本主義体制のなかで，ついには窒息させられてしまうに違いない．技術者運動についてはなお多くの問題があるので，以下，武谷氏と筆者との対談の形で補足しよう．

技術者運動のむずかしさ

　星野　科学者と技術者との行動の違いという問題からはいりますが，自然科学の真理性というのは，社会の真理性に比べるというと，きまりやすいですね．理論の先端になればなるほどきまりにくい問題がありますけれども，それでも社会の真理性に比べればかなりきまりやすい．しかもきまったことがそれ自体からすれば，資本家も多くの場合は，直接の痛痒を感じないと思うんですね．だから最近はとにかくとして，いまから少し前までは，資本家のほうは，科学に対しては金は出さないけれども，科学者のほうはかなり自由にいろんな真理を追究できたし，それから発表することも可能だったと思うんです．

　ところがこれに対して，技術の場合は，なんていったらいいかよくわかりませんけれども，かりに科学の真理性ということに対して技術の客観性という言葉でいったら，その客観性とはなんできまるかということが根本的な問題です．資本家の意図とかなり違ったところで客観性がきまってくる．一つの問題は実現された目的，つまり生産物とか生産効果などが，社会にどれだけ寄与したかという問題が一つ．もう一つは，労働を通じての労働力の成長という問題があります．つまり実現された目的はたしかに社会に寄与しているけれども，社会にとってもっと重要なことは，労働力がそういう労働を通じてどれだけ学び成長したかということだと思うんです．というのは，労働力がここでいっそう成長するならば，将来の目的がもっと発展するだろうし，その目的を実現する手段

がもっと発展するだろうということですね．それで労働力の成長ということを，とくに重要視しなければならない．

次に労働手段や労働対象についていえば，これはできるかぎり経済的に使って，その目的を達成しなければいけないという問題がある．それで労働手段，労働対象の使い方と，労働力の使い方とは，はっきりと区別しなければならないと思うんですね．労働力の場合は未来の発展ということを，非常に重要なものとして考えなければならず，場合によれば，経済的な意義は二義的，三義的になるけれども，労働手段，労働対象の場合は経済的に使って差支えないし，安く目的を実現できればそれにこしたことはないと思うんですね，こういうようなことが私は技術の客観性だと思うんです．ところが資本主義の場合はその技術の客観性は本質的に貫徹しえない．そこが科学者と技術者の非常に違った条件なのでしょう．というのは，資本主義の場合は，個々の資本は拡大再生産以外に道はなく，拡大再生産から退いて縮小再生産に向かえば，競争において資本は脱落せざるをえない．

だから先へ先へ進まざるをえないし，進まなければ競争から脱落するというところに問題がある．かりに完全な独占が成立したらどうなるかということになりますが，そのさいは，官僚内部の利害対立が生ずると思うんです．官僚内部がおたがいに競り合うということがありますからね，どっちにしても，独占資本になろうと，それが資本の競争であろうと，とにかく現在まず権力を保持しなければならないし，相手を打倒しなければならんという状態があります．そうなるといまいった技術の客観性というのは，目前の資本の緊急の必要のために，無視されてしまう．実体論的な認識の段階でいえば，それが技術の客観性を保持しにくくされている原因だと思うんです．

武谷 科学の場合でも，いろんな問題が起るんで，たとえばアメリカですら，進化論はいかんというようなことがあったり，日本だって本質的にいえば，進化論は天皇制と矛盾しているというようなことがあるでしょう．それから物理学の場合だって，その逆に，神秘主義に利用されていることに対してあんまり攻撃をしたりするとまずいことになるとい

うような面もある．だからイデオロギーとしての自然科学という場合には，やはり困難が起る場合もある．

星野 なるほど，ガリレイの例なんかその非常に古いところですし，進化論もまた同じですね．20世紀になってからは，その神秘主義の問題があります．ありますけれども，それでも社会的な問題まで言及しないかぎりは……．

武谷 いや言及しないかぎりはというけれども，ぼくなんかの場合だと，自然科学を進めるのに，自然弁証法だとか唯物弁証法だとかいうものを，意識的に適用してきたでしょう．そうすると途端に御難を受けるという問題になります．ただ自然科学としてだけじゃなくて，ほんとうに自然科学をやれば，そういう哲学と結びつかなければ発展もしないという面もある．

星野 真理性の次元をそこまで高めてしまえば，話ははなはだシビアなことになりますけれども．

武谷 いや，技術だってごく部分的な技術という場合には，まあ，適当なことをやっていれば，かえってご褒美をもらえるようなことが多い．だからまあ，ある言い方をすれば同じことだともいえるわけだ．

星野 それは両方とも社会のなかの文化形態なんですから，本質的には，同じなんでしょうけれども，次元がそうとう違う．

武谷 次元は違うけれども，両方とも制約されているという点では制約されていますね，違う面で制約されているけれども．

星野 違う面なんでしょうかね．きびしさの点ではどうでしょうかね．

武谷 それは社会の状態にもよるでしょうね．

星野 それはそうですね．社会的に人民の力がかなり強いときには，科学者はわりにやっていける．つまり進化論もガリレイの問題も早く解決がつく．それから戦後の日本では，自然弁証法といったって，もてはやされはしないけれども，それだけでは弾圧されにくい．けれども技術者の場合は人民の力がもうちょっと気ばってもらわないと，技術者がただ技術の客観性といったところで，ただちにそれは獅子身中の虫として追放されてしまうというところがある，そういうことを言いたかったの

ですけれども．

武谷 でも，たとえば許容量というような問題．これはほんとは技術なんだけれども，しかしいわゆる技術じゃないですね．

星野 技術の客観性を論ずるときには，許容量の問題は基本的に重要な問題になってくる．しかし現在の状態では，そんなことをいったって，今の資本主義のなかでは，技術としてはあんまり考えてくれないわけですね．

武谷 くれないね．

星野 しかし客観的には，それこそ技術だと思うんですよ．いちばん重要な問題でしょう．

武谷 そう．だけどとにかく科学者が論じねばならぬ破目になっている．

星野 技術者はそれだけつまり，なんていうか，盲目にもされているし，それから行動の自由もないということですね．技術者が会社のなかで許容量のことを言い出せばおそらくそれだけでつぶされる．

武谷 それはそうだけれど，工学部の先生ならば，ほんとは行動の自由があるわけだ．

星野 そうですけれども，工学部というのは医学部と同じことで，産学協同的にいかざるをえない点がありますね．

武谷 だけどやろうと思えばやれる．

星野 やっても別に弾圧されないです，それだけならば．

武谷 だけどやらないのだ．

星野 それはそうです．それはむしろ産学協同的な利害関係があるからなんでしてね．

武谷 利害関係ですよ．だけど，じゃ，物理学者がやって得になるかというと，ひとつも得にならないのだ．

星野 それはそうですな．

武谷 かえって憎まれることだけなんで．

星野 損でしょうね．

武谷 物理学者だって，たとえばビッグサイエンスとかなんとかいっ

て，政府におべんちゃら使うか，使わんかでいろいろ違うし，アメリカに行けたり，行けなかったりするというようなことがある．だから違う格好だけれども，科学者も社会的な壁にすぐつき当るということが重大なのだ．

人民的な技術とは何か

　星野　さて，技術の客観性が保証されないという意味でいうと，技術については，やはりその資本主義的な形態というものを，考えなければならないと思うんです．つまりどこがブルジョア的な技術なのか，どこが真に客観的な意味をもつ技術なのかということを，理論的にはっきりしなければならない．それでブルジョア的な技術がどこにあらわれているかということになりますが，一つの問題は，まず，生産工程と労働者との関係であり，次の問題は，生産物と消費者との関係です．三番目に技術の問題となるのは，生産工程に即しての技術学です．つまりどういうふうにすればいちばん有効に目的を達成することができるかというような，生産工程としての技術の問題です．三つの問題の中で一番重味があるのは，生産工程と労働者との関係の問題であり，次に出てくるのは，生産物と消費者との関係の問題であり，最後に生産工程に即しての技術学という問題がある．

　それでまず生産工程と労働者との関係を考えると，労働者がいろいろな災害とか，職業病とかを受けるというのは，むろん論外です．そういう技術はブルジョア的です．次の問題は，労働力の成長を害するような技術であるか，それとも害しないような技術であるのかという問題だと思うんです．かりに労働者が職業病にもならないし，別に災害も受けない，労働自身は非常に楽である，のんきに作業できるとしても，生産工程と労働者との関係はそれでいいのかという問題が起ります．これはとくに合理化の問題に関連として起ってくるものですが，私はそれではよくないと考えるんです．技術が人間にとってもつ意味は，労働を楽にするものだとは思わないんですね．実は武谷さんの書かれたものを調べていくと，技術は労働を楽にすべきものとは一言も書いていなかった．労

働を人間的たらしめる技術と，そういうふうに書かれている．ここはかなり重要なことだと思うんです．

世俗的には，技術は労働を楽にするというのですが，私は決してそうじゃないと思うんです．人間的たらしめるのが，あるべき技術の姿なんです．ということは，労働力は成長しなければならない．しかし成長することは非常に苦しいことです．ただ，苦しむかいがあるか，ないかが問題になる．いくら苦しんでも，苦労のしがいがないという苦労は，これはしないほうがいい．けれども苦労はしなければならない．苦労のしがいのあるような苦労をしなければ，人間は成長しないんだということで，そういう技術体系に現場がなっているかどうか，そこが問われなければならない．それがまず前提です．

その次は，生産物がそのユーザーとどういう関係をもつかということです．生産手段でいえば，機械が使いにくいとか，この材料ではだめだとか，労働がかえって無意味に苦しくなったとか，つまらなくなったということがあります．それから消費財になると，有毒な水銀なんかが野菜から出てくるとか，有毒の染料，あるいは漂白剤みたいなものが食品のなかにたくさんはいるとかいうように直接に害を与えるものもあるし，さらには不快感を与えるようなものには，合成繊維などがある．だれでもいうけれども，合成繊維には吸湿性がないから，肌ざわりが悪くて不愉快です．おそらく繊維の固さ，それから繊維の形態，さらにいえば分子構造も関係があるんでしょうが，かりに吸湿性があったとしても，あの肌ざわりはたぶん，そうとうに不愉快なものだろうと思います．それから今日流行の団地の鉄筋コンクリートのアパート，プレハブ住宅，どれひとつをとっても，これは直接には災害にはならないけれども，神経的には不愉快なものです．

建築材料をとった場合は，火災になれば青酸ガスとか塩素ガスをたくさん発生させるということはありますけれども，まあ，しかしそれは火事の場合であって，ふだんは直接には災害はない．それでも神経的ないろんな障害は，実際にずいぶん進行しているんだろうと思うんですよ．これはできるかぎりなくさなければならない．それを前提として，はじ

めて三番目の生産工程に即しての技術が成り立つと思うのですよ。それが技術の客観性だということになる。

ところで生産工程に即しての技術学というのは、現在、資本主義社会のなかで、それなりにうまく経済的にできているかというと、決してそうじゃない。それは機密の問題です。技術は、やはり生産現場に密着していなければわからない、いくら理論的にすべったのころんだのといったところで、現実にものができなければ技術にはならない。その場合、最終的な段階では、まあ、エレクトロニクスでもその問題はありますけれども、機械関係とか化学関係になれば、最終的には経験の問題になってしまう。最終的にはもうトライ・アンド・エラーかないしは勘でつかむか、そういうことできめなければなりませんので、生産現場のそういったデータ、そこでのこまかな勘の問題などすべての情報を集めてきて、それで体系的に考えていかなければならない。ところが、資本にとってみれば、これは機密中の機密ですから、その情報はどこへもいかんのです。だから生産工程の技術学というのは、実際は成り立たんわけです。あるはずなんだけれども、それは機密によって分断されている。だから資本は実はいっこうに経済的にやっていないのです。資本主義というのは経済的にできているというが、実はそうじゃなくて、経済的にやっていったら資本主義がつぶれちゃうという自己矛盾がもともとある。

しかしそれにしても、先ほどの生産工程と労働者との関係とか、それから生産物と消費者との関係に比べれば、まだ、資本主義による害は、それほど大きくはない。つまりそういうところにブルジョア的技術というものがあらわれてくると思うんですよ。それで、これは民主技術協会以来の技術者運動の問題の焦点になるし、『自然科学概論』の第3巻の問題にからんでくるのですが、人民的な技術という概念をあそこではっきりうち出し、ブルジョア技術と対比しました*。そうすると人民的な技術なんてものが、いったいあるのか、ないのかということが、当然問題になってきたわけです。資本主義的な技術と、社会主義的な技術と違う

---

* 『自然科学概論』第3巻、第1編を参照、1963年、勁草書房。

のか，同じなのか，つまり技術は両刃の剣であって，資本主義では資本家に奉仕し，社会主義では人民に奉仕するといっていいかどうかということですね．私はそうではないと思うんです．それは微分方程式に考えればそうなんだろうけれども，積分されてしまったら，話はぜんぜん別です．

資本主義社会では人民のための技術などは成り立たんという考え方は，非常に根強いものですけれども，逆に，ブルジョア的技術とは何かということをもち出してくると，アンチテーゼとしてわかるといえる．公害，災害をもたらす技術は，その非常にわかりやすい突破口で，まずこれを問題にしなければならないと思うのです．

武谷 ですから，ぼくの技術論の帰結が，公害問題といかに取組むかということにつながっているわけですよ．それは，いわゆる科学史家の連中が，ぜんぜん思いも及ばんところです．つまり公害問題といちばん先に取組んだのは，けっきょくぼくなんです．というのは，労働災害や公害というのは，利潤機構と技術との問題の結果なんです．

星野 『弁証法の諸問題』に納められている「技術論」に，すでにそのことはきわめて明瞭に書いてあるわけで，それからあとの論理的な当然の帰結だということですね．

武谷 そういうことです．それからもう一つ『弁証法の諸問題』から出ているのは，技術者論だ．今日の技術者と革命との関係という問題ですが，これは最近の羽仁さんの主張につながっていると思うんですよ．今日の社会におけるテクノクラートの役割というところにね．

星野 公害，災害という問題は，武谷さんの「技術論」の本質を，現象としてきわめて明確にあらわすもので，技術者運動のとっかかりとしては，私はここが突破口だと思うんです．

武谷 そこに問題が非常に明瞭にあらわれているから，そこから掘り下げれば，はっきりといろんな姿が見えてくるということですね．

星野 掘り下げていって，最後はそれでは災害も公害も起らない，労働は楽だというだけでいいのかという問題が，とどめになると思うんですね．

武谷　そういうことです．ただ，利潤第一主義のあるかぎりそれはどうしても避けられないということが，資本主義の本質的な技術の方向です．もちろん社会主義だって公害とか労災は起るけれども，それはすぐ是正できるような形で起ってくる．資本主義の包囲下の軍事的状態のために，そういう公害なども強いられるけれども，資本主義ほど，それが取り返しのつかないところへはいかないということでしょうね．

　星野　社会主義の場合でも，公害はある程度どうしても起るものでしょう．

　武谷　それは起るものです．

　星野　つまり最終的には公害がおこるかどうかわからないという問題がある．

　武谷　わからない公害は起る．ところが資本主義ではわかっている公害が起るわけなんだ．そこが非常に違うところです．だから社会主義では公害について技術者が議論しても，別にクビにもならなければ，罪にもならないし，おそらくどこでもそういう状態だと思うのです．もしなったとしたら，それは社会主義が変なことになっているんです．資本主義だと，その企業内の技術者が公害をうんぬんした途端にクビになったり左遷されたりする．

　星野　社会主義ではわからない公害が起る，資本主義ではわかっている公害が起るとおっしゃいますけれども，社会主義でも極端な場合になると，わかっている公害も起さなければならない場合があるわけですね，社会全体のために，あるいは軍事的な包囲下で国をもちこたえるためには，やむをえない場合もある．そこで許容量の考えが出てくる．そのときの社会的な緊迫状態によって，どこまでを許容量にもっていくかという，そこは全体の政策的な問題，技術的な問題，経済など，全部からんできますから，簡単にはいえないけれども……．

　武谷　そのために意識してやっているんだから，できるだけ人民に被害が起らん形で住む場所と工場との関係，立地条件を……．

　星野　要するに最大限の努力は払いうるわけですよ．

　武谷　そう，払いうるということですね．

星野 許容量というのは，元来そういうものを含んでいるものだと思うんです．

　武谷 資本主義だとそれをごまかすのが技術者の一つの役割になるわけだ．技術者，科学者，お医者さん，そういった人たちが企業に雇われていて，いかに人民に対してごまかすかがその大きな役割になっている．これが今日しょっちゅう行なわれている事態だ．そこは非常に違うところで，おそるべきことです．日本ほど自由な国はありませんよなんて，中曾根大臣なんかでも，会社の社長でもいうけれども，そういう点に関しては日本ほど不自由な国はない．

　星野 また社会主義の問題にかえりますけれども，社会主義の場合，かりに公害が起っても，それをどんどんなくすという方向にいくわけでしょう．資本主義の場合はそれをなくさないで拡大するか，ないしは渋渋そこで温存させるかという方向性の問題がありますね．だから一つの事件が起っても，その事件を時間の座標から切離し，抜き出して，これでいいか悪いかを論ずるのはおかしいと思うんです．時間の座標にのっとって，ベクトルがどうなっているかで，これがブルジョア的か，人民的かという判断をきめるべきなのであって，それを時間の座標から切離すから，話が形式論になる．

　その問題は，たとえば資本主義のなかで人民のための技術ができるか，できないかの問題にからんでくると思うんです．反対派は資本主義社会なんだから，なにをやったところでけっきょく利潤追求の手段になり，労働搾取の手段になる，だから資本主義の下で人民のための技術を云々することはナンセンスだというのですが，この意見の裏返しは，社会主義になればなにもかもよくなるという考え方です．

　武谷 社会主義でも，努力しなければよくなりはしないね．

　星野 私の反論は，新しいものはつねに古いものの体内に出てくる，新しいものの体内にはつねに古いものが残っている．これがつまり弁証法なんであって，社会主義と資本主義のあいだに形式的に一線があって，ちょうど水と油みたいに，ここから下は水，上は油ですというわけにはいかないんだと言うのです．油は水のなかにあるし，油のほうだって水

がはいっているんで、ちょっと油断していると、そのうちに水ばかりになってしまうということだってありうる．

武谷　官僚化したらだめだということですね．

星野　技術がブルジョア的か人民的かという問題については、今方向性の問題をいったわけですけれども、もう一つの問題は、部分と全体の問題だと思うんですね．一つのプラントでも、そこのバルブ1個をとり出してみたり、あるいはそこのメータ1個とか、タワー1個とり出してみれば、これが公害を生むか生まないかはわからない．しかしシステム全体として見るならば、結果としては明らかに公害を起している．個々のネジ一つをとって、これは人民的かブルジョア的かというのは意味がない．システム全体として、それが全体とどうかかわってくるかを見て、はじめてブルジョア的か人民的かがわかると思うのですね．ところが技術という場合に、しばしばそういうシステムから部分を切離して技術とするのですね．つまり労働過程から労働手段を切離して、それを技術というわけですよ．こういう部分を見たかぎりでは人民的かブルジョア的かわからない．技術を両刃の剣というのは、部分を全体ととり違えた考えだと思うんですね．このネジはいろいろな機械に使えるし、道具にも使えるから、資本主義も社会主義も同じじゃないか．社会主義になったらネジが三角になったとか、資本主義ではネジが四角だとか、そういうことはあるまい、というのが技術は労働手段体系説の考え方ですね．だから労働手段体系説というのは、この前の話のように、後進国の植民地主義の論理であると同時に、すべてをバラバラに切離してしまうという先進資本主義国の考え方にも通ずると思うんです．ところが技術をそういうふうに労働手段的にシステムから切離して固定する考え方は強いんですね、技術者自体がそうなっていますね．

武谷　そうですね、非常に強いでしょう．

星野　つまり技術者は科学者より、もっと職場職場に固定されるというような圧力が強いでしょう．

真理の場でのたたかい

武谷 それと関連があるんだけれども，この『科学と技術』で一つはっきりいったことは，奥村正二氏に対する批判です．日本の鉄鋼技術が発達しなかったのは，日本はいろんなところから原料をもってくるから原料にムラが生じ，それでロクなことできなかったという奥村説に対して，それはまるで逆だということをぼくはいったんです．技術というものはそういうものを克服することが技術なんだということね，その線上に技術が発展しているのです．

星野 先ほど合理化問題にくらべれば，災害問題ではまだたたかえると言いましたが，技術者運動での一つの問題は，公害，災害みたいな場合とか，あるいは治山治水の問題や都市計画の場合でもそうですが，自然法則的に明らかにまちがっているとか，おかしくなっているものを，これはたしかにおかしいんだと言いきるということですね．水俣病でも三池の爆発でも，両方とも典型だと思うんですけれども，ああいう場合は技術の論理をねじまげ，事実をかくすやりかたに対して論理と事実をもって応戦しますね．この場合の人民的な正しい技術の保証は，明らかに自然法則性，客観的法則性にあるわけですね．これは技術者の戦い方の一つの重要な点で，しかもここが突破口だと思うんですよ．つまりここではイデオロギーもへったくれもなくて，ただ，なにが真理かということだけで戦うわけですからね．ここで強情に戦えないようであれば，技術者運動などというのは，まるで問題にならないという点があると思うのです．もっとも，技術の客観性というのは社会的にはなかなか保証されませんから，ここで強情に戦うのは，実はたいへんむずかしいとこなんですけれども．しかし，ここがプロのプロたるゆえんといいますか……．

武谷 それをうまくつかめば，独占資本はすごいもんだぞというけれども，たとえば独占資本全体とぼく一人とでも，ある場合には対抗できるんです．原子炉の放射能の問題でも，それが発展していけば三島・沼津のコンビナート反対運動みたいに，はね返しちゃうことだって可能なんだしね．独占資本は金を持っていたり，政治力を持っていたりする点じゃすごいけれども，科学技術としてはひとつもすごくはないんでね．

だからそれは一人の科学者だってはね返そうと思えば，はね返すもとをつくることはできる．もちろんそれを人民が擁護してくれなければならんですけれども．科学としてはこっちのほうがすごいんです．

星野 その科学法則でも，技術法則でもそうですけれども，どっちも社会法則と違ってかなりはっきりと白黒が争えるものですからね．

武谷 それからたとえば原子力三原則なんて，ぼくみたいなひ弱な人間が提案しても，とにもかくにも国家は受け入れざるをえないというようなところに追いこまれるでしょう．それからアメリカの原水爆実験の場合といえども，リビーみたいな放射能の大家がごまかせば，こっちが戦っていって，とにかく勝つことができる．いまの世界的な状況というのは，ぼくなんかのいっていたとおりになったんだし，アメリカ相手にしてもそういうことは可能なんだ．それだけの威力を発揮できるということですよ．

星野 少くとも大学関係ではそこまでたたかえますね．

武谷 そうです，できるんです．

星野 大学関係の人間もそれでたたかえば株も上がるのに．とにかく真理の場で戦うわけですからね．

武谷 ところがだ，そっちの側ではまあ非常に巧妙に戦って，戦えたけれども，大加速器のようなビッグサイエンスが出てくると，科学者の組織はもうガタガタになってしまう．ほんとうの科学の線にそった将来計画というのを，学術会議で物理学者がつくったでしょう．ところがそれはもう政府がいやでしょうがないんですよ，現在の体制を崩す可能性があると思ってね．それで科学者たちを分断していくでしょう．そうするとだんだんこんどは科学者のほうから浮き足立っちゃって，まじめな科学者がどんどん排除されてしまう．それが最初に原子力で起ったんですよ．原子力では三原則で戦うまでは，ぼくなんか優勢だったんだけれども，そこからあとはぼくらが排除されたでしょう．それでも，ぼくらが排除されたけれども，三原則は生き残った．けれども加速器などの問題になると，おまえたちグズグズ言うなら金は出さないぞというような形になるんですよ．それに対して毅然としていればいいのに，毅然とし

ないんだ．毅然としていれば権力といってもそんなにこわくないんです．ところが便乗するやつがやたら出てくるから，けっきょくのところガタガタになって，戦いがだめになるのです．そのへんがむずかしいところですね．

星野 大学というのは真理とか真実という，そういうセリフが利くところですね．だから同じ権力機構といっても，企業とはまるで違うと思うんですよ．企業では真理とか真実といったって問題にされないわけだ，利潤が問題だから．だからそこでは同じ権力機構といったって，大学にはやはりアカデミッシュ・フライハイトの伝統があって，その伝統にのっていますからね．

武谷 だけど大学の学者も金には弱いよ．いよいよ日本にも大加速器が必要だとなると，何億とか何十億とか何百億とかいう金になってくるでしょう．そうするとその金でこんどは政府がコントロールしてきますよ，このコントロールに対してはたいへん弱いんだ．もういいかげんなことになって，科学の線にそって，これでこそ科学は進むという計画がだめになってしまう．宇宙線のような，あんな世界的な仕事をしているところには，もうほんの一億とかやればたいへんな仕事ができるのに，金をよこさないんですね．またいい仕事をしている連中は，たいてい毅然としているんだ．

星野 ものほしそうな顔をしないから．

武谷 しないんだ．だから気に入らんわけよ．湯川さんなんかでも毅然としているわけね．そこがまた困った問題なんだ．

大学問題の意味

星野 ここでちょっと，大学の話にはいりますけれども，資本主義の矛盾というものが，日本から上の先進国ではとくに大学に集中するのは当然だという気もするんです．大学では真理が錦の御旗だと思うんですが，大学ではおよそ真理とかけ離れたことを，たいがいの先生はやっているわけですね．それがいったんわかってきちゃって，だれかがワーワーワーワー言いはじめて，ひた押しに押しはじめたら，もう収拾つかな

くなってしまう．ちょうど戦争中の軍隊の状態に共通したところがありますね．軍隊は天皇のために命をささげるというのだから，ほんとうにみんな純忠至誠かと思うとそうじゃなくて，軍隊でいけないのはやはり医者関係と主計関係で，この両方が金と薬をもっていて，非常に悪いことをしていましたね，軍隊は泥棒と汚職のかたまりだったのです．それが如何にも軍隊の錦の御旗と矛盾していて，こっけいでさえあったのです．

　武谷　それから職業軍人が出世することばかり考える．あらゆる犠牲をおかして，あらゆる人を犠牲にして上にあがることを考えるね．軍人とはそういうものですよ．

　星野　だから天皇制の矛盾というのは，軍隊でいちばんよくわかるんですね．いまの日本には，昔のような軍隊がありませんから，それが非常によくわかるのは大学だと思うんですよ．

　武谷　妙な錦の御旗みたいなものはあるけれども，その実，国家の官僚にすぎなかったり，独占資本の出先にすぎなかったり，要するに独占資本が毒しているということですよ．

　星野　それで学生のほうはというと，資本主義が成長していますから，マス・エデュケーションになっています．もしも学校が小さいなら，一群の学生が，5，6人で封鎖したところで，そのほかの学生は個々に，各個撃破で説得されて動かんということだってありうると思うんです．しかし大学も，東大や日大や早大その他の大学では，万単位あるいはそれに近い学生がいますから，おそらく50人でもワーッと立上ると，全体が動きだすわけですね．そのときはもう押さえられなくなってしまう．マス・エデュケーションは，資本主義の鋭い矛盾をあらわしているという気もしますね．それから，学生は何年かすれば大学を出てしまう．だから大学に対して，従来の行きがかりにとらわれない立場がとれる．それを無責任な立場という人がいるが，そうではなくて，行きがかりにとらわれないからこそ逆に責任があることをとことんまで追及できる．あるいは親のスネかじりだからこそ逆に非常に自由に追及できるという点もある．

武谷 羽仁さんがいうように,資本主義に組込まれていないから,自由な立場だということですね.

　星野 ちょうど中国の文化大革命が,紅衛兵を非常にうまい突破口としてはじまったみたいなことで,資本主義における大学問題というのは,資本主義の変革の突破口だという気がしますね.学生のもっている弱点は,ある段階ではことごとく利点に転化する.弱点をもっているから,おまえらスネかじりだからというような理屈は成り立たないと思うのです.スネかじりであろうとなんであろうと,歴史を推進する突破口なら,そこは最大限にやってもらわなければ話にならない.それをスネかじりだとか責任はない立場だとかいうならば,これは官僚主義の言葉だと思うんですね.その意味ではいまの大学問題というのは,資本主義の矛盾を鋭くあらわしている.それに,学生の相手である先生は弱いし,学生はたたかいやすい.大学の先生は官僚ほどずるくはない.

　武谷 ボロがすぐ出るし,しかもそのボロたるや官僚のボロ,それから独占資本のボロをしょいこんだボロなんですよ.それが端的に出ているというのは非常に面白いところですね.それからもう一つは,学生運動の指導者というのをぼくはだいたい認めない.学生運動というのは,指導者が引きずり回しているというものじゃない.いくら引きずり回したって,学生層は引きずり回せないですよ.学生が自分で考えた勘どころにピンとくるものがなければ,学生は動かない.そうでしょう.

　星野 感覚的にですね.

　武谷 そうそう.ちゃんとした矛盾をあばかなければ,学生は動かないんでね.

　星野 あばきさえすれば,いかに生硬な表現であろうとも,下手くそな言葉であろうとも,それは訴えるんです.

　武谷 そうして学生は自分で考えながら,もうちょっとましなようにして行こうとする.だから学生自身,刻々と変っていきますよ.闘争中に進歩していくものだ.ぼく自身も高等学校のときにストライキをやり,大学では滝川事件でたたかったという経験によってよくわかるんだが,滝川事件が起ったときにはあれは法学部の問題で,理学部には関係ない

とぼくはいっていたんだ．しかし，あれをほっておくわけにもいかないなあとみんなで議論しているうちに，文部省は全くけしからんということにだんだんなってくるんだ．そして理学部なんかものすごく先鋭になってきた．というように，学生はどんどん自分で論理を発展させていくものですよ．

星野 学生問題は，実はインテリゲンチャの問題だと思うんですよ，真理や真実をひた押しに押せるということ，それ以外に学生の役割はないと思うんですが，インテリゲンチャの場合もまったくそうなんで，この場合もやっぱりインテリジェンスでひた押しに原則的にどこまでも押しまくる以外にインテリゲンチャの社会的な役割はないだろうし，またそれによって社会の矛盾をだれの眼にも明らかなように，赤裸々にして，労働者階級なり農民なりをゆすぶり動かすという意味があると思うのですね．

武谷 今日その学生が日本には150万いるというんだからね．量的にいってもインテリゲンチャはかなり多いし，役割も昔とはずいぶん違ってきていると思うのです．

星野 日本やその他の先進国では，従来の革命と違って，インテリゲンチャが非常に増大しているのだから，その思想が大変重要な問題となる．そこではむしろ原則的な，ある意味では生硬な問題が重要なんで，いまインテリゲンチャにとって恐しいのは教条主義じゃなくて，修正主義だと私は思いますね．教条主義であっても，むしろ差支えないぐらいだと思うんです．

武谷 原則が非常に重要だということですね．原則を忘れたらインテリゲンチャの存在はもうないのであってね．そのへんでインテリゲンチャの役割というものを考えなければならないが，もう一つは，インテリゲンチャなんてのは，浮いた存在だというのはちょっとおかしな話だ．というのは，ぼくはあらゆる革命はゲリラだと思うんです．あっちこっちのゲリラ全体をうまく統一していって，ほんとの革命になるということなんだ．おそらくロシア革命でも，レーニンの指揮一つで全体が動いたんじゃなくて，全体が革命的状況にゲリラ的になってきたのを，レー

ニンがうまくつかんだということだとぼくは思うのです.

星野 まったく同感ですね.

武谷 あらゆる革命の基礎はゲリラだということです.

星野 そのレーニンの指令のもとに整然と一糸乱れずなんてことは, ナンセンスです.

武谷 そういう点で, あっちこっちのインテリとかいろんなものが動いてくるというのは, かなり大きい問題です. それからもう一つの問題は, ゲバラの書いた三一新書で出ている本があるでしょう. あのなかで, 民主主義的手段があるあいだは民主主義的手段で戦って, それがないところでは, いわゆるゲリラ的な戦いというものがなければいかんということを書いているでしょう. ゲバラにとってはおそらくパンパンやることがゲバラの当面のやることだったんだが, 実はわれわれの社会はすべて民主主義で尽されていると思うのがまちがいで, 大学にしてもどこにしても, 実は民主主義がちゃんとやられていない. だからああいったゲリラみたいなことをやらざるをえないという局面があるのだと思うのです. 大学だって変なことをやるでしょう. これをいくら民主主義的手段でやれといったって, いうことを聞きゃせんのだね. だからけっきょくああいうゲリラから革命的な状況が, その大学のなかで発生してくるのだ. そして大学のなかの構造は, 外の構造のある意味の出先みたいなものですから, 外にもすぐヒビがはいってくるということになるんじゃないかとぼくは思うんですがね.

星野 大学にせよ, 資本主義の組織にせよ, 民主主義を正常に理解するかぎりにおいては, なんら民主主義じゃないと思うんですよ. もし大学が民主主義を尊重するなら, 現場の第一線に立っている教師や, 実際に講義を聞きにくる学生などの意見をまずじゅうぶんに聞いて, その上でカリキュラムをきめるとか, 全体の方針をきめればいいんだけれども, 実際はそんなことはいっさい聞かない. 先にカリキュラムが出てきたり, 教師に対する方針が出てきて, いったんそうなったら, こんどはきまったことだから変えるのはたいへんだといって変えないとか, あるいはそれをやると部長が辞職しなければならないとか, ありとあらゆる陳弁を

弄する.

武谷 それから処分一つとってみてもそうでしょう，けっして民主主義的な処分とは言いがたい.

星野 処分といっても，裁判を開いているわけではない．当然，弁護人が存在すべきなんですよ.

武谷 実に非民主的だね.

星野 だから学生も異議があるならば弁護人を申請していいんですよ．当然，教授会はそれを斟酌しなければならない.

武谷 極端に非民主的状態があるということだ．だからそこではゲリラ的なことになるのはやむをえないことでしょう．

科学者・技術者の組織の原則

星野 民主主義の原理を押すかぎりは，それはゲリラ的なことになると思うんですよ．ただ民主主義を形式的に手続と考えるかぎりは，ゲリラなどはいけないことになる．手続きを盛んに強調する場合は，とくに整然たる組織とか行動とかが重要だというが，あれはまったく困ったことです．技術者問題でも，私たちにしばしば向けられる質問は，技術者の全体的な強力な組織はできないかということなんです．

武谷 ぼくはその組織論というのが大嫌いでね．一般的にいって整然とした行動を主張する一派は，組織的にやろうということになると，まず会長がいて，なんとかがいて，こっちには何部があってどうとか，その絵を描くのがまず最初なのだ．とんでもない話しですよ．われわれが日本科学者会議に対して，出発においてそうとう批判したのはそういう点ですよ．科学技術にかかわるいろんな問題が今日たくさんあるし，必要におうじて研究会や討論会をやって行けば，おのずから組織ができてくる，それで出発しろということだった．それを組織論をはじめから官僚的にやったために，まあ……．昔そんなやり方をしてうまくいかなくなったのが民科ですよ，民科がそういった組織論から出発したから，そうとう活発にやった人たちはやったけれども．化石みたいになってしまったのは，組織論に振り回されたということですよ．

星野 民主主義科学者協会の自然科学部会にはいろんな進歩的な人が集まってきたでしょう．そのとき，さて，自然科学部会はなにをやりましょうかということになったのです．そういった問題の出るのが根本的にまちがっているんだ（笑い）．

武谷 そんならもうつぶしちゃっていいじゃないかね．

星野 はじめに組織ありきじゃいけないんで，はじめに行動ありきで，行動の上で組織の必要が出てくる．組織があるから何かしなければならんというのは，本末顛倒もはなはだしい．

武谷 せっかく有能な人がサービスしましょうといって，ぼくもその一人だけれども，一生懸命あそこで働いたんだ．その活動で病気になって死んだ向笠君とか安藤君とか有能なのがせっかくやろうとしたんだけれども，けっきょく何をやっているのかわからんことになっちゃって，話にならない．とにかく科学者はこの問題やあの問題をやらなければならないということで，やりはじめることです．そうしたらこれをやるのには，なんかちょっとした組織がなければということで，事務もやらにゃということになって，それで組織ができていくべきものですよ．必要がなくなったらすぐつぶすべきものなんです．もっと違う形に発展的解消すべきでね．

星野 全国組織をつくれば，非常に目立ちますね．あちら側が断然攻撃をかけてくるわけですよ．そうするとこちらは統一を守るとかいうことでけっきょく妥協せざるをえなくなる．これは一つに集めちゃうからいけないんですよ．集めちゃうからぬるま湯のようなスローガンを掲げるとか，ぬるま湯のような行動をする．そうするとほんとうにやりたいという人は逆に集まらない．けっきょくインテリゲンチャは，その組織にいるということだけで，免罪符をもっていることになる．その組織にいれば，良心の苦しみは救われて，なんかいいことをしているように思うんですな．

武谷 ゲリラでやったことだけは残りますよ．ゲリラでやらんとだめだもの．ゲリラだったら大学の組織も利用できるし，ありとあらゆるものが利用できる．

星野 だけど，ある系統の学生というのは，ほんとうにそういうふうに考えるんですな．ぼくに対しての質問は必ずそうなんです．ぼくはオーガナイゼーションというものはそういうものじゃないんだとはね返すんですけれども，それがわからないんですね．なんかでかい組織をつくって団結すれば守れると思っている．労働者はたしかにそうだと思うんですよ．しかしインテリゲンチャはつくらないほうがいいと思いますね．

　武谷 つくったって別にどうということはないでしょう．

　星野 インテリゲンチャの組織は元来ゲリラ的であるべきだし，労働組合と提携したければ，個人的とか，あるいは小組織でつながったほうがいい．大組織でつながれば大組織は粉砕される．向こうは弱いところを狙ってきますからね．だから一つに大きく集めちゃうのはまずいんですね．

　武谷 科学者，技術者の運動というのは，まさにそうあるべきものでね．

　星野 ぼくが川上武さんとか板倉聖宣さんだとかといっしょに，1952年に科学史及び科学方法論研究サークル連合をつくったときの発想は，じつは民科批判だったんです．

　武谷 サークル連合であるべきなんですよ．

　星野 そうです．あのとき各サークルが集まって，財政はどうするかというと，力のあるところは力に応じて出せというだけのことだった．各サークルに対して，均一におまえのところはいくらということはしない．共通な機関誌はいっさい指令を発しない，決議はしないという原則を立てたんですね．ただおたがいの情報を交換するだけである．指令を発せず，決議をせず，情報交換は必要に応じて各サークルでやる．その各サークルに対しても出席しないからといって別に追及する必要はない．必要がなければこないんだから，それでいいじゃないか．だれも必要がなくなれば，集まらなくてもいいじゃないかと，そういう方針だったんです．

　武谷 それから公害反対闘争でも，どこの大学のあの先生はよくやっているということで，さっとそこから学んでくるということでなければ

いけない．機動的にそういうことであるべきなんです．

星野 戦争直後の技術者運動の組織形態と，高度成長後とではそうとう違うんですね．戦争直後のほうは団結が固かった．

武谷 敵がまだ弱かったからね．

星野 だから大きな組織をつくる可能性があった．

武谷 民科の可能性も，まあ，おかしくはあったけれども，いまよりはまだあったわけだ．

星野 もう高度経済成長になったら，権力が整然としてくればくるほど，こちらはゲリラ的に振る舞う以外，手はないと思いますね．

武谷 ゲリラでいけば，かなりのところで戦えるんです．

星野 インテリゲンチャの運動の場合は，個人単位の戦闘が基礎だと思うんですよ．

武谷 そのとおりです．それが非常に重要なところです．

星野 問題はむしろ情報が自由自在に四通八達することが一つ，もう一つは思想的な統一ですね．各人の実践を通じその経験をもちよって，討論の場をつくり，そこで思想を高めることが重要だと思うのですね．

武谷 つまり理論ですね．

星野 情報の伝達と，それから実践を通じての理論の形成が必要で，その媒体としての組織ができればいいと思うんです．

武谷 現在のように高度の技術を要する段階では，インテリゲンチャの闘争における役割は，やはり非常に大きくなっていると思うんですよ．ぼくは戦後まもなくからその問題を非常に重視してきたのですけれども，今日はまさにそういう戦いじゃなければだめなんじゃないかということですね．

星野 それからインテリゲンチャの組織はぼくらの経験だと最大 2,300 人ですね．

武谷 それ以上は意味ないよ．

星野 意味がない．つまり思想的な研鑽ができない．

武谷 だからやたらと大きな集団行動じゃだめなんだ．

星野 2,300 人以内ならば，財政が困ってもなんかのときに，だれ

かのカンパで逃げられるんです．それから事務量もアルバイトですむのです．

武谷 それ以上は討論できない．

星野 そう，討論ができなくなる．だから各研究会なんてのは，5人も集まれば上出来で，20人も集まったら意味がないと思うんです．せいぜい12,3人までですね．それ以上集めてはいけない．それ以上集めたかったら二つつくればいい．

武谷 そう，それで，もちよってやるとか，徹底的に討論すればいい．

星野 多数集まる必要があれば，大会みたいに，こんどはキャンペーン的にやればいいんです．

武谷 キャンペーンをやるときにはまた別な目的ですよ．だからいろんなところにどういう人がいるという，こういう地図が大事なんでね，それでどの人のところに行って聞けばわかるとか……．

星野 基本的にいうならば，人間の情報ですね，知識の情報じゃなくて．

武谷 人間ですよ，あの人ならどのへんまで答えてくれるとか．

星野 その点でしゃくにさわることは，支配階級の情報組織がそうなっているのです．彼らのいちばん強いのは，人間の情報なんです．どこにだれがいて，この問題はこれという調子でできていて，そういう地図をしょっちゅう持っているんですよ．ところが左翼のほうは人間の情報は民主主義の名においてあまりよくないということで……．

日本科学者会議と民主主義科学者協会

武谷 それはもう完全に官僚化している，完全に官僚の組織ですよ．科学者会議でもなんでも，実際に何かやるときには，むしろ科学者会議に熱心でない藤本君とか，いろんなところに問題を持ち込んできて，はかってくれみたいな話になるのでしょう．それが面白い話なんだ．

星野 あの日本科学者会議は組織としてまちがっているし，害を与えるところだと思うんですよ．

武谷 だからぼくは，はじめから組織も反対したんですよ．

解 説

星野 ぼくらも反対したんです．

武谷 こんなことではだめだとしてね，またまちがいをくり返す．

星野 それに個々の科学者についていちばん重要なことは，それぞれ免罪符にしているということです．

武谷 そうなの，あれにはいればなんとかいくということでしょう．

星野 適当に動いていて，忙しくしていれば，それで良心が救われるのですね．そんな良心の灯なんて要らないんですよ．むしろそれは歴史の発展の妨害になるんで，そんな良心は犬にでも食われちゃえばいいんでね．

武谷 しかもはじめに話しを持ってきたときから，もう刷りものができていて，宣言文かなどもできていて，いろんな組織がもうできているんだよ．こんなものをつくる前にどうして相談にこなかったかといったら，それをまた変に解釈して，要するにお呼びじゃないからというふうにとっているんだね．

星野 そうとるのです．無視したとかね．

武谷 無視したからなんかゴネてるというそういうふうな解釈でしょう．とんでもない話なんだね．

星野 さっきの話だけれども，2，300人の範囲ですと，機関誌もガリ版でいいのですね．もしも情勢が悪くなれば，ガリ版だから不死身なんですよ，誰でもガリ版をきれますからね．

武谷 本質的にガリ版であるべきだと思うんです．そしてときどき「科学」なり「科学朝日」なり「自然」なりの，そういった商業雑誌で，ゲリラ的に扱っていくべきなんだ．

星野 あとは『自然科学概論』みたいな単行本をつくるとかね．

武谷 そういう手ですよ．組織上はガリ版で，成果はいろんなものへというべきでしょうね．

星野 その 2，300 人の組織があらゆる分野にたくさんできて，ゴタゴタ，ゴタゴタしているのが，いちばん理想的だと思いますがね．

武谷 いいことですね，やはりゲリラですべてやるべきですよ．

星野 科学者会議をつくるのは，左翼が一つの統制の手段と考えるん

ですね．指令を発したり，声明を発するとか，カンパをつのれとか，ああいうふうに革命も考えているんじゃないんですか．

武谷 サークルがあったら，あっちこっちのサークルにパパッとわたりをつければ，すぐそんなものぐらい集まりますよ．もっと集まるよ，実力があるから．形式的な組織じゃないからね．もっとみんな親身になって考えるでしょう．それに日本科学者会議の場合，一つはやはり政権とったみたいなつもりでいるんじゃないかね．政権とって，それでなんか科学アカデミーにでもなったようなつもりでやっている．

星野 民科のときがそうだったのです．コム・アカデミーの発想だったんですね，コム・アカデミーじゃないんだ民主主義だ民主主義だというが，実際上はコム・アカデミーという幻想があったことは否定できないでしょうね．

武谷 ぼくなんかは，そういう官僚臭がすぐ鼻につく人間だから，ぼく自身民科をはじめた人間なんだけれども，すぐ，あ，これはいかんということになったんだね．

星野 民科の凋落の原因はまさに組織論にあると思うんですよ，けっして「国民の科学」に問題があったとは思わない．「国民の科学」が出たときは，二つの問題があると思うんですがね，一つはビキニ，黄変米の問題なんですね．国民のために大いに科学を啓蒙して，平和運動なり，あるいは人民の命を守る運動なりを起すということですね．これは正しいと思うんですよ．もう一つは，歴史学で起ったんですね．日本武尊なんぞを民族の英雄としてもち上げるということが起ったんです．それがよくなかった．ただ歴史家として重要なことは，郷土史のなかにかなりの人間がはいって行ったんですね，人民のなかに歴史をさぐろうという動きはあったんです．しかしそういう面があったと同時に，片方では日本武尊を民族の英雄としてたたえるという点で，まちがいを犯したと思うんですがね．だから「国民の科学」といったって，いろいろな流れがあって，そのいわば総和として，あのころああいうスローガンが出てきたんで，あれがあったからいけないと言いだしたんじゃ，それならビキニの平和運動はいけなかったかという問題になりますし，黄変米の反対

運動はなんの意味もなかったかということになります．民族の英雄日本武尊といったのは，ほんとうに一部の問題で，あれですべてを推すべきじゃないと思うんですよ．もちろん民科は「国民の科学」ということでだめになったとは思わない．むしろ国民の科学という伝統がその後の民科になくなったということが問題なんですよ．人民のなかにはいって啓蒙するとか，そのなかから学問の素材をひっぱり出すとか，それがむしろ消えてしまった．

武谷 ただ「国民の科学」ということは悪くはないけれども，いわゆる「国民の科学」という一派は，そうとうに視野が狭かったということだよ．なんか全体を統一することにばかり熱心だったよ．

星野 人民ではなくて，国民という名前で統一したし，あのときすでに今日の形式的な統一主義——つまり官僚主義があったんです．

武谷 それでぼくなんかは「国民の科学」とはいわなかったんだよ．だけど，いわないぼくなんかがビキニでもなんでもいちばん……．

星野 「国民の科学」をやったんですね．

武谷 ほんとね．

星野 社会民主主義的な形式的な統一戦線論，じつは官僚主義です，それが害したと思うんです．

武谷 統一，統一ということばかり考えていると，統一のために振り回されちゃうね．

星野 今言われている統一には，強力な中央のタクトのままに運動はすすむものだとか，整然とやってそれぞれ票を集めれば必ずうまくいくんだとかいう幻想がありますね．しかしこれは非常に恐いことだと思うんです．私はやはり経済的破綻は確実にくると思うんですね．いままでは高度経済成長だから，向こうだって後退したほうが得だったともいえるんですよ．しかし経済的破綻の結果，後退しきれなくなれば，断乎として向き直ってきますからね．その時にああいう組織では，たちまち壊滅してしまう．

武谷 政治的に非常に恐いのは，どうしてもこれと戦わなければならないという場合に，整然と戦ったら向こうから狙われるばかりなので，

けっきょく狙われるからといってちゃんとした戦いをしなくなるということだ．

少数精鋭の無数の組織

武谷 ところがゲリラ的にテンデンバラバラだと，こっちは決然と戦う，あっちは戦わんでいいみたいなことがあるんだ．だからつぶれても，そのうちの一つのサークルがつぶれるぐらいのものであってね．だから運動はやっぱりゲリラ的でなければいかんということです．そうするとかなり積極的に戦えるということなのだ．中央までつぶされちゃいかんという理由で，末端にもぜんぜんなんにもさせなくなることが困るんだ．

星野 非常にいいことには，小集団では自分たちしかやる者がいないでしょう．だからそれで一生懸命やるわけですよ．でっかい組織にいると，上の指令だけ受けてやっていれば，私の良心は救われるというんでやらないんですよ．

武谷 カトリックみたいなもんだね．

星野 これが 2, 30 人とか，せいぜい 2, 300 人とかだと，われわれがやらなければ，だれがやるかということになるんで，それで張り切っちゃうんですよ．私は組織はもともと少数精鋭の無数の組織がほんとだというんです．研究のチームについても，その研究のチームのマキシマム・リミットがある．そのマキシマム・リミットは，つまりそのなかのヘッドとなるべき人間の能力できまる．この人間が第一線の人間を掌握しうる範囲がマキシマム・リミットであって，それ以上大きくなれば，これは分裂したほうがいい．そういうような小さな集団でやっているならば，チーフが集まって，会議したときにも，つねに現場に対して心得てやっているわけですよ．少数精鋭によって，下からの突き上げをどこまでも上に及ぼしていく組織をつくっていくのがほんとなんで……．

武谷 統一はむしろ理論でやるべきですよ．いろんなサークルのあいだの統一というのは，理論でやるべきだ．

星野 そうです．思想的な統一がむしろ肝腎なんで．

武谷 そういうことですね．

星野 いまの左翼的組織では，それぞれの幹部は第一線の働き手を掌握できないでしょう．それ以上大きくなっちゃっているんですね．それが官僚主義の根源だと思うんですよ．指導者が大多数の人間を掌握しきれないぐらい大きくなれば，官僚主義は必ず生まれる．

　武谷 そうなんです，それはただ形骸で動かす以外になくなるからね．

　星野 戦線がぐあい悪くなれば，やはり大組織は解体して小組織に撤退して，そこでもう一度人間を成長させる手をとるべきですね．

　武谷 少くともインテリゲンチャの運動というのはそうあるべきだね．それは羽仁さんが『都市の論理』のなかで，自治体が非常に重要だということをいっているのと，論理的につながっていると思うんですよ．

技術者の自己矛盾

　星野 『都市の論理』にも書かれてあるけれども，あのなかで武谷さんのおっしゃったことですが，実務家について羽仁さんがそんなことをいったって，実務家はとにかく日常的に仕事をしなければならないという言葉がありますね．われわれにとっては，これは技術者運動として決定的な問題なんです．羽仁さんみたいに，地域の問題なんかとり上げないで，なにもしないほうがいいといったところで，そこに医者がいるならば，医者は日常的になにかしなければならないわけですよ．

　武谷 羽仁さんの，それに対する答があれではじゅうぶん出ていなくて，あとの座談会のときにやったんだけれども，それは割愛したのです．しかし羽仁さんの言っていることは，下手にすると生産力論になるぞということなんですね．たしかにそういう危険があるから，いかにして生産力論にならないかということが問題なんです．体制に奉仕する形にならないでいくということが重要です．それが自治体というものをいかに把握するかということにかかわるのでしょうけれども．

　星野 体制に奉仕することにならないということは重要で，それは基本ですけれども，しかしどうやったところで奉仕はしちゃうわけですね．技術者の場合なんか非常にはっきりしているんです．人民的な技術といったところで，しょせんそれは利潤追求の手段のワク以外に出るはずは

ないんですから．大学での処分を民主化したところで，しょせんは権力機構の一部ですよ．

武谷 その答が『自然科学概論』の3巻だと思うのです．第3巻の「技術者のあり方*」というやつね．あの線がいい線だろうとぼくは思うんだ．つまり体制のなかでいい気になって，どんどん上に上がるというエスカレーターを登らないということだね．

星野 たたかいが止まってしまえば，それはまるまる反動的になっちゃうんです．革命というのは皮をきらさなければ，肉はきれないと思うんですよ．皮も肉もきらせまいとしてやれば，これは防禦の論理だと思うんです．きられるのを覚悟できらなければ．

武谷 その場合にいわゆる管理職にだんだんさせられるみたいな形で組込まれるのをおそれるべきだと思うんですね．それが答だと思うんですよ．管理職にさせられていい気持になるというようなことさえなければいいんだ．それが立派な技術者のやるべき道だと思うのです．

星野 そこで具体的な問題になりますと，技術者というのは，階級社会の矛盾が自分自身のなかにあるわけでしょう．技術者は一方では搾取代行人になっている．直接に労働者を使っているのは技術者で，資本家のほうは金づくりに忙しい人だから，現場にまでいやしないんですね．しかも進歩的な技術者はそれでいて反体制という意識をもっています．これは技術者の自己矛盾です．東大闘争の場合に，はっきり現われましたが，インテリゲンチャが自分の意思を客観的にあらわさないかぎりは，主観的にどういうものをもっていても，学生に粉砕されるという宿命があるわけです．ところが工場の技術者はいよいよ自己の意思を客観的にあらわせない．大学の先生にいえないものが，なんで工場の技術者がいえましょうかということになるんです．そうすると，これは労働者にとっては不俱戴天の敵です．そういう激烈な矛盾が技術者の内部にあるんですね．これは避けることはできない．

武谷 問題は，そういうもんだということをちゃんと自覚していなけ

---

* 同書, p. 383〜391.

ればいけないということだ.

星野 そうです,階級社会の矛盾が自己矛盾としてあらわれてくるんです.逆にいえば,ぼくらいっているんですけれども,それこそわれわれの仕事,あるいは運動の原動力だと思うんです.

武谷 生産力論はいい気になって,その線でやっていけば,それがまあ,進歩的なものだと思ったのだね,そこが生産力論のおかしなところだと思うんです.

星野 生産力論は,自己矛盾はあまりとり上げなかったでしょう.

武谷 いや,自己矛盾がないと思って,自己矛盾を自覚しなかったところが生産力論の…….

星野 致命的な欠陥ですよ.それでいい気になっている.武谷さんはうまいことをおっしゃったんですが,いい子主義というか,私はいい子です,労働階級にとってもいいし,資本家にとってもいい子だ,それで矛盾なんかないんだ,これでいけるんだと生産力論は考えるのですね.大学の先生なんかもそうなんで,東大の問題で感ずるけれども,やっぱり先生というのは学生と比べれば,それは階級的に上のほうになっちゃうんで,当然,粉粋されなければならんところがあるんですね.あれはインテリゲンチャの非常なむずかしさで,おれは進歩的だから,おれだけ見逃してくれというのは…….

武谷 それはナンセンスだ.

星野 多くの進歩的な連中は,はじめはそう思ったんですね.それでなおかつ粉砕してくるから,おまえらはわからん,おまけに暴力を使うとはなにごとだということになる.

武谷 それで丸山真男氏など,警官を導入したときは別にシュプレヒコールもやらなかったが,林健太郎氏が大衆団交にあうとシュプレヒコールをやるみたいな話になってしまう.

星野 ほんとですね,ただ技術者の問題というのは,矛盾が非常に濃厚にあって,運動としてははなはだ辛い運動ですね.だからこそますますゲリラ的にやるしかないし,整然たる組織をつくれば一ぺんに集中攻撃を受けるか,向こう側にまきとられるとかね…….

武谷　大学の先生は一見，自由なかわりに，それに対して学生がもっと自由なんで，工場の技術者はそれほど自由がないかわりに，労働者もそれほど自由はないわけ．だから相対的には同じような姿の対立になってくるんだ．

　星野　まったくそうですね．大学の問題を見るとほんとに同じだなということを感じますね．

武谷三男著作集 4　　　　　　（第4回配本）

科学と技術

1969年4月30日　第1版第1刷発行
1981年7月20日　第1版第8刷発行

著　者　ⓒ武　谷　三　男

発行者　　井　村　寿　二

発行所　東京都文京区後楽 2-23-15　株式
　　　　電話(03)814-6861 振替東京5-175253　会社　勁　草　書　房

装幀・峯孝　　精興社印刷・谷島製本　　0340-783430-1836
　*　定価は外函に表示してあります。
　*　落丁・乱丁本はお取替えします。

科学と技術　武谷三男著作集 4

2015年1月20日 オンデマンド版発行

著者　武　谷　三　男

発行者　井　村　寿　人

発行所　株式会社　勁　草　書　房

112-0005 東京都文京区水道 2-1-1　振替　00150-2-175253
　　（編集）電話 03-3815-5277／FAX 03-3814-6968
　　（営業）電話 03-3814-6861／FAX 03-3814-6854
印刷・製本　（株）デジタルパブリッシングサービス http://www.d-pub.co.jp

©TAKETANI Mitsuo 1969　　　　　　　　　　　　　　AI957

ISBN978-4-326-98200-4　Printed in Japan

JCOPY ＜(社)出版者著作権管理機構　委託出版物＞
本書の無断複写は著作権法上での例外を除き禁じられています。
複写される場合は、そのつど事前に、(社)出版者著作権管理機構
（電話 03-3513-6969、FAX 03-3513-6979, e-mail: info@jcopy.or.jp）
の許諾を得てください。

※落丁本・乱丁本はお取替いたします。
　　　　　http://www.keisoshobo.co.jp